Schmelzer / Sesselmann
Geschäftsprozessmanagement in der Praxis

Hermann J. Schmelzer
Wolfgang Sesselmann

Geschäftsprozess-
management in der
Praxis

Kunden zufrieden stellen –
Produktivität steigern – Wert erhöhen

2., vollständig überarbeitete Auflage

HANSER

Internet: http://www.hanser.de

Die Deutsche Bibliothek – CIP-Einheitsaufnahme

Ein Titeldatensatz ist für diese Publikation
bei Der Deutschen Bibliothek erhältlich.

© 2002 Carl Hanser Verlag München Wien
Redaktionsleitung: Martin Janik
Herstellung: Ursula Barche
Umschlaggestaltung: Parzhuber & Partner GmbH, München
Gesamtherstellung: Kösel, Kempten
Printed in Germany

ISBN 3-446-21908-0

Vorwort zur ersten Auflage

Kundenorientierung und Produktivität sind Schlüssel des geschäftlichen Erfolges. Viele Unternehmen haben Probleme mit diesen Erfolgsfaktoren. Kennzeichen mangelnder Kundenorientierung sind:

- veraltete, unattraktive, zu teure oder fehlende Produkte,
- viele Kundenbeschwerden,
- Abwandern von Kunden,
- rückläufiger Umsatz,
- sinkender Marktanteil,
- unbefriedigendes Wirtschaftsergebnis.

Indikatoren niedriger Produktivität sind:

- lange Durchlaufzeiten,
- zu späte Markteintrittstermine,
- unzureichende Qualität der Produkte und Leistungen,
- ungünstiges Preis-/Leistungsverhältnis der Produkte und Dienstleistungen,
- mangelhafte Lieferfähigkeit und Liefertreue,
- zu langsame Reaktion auf Markt- und Technologieveränderungen.

Die Ursachen beider Problembereiche liegen zumeist im fehlenden oder unzureichenden Management der Geschäftsprozesse. Konsequentes Geschäftsprozessmanagement bietet die Möglichkeit, Unternehmen:

- auf Kundenbedürfnisse auszurichten,
- effizient zu organisieren,
- zielorientiert zu steuern und
- ständig zu verbessern.

Geschäftsprozessmanagement ist keine Modeerscheinung. Seine Grundlagen gehen auf frühe Wegbereiter der Betriebswirtschaftslehre wie F. Nordsieck in den 30er Jahren zurück. Auch die Vordenker des Total Quality Management (TQM) wie W. E. Deming, P. B. Crosby und J. M. Juran haben sich in den 70er und 80er Jahren mit Prozessen auseinander gesetzt und ihre Bedeutung für die Qualität und den Unternehmenserfolg herausgestellt. M. Gaitanides ist es zu verdanken, dass sich die Betriebswirtschaftslehre in Deutschland seit Anfang der 80er Jahre wieder mehr den Themen Prozesse und Prozessorganisation zugewandt hat. Anfang der 90er Jahre fanden die Themen Prozesse und Prozessmanagement durch Veröffentlichungen über Prozesskostenrechnung, Business Process Reengineering sowie durch das Modell für „Business

Excellence" der European Foundation for Quality Management (EFQM) große Aufmerksamkeit. Besonders über Business Process Reengineering ist seitdem viel diskutiert und geschrieben worden. Die Methode verspricht dramatische Leistungssteigerungen, zeichnet sich aber auch durch hohes Erfolgsrisiko aus. Die Erfolgschancen des Business Process Reengineering sind wesentlich höher, wenn es in ein umfassendes Konzept des Geschäftsprozessmanagements eingebunden wird.

In dem Buch wird ein integriertes Konzept des Geschäftsprozessmanagements dargestellt, das u. a. Business Process Reengineering und die Prozesskostenrechnung umfasst. Das Buch gibt Antworten auf folgende Fragen:

- Wie werden Geschäftsprozesse identifiziert und gestaltet?
- Wie wird die Leistung von Geschäftsprozessen gemessen?
- Wie werden Kundenorientierung, Produktivität und Unternehmenswert durch Geschäftsprozessmanagement systematisch gesteigert?
- Wie wird Geschäftsprozessmanagement erfolgreich eingeführt?
- Wie werden Einführungswiderstände überwunden?

Die Empfehlungen des Buches beruhen auf Praxiserfahrungen, die die Autoren in Industrieprojekten gesammelt haben.

Das Buch richtet sich an Führungs-, Fachkräfte und Berater, aber auch an Lehrende und Studierende. Die Theoretiker erfahren, wie mühsam und dornenreich der Weg vom theoretischen Konzept bis zur praktischen Umsetzung ist. Den Praktikern wird gezeigt, wie Geschäftsprozesse erfolgreich implementiert, gesteuert und optimiert werden können. Die Empfehlungen richten sich an große, aber auch an mittelständische Unternehmen.

Ziel des Buches ist es, einen Beitrag zur Verbreitung des Geschäftsprozessmanagements in der Praxis zu leisten. Das Buch soll Mut machen, Geschäftsprozessmanagement und Prozessorganisation einzuführen und nicht vor Widerständen zurückzuschrecken.

Das Buch ist in zehn Kapitel gegliedert. Kapitel 1 beschreibt Ziele und Komponenten des Geschäftsprozessmanagements und zeigt seine Beziehungen zu anderen Managementkonzepten und -methoden auf. Kapitel 2 befasst sich mit den Hauptmerkmalen von Geschäftsprozessen und verdeutlicht deren Ziele und Notwendigkeit. Kapitel 3 sagt, wie Geschäftsprozesse identifiziert, definiert und dokumentiert sowie in die Organisation eingebettet werden. Kapitel 4 beschreibt Geschäftsprozesse, die in der Praxis eine hohe Relevanz haben. In Kapitel 5 werden Planung und Kontrolle von Geschäftsprozessen behandelt. Dabei wird ausführlich auf Kennzahlen und das Berichtswesen zur Steuerung von Geschäftsprozessen eingegangen. Kapitel 6 führt aus, wie die Leistungen in Geschäftsprozessen systematisch gesteigert werden können. Kapitel 7 und 8 beschreiben, wie Geschäftsprozessmanagement erfolgreich

in der Praxis eingeführt werden kann. In Kapitel 9 sind Empfehlungen zusammengefasst, die bei der Einführung beachtet werden sollten. Kapitel 10
gibt Auskunft über Erfolge und Ergebnisse, die mit der Einführung des Geschäftsprozessmanagements erzielt wurden.

Die Autoren danken vielen Mitarbeitern in der Siemens AG, mit denen sie bei
der Einführung des Geschäftsprozessmanagements eng zusammengearbeitet
haben, insbesondere Frau Dipl. Ing. Birgit Bussler, Frau Dipl. Ing. Christine
Zich, Herrn Dr. Markus Braun, Herrn Dipl. Ing. Hans-Jörg Freyer, Herrn
Dr. Werner Friedrich, Herrn Dr. Alexander Gogoll, Herrn Dipl. Ing. Karl
Kühl, Herrn Dipl. Ing. Volker Steubing, Herrn Dr. Thomas Voigt und Herrn
Dr. Christian Zich.

Besonders danken wir auch Herrn Prof. Dr. Erich Reinhardt, Vorsitzender
des Vorstandes des Geschäftsbereiches „Medical Solutions" der Siemens AG.
In Herrn Prof. Reinhardt haben wir einen beispielhaften „Machtpromotor"
gefunden, der uns bei der Konzeption und Umsetzung des Geschäftsprozessmanagements tatkräftig unterstützt hat. Dank sagen wir auch Herrn Dr. Sieg-
fried Bocionek, Siemens AG, der das Manuskript fachkundig gelesen und
wertvolle Anregungen gegeben hat.

Dankbar sind wir ferner Frau Gisela Osselmann, Leiterin der Fachbibliothek
des Zentralbereichs Technik der Siemens AG in München, die uns intensiv
bei der Beschaffung der umfangreichen Literatur zum Thema Geschäftsprozessmanagement geholfen hat.

Ferner gebührt Dank unseren Familien, die es zugelassen haben, dass wir viele Stunden der Freizeit in dieses Buch investieren konnten.

Nicht zuletzt danken wir dem Hanser-Verlag, der sehr zum Gelingen des
Buches beigetragen hat.

München, im August 2000   Hermann J. Schmelzer
                                                      Wolfgang Sesselmann

Vorwort zur zweiten Auflage

Das Buch hat große Resonanz gefunden, so dass bereits nach kurzer Zeit die zweite Auflage erscheinen kann.

Wir haben in der 2. Auflage die Praxisbeispiele erweitert, das Literaturverzeichnis aktualisiert, Korrekturen und Ergänzungen vorgenommen sowie entdeckte Fehler beseitigt.

Das Kapitel 1.6 „Geschäftsprozessmanagement und Qualitätsmanagement" wurde wegen der im Dezember 2000 veröffentlichten Neufassung der DIN EN ISO 9000 ff. grundlegend überarbeitet. Die neue Norm hat wesentliche Elemente des Geschäftsprozessmanagements wie Kundenorientierung, Prozessorientierung und ständige Verbesserung übernommen. ISO 9001:2000 stellt deutlich höhere Zertifizierungsanforderungen an Geschäftsprozesse und Geschäftsprozessmanagement als die bisherige Norm. Das Thema Geschäftsprozessmanagement erhält dadurch zusätzliche Aktualität.

Als besonders erfolgreiche Anwender des in diesem Buch vorgestellten Konzepts des Geschäftsprozessmanagements möchten wir Herrn Dipl. Ing. Klaus Hambüchen und Herrn Dipl. Ing. Franz Grasser nennen. Herr Hambüchen hat als Leiter des Geschäftsgebietes „Computertomographie" in der Siemens AG beeindruckende Geschäftserfolge durch eine konsequente Prozessorientierung erzielt. Zu diesem Erfolg hat wesentlich Herr Dipl. Ing. Franz Grasser als Verantwortlicher des gesamten Auftragsabwicklungsprozesses (Logistik + Fertigung) beigetragen. Dieser Geschäftsprozess wurde mehrmals national und international ausgezeichnet und ist ein herausragendes Beispiel für „Process Excellence".

München, im Juni 2001   Hermann J. Schmelzer
                                                               Wolfgang Sesselmann

Inhaltsverzeichnis

Abkürzungsverzeichnis

Abb.	=	Abbildung
AIP	=	Action in Process
AP	=	Arbeitspaket
AP-ZZ	=	Arbeitspaket-Zykluszeit
ARIS	=	Architektur integrierter Informationssysteme
Aufl.	=	Auflage
Bd.	=	Band
BPR	=	Business Process Reengineering
BPU	=	Betriebswirtschaftliche Projektgruppe für Unternehmensentwicklung GmbH
B2B	=	Business to Business
B2C	=	Business to Customer
bzgl.	=	bezüglich
bzw.	=	beziehungsweise
ca.	=	cirka
CAE	=	Computer Aided Engineering
C-Commerce	=	Collaborative Commerce
CIM	=	Computer Integrated Manufacturing
DIN	=	Deutsches Institut für Normung e. V.
d. h.	=	das heißt
DV	=	Datenverarbeitung
DLZ	=	Durchlaufzeit
DZZ	=	Dynamische Zykluszeit
E-Business	=	Electronic Business
E-Commerce	=	Electronic Commerce
E-Technologien	=	Electronic Technologien
EDI	=	Electronic Data Interchange
EDV	=	Elektronische Datenverarbeitung
EFQM	=	European Foundation for Quality Management
EN	=	Europäische Norm
EQA	=	European Quality Award
ERP	=	Enterprise Resource Planning
et al.	=	und andere
etc.	=	und so weiter
evtl.	=	eventuell
EF	=	Erfolgsfaktor
f.	=	folgend
ff.	=	fortfolgende
F&E	=	Forschung und Entwicklung

ggf.	=	gegebenenfalls
FMEA	=	Fehler-Möglichkeiten-Einfluss-Analyse
FPY	=	First Pass Yield
GE-Manager	=	Geschäftsprozess-Einführungs-Manager
ggf.	=	gegebenenfalls
GPO	=	Geschäftsprozessoptimierung
Hrsg.	=	Herausgeber
HW	=	Hardware
IAO	=	Fraunhofer-Institut für Arbeitswirtschaft und Organisation
ISO	=	International Organization for Standardization
IuK	=	Information und Kommunikation
Jg.	=	Jahrgang
Kap.	=	Kapitel
KVP	=	Kontinuierlicher Verbesserungsprozess
lmi	=	leistungsmengeninduziert
lmn	=	leistungsmengenneutral
Mio.	=	Millionen
Mh	=	Mannstunden
Mrd.	=	Milliarden
Nr.	=	Nummer
o. A.	=	ohne Anhgabe
o. V.	=	ohne Verfasser
p. a.	=	pro Jahr
ppm	=	part per million
PO-Diagramm	=	Prozess-Organisations-Diagramm
PPS	=	Produkionsplanungs- und -Steuerungssystem
PVI	=	Prozess-Vitalitäts-Indizes
QFD	=	Quality Function Deployment
QM	=	Qualitätsmanagement
S.	=	Seite
SCOR	=	Supply Chain Operations Reference
sog.	=	so genannte
SW	=	Software
SZZ	=	Statische Zykluszeit
SWOT-Analyse	=	Strengths-Weaknesses-Opportunities-Threats-Analyse
TQM	=	Total Quality Management
TCT	=	Total Cycle Time[1]
TT	=	Termintreue
u. a.	=	unter anderem
u. E.	=	unseres Erachtens
u. U.	=	unter Umständen

[1] TCT = Total Cycle Time ist ein geschützter Begriff der Thomas Group Inc.

usw.	=	und so weiter
VDI	=	Verein Deutscher Ingenieure
WA	=	Wertanalyse
vgl.	=	vergleiche
z. B.	=	zum Beispiel
z. T.	=	zum Teil
z. Zt.	=	zur Zeit
ZZ	=	Zykluszeit

1 Warum Geschäftsprozess-management?

In diesem Kapitel werden folgende Fragen beantwortet:

- Mit welchen Anforderungen werden Unternehmen heute konfrontiert?
- Mit welchen Problemen haben Unternehmen zu kämpfen?
- Warum ist Geschäftsprozessmanagement geeignet, heutige und zukünftige Probleme in Unternehmen zu lösen?
- Welche Merkmale kennzeichnen das Geschäftsprozessmanagement?
- Welche Rolle spielt die Informations- und Kommunikationstechnik im Geschäftsprozessmanagement?
- In welcher Beziehung steht das Geschäftsprozessmanagement zu anderen Managementkonzepten und -methoden?
- Welche Anforderungen stellt das Qualitätsmanagement an das Geschäftsprozessmanagement?
- Ist Geschäftsprozessmanagement eine Modeerscheinung oder hat es dauerhaft Bestand?

1.1 Anforderungen an Unternehmen

Die Anforderungen an Unternehmen steigen (siehe Abb. 1-1). Fast täglich begegnen uns Schlagworte, die darauf hinweisen:

- Globalisierung und Internationalisierung der Märkte,
- Deregulierung des Wettbewerbs,
- schnellere technologische Entwicklungen,
- kürzere Produktlebenszyklen,
- Homogenisierung der Produkte,
- Preisverfall,
- Wertewandel,
- steigende Ansprüche der Kunden,
- gesättigte Käufermärkte.

Dank der schnellen Überbrückung von Raum und Zeit durch Verkehrs- und Kommunikationstechnologien agieren Unternehmen heute weltweit. Die zunehmende Markttransparenz hat die Zahl der Anbieter und den Wettbewerbsdruck erheblich ansteigen lassen. Informationen über Märkte, Kundenbedürfnisse, Wettbewerber und Konkurrenzprodukte können schneller

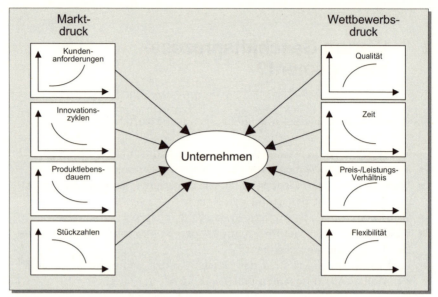

Abbildung 1-1: Anforderungen an Unternehmen

beschafft werden und stehen weltweit allen Marktteilnehmern zur Verfügung. Wettbewerbsvorteile erzielen vor allem die Unternehmen, die schneller als ihre Wettbewerber auf Veränderungen von Märkten, Kunden und Technologien reagieren. Ihre Stärken sind hohe Flexibilität und kurze Reaktionszeiten. Zeit ist zum entscheidenden Wettbewerbsfaktor geworden. Wer schneller, effizienter und kundennäher agiert, steigert Umsätze, Marktanteile und Ergebnisse. Nicht Größe, sondern Geschwindigkeit bestimmt den Erfolg.

Die wachsenden Anforderungen an Zeit, Qualität, Kosten und Flexibilität können Unternehmen nur erfüllen, wenn sie den Wandel als permanente Herausforderung und kontinuierlichen Prozess betrachten. Der Wandel umfasst das gesamte Unternehmen:

- Einstellungen und Verhalten von Management und Mitarbeitern,
- Führungssystem,
- Organisation,
- Controlling,
- Technologien, Prozesse und Produkte.

Das Geschäftsprozessmanagement ist ein geeignetes und bewährtes Konzept, Unternehmen flexibel an veränderte Bedingungen anzupassen und den Wandel gezielt zu steuern.

1.2   Probleme in Unternehmen

Den hohen Anforderungen auf der einen Seite stehen oft ungelöste Probleme auf der anderen Seite gegenüber. Die Probleme lassen sich anhand der Schlagwörter „Effektivität" und „Effizienz" beschreiben. Effektivität bedeutet „das Richtige tun", wie z. B. die richtigen Märkte auswählen, die richtigen Produkte entwickeln, die richtigen Erfolgsfaktoren bestimmen und die richtigen Kernkompetenzen aufbauen. Maßgeblichen Einfluss auf die Effektivität haben Unternehmensvision, Unternehmensstrategie und Unternehmensziele.

Viele Unternehmen haben Defizite, was ihre Effektivität angeht. Beispiele dafür sind:

* kein überzeugendes Leitbild,
* unklare strategische Ziele,
* unklare Vorstellungen über Erfolgsfaktoren und Erfolgspotentiale,
* unklare Marktziele,
* mangelhafte Kenntnis der Kundenprobleme, -bedürfnisse, -anforderungen und -erwartungen,
* unklare Produktziele.

Das Ergebnis mangelhafter Effektivität sind unzufriedene Kunden und unzufriedene Mitarbeiter. Nicht selten schlägt die Unzufriedenheit auch auf die Kapitalgeber und die Gesellschaft durch. Besonders kritisch für das Unternehmen sind Kunden. Von ihren Entscheidungen hängen Umsatz und Ergebnis eines Unternehmens ab. Der Kundenzufriedenheit ist deshalb höchste Aufmerksamkeit zu schenken. Sie stellt einen wichtigen Indikator der Effektivität dar.

Effizienz bedeutet „etwas richtig tun". Hier geht es um die „effiziente", d. h. wirtschaftliche Erreichung der gesetzten Ziele. Effizienzprobleme bereiten besonders die betrieblichen Abläufe. Abbildung 1-2 zeigt Problemfelder, deren Ursache in der unzureichenden Beherrschung der Prozesse liegt. Häufig sind die Prozesse mit nicht wertschöpfenden Aktivitäten überladen und erfordern wegen der vielen Schnittstellen einen hohen Koordinationsaufwand. Sie stellen im Unternehmen den größten Kostenblock dar.

Indikatoren der Effizienz sind Zeiten, Qualität und Kosten. Diese Größen stehen miteinander in enger Beziehung. So wird z. B. gefordert, dass Produkte mit hoher Qualität, in kurzer Zeit und mit geringen Kosten entwickelt werden.

In der Praxis dominieren die Kosten als Steuerungsgröße der Effizienz. Ein Grund dafür liegt im Rechnungswesen. Es übt in vielen Unternehmen einen stärkeren Einfluss auf das Unternehmensgeschehen aus als Qualitäts- und Zeitmanagement aus. In deutschen Unternehmen hat es Tradition, Ergebnisprobleme über Kostensenkungsprogramme und weniger über Qualitätssteige-

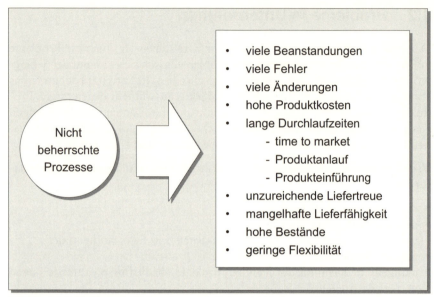

Abbildung 1-2: Probleme in Unternehmen als Folge nicht beherrschter Prozesse

rungs- oder Zeitsenkungsprogramme zu lösen. Typische Maßnahmen von Kostensenkungsprogrammen sind:

• Personalabbau,
• Outsourcing,
• Bestandsabbau,
• Einkaufsoffensiven,
• Investitionskürzungen bzw. -streckungen,
• Bereinigung des Produktprogramms,
• Abbau sozialer Leistungen,
• Maßnahmencontrolling.

Kurzfristig führen Kostensenkungsprogramme zu einer Entlastung, langfristig bieten sie jedoch keine Lösung. Ergebnisprobleme haben in vielen Fällen ihre Ursache in Effektivitäts-, Qualitäts- und Zeitproblemen. Diese werden durch einseitige Kostensenkungsmaßnahmen in der Regel nicht beseitigt.

Die Praxis schenkt der Effizienz allgemein höhere Aufmerksamkeit als der Effektivität. Eine Vernachlässigung der Effektivität ist jedoch gefährlich. Sie kann zu falschen Zielsetzungen führen, die auch durch hohe Effizienz nicht korrigiert werden können. Effizientes Handeln bedeutet nicht, auch effektiv zu sein. Auf der anderen Seite sind richtige Ziele gefährdet, wenn es an Effizienz mangelt. So verfehlt z. B. eine richtige Produktidee ihr Ziel, wenn die

Anforderungen der Kunden unzureichend erfüllt werden, die Entwicklung des Produktes zu lange dauert oder Entwicklung, Fertigung und Vermarktung zu teuer sind.

Notwendig ist, der Zielsetzung (Effektivität) eine ebenso hohe Aufmerksamkeit wie der Zielumsetzung (Effizienz) zu schenken. „Die richtigen Dinge sind richtig zu tun." Viele Effektivitätsprobleme und die meisten Effizienzprobleme haben ihre Ursache in nicht vorhandenen bzw. mangelhaft beherrschten Geschäftsprozessen. Effektivitäts- und Effizienzprobleme lassen sich durch Geschäftsprozessmanagement deutlich reduzieren.

1.3 Geschäftsprozessmanagement als Lösungsweg

Unter Geschäftsprozessmanagement wird ein integriertes Konzept von Führung, Organisation und Controlling verstanden, das eine zielgerichtete Steuerung der Geschäftsprozesse ermöglicht und das Unternehmen auf die Erfüllung der Bedürfnisse der Kunden und anderer Interessengruppen (Mitarbeiter, Kapitalgeber, Gesellschaft, Lieferanten, Partner) ausrichtet (vgl. auch Gaitanides et al. 1994, S. 3; Rohm 1998, S. 19 ff.; siehe Abb. 1-3.). Geschäftsprozesse bestehen aus der funktionsüberschreitenden Verkettung wertschöpfender Aktivitäten, die spezifische, von Kunden erwartete Leistungen erzeugen und deren Ergebnisse strategische Bedeutung für das Unternehmen haben.

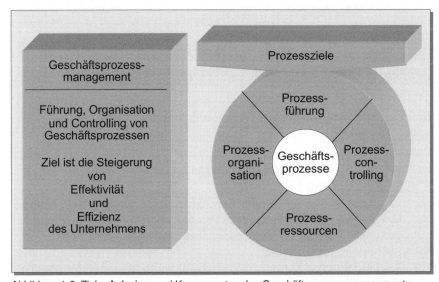

Abbildung 1-3: Ziele, Aufgaben und Komponenten des Geschäftsprozessmanagements

Die Führungsaufgabe nehmen in Geschäftsprozessen die Geschäftsprozessverantwortlichen wahr. Sie sind persönlich für die Erreichung der Prozessziele verantwortlich.

Die Prozessorganisation bildet den Ordnungsrahmen, der den effektiven und effizienten Ablauf der Geschäftsprozesse gewährleisten soll. Zu den Aufgaben der Organisation zählen die Identifikation und Gestaltung der Geschäftsprozesse sowie ihre Einbettung in die Unternehmensorganisation. Zumeist hat die Einführung von Geschäftsprozessen eine Änderung der traditionellen Aufbauorganisation zur Folge.

Die erfolgreiche Steuerung der Geschäftsprozesse setzt klare Ziele und Transparenz voraus. Die Basis dafür legt das Prozesscontrolling. Es umfasst die Planung der Prozessziele und die Kontrolle der Zielerreichung. Ergänzende Aufgaben sind die für Planung und Kontrolle erforderliche Koordination und Informationsversorgung. Wichtige Hilfsmittel des Prozesscontrolling sind Prozesskennzahlen und das Prozessberichtswesen. Mit Hilfe der Prozesskennzahlen werden die Leistungen der Geschäftsprozesse gemessen. Die Prozessberichte stellen Transparenz über die Leistungssituation und die Leistungsentwicklung in den Geschäftsprozessen her.

> Hauptziele des Geschäftsprozessmanagements sind Erhöhung der Kundenzufriedenheit und Steigerung der Produktivität. Beide Ziele tragen zur Erhöhung des Unternehmens- bzw. Geschäftswertes bei. Über die Gestaltung und Steuerung der Geschäftsprozesse werden alle Aktivitäten des Unternehmens auf die Bedürfnisse von Kunden und anderen Interessengruppen ausgerichtet. Die laufende Messung und Verbesserung der Geschäftsprozesse bilden die Basis für die kontinuierliche Steigerung der Prozessleistungen. Die Leistungssteigerungen beruhen auf der Kreativität, dem Engagement und dem Sachverstand der Mitarbeiter, deren Eigenständigkeit und Motivation das Geschäftsprozessmanagement fördert.

Das Geschäftsprozessmanagement kann zusammenfassend wie folgt charakterisiert werden:

- Prozessorientierung
  - Im Mittelpunkt stehen Geschäftsprozesse.
- Kundenorientierung
  - Gestaltung und Steuerung der Geschäftsprozesse sind auf die Erfüllung der Kundenwünsche bzw. auf die Erfüllung der Anforderungen und Erwartungen der Stakeholder ausgerichtet.
- Wertschöpfungsorientierung
  - Geschäftsprozesse konzentrieren sich auf wertschöpfende Aktivitäten.
  - Aktivitäten ohne Wertschöpfung werden eliminiert.

- Leistungsorientierung
  - Effektivität und Effizienz der Geschäftsprozesse und damit des Unternehmens werden kontinuierlich gesteigert.
- Mitarbeiterorientierung
  - Die Mitarbeiter werden ertüchtigt, weitgehend eigenständig die Geschäftsprozesse zu optimieren.
- Lernorientierung
  - Die kontinuierliche Verbesserung der Geschäftsprozesse durch die Mitarbeiter verstärkt und beschleunigt das organisationale Lernen.
- Kompetenzorientierung
  - Die Geschäftsprozesse dienen dazu, Kernkompetenzen auf- und auszubauen.

Mit diesen Schlagworten schmücken sich auch andere Konzepte, Vorgehensweisen und Methoden. Zumeist decken diese jedoch nur Teilaspekte ab. Das Geschäftsprozessmanagement bietet dagegen ein integriertes Vorgehens- und Methodenkonzept an, das alle vorgenannten Orientierungen berücksichtigt.

Geschäftsprozessmanagement ist kein Projekt, sondern ein Konzept der Organisationsgestaltung und -veränderung, das auf Dauer angelegt ist. In seinem Mittelpunkt stehen Kunden (bzw. Stakeholder) als Leistungsempfänger und Mitarbeiter als Leistungserzeuger. Wesentliche Merkmale des hier vorgestellten Konzeptes des Geschäftsprozessmanagements sind:

- Integration von Prozessführung, Prozessorganisation und Prozesscontrolling,
- strategie- und kundenorientierte Definition der Geschäftsprozesse,
- Prozesssteuerung auf Basis eines integrierten Ziel-, Planungs- und Kontrollsystems,
- Prozessoptimierung durch Integration von Prozesserneuerung und Prozessverbesserung,
- Einführung des Geschäftsprozessmanagements als Prozess des organisatorischen Wandels.

1.4 Geschäftsprozessmanagement im Vergleich mit anderen Managementkonzepten und -methoden

Literatur und Praxis kennen viele Konzepte, Vorgehen und Methoden deren Ziel es ist, Unternehmensprobleme zu lösen und die Wettbewerbsfähigkeit zu stärken:

- effektivitätsorientierte Konzepte und Methoden:
  - Strategisches Management, Kernkompetenzen,

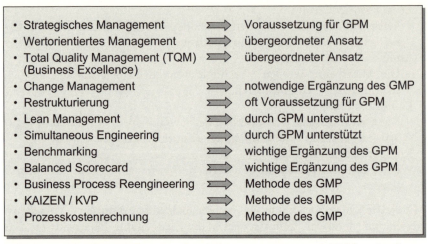

- Strategisches Management   ⟹   Voraussetzung für GPM
- Wertorientiertes Management   ⟹   übergeordneter Ansatz
- Total Quality Management (TQM)   ⟹   übergeordneter Ansatz
  (Business Excellence)
- Change Management   ⟹   notwendige Ergänzung des GMP
- Restrukturierung   ⟹   oft Voraussetzung für GPM
- Lean Management   ⟹   durch GPM unterstützt
- Simultaneous Engineering   ⟹   durch GPM unterstützt
- Benchmarking   ⟹   wichtige Ergänzung des GPM
- Balanced Scorecard   ⟹   wichtige Ergänzung des GPM
- Business Process Reengineering   ⟹   Methode des GMP
- KAIZEN / KVP   ⟹   Methode des GMP
- Prozesskostenrechnung   ⟹   Methode des GMP

Abbildung 1-4: Beziehungen zwischen Geschäftsprozessmanagement (GPM) und anderen Managementkonzepten und -methoden

- effizienzorientierte Konzepte und Methoden:
  - Restrukturierung und Ressourcenanpassung (Rightsizing),
  - Lean Management,
  - Simultaneous Engineering,
  - Business Process Reengineering,
  - KAIZEN, Kontinuierlicher Verbesserungs-Prozess (KVP),
  - Prozesskostenrechnung,
  - Balanced Scorecard,
  - Benchmarking,
  - Outsourcing.

- effektivitäts- und effizienzorientierte Konzepte und Methoden:
  - Total Quality Management (TQM),
  - Wertorientierte Unternehmensführung,
  - Geschäftsprozessmanagement,
  - Change Management.

Zwischen diesen Konzepte, Vorgehen und Methoden und dem Geschäfts-prozessmanagement bestehen enge Beziehungen (siehe Abb. 1-4). Diese werden nachfolgend kurz erläutert.

1.4.1 Strategisches Management, Kernkompetenzen

Das strategische Management beantwortet die Frage, wie sich das Unternehmen langfristig entwickeln soll und wie Wettbewerbsvorteile nachhaltig erreicht und gesichert werden können (vgl. Hinterhuber 1992; Gausemeier/Fink 1999, S. 155 ff.; Kohlöffel 2000). Schwerpunkte sind:

- Entwicklung einer Vision und eines Unternehmensleitbildes,
- Identifizierung und Entwicklung von Kernkompetenzen,
- Identifizierung und Entwicklung strategischer Erfolgsfaktoren,
- Identifizierung und Entwicklung strategischer Erfolgspositionen,
- Definition strategischer Geschäftseinheiten,
- Entwicklung von Strategien (Technologie-, Wettbewerbsstrategie ...),
- Definition und Umsetzung des strategischen Programms.

Besonders der Kernkompetenz-Ansatz hat in den 90er Jahren viel Beachtung gefunden (vgl. Prahalad/Hamel 1990). Kernkompetenzen verkörpern einzigartige Ressourcen, Fähigkeiten oder Technologien, die bei einem koordinierten Einsatz dauerhafte Wettbewerbsvorteile begründen und von der Konkurrenz nur schwer imitierbar oder substituierbar sind. Sie setzen das Unternehmen in die Lage, flexibel und schnell auf zukünftige Veränderungen zu reagieren und neue Leistungen anzubieten. Dadurch ermöglichen sie den Zugang zu einem weiten Spektrum unterschiedlicher Märkte und leisten wesentliche Beiträge zur Steigerung des Kundennutzens.

Kernkompetenzen beeinflussen maßgeblich Leistung und Erfolg von Geschäftsprozessen. Auf der anderen Seite bieten Geschäftsprozesse eine ausgezeichnete Plattform, Kernkompetenzen auf- und auszubauen. Geschäftsprozesse können also selbst Kernkompetenzen darstellen oder/und die Basis für die Schaffung von Kernkompetenzen bilden.

Geschäftsprozesse haben nicht nur starken Einfluss auf Kernkompetenzen, sondern auch auf wettbewerbsentscheidende Erfolgsfaktoren, wie z. B. time to market, Produktqualität oder Preis-/Leistungsverhältnis der Produkte. Insgesamt bestehen also enge Beziehungen zwischen strategischem Management und Geschäftsprozessen.

1.4.2 Restrukturierung und Ressourcenanpassung (Rightsizing, Downsizing)

Unter dem Begriff Restrukturierung wird hier die Überprüfung/Neuausrichtung der Unternehmensstruktur verstanden. Als Ziele werden Steigerung der Produktivität, Erhöhung der Rentabilität und Sicherung der Wettbewerbsfähigkeit verfolgt. Dies wird durch die Bildung bzw. Neuausrichtung strategischer Geschäftsfelder bzw. strategischer Geschäftseinheiten sowie die Konzentration auf Kerngeschäfte erreicht. Nicht ausreichend gewinnbringende Unternehmensteile, Produkte und Aktivitäten werden aufgegeben und Gebiete mit Wettbewerbsvorteilen gestärkt. Outsourcing spielt als Maßnahme eine wichtige Rolle. Restrukturierung ist besonders aktuell, wenn Produktprogramm, Produkte und Prozesse nicht mehr wettbewerbsfähig sind und ein Unternehmen saniert werden muss.

Die Restrukturierung wird in der Regel von einem Benchmarking und Produktivitätsprogramm begleitet. Das Benchmarking vermittelt Zielperspektiven, die durch Kostensenkungs- und Umsatzsteigerungsmaßnahmen abgesichert werden. Die Schwerpunkte der Maßnahmen betreffen das Produktprogramm und die Zulieferungen. Die Durchsetzung der Maßnahmen überwacht ein zentrales und dirigistisch durchgeführtes Maßnahmencontrolling. Organisatorisch mündet die Restrukturierung oft in eine Struktur selbständiger strategischer Geschäftseinheiten, die ihr Ergebnis eigenständig verantworten.

Mit der Restrukturierung ist eine Anpassung der Ressourcen im Sinne von Rightsizing oder Downsizing verbunden. Rightsizing bedeutet, die Ressourcen qualitativ und quantitativ auf die zukünftigen Geschäftsziele, Geschäftsfelder, Geschäftsvolumina und Unternehmensstruktur abzustimmen. In vielen Unternehmen sind Überkapazitäten vorhanden, die abgebaut werden müssen, um in Zukunft wettbewerbsfähiger zu sein. Deshalb wird in der Praxis oft auch von Downsizing gesprochen.

Die Anpassungen beziehen sich nicht nur auf Personalkapazitäten, sondern umfassen auch:

- Leistungsangebot, Produktprogramm, Produkte (Design, Funktionen, Leistungen, Komponenten, Material),
- technische Ressourcen: Gebäude, Equipment, Informations- und Kommunikationssysteme (vor allem DV-Programme), Tools, Werkzeuge,
- Bestände sowie
- Lieferanten.

Zwischen Zielen, Inhalten und Wirkungen der Restrukturierung/Ressourcenanpassung und dem Geschäftsprozessmanagement bestehen erhebliche Unterschiede. Bei der Restrukturierung geht es neben der strukturellen Neuorientierung um kurzfristig wirksame Produktivitätssteigerungen (Kostensenkung + Umsatzsteigerung). Restrukturierungen werden vielfach als „Crash Programm" unter starker Beteiligung von Unternehmensberatern durchgeführt. Charakteristisch sind viele Einzelmaßnahmen, die in der Summe erhebliche Produktivitätssteigerungen bewirken. Produktivitätsrückstände von 50 % und negative Umsatzrenditen von über 10 % sind aufholbar (vgl. Kleinfeld 1997, S. 114.). Erreicht wird ein deutlich höheres Produktivitätsniveau.

Nicht oder nur mit Einschränkungen erreicht werden eine stärkere Kunden- und Kompetenzorientierung sowie eine dauerhafte Leistungssteigerung. Die Funktionsorientierung bleibt erhalten und die Prozesse werden nur punktuell verbessert. Die Ursachen für Ineffektivität und Ineffizienz werden also nicht systematisch eliminiert. Fehler der Vergangenheit treten deshalb auch in Zukunft wieder auf. Produktivitätssteigerungsprogramme sind auf kurzfristige

Effekte ausgerichtet. Geschäftsprozessmanagement zielt dagegen auf nachhaltige und dauerhafte Leistungsverbesserungen ab.

Restrukturierung und Ressourcenanpassung sind notwendig, um sanierungsbedürftige Unternehmen bzw. Unternehmensteile strategisch neu auszurichten und zu „entschlacken". Die kurzfristig erreichbare Anhebung des Produktivitätsniveaus ist eine günstige Basis für das Geschäftsprozessmanagement. Deshalb ist es vorteilhaft, zunächst Restrukturierung und Ressourcenanpassung durchzuführen und anschließend bzw. zeitlich versetzt das Geschäftsprozessmanagement einzuführen. Beide Ansätze schließen sich nicht aus, sondern ergänzen sich, falls die richtige Reihenfolge eingehalten wird.

1.4.3 Lean Management

Der Begriff Lean Management geht auf eine Studie des Massachusetts Institute of Technology (MIT) zurück, in der japanische, US-amerikanische und europäische Kraftfahrzeughersteller miteinander verglichen wurden (vgl. Womack/Jones/Ross 1990). Ursprünglich bezog sich der Begriff auf das Produktionssystem (Lean Production), wurde dann aber auf das gesamte Unternehmen und seine Partner ausgeweitet. Lean Management bedeutet schlanke Unternehmensführung. Weder der Begriff, noch die angewandten Prinzipien und das Vorgehen lassen sich klar beschreiben, da bis heute „kein generelles, schlüssiges und umfassendes Gedankenkonzept vorliegt". Ziele sind hohe Effizienz, Schnelligkeit, Flexibilität und überlegene Qualität.

Der Hauptakzent von Lean Management liegt auf der Effizienzsteigerung und nicht so stark wie beim Geschäftsprozessmanagement auf Kunden- und Kernkompetenzorientierung. Auch der Ansatz, die Organisation durch Geschäftsprozesse weiterzuentwickeln und das organisationale Lernen systematisch zu unterstützen, fehlen im Lean Management weitgehend. Methodisch ist das Konzept des Geschäftsprozessmanagements klarer und abgerundeter. Im Unterschied zum Lean Management bietet es Vorgehensmodelle und konkrete Gestaltungsempfehlungen an, die sich auf das gesamte Unternehmen beziehen.

1.4.4 Simultaneous Engineering

Unter Simultaneous Engineering wird die integrierte und zeitparallele Planung und Entwicklung von Produkten sowie der benötigten Produktions-

mittel und -prozesse verstanden (vgl. Gerpott 1990). Im Mittelpunkt steht die
interdisziplinäre Zusammenarbeit von Entwicklern, Fertigungsingenieuren,
Produktionsmittelherstellern, Zulieferern und Kunden. Planung und Kontrolle der Realisierung liegen in der Verantwortung und Regie der Simulta-
neous-Engineering-Teams. Die interdisziplinäre Abstimmung und Kommunikation ermöglicht es, die Entwicklung von Werkzeugen und sonstigen Fer-
tigungsmitteln zu parallelisieren. Dadurch werden Abstimmungs-, Übergabe-
und Fertigungsanlaufzeiten eingespart und Produktkosten gesenkt. Auch
lässt sich der Änderungsaufwand deutlich reduzieren.

Geschäftsprozesse bieten günstige Voraussetzungen für Simultaneous Engineering, da sie Durchlaufzeitverkürzungen und Parallelisierung intensiv
unterstützen. Ferner verbessert die Teamorientierung in Geschäftsprozessen die Kommunikationskultur, was sich positiv auf die interdisziplinäre
Zusammenarbeit auswirkt. Das teamorientierte Vorgehen wird im Geschäftsprozessmanagement ablauforganisatorisch, aufbauorganisatorisch
und durch das Controlling unterstützt.

1.4.5 Business Process Reengineering (BPR)

Business Process Reengineering (BPR) bedeutet fundamentales Überdenken
und radikales Redesign von Geschäftsprozessen (vgl. Hammer/Champy
1994a). Es stellt bestehende Strukturen, Systeme und Verhaltensweisen in
Frage. Das Resultat sind dramatische Verbesserungen der Leistungsgrößen
Zeit, Qualität und Kosten sowie der Kundenzufriedenheit. Hauptmerkmale
von BPR sind:

- strikte Kundenorientierung,
- Ausrichtung des gesamten Unternehmens auf Geschäftsprozesse,
- grundlegende Erneuerung von Prozessen, Strukturen und Systemen,
- Quantensprünge der Prozessleistung.

BPR ist eine Methode des Geschäftsprozessmanagements, die über radikale Veränderungen sprunghafte Leistungssteigerungen erzielt. Den Chancen auf der einen Seite stehen erhebliche Projektrisiken auf der anderen
Seite gegenüber. Die Erfolgsaussichten von BPR sind deutlich höher, wenn
es im Rahmen eines umfassenden Konzeptes des Geschäftsprozessmanagements zum Einsatz kommt, wie es in diesem Buch beschrieben wird.

Ziele, Inhalte und Vorgehen des BPR werden in Kapitel 6.2 behandelt.

1.4.6   KAIZEN, KVP (Kontinuierlicher Verbesserungs-Prozess)

KAIZEN/KVP ist eine japanische Managementphilosophie und steht für ständiger Verbesserungsprozess unter Einbindung der Mitarbeiter (vgl. Imai 1992). Wichtige Merkmale von KAIZEN/KVP sind:

• Prozessorientierung: der Fokus liegt nicht auf dem Ergebnis, sondern auf dem Prozess zur Erstellung des Ergebnisses.
• Permanente Steigerung der Prozessleistung durch Verbesserungen in kleinen Schritten.
• Orientierung an den Wünschen der internen und externen Kunden.
• Nutzung der Fähigkeiten aller Mitarbeiter zur Lösung vorhandener Probleme.

KAIZEN/KVP ist ein Baustein des Geschäftsprozessmanagements. Er eignet sich hervorragend zur Stabilisierung von Leistungssprüngen sowie zur kontinuierlichen Steigerung von Prozessleistungen.

Die Schwerpunkte von KAIZEN/KVP liegen auf der Verbesserung der Prozess- und Arbeitsschritte innerhalb der Geschäftsprozesse. Prozessführung, -organisation und -controlling bieten KAIZEN/KVP ausgezeichnete Rahmenbedingungen. In dem hier vorgestellten Konzept wird KAIZEN/KVP als integrierter Bestandteil des Geschäftsprozessmanagements betrachtet. Auf Ziele, Inhalte und Vorgehen von KAIZEN/KVP wird in Kapitel 6.3 näher eingegangen.

1.4.7   Prozesskostenrechnung

Die Prozesskostenrechnung ermöglicht es, indirekte Bereiche (Gemeinkostenbereiche) besser zu steuern und Produkte/Leistungen verursachungsgerechter zu kalkulieren (vgl. Horváth & Partner 1998). Die Ziele der Prozesskostenrechnung sind:

• Herstellen von Transparenz über die Kosten in Gemeinkostenbereichen.
• Beinflussen der Gemeinkosten über die gemeinkostentreibenden Faktoren (cost driver).
• Verursachungsgerechtes Zuordnen der Gemeinkosten auf Produkte und Leistungen.
• Aufzeigen der Kosten von Prozessen und Vorgängen.

Die Prozesskostenrechnung setzt das Vorhandensein von Geschäftsprozessen voraus. Sie ist Bestandteil des Geschäftsprozessmanagements und deckt ein Teilgebiet des Prozesscontrollings ab.

In vielen Anwendungen wird die Prozesskostenrechnung isoliert eingeführt. Dies bedeutet, dass Geschäftsprozesse nur für den Zweck der Prozesskostenrechnung implementiert werden. Der bessere Weg ist, Geschäftsprozessmanagement umfassend einzuführen und dabei neben vielen anderen Vorteilen auch die der Prozesskostenrechnung zu nutzen.

Ziele, Inhalte und Vorgehen der Prozesskostenrechnung werden in Kapitel
5.2 näher erläutert.

1.4.8   Balanced Scorecard

Die Balanced Scorecard beinhaltet ein Bündel von Leistungskennzahlen, das
dem Management eine strategiekonforme Steuerung des Unternehmens ermöglicht (vgl. Kaplan/Norton 1997; Horváth/Gaiser 2000, S. 17 ff.). Dabei
wird besonderes Gewicht auf die Verbindung zwischen strategischen und operativen Zielen sowie auf die Kontrolle der Strategieumsetzung gelegt. Die Balanced Scorecard dient der Strategieumsetzung, nicht der Strategiefindung.

In der Vergangenheit wurden vorwiegend Finanzgrößen (Umsatz, Gewinn,
Renditen, Kosten) zur Steuerung des Unternehmens verwendet. Im Konzept
der Balanced Scorecard wird die finanzielle Sicht um drei zusätzliche Perspektiven erweitert: Kunden-, Prozess- und Lern- bzw. Innovationssicht. Aus
diesen Sichten werden nicht-finanzielle Kennzahlen abgeleitet, die das finanzielle Ergebnis maßgeblich beeinflussen.

Zwischen Geschäftsprozessmanagement und der Balanced Scorecard bestehen enge Beziehungen. Zum einen liefert die Balanced Scorecard die Basis für die Definition der Prozessziele. Dadurch wird sichergestellt, dass
Prozessziele kompatibel mit den Unternehmenszielen sind. Zum anderen
stellt das Prozesscontrolling Messgrößen zur Verfügung, die in die Balanced Scorecard eingehen und anhand derer die Leistungssituation des operativen Bereiches beurteilt werden kann. Beide Methoden ergänzen sich.

1.4.9   Benchmarking

Benchmarking ist ein fortlaufender und systematischer Prozess zur Bewertung von Produkten, Diensten, Prozessen oder organisatorischen Bereichen
anderer Unternehmen oder Organisationen, die als Vertreter der besten Praktiken bekannt sind (vgl. Camp 1994, Meyer 1996). Benchmarking soll Leis-
tungsunterschiede zur eigenen Organisation aufzeigen, Gründe für Leis-
tungsunterschiede feststellen, Möglichkeiten für Leistungsverbesserungen
vorschlagen und wettbewerborientierte Zielfestlegungen empfehlen. Die

wichtigste Frage des Benchmarking lautet: Warum machen andere etwas besser?

Ziel des Benchmarking ist es, die Denk- und Arbeitsweisen des eigenen Unternehmens zu überprüfen sowie die besten Praktiken ausfindig zu machen, mit denen überdurchschnittliche Wettbewerbsvorteile erreicht werden können. Benchmarking setzt eine ausreichende Kenntnis der eigenen Leistungserstellung voraus. Nicht selten ist es leichter, Leistungsdaten über andere Unternehmen zu erhalten als die eigene Leistung ausreichend genau zu bewerten.

Benchmarking kann helfen, die Notwendigkeit des Geschäftsprozessmanagements zu begründen und Vorbehalte gegenüber seiner Einführung abzubauen. Deshalb sollte vor der Entscheidung über die Einführung des Geschäftsprozessmanagements ein Prozess-Benchmarking durchgeführt werden. Es kann Auskunft über Struktur und Leistung der Geschäftsprozesse anderer Unternehmen oder Organisationen geben und Anhaltspunkte für die Definition, Gestaltung oder Erneuerung der eigenen Geschäftsprozesse vermitteln. Benchmarking ist ein wichtiges Instrument zur Festlegung wettbewerbsorientierter Prozessziele.

Das Benchmarking von Geschäftsprozessen gewinnt eine immer größere Bedeutung, weil es sich gut für die Analyse der Gemeinkostenbereiche eignet und Erfolgspotenziale aufdecken kann.

1.4.10 Outsourcing, Insourcing

Outsourcing bedeutet Auslagerung, Insourcing Ein- oder Zurückverlagerung von Unternehmensaktivitäten (vgl. Picot/Maier 1992). Die Gründe für Outsourcing können sein:

- Konzentration auf Kernkompetenzen und Kerngeschäfte,
- Einsparung bzw. Freisetzung bisher gebundener Ressourcen,
- Reduktion der Komplexität,
- Nutzung der Überlegenheit anderer (z. B. Kosten-, Zeitvorteile).

Outsourcing birgt allerdings auch Gefahren in sich:

- Abwandern von Know-how,
- Stärkung der Position des Partners auf Kosten der eigenen Position.

Outsourcingentscheidungen sind so zu treffen, dass bestehende Kernkompetenzen nicht geschwächt und zukünftige nicht eingeschränkt werden. Insourcingentscheidungen sollten sich nicht an kurzfristigen Effizienzvorteilen, sondern an langfristigen Kompetenzvorteilen orientieren.

In Geschäftsprozessen ist Outsourcing auf allen Ebenen relevant. Immer dann, wenn durch Ausgliederung von Teilprozessen oder Prozessschritten Kernkompetenzen gestärkt sowie die Kundenzufriedenheit und Prozesseffizienz erhöht werden können, sind die Möglichkeiten von Outsourcing zu prüfen. Die Frage von Outsourcing und Insourcing stellt sich bei der Gestaltung wie auch bei der laufenden Steuerung der Geschäftsprozesse.

Vom Outsourcing sind besonders Geschäftsprozesse mit geringer strategischer Bedeutung betroffen, wie z. B. sekundäre Geschäftsprozesse bzw. Teilprozesse. Outsourcing wird dann aktuell, wenn diese Prozesse ein niedriges Leistungsniveau aufweisen oder knappe Ressourcen verbrauchen.

1.4.11 Total Quality Management (TQM)

Totales Qualitätsmanagement ist ein Führungskonzept, das die Qualität in den Mittelpunkt stellt und auf der Mitwirkung aller Mitarbeiter einer Organisation beruht. Ziele sind Zufriedenheit der Kunden, langfristiger Geschäftserfolg, Nutzen für die Mitglieder der Organisation und Nutzen für die Gesellschaft (vgl. DIN ISO 8401).

TQM betrachtet nicht nur die Kunden als Interessengruppen (Stakeholder) des Unternehmens, sondern auch Lieferanten, Kapitalgeber, Partnerunternehmen, Mitarbeiter und die Gesellschaft. Für alle diese Stakeholder hat das Unternehmen Leistungen zu erbringen und Wertzuwachs zu schaffen. Qualität im Sinne von TQM (= umfassende Unternehmensqualität) bedeutet, die Anforderungen und Erwartungen aller dieser Gruppen zu erfüllen.

Die Inhalte von TQM werden durch das Modell für Excellence der European Foundation for Quality Management (EFQM) konkretisiert (vgl. EFQM 1999; siehe Abb. 1-5), das dem europäischen Qualitätspreis (European Quality Award) zu Grunde liegt. Darüber hinaus eignet sich das Modell zur Selbstbewertung eines Unternehmens und seiner Geschäftsprozesse.

Das EFQM-Modell unterscheidet zwischen „Befähigern" und „Ergebnissen". Von den „Befähigern" hängt es ab, welche „Ergebnisse" ein Unternehmen erzielt.

Die Geschäftsprozesse beeinflussen am stärksten die Unternehmensergebnisse. Darüber hinaus wirken sie positiv auf Strategie, Führung und Mitarbeiterorientierung. Geschäftsprozessmanagement unterstützt also im hohen Maße TQM-Ziele und stellt einen wesentlichen Baustein von TQM dar.

Die Anforderungen, die TQM an Geschäftsprozesse stellt, werden in dem hier vorgestellten Konzept des Geschäftsprozessmanagements abgedeckt.

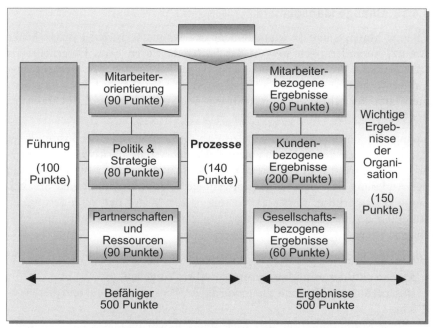

Abbildung 1-5: TQM-Modell der European Foundation for Quality Management (EFQM)

1.4.12 Wertorientierte Unternehmensführung

Ziel des wertorientierten Unternehmensführung ist es, den Wert des investierten Vermögens (Geschäftswert) zu erhöhen. Die Firma Siemens hat z. B. seit Beginn des Geschäftsjahres 1997/98 die Steigerung des Geschäftswertes als zentrale Führungsaufgabe definiert (vgl. Neubürger 2000, S. 189 ff.). Der Geschäftswert ist der von dem Unternehmen geschaffene Wert (Market Value Added). Er wird als Differenz aus dem Marktwert des Unternehmens und dem Geschäftsvermögen ermittelt. Alle Projekte und Investitionen werden in der Siemens AG an dem Ziel der Wertsteigerung ausgerichtet. Als Messgröße dient der Geschäftswertbeitrag (GWB). Für jeden Geschäftsbereich und jedes Geschäftsgebiet werden GWB-Ziele formuliert, von deren Einhaltung u. a. die Vergütung der Führungskräfte abhängt.

Die nachhaltige Steigerung des Geschäftswertes setzt eine Steigerung von Innovation und Wachstum voraus, die wiederum von einer hohen Kunden- und Mitarbeiterzufriedenheit sowie einer hohen Produktivität getragen werden. Innovation, Kunden-, Mitarbeiterzufriedenheit und Produktivität sind Felder, die das Geschäftsprozessmanagement nachhaltig verbessern kann. Das Geschäftsprozessmanagement leistet deshalb wichtige Beiträge zur Steigerung des Geschäftswertes.

1.4.13 Change Management

Change Management (= Management des Wandels), ist ein ganzheitlicher Ansatz, Veränderungen sowohl der harten Faktoren eines Unternehmens (z. B. Struktur, Prozesse) als auch der weichen Faktoren (z. B. Unternehmenskultur, Verhalten) dauerhaft zu realisieren. Die Ergebnisse führen zu einem messbaren Fortschritt des Unternehmens und verhindern ein Zurückfallen in den Ausgangszustand.

Change Management läuft als Prozess ab. Er beginnt mit einer Vision, leitet daraus Sachziele ab, bindet in einem Kaskadensystem schrittweise viele Mitarbeiter ein, weist über ein integriertes Mess- und Steuerungssystem Erfolge der Änderung nach und stößt notwendige Korrekturmaßnahmen an (vgl. Doppler/Lauterburg, 1994). Der Erfolg ist der Motor der Veränderung. Er stimuliert den persönlichen Bewusstseinswandel von Mitarbeitern und Führungskräften.

Die Erfolgsfaktoren des Change Managements sind:

• Klar strukturiertes und programmatischen Vorgehen.
• Unternehmensleitung, die glaubwürdig ist, Veränderung will und diese vorlebt.
• Offene Kommunikation über Ziele und Fortschritte.
• Schulung und Training neuer Methoden und Verhaltensweisen.
• Wecken und Fördern der Eigenverantwortung und Eigeninitiative aller Mitarbeiter.

Geschäftsprozessmanagement stellt eine spezifische Form des Unternehmenswandels dar. Es verändert sowohl weiche (z. B. Führungsstil, Rollen, Verhalten, Zusammenarbeit) als auch harte Faktoren (z. B. Struktur, Prozesse), um die Wettbewerbsfähigkeit dauerhaft zu steigern.

Die Integration von Change Management und Geschäftsprozessmanagement kann auf zwei Wegen erreicht werden (vgl. auch EFQM 1999b, S. 42 ff.). Entweder wird die Einführung des Geschäftsprozessmanagements von einem übergreifenden Change-Programm begleitet oder es werden Vorgehen und Methoden des Change Managements in das Projekt zur Einführung des Geschäftsprozessmanagements eingebunden. Change Management ist nicht nur bei der Einführung des Geschäftsprozessmanagements ein wichtiger Erfolgsfaktor, sondern auch bei der kontinuierlichen Verbesserung der Geschäftsprozesse unverzichtbar.

1.4.14 Logische und zeitliche Beziehungen zwischen den Managementkonzepten und -methoden

Zwischen den skizzierten Vorgehensweisen und Methoden bestehen logische und zeitliche Abhängigkeiten, die ihre Anwendung beeinflussen. Ein Beispiel dafür ist die inhaltliche und zeitliche Verknüpfung von Restrukturierung, Ressourcenanpassung und Geschäftsprozessmanagement (siehe Abb. 1-6).

Bei einer Neuorientierung eines Unternehmens werden im Rahmen der Restrukturierung strategische Grundsatzentscheidungen getroffen, die sich auf strategische Geschäftsfelder (Produkt-/Markt-Kombinationen), strategische Erfolgsfaktoren, Kernkompetenzen, Leistungsprogramm und Produkte beziehen. Das Ergebnis dieser Phase kann eine Korrektur oder eine grundsätzliche Neuausrichtung des Geschäftes zur Folge haben. Die Neuausrichtung führt in vielen Fällen zu einer Änderung der Grundstruktur des Unternehmens. Es werden Geschäftseinheiten (Geschäftsbereiche, Geschäftsgebiete, Geschäftsfelder, Business Units, Profit Centers) aufgegeben, verlagert, zusammengelegt, getrennt oder neu gegründet.

In enger Verbindung mit der Restrukturierung steht die Anpassung der Ressourcen (Rightsizing) in Phase 2. Dabei wird das Ziel verfolgt, die vorhandenen Ressourcen qualitativ und quantitativ an die veränderten strategi-

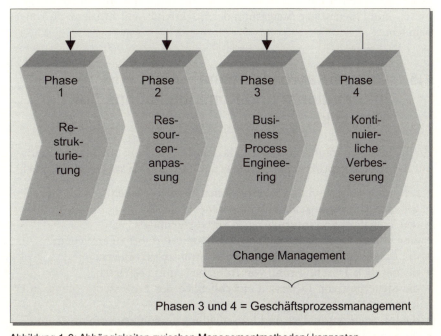

Abbildung 1-6: Abhängigkeiten zwischen Managementmethoden/-konzepten

schen Schwerpunkte, strukturellen Rahmenbedingungen und Geschäftsmöglichkeiten anzupassen. Mögliche Handlungsalternativen sind u. a.:

- Abbau von Ressourcen bzw. Outsourcing,
- Aufbau von Ressourcen bzw. Insourcing,
- Qualifizierungsprogramme für Mitarbeiter.

Nach den grundlegenden Strategie- und Strukturentscheidungen sind in Phase 3 die Geschäftsprozesse für die einzelnen unternehmerischen Einheiten zu definieren und das Geschäftsprozessmanagement zu implementieren. Entweder handelt es sich dabei um einen Neuanfang (Business Process Engineering) oder eine Erneuerung (Business Process Reengineering) der Geschäftsprozesse.

Nach diesen vorbereitenden Phasen folgt in Phase 4 die operative Durchführung des Geschäftsprozessmanagements, die die kontinuierliche Steigerung der Unternehmensleistung zum Ziele hat.

Die Wegstrecke von Phase 3 bis Phase 4 wird begleitet vom Change Management. Strategisches Management, Benchmarking und Balanced Scorecard spielen in Phase 1 eine wichtige Rolle, kommen aber auch in Phase 4 zur Anwendung. Die Anwendungsschwerpunkte von Total Quality Management (TQM), Lean Management, wertorientierte Unternehmensführung, KAIZEN/KVP, Prozesskostenrechnung und Simultaneous Engineering liegen in Phase 4. Geschäftsprozessmanagement bildet den methodischen Rahmen für den zielgerichteten Einsatz dieser Managementkonzepte und -methoden zur mittel- und langfristigen Steigerung der Effektivität und Effizienz im Unternehmen.

1.5   Geschäftsprozessmanagement und Informations- und Kommunikations (IuK) -Technik

Zu Recht wird darauf hingewiesen, dass die IuK-Technik erheblichen Einfluss auf das Geschäftsprozessmanagement hat. Der IuK-Einsatz trägt dazu bei:

- Schnittstellen zwischen Organisationen zu überbrücken,
- geografische Distanzen zu überwinden,
- den Transport von Informationen zu beschleunigen,
- eine höhere Flexibilisierung von Arbeitszeit und -ort zu erreichen,
- die Aufgabenintegration und -koordination zu verbessern,
- die parallele Durchführung von Aufgaben zu intensivieren,
- die Steuerung von Prozessen einschließlich des Prozesscontrolling zu erleichtern,
- die Informationsanalyse und Entscheidungsfindung zu verbessern und
- die Sammlung und Verteilung von Wissen zu beschleunigen.

Die IuK-Technik unterstützt nicht nur den operativen Ablauf der Geschäfts-prozesse, sondern liefert auch wichtige Beiträge für deren organisatorische Gestaltung. Es ist deshalb verständlich, dass sich IuK-Berater und -Unter-nehmen intensiv mit Geschäftsprozessmanagement auseinander setzen. Sie bieten Tools zur Analyse, Modellierung, Simulation und Steuerung von Ge-schäftsprozessen an. Die Tools werden bei der Einführung prozessorientier-ter IuK-Systeme, wie z. B. SAP/R3* eingesetzt. Dagegen finden sie in Orga-nisationsprojekten zur Einführung des Geschäftsprozessmanagements und bei prozessorientierten Reorganisationen geringere Anwendung. Das Haupt-einsatzfeld der teilweise komplexen Softwarewerkzeuge liegt in großen und weniger in kleinen und mittleren Unternehmen (vgl. Beck/Landvogt 1999, S. 360 ff.).

IuK-Systeme beeinflussen Gestaltung und Optimierung von Geschäftspro-zessen und tragen zu Steigerung der Prozesseffizienz bei. Hohe Effizienz-steigerungen können durch E-Commerce (Electronic Commerce) mit den Ausprägungen „Business to Business" (B2B), „Business to Customer" (B2C) und „Business to Employee" (B2E) erreicht werden. Unter E-Commerce wer-den der Austausch von Geschäftsinformationen, die Pflege von Geschäftsbe-ziehungen und die Abwicklung von Geschäftstransaktionen mit Hilfe von Kommunikationsnetzwerken verstanden. Es handelt sich dabei um virtuelle Gemeinschaften von Partnern/Lieferanten und Unternehmen (B2B), Kunden und Unternehmen (B2C) sowie Mitarbeitern eines Unternehmens (B2E). Diese Communities stellen eine Art Marktplatz dar, auf denen die Mitglieder Informationen austauschen, Aufgaben koordinieren, Aufgaben bearbeiten oder Geschäfte abwickeln. Im Mittelpunkt von B2B steht z. B. ein Internet-Marktplatz, auf dem Unternehmen ihre Produkte anbieten und Kaufabsich-ten austauschen. Der Marktplatz steht allen Kunden und Lieferanten einer Branche offen. So betreiben z. B. DaimlerChrysler, Ford, General Motors und Renault/Nissan gemeinsam den Internet-Marktplatz „Covisint", auf dem Standardprodukte (z. B. Autobatterien, Starter, Lichtmaschinen) angeboten und gekauft werden. Online-Käufe lassen sich schneller, transparenter, ein-facher und billiger abwickeln.

Eine Erweiterung des E-Commerce ist das C-Commerce (Collaborative Com-merce), in dem Geschäftsprozesse über mehrere Unternehmen hinweg „auto-matisiert" werden.

SAP nennt folgende Vorteile, die mit der Anwendung von E-Commerce bzw. E-Business (Electronic Business) verbunden sind: „Automation of e-business processes reduces routine administrative tasks, while flexible adjustment of organizational structures, responsibilities and processes improves producti-

---

* SAP/R3 ist die weltweit am meisten eingesetzte ERP-Software (ERP = Enterprise Resource Planning) der Firma SAP AG.

vity and reduces cycle times. Monitoring, reporting, and error-tracking of cross-component configurations allows you to gather information and quickly drill down to potential conflict areas. Visualization of processes with the help of graphical tools eases evaluation and control of business processes. While intuitive modeling of cross-component processes simplifies their definition, modification, and deployment."(www.sap.com)

Trotz ihrer Bedeutung hat die IuK-Technik nur instrumentellen Charakter. Dies ist bei der Einführung des Geschäftsprozessmanagements zu berücksichtigen. An erster Stelle steht die Identifizierung und Definition der Geschäftsprozesse aus strategischer und organisatorischer Sicht. Erst an zweiter Stelle ist die Frage zu beantworten, wie IuK-Systeme zur Integration, Synchronisierung, Beschleunigung und Qualitätssteigerung der Geschäftsprozesse beitragen können.

In der angewandten Informatik werden Geschäftsprozesse als technische Objekte verstanden und weniger als sozio-technische Systeme, in denen Menschen die entscheidende Rolle spielen. Geschäftsprozessmanagement definiert die Informatik „als Konzept zur modellbasierten Gestaltung, Koordination und Ausführung von Geschäftsprozessen. Es zielt auf eine Verbindung zwischen werkzeuggestütztem Modell (...) und betrieblichen Informationssystemkomponenten (Standardsoftware, Individualsoftware, Altsysteme) sowie Anwendungsdiensten (Electronic Mail, Informationsserver/-datenbanken, usw.)." (Scheer/Zimmermann 1996, S. 273) Wichtige Einfluss- und Gestaltungsfaktoren des Geschäftsprozessmanagements wie Geschäftsstrategie, Kundenorientierung, Führung, Organisation und Verhalten spielen bei dieser technischen Sicht nur eine untergeordnete Rolle.

Bei dem in diesem Buch vorgestellten Konzept wird Geschäftsprozessmanagement aus dem Blickwinkel des Managements, der Organisation und des Controlling betrachtet. Führung, Organisation und Controlling sowie Leistungssteigerung von Geschäftsprozessen bilden die Schwerpunkte des Konzeptes. Die IuK-Technik stellt darin ein wichtiges Instrument dar, das die Prozessgestaltung unterstützen und die Effizienz der Prozessabläufe steigern kann.

1.6 Geschäftsprozessmanagement und Qualitätsmanagement (DIN EN ISO 9000 ff.:2000)

Die Grundlagen für und die Anforderungen an Qualitätsmanagementsysteme sind in der Normenreihe DIN EN ISO 9000 ff. festgelegt, die im Dezember 2000 in einer neuen Fassung herausgegeben wurde. Die neue Normenreihe umfasst:

* DIN EN ISO 9000:2000: Qualitätsmanagementsysteme – Grundlagen und Begriffe,
* DIN EN ISO 9001:2000: Qualitätsmanagementsysteme – Anforderungen,
* DIN EN ISO 9004:2000: Qualitätsmanagementsysteme – Leitfaden zur Leistungsverbesserung.

Sie ersetzt die bisherigen Normen:

* DIN EN ISO 9001:1994-08,
* DIN EN ISO 9002:1994-08,
* DIN EN ISO 9003:1994-08,
* DIN EN ISO 9004:1994-08,
* DIN EN ISO 8402:1995-08.

Nach DIN EN ISO 9000:2000 basiert das Qualitätsmanagement auf acht Grundsätzen:

* Kundenorientierung
  – Verstehen der Kundenerfordernisse, Erfüllen der Kundenanforderungen und Übertreffen der Kundenerwartungen.
* Führung
  – Schaffen und Erhalten des internen Umfeldes, in dem sich die Personen voll und ganz für die Erreichung der Organisationsziele einsetzen.
* Einbeziehung von Personen
  – Vollständiges Einbeziehen der Personen, um ihre Fähigkeiten in der Organisation zu nutzen.
* Prozessorientierter Ansatz
  – Leiten und Lenken der Tätigkeiten und Ressourcen als Prozesse, um die gewünschten Ergebnisse effizient zu erreichen.
* Systemorientierter Managementansatz
  – Erkennen, Verstehen, Leiten und Lenken von miteinander in Wechselbeziehung stehenden Prozessen als System.
* Ständige Verbesserung
  – Ständige Verbesserung der Gesamtleistung der Organisation.
* Sachbezogener Ansatz der Entscheidungsfindung
  – Analyse von Daten und Informationen, um wirksame Entscheidungen treffen zu können.

• Lieferantenbeziehungen zum gegenseitigen Nutzen
  – Beziehungen zwischen Organisation und Lieferanten erhöhen den Nutzen und die Wertschöpfung beider Seiten.

Besonderes Gewicht wird auf Kunden-, Prozess-, Mitarbeiterorientierung sowie ständige Verbesserung gelegt. An die Stelle der früheren 20 Systemele-
mente tritt eine stärkere ganzheitliche Betrachtung von Unternehmen. Damit
nähert sich DIN EN ISO 9000 ff.:2000 dem EFQM-Modell an. Eine bedeu-
tende Rolle spielt dabei die Prozessorientierung (siehe Abb. 1-7).

Das Modell des prozessorientierten Qualitätsmanagements geht von den Anforderungen der Kunden aus. Der Kundenbedarf wird ermittelt und in Rea-
lisierungsprozessen (Wertschöpfungsprozessen) in Produkte umgesetzt, die
für die Kunden einen Mehrwert darstellen. Von dem Kauf dieser Produkte
hängt direkt der Erfolg der Organisation ab. Neben den Realisierungspro-
zessen spielen unterstützende Prozesse ein wichtige Rolle. Sie tragen zwar nur
indirekt zur Wertschöpfung bei, beeinflussen aber die Wirksamkeit und Effizienz der Realisierungsprozesse. Zu den unterstützenden Prozessen zählt das
Management der Ressourcen. Darunter wird die wirksame, effiziente und
rechtzeitige Bereitstellung von Personal, Informations- und Kommunikationstechnik, Gebäuden, Anlagen, Werkzeugen, Transporteinrichtungen und
finanziellen Mitteln verstanden. Besonders wird in dem Modell die Verantwortung der Leitung herausgestellt. Sie hat den wirksamen und effizienten
Ablauf der Realisierungs- und Unterstützungsprozesse sicherzustellen, so

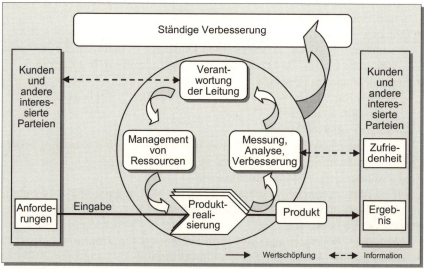

Abbildung 1-7: Modell des prozessorientierten Qualitätsmanagements in der ISO
9000:2000

dass die Organisation die Fähigkeit besitzt, ihre Kunden und sonstigen Interessengruppen (Personen, Eigentümer/Investoren, Lieferanten, Partner, Gesellschaft) zufrieden zu stellen.

Die Leistung des Realisierungsprozesses wie auch die Kundenzufriedenheit werden gemessen und analysiert, um daraus Ansatzpunkte für Verbesserungen abzuleiten.

Das Gesamtsystem unterliegt der ständigen Verbesserung, die alle Prozesse umfasst.

Das Modell des prozessorientierten Qualitätsmanagements trägt dazu bei:

• die Anforderungen der Kunden bzw. Interessengruppen zu verstehen und zu erfüllen,
• Prozesse aus Sicht der Wertschöpfung zu betrachten,
• wirksame Ergebnisse zu erzielen,
• Prozesse auf der Grundlage objektiver Messungen ständig zu verbessern.

Die Anforderungen an Qualitätsmanagementsysteme sind in DIN EN ISO 9001:2000 festgelegt. Diese Norm bildet zusammen mit der zukünftigen ISO 19011, Leitfaden zur Auditierung von Qualitäts- und Umweltmanagementsystemen (Veröffentlichung voraussichtlich Anfang 2002) die Grundlage für die Auditierung und Zertifizierung. Im Rahmen eines Audits wird die Wirksamkeit (= tatsächlich verwirklicht?) und Zweckmäßigkeit (= geeignet?) des Qualitätsmanagementsystems überprüft. Die Zertifizierung dient dem anerkannten Nachweis der Qualitätsfähigkeit eines Unternehmens und wird von einer unabhängigen Zertifizierungsstelle durchgeführt. Seit 1987 haben sich weltweit ca. 350 000 Unternehmen nach ISO 9001 zertifizieren lassen (vgl. QZ Forum Spezial 2001, S. 250). Die Ausrichtung der DIN EN ISO 9001:2000 auf Kundenorientierung und Prozessorientierung wird zur Folge haben, dass sich Unternehmen in Zukunft wesentlich intensiver mit Geschäftsprozessen und Geschäftsprozessmanagement auseinander setzen müssen, um die Zertifizierungsanforderungen zu erfüllen.

DIN EN ISO 9001:2000 stellt in Bezug auf Geschäftsprozesse u. a. folgende Anforderungen an das Qualitätsmanagement (vgl. DIN EN ISO 9001:2000, S. 17 f.):

• die wesentlichen Prozesse sind zu erkennen,
• die Abfolge und Wechselwirkung der Prozesse sind aufzuzeigen,
• die Prozesseigentümer sind festzulegen und mit umfassender Verantwortung und Befugnis auszustatten,
• die Kriterien und Methoden sind zu definieren, um das wirksame Durchführen und Lenken der Prozesse sicherzustellen,
• die Verfügbarkeit von Ressourcen und Informationen ist sicherzustellen, die zur Durchführung und Überwachung der Prozesse benötigt werden,
• die Prozesse sind zu überwachen, zu messen und zu analysieren,

- die erforderlichen Maßnahmen sind zu treffen, um die geplanten Ergebnisse sowie eine ständige Verbesserung der Prozesse zu erreichen,
- die Prozesse sind zu dokumentieren, um die wirksame Planung, Durchführung und Lenkung der Prozesse sicherzustellen.
- der Qualitätsbeauftragte der obersten Leitung hat sicherzustellen, dass die erforderlichen Prozesse eingeführt, verwirklicht und aufrechterhalten werden.

Ergänzend zu den Anforderungen der DIN EN ISO 9001:2000 enthält DIN EN ISO 9004:2000 eine Reihe von Empfehlungen, wie die Leistung von Geschäftsprozessen und der Organisation weiter verbessert werden kann (vgl. DIN EN ISO 9004:2000, S. 14 ff.):

- Die oberste Leitung sollte eine kundenorientierte Organisation aufbauen, indem sie:
  - Systeme und Prozesse festlegt, die klar verstanden, geleitet, gelenkt und in ihrer Wirksamkeit und Effizienz verbessert werden können,
  - den wirksamen und effizienten Ablauf und die Lenkung der Prozesse sicherstellt.
- Die oberste Leitung sollte die Produktrealisierungs- und Unterstützungsprozesse der Organisation ermitteln.
- Die oberste Leitung sollte die Leistung der Produktrealisierungs- und Unterstützungsprozesse regelmäßig und systematisch bewerten und die Bewertungsergebnisse der Planung von Leistungsverbesserungen zugrunde legen.
- Die Leitung sollte sicherstellen, dass die Prozesse als wirksames und effizientes Netzwerk arbeiten.
- Ein strategisches Ziel der Organisation sollte darin bestehen, eine ständige Verbesserung von Prozessen zu erreichen, um die Leistung der Organisation und die Zufriedenheit aller Interessengruppen (Personen, Eigentümer/Investoren, Lieferanten, Partner, Gesellschaft) zu erhöhen.
- Die Leitung sollte Verbesserungen in Form kleiner Schritte im Rahmen vorhandener Prozesse oder in Form bahnbrechender Projekte, die zur Neugestaltung vorhandener oder zur Verwirklichung neuer Prozesse führen, unterstützen.
- Die Qualitätsplanung sollte sich auf die Festlegung der Prozesse konzentrieren, die zur wirksamen und effizienten Erfüllung der Organisationsziele erforderlich sind.
- Es sollte eine Risikobewertung stattfinden, um das Potenzial für und die Auswirkungen von möglichen Ausfällen oder Fehlern in Prozessen einzuschätzen.

Die Normenreihe DIN EN ISO 9000 ff.:2000 weist an vielen Stellen auf die Notwendigkeit von Geschäftsprozessen und des Geschäftsprozessmanagements hin. Viele Qualitätsmanagementsysteme in der Praxis werden diesen

Anforderungen und Empfehlungen heute noch nicht oder nur unzureichend gerecht. Häufig haben sich Unternehmen in der Vergangenheit ausschließlich auf die Vergabe des DIN EN ISO 9001 Zertifikats konzentriert, ohne dabei der Kunden- und Prozessorientierung besondere Beachtung zu schenken. Ihnen kam entgegen, dass die Auditoren zumeist nur die Erfüllung von Minimalanforderungen kontrolliert und die Kunden- und Prozessorientierung nicht „abgeprüft" haben.

Jedes qualitätsbewusste Unternehmen wird sich in Zukunft intensiv mit Geschäftsprozessmanagement auseinander setzen müssen. Die Maßstäbe setzen das Excellence-Modell der EFQM und die DIN EN ISO 9000 ff.:2000. Das in diesem Buch beschriebene Konzept des Geschäftsprozessmanagements erfüllt die Zertifizierungsanforderungen der DIN EN ISO 9001:2000 und deckt die Empfehlungen der DIN EN ISO 9004:2000 ab. Ferner wird es den Kriterien gerecht, nach denen Geschäftsprozesse im Rahmen des EFQM-Excellence-Modells bewertet werden.

1.7 Das Wichtigste in Kürze

- Unter Geschäftsprozessmanagement wird ein integriertes Konzept von Führung, Organisation und Controlling verstanden, das eine zielgerichtete Steuerung der Geschäftsprozesse ermöglicht und das Unternehmen auf die Erfüllung der Bedürfnisse der Kunden und anderer Interessengruppen (Mitarbeiter, Kapitalgeber, Gesellschaft, Lieferanten, Partner) ausrichtet.

- Hauptziele des Geschäftsprozessmanagements sind Erhöhung der Zufriedenheit der Kunden und anderer Interessengruppen des Unternehmens sowie Steigerung von Produktivität und Leistung. Beide Ziele tragen zur Erhöhung des Geschäftswertes bei.

- Wichtige Merkmale des Geschäftsprozessmanagements sind:
  - Prozessorientierung,
  - Kundenorientierung,
  - Kompetenzorientierung,
  - Konzentration auf Wertschöpfung,
  - permanente Steigerung von Effektivität und Effizienz,
  - Delegation von Verantwortung an die Mitarbeiter,
  - organisationales Lernen.

- Viele Effektivitäts- und Effizienzprobleme in Unternehmen haben ihre Ursache in nicht vorhandenen oder nicht beherrschten Prozessen. Geschäftsprozessmanagement gibt Antworten, wie die Probleme gelöst und die wachsenden Anforderungen erfüllt werden können.

- Zwischen Geschäftsprozessmanagement und anderen Ansätzen, Vorgehensweisen und Methoden wie strategisches Management, Change Management, Total Quality Management, Benchmarking und Outsourcing
  bestehen enge Beziehungen.

- Business Process Reengineering, KAIZEN bzw. kontinuierliche Verbesserung und Prozesskostenrechnung sind Komponenten des Geschäftsprozessmanagements.

- Die Informations- und Kommunikationstechnik (IuK-Technik) hat erheblichen Einfluss auf die Gestaltung, Steuerung und Optimierung von Geschäftsprozessen. Die IuK-Technik sollte jedoch als Hilfsmittel betrachtet
  werden und das Geschäftsprozessmanagement nicht dominieren. Um dies
  zu gewährleisten, sind zunächst die Geschäftsprozesse aus strategischer
  und organisatorischer Sicht zu definieren. Erst dann ist die Frage zu beantworten, wie die Geschäftsprozesse durch IuK-Systeme unterstützt werden können.

- Jedes qualitätsbewusste Unternehmen wird sich in Zukunft intensiv
  mit Geschäftsprozessmanagement auseinander setzen müssen. Die Maßstäbe setzen das Excellence-Modell der EFQM und die DIN EN ISO
  9000 ff.:2000.

- Bei dem in dem Buch vorgestellten Vorgehens- und Methodenkonzept wird
  Geschäftsprozessmanagement aus dem Blickwinkel des Managements, der
  Organisation und des Controlling betrachtet. Führung, Organisation und
  Controlling sowie Leistungssteigerung von Geschäftsprozessen bilden die
  Schwerpunkte des Konzeptes.

- Wesentliche Merkmale des vorgestellten Konzeptes sind:
  - Integration von Prozessführung, Prozessorganisation und Prozesscon-
    trolling,
  - strategie- und kundenorientierte Definition der Geschäftsprozesse,
  - Prozesssteuerung auf Basis eines integrierten Ziel-, Planungs- und Kon-
    trollsystems,
  - Prozessoptimierung durch Integration von Prozesserneuerung und Pro-
    zessverbesserung,
  - Einführung des Geschäftsprozessmanagements als umfassenden Wand-
    lungsprozess.

- Das Konzept erfüllt die Zertifizierungsanforderungen der DIN EN ISO
  9001:2000 und deckt die Empfehlungen der DIN EN ISO 9004:2000 ab.
  Ferner wird es den Kriterien gerecht, nach denen Geschäftsprozesse im
  Rahmen des EFQM-Excellence-Modells bewertet werden.

1.8 Literatur zum Kapitel 1

Beck, V.; Landvogt, G. (1999): Vorgehensweisen und Erfahrungen bei der Geschäftsprozeßgestaltung in kleinen und mittleren Unternehmen, in: Hofer-Alfeis, J. (Hrsg.): Geschäftsprozeßmanagement: innovative Ansätze für das wandlungsfähige Unternehmen, München 1999, S. 360–368.

Binke, G.; Witthaus, M. (1997): Vom Qualitätsaudit zur Auditierung von Geschäftsprozessen, in: Riekhof, H.-Ch. (Hrsg.): Beschleunigung von Geschäftsprozessen. Wettbewerbsfähigkeit durch Lernfähigkeit, Stuttgart, 1997, S. 43–61.

Bullinger; H.-J.; Warschat, J.; Berndes, S.; Stanke, A. (1995): Simultaneous Engineering, in: Zahn, E. (Hrsg.): Handbuch Technologiemanagement, Stuttgart 1995, S. 377–394.

Corsten, H. (Hrsg.) (1997): Management von Geschäftsprozessen, Stuttgart et al. 1997.

Davenport, Th. H. (1993): Process Innovation, Reengineering Work through Information Technology, Boston 1993.

Dernbach, W. (1996): Geschäftsprozeßoptimierung. Der neue Weg zur marktorientierten Unternehmensorganisation. Diebold Deutschland GmbH, in: Nippa, M.; Picot, A. (Hrsg.): Prozeßmanagement und Reengineering. Die Praxis im deutschsprachigen Raum, 2. Aufl., Frankfurt am Main/New York 1996, S. 187–205.

Dette, W.; Schweikert, B. (1999): Prozeßqualität – mit einem Blick erfaßt. Der Prozeß-Vitalitäts-Index (PVI) als wirksames Instrument im prozeßorientierten Unternehmen, in: Qualität und Zuverlässigkeit (QZ), 44 (1999) 1, S. 70–74.

DIN EN ISO 9000:2000 (2000): Deutsches Institut für Normung e. V. (Hrsg.): DIN EN ISO 9000:2000, Qualitätsmanagementsysteme – Grundlagen und Begriffe, Berlin 2000.

DIN EN ISO 9001:2000 (2000): Deutsches Institut für Normung e. V. (Hrsg.): DIN EN ISO 9001:2000, Qualitätsmanagementsysteme – Anforderungen, Berlin 2000.

DIN EN ISO 9004:2000 (2000): Deutsches Institut für Normung e. V. (Hrsg.): DIN EN ISO 9001:2000, Qualitätsmanagementsysteme – Leitfaden zur Leistungsverbesserung, Berlin 2000.

Doppler, K.; Lauterburg, Ch. (1994): Change Management. Den Unternehmenswandel gestalten, Frankfurt am Main 1994.

EFQM (1999a): Das EFQM Modell für Excellence 1999. European Foundation for Quality Management, Brüssel 1999.

EFQM (1999b): Business Process Management, „How to embrace Process Management", EFQM Good Practice and Benchmarking Services, Brüssel 1999.

Eversheim, W. (Hrsg.) (1995): Prozeßorientierte Unternehmensorganisation, Berlin et al. 1995.

Eversheim, W.; Bochtler, W.; Laufenberg, L. (1995): Simultaneous Engineering, Erfahrungen aus der Industrie für die Industrie, Berlin et al. 1995.

Faßhauer, R. (1995): Die Bedeutung von Benchmarking-Analysen für die Gestaltung von Geschäftsprozessen, in: Mertins, K.; Siebert, G.; Kempf, S.: Benchmarking: Praxis in deutschen Unternehmen, Berlin et al. 1995, S. 29–47.

Friedrich, S. A. (1996): Outsourcing: Weg zum führenden Wettbewerber oder gefährliches Spiel?, in: Hinterhuber, H. H.; Al-Ani, A.; Handlbauer, G.: Das neue strategische Management, Wiesbaden 1996, S. 245–275.

Gaitanides, M.; Scholz, R.; Vrohlings, A. (1994): Prozeßmanagement – Grundlagen und Zielsetzungen, in: Gaitanides, M.; Scholz, R.;Vrohlings, A.; Raster, M.: Prozeßmanagement: Konzepte, Umsetzungen und Erfahrungen des Reengineering, München 1994, S. 1–19.

Gasterstädt, G.; Januschewski, F. (1999): TQM – Konzept für die Praxis, in: Mayer, E.; Liessmann, K.; Freidank C.-C.: Controlling-Konzepte. Werkzeuge und Strategien für die Zukunft, Wiesbaden 1999, S. 315–335.

Gausemeier, J.; Fink, A. (1999): Führung im Wandel. Ein ganzheitliches Modell zur zukunftsorientierten Unternehmensgestaltung, München 1999.

Gerpott, T. J.; Wittkemper, G. (1996): Business Process Redesign. Der Ansatz von Booz, Allen & Hamilton, in: Nippa, M.; Picot, A. (Hrsg.): Prozeßmanagement und Reengineering. Die Praxis im deutschsprachigen Raum, 2. Aufl., Frankfurt am Main/New York 1996, S. 144–164.

Grevener, H.; Schiffers, E. (1995): Geschäftsprozesse – Ihre Effektivität und Effizienz wird durch kombiniertes Benchmarking gesteigert, in: Kreuz, W. et al. (Hrsg.): Mit Benchmarking zur Weltspitze aufsteigen. Strategien neu gestalten, Geschäftsprozesse optimieren, Unternehmenswandel forcieren, Landsberg am Lech 1995, S. 83–117.

Haist, F.; Fromm, H. (1989): Qualität im Unternehmen: Prinzipien-Methoden-Techniken, München 1989.

Hammer, M.; Champy, J. (1994): Business Reengineering, Frankfurt am Main/ New York 1994.

Hinterhuber, H. H. (1992): Strategische Unternehmensführung, Band 1, Strategisches Denken, 5. Aufl., Berlin/New York 1992.

Horváth, P.; Gaiser, B. (2000): Implementierungserfahrungen mit der Balanced Scorecard im deutschen Sprachraum – Anstöße zur konzeptionellen Weiterentwicklung, in: Betriebswirtschaftliche Forschung und Praxis (BFuP), (2000) 1, S. 17–35.

Horváth, P.; Gleich, R. (1998): Prozeß-Benchmarking in der Maschinenbaubranche, in: Zeitschrift für wirtschaftliche Fertigung (ZWF), 93 (1998) 7–8, S. 325–329.

Horváth, P.; Mayer, R. (1989): Prozeßkostenrechnung. Der neue Weg zu mehr Kostentransparenz und wirkungsvolleren Unternehmensstrategien, in: CONTROLLING, 1 (1989) 4, S. 214–219.

Horváth & Partner GmbH (Hrsg.) (1998): Prozesskostenmanagement. Methodik und Anwendungsfelder, 2. Aufl., München 1998.

Imai, M. (1992): Der Schlüssel zum Erfolg der Japaner im Wettbewerb, 3. Aufl., München 1992.

Kamiske, G. F.; Füermann, T. (1995): Reengineering versus Prozeßmanagement. Der richtige Weg zur prozeßorientierten Organisationsgestaltung, in: Zeitschrift Führung+Organisation (zfo), 64 (1995) 3, S. 142–148.

Kaplan, R. S.; Norton, D. P. (1997): Balanced Scorecard – Strategien erfolgreich umsetzen, Stuttgart 1997.

Kleinfeld, K. (1997): Optimierung, Restrukturierung, Wachstum und Innovation: Das Vorgehen bei Siemens, in: Riekhof, H.-Ch. (Hrsg.): Beschleunigung von Geschäftsprozessen. Wettbewerbsfähigkeit durch Lernfähigkeit, Stuttgart, 1997, S. 103–119.

Kohlöffel, K. M. (2000): Strategisches Management, München 2000.

Küting, K.; Lorson, P. (1996): Benchmarking von Geschäftsprozessen als Instrument der Geschäftsprozeßanalyse, in: Berkau, C.; Hirschmann, P. (Hrsg.): Kostenorientiertes Geschäftsprozeßmanagement, München 1996, S. 121–140.

Lamla, J. (1995): Prozeßbenchmarking, München 1995.

Lullies, V.; Pastowsky, M.; Grandke, S. (1998): Geschäftsprozesse optimieren ohne Diktat der Technik, in: Harvard Business Manager, (1998) 2, S. 65–72.

Mayer, R. (1996): Prozeßkostenrechnung und Prozeß(kosten)optimierung als integrierter Ansatz – Methodik und Anwendungsempfehlungen, in: Berkau, C.; Hirschmann, P. (Hrsg.): Kostenorientiertes Geschäftsprozeßmanagement, München 1996, S. 43–67.

Neubürger, H. J. (2000): Wertorientierte Unternehmensführung bei Siemens, in: Zeitschrift für betriebswirtschaftliche Forschung (zfbF), 52 (2000) 3, S. 188–196.

Perlitz, M.; Offinger, A.; Reinhardt, M.; Schug, K.; Bufka, J. (1995): Business Process Reengineering, Ergebnisse einer empirischen Untersuchung, Universität Mannheim, Fakultät für Betriebswirtschaftslehre, Mannheim 1995.

Pfitzinger, E. (1997): Geschäftsprozeß-Management – Steuerung und Optimierung von Geschäftsprozessen, Berlin et al. 1997.

Picot, A.; Maier, M. (1992): Analyse- und Gestaltungskonzepte für das Outsourcing, in: Information Management, (1992) 4, S. 14–27.

Prahalad, C. K.; Hamel, G. (1990): The Core Competence of the Corporation, in: Harvard Business Review, 68 (1990) 3, S. 79–91.

QZ Forum Spezial (2001): ISO 9000:2000 im Spiegel der Meinungen, in: QZ 46 (2001) 3, S. 250.

Rohm, Ch. (1998): Prozeßmanagement als Fokus im Unternehmungswandel, Gießen 1998.

Scheer, A.-W.; Zimmermann, V. (1996): Geschäftsprozeßmanagement und integrierte Informationssysteme: Prozeßmodellierung, Referenzmodelle und Softwaretechnologien, in: Töpfer, A. (Hrsg.): Geschäftsprozesse analysiert & optimiert, Neuwied 1996, S. 267–286.

Siebert, G. (1998): Prozeß-Benchmarking. Methode zum branchenunabhängigen Vergleich von Prozessen, Dissertation TU Berlin, Berlin 1998.

Siebert, G.; Kempf, S. (1998): Mit Benchmarking die Prozesse optimieren, in: Qualität und Zuverlässigkeit (QZ), 43 (1998) 8, S. 935–938.

Striening, H.-D. (1988): Prozess-Management, Frankfurt am Main 1988.

Striening, H.-D. (1995): Möglichkeiten und Grenzen des Prozeßmanagements, in: Corsten, H.; Will, T. (Hrsg.): Unternehmungsführung im Wandel, Stuttgart, Berlin, Köln 1995, S. 161–178.

Wildemann, H. (1995): Controlling von Geschäftsprozessen reorganisierter Industrieunternehmen, in: Kostenrechnungspraxis (krp), 39 (1995) 6, S. 305–312.

Womack, J. P.; Jones, D. T.; Ross, D. (1992): Die zweite Revolution in der Automobilindustrie, 7. Aufl., Frankfurt am Main et al. 1992.

Zink, K. J. (1995): TQM als integratives Managementkonzept. Das europäische Qualitätsmodell und seine Umsetzung, München/Wien 1995.

2 Was sind Geschäftsprozesse?

In diesem Kapitel werden folgende Fragen beantwortet:

- Worin unterscheiden sich Geschäftsprozesse von Prozessen?
- Welche Merkmale kennzeichnen Geschäftsprozesse?
- Wie wird eine hohe Kundenorientierung in Geschäftsprozessen erreicht?
- Welche Unterschiede bestehen zwischen einer funktionalen Organisation und einer Organisation nach Geschäftsprozessen?
- Welche unterschiedlichen Arten von Geschäftsprozessen gibt es?
- Welchen Nutzen haben Geschäftsprozessmodelle?
- Welche Beispiele gibt es für Geschäftsprozessmodelle?

2.1 Unterschiede zwischen Prozessen und Geschäftsprozessen

Der Zweck von Unternehmen ist es, Leistungen zu erzeugen, die die Bedürfnisse der Kunden befriedigen und deren Vermarktung den wirtschaftlichen Erfolg des Unternehmens sichert. Leistungen, seien es Sach- oder Dienstleistungen, werden in Prozessen erstellt. Ein Prozess besteht aus einer Reihe von Aktivitäten, die aus einem definierten Input ein definiertes Arbeitsergebnis (Output) erzeugen (siehe Abb. 2-1). Als Input benötigt ein Prozess Einsatzfaktoren, wie z. B. Arbeitsleistung, Betriebsmittel (Maschinen, Gebäude), Energie, Werkstoffe (Roh-, Hilfs- und Betriebsstoffe) und Informationen. Als Output entstehen Produkte, Dienstleistungen oder Informationen. Da der Input von Lieferanten bereitgestellt wird und der Output für Kunden bestimmt ist, wird im Zusammenhang mit Prozessen häufig auch von Kunden-Lieferanten-Beziehungen gesprochen.

Der Prozessbegriff sagt noch nichts über Empfänger, Art des Outputs und Reichweite eines Prozesses aus. Bereits die Verknüpfung weniger Aktivitäten oder Arbeitsschritte zur Erstellung eines Arbeitsergebnisses ist ein Prozess. In diesem Sinne laufen hunderte oder tausende von Prozessen in einem Unternehmen ab. In ihnen werden Teilaufgaben bearbeitet und Teilergebnisse erzeugt. An der Erstellung von Leistungen für Kunden außerhalb des Unternehmens (externe Kunden) sind viele dieser Prozesse beteiligt. Dabei kommt es darauf an, sie so miteinander zu verbinden und aufeinander abzustimmen, dass das Ergebnis der Prozesskette die Wünsche, Anforderungen und Erwartungen der externen Kunden erfüllt.

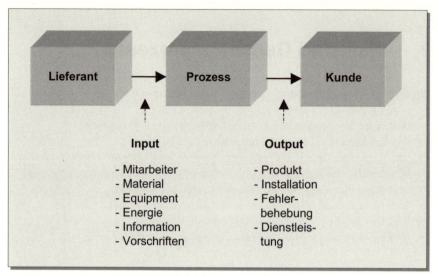

Abbildung 2-1: Komponenten eines Prozesses

In funktionalen Organisationen werden Prozessketten, die Leistungen für externe Kunden bereitstellen, durch Abteilungsgrenzen unterbrochen. Dadurch entstehen Prozessinseln, für die jeweils unterschiedliche Personen verantwortlich sind. Je mehr Abteilungen eine Prozesskette durchläuft und je tiefer die Abteilungsorganisation gegliedert ist, umso häufiger sind Prozess- und Verantwortungsbrüche und Schnittstellen anzutreffen.

Jede Unterbrechung erfordert Koordination. Die Koordination soll sicherstellen, dass sich die einzelnen Teilprozesse an den externen Kundenanforderungen sowie Qualitäts-, Zeit- und Kostenzielen ausrichten. Der Koordinationsaufwand wächst mit der Zahl der Prozessinseln und Schnittstellen überproportional an. Steigender Koordinationsaufwand bedeutet Erhöhung der Gemeinkosten und Verlängerung der Durchlaufzeiten. Zudem wird die Wahrscheinlichkeit, dass die externen Kunden am Ende die gewünschten Ergebnisse erhalten, umso geringer, je mehr Prozessinseln beteiligt sind.

Um die Zerstückelung der Prozesse zu überwinden, werden Koordinationsmechanismen eingesetzt, wie z. B. Personen (Koordinatoren), Koordinationsgremien oder Koordinationsrichtlinien. In vielen Fällen gelingt die Koordination jedoch nur unbefriedigend. Die Folgen sind: lange Durchlaufzeiten, späte Markteintrittstermine, fehlerhafte Produkte, mangelhafte Lieferfähigkeit und Liefertreue, lange Reaktionsgeschwindigkeiten auf Marktveränderungen und hohe Kosten.

Funktionalen Organisationen bereitet es große Schwierigkeiten, die isolierten Prozessinseln so aufeinander abzustimmen, dass die Endergebnisse die

Marktanforderungen und Kundenwünsche erfüllen. Um dieses Defizit zu beheben, wurde das Konzept des Geschäftsprozessmanagements entwickelt.

Geschäftsprozesse bestehen aus der funktionsüberschreitenden Verkettung wertschöpfender Aktivitäten, die von Kunden erwartete Leistungen erzeugen und deren Ergebnisse strategische Bedeutung für das Unternehmen haben. Geschäftsprozesse ermöglichen es, die strukturbedingte Zerstückelung der Prozessketten in Funktionsorganisationen zu überwinden und die Aktivitäten eines Unternehmens stärker auf die Erfüllung von Kundenanforderungen auszurichten. Häufig werden Geschäftsprozesse auch als Kernprozesse, Leistungsprozesse, Schlüsselprozesse oder Unternehmensprozesse bezeichnet.

Ein Geschäftsprozess besteht aus folgenden Komponenten (siehe Abb. 2-2):

* Anforderungen der Kunden,
* Inputs,
* Leistungserstellung (Wertschöpfung),
* Ergebnisse für die Kunden (Kundenleistung),
* Geschäftsprozessverantwortlicher,
* Ziel- und Messgrößen zur Steuerung des Geschäftsprozesses.

Charakteristisch ist, dass ein Geschäftsprozess bei den Kunden beginnt und endet. Ausgangspunkt sind die Anforderungen, Wünsche und Erwartungen der externen Kunden. Am Prozessende steht die Übergabe der Ergebnisse an die Kunden. Die Ergebnisse bzw. Kundenleistungen können Produkte oder Dienstleistungen oder aber auch eine Kombination aus beiden sein.

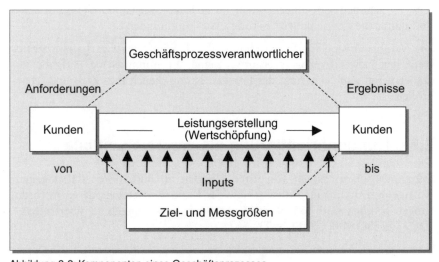

Abbildung 2-2: Komponenten eines Geschäftsprozesses

Beispiele für Kundenleistungen in Geschäftsprozessen sind:

• die Entwicklung neuer Produkte,
• die Bearbeitung von Kundenaufträgen,
• die Beseitigung von Fehlern in ausgelieferten Produkten.

Die Prozessergebnisse haben für die Kunden einen Wert, den sie mit einem entsprechenden Preis honorieren. Für das Unternehmen sind die Prozessergebnisse Umsatz- und Ergebnisträger, die den Bestand und die Zukunft des Unternehmens sichern.

Wie bereits ausgeführt ist es das Ziel des Geschäftsprozessmanagements, die Effektivität und Effizienz des Unternehmens zu erhöhen. Geschäftsprozesse sind effektiv, wenn ihre Ziele und Ergebnisse die Bedürfnisse und Erwartungen der externen Kunden erfüllen und gleichzeitig dazu beitragen, die Unternehmensziele zu erreichen („die richtigen Dinge tun"). Die wichtigste Kenngröße der Prozesseffektivität ist die Kundenzufriedenheit.

Geschäftsprozesse sind effizient, wenn die Kundenleistungen mit möglichst geringem Ressourceneinsatz, d. h. wirtschaftlich erzeugt werden („die Dinge richtig tun"). Von der Prozesseffizienz hängt es ab, wie hoch die Kosten der Leistungserstellung sind und ob die von den Kunden akzeptierten Preise ausreichen, den angestrebten Gewinn zu erzielen. Ferner bestimmt die Effizienz eines Geschäftsprozesses, wie anforderungsgerecht und schnell Leistungen den Kunden bereitgestellt werden. Wichtige Effizienzgrößen in Geschäftsprozessen sind Prozesskosten, -zeiten und -qualität. Hohe Prozesseffizienz setzt ein abgestimmtes Zusammenspiel dieser drei Zielfaktoren voraus.

Nur wertschaffende Aktivitäten sind effektiv. Aktivitäten, die nicht zur Erfüllung von Kundenbedürfnissen beitragen, sind „unnütz" und wertvernichtend. Sie schaden dem Unternehmen, da sie Ressourcen und Zeit verbrauchen und damit die Effizienz der Leistungserstellung mindern.

Die Verantwortung für Effektivität und Effizienz eines Geschäftsprozesses trägt der Geschäftsprozessverantwortliche. Er nimmt seine Aufgabe auf Dauer wahr. Zur Steuerung der Prozessleistung dienen ihm Ziel- und Messgrößen.

2.2   Kundenorientierung als zentrale Leitlinie

„Organisationen hängen von ihren Kunden ab und sollten daher gegenwärtige und zukünftige Erfordernisse der Kunden verstehen, deren Anforderungen erfüllen und danach streben, deren Erwartungen zu übertreffen." (DIN EN ISO 9000:2000, S. 7)

Oberstes Ziel eines Unternehmens ist es, Kundenprobleme zu lösen, Kundennutzen zu schaffen und die Kunden zufrieden zu stellen. Von der Zufriedenheit der Kunden hängt es ab, ob sie die angebotenen Produkte kaufen und damit die Existenz und die Zukunft eines Unternehmens sichern. Trotz ihrer herausragenden Bedeutung werden Kundenbeziehungen und Kundenzufriedenheit in der Praxis oft vernachlässigt.

Diesen Schluss lassen zumindest die Ergebnisse einer Reihe von Untersuchungen zu (vgl. Droege 1995, BddW 30.05.95; Homburg/Rudolph 1995, S. 43 f.; Bullinger et al. 1995, S. 17; o. V. 1995; Hinterhuber et al. 1997, S. 27 ff.). Danach:

- sehen 72 % der Unternehmen die hohe Bedeutung der Kundenorientierung, aber nur 19 % der Unternehmen handeln nach diesem Grundsatz,
- kennen 20 % der Führungskräfte und 66 % der Mitarbeiter die eigenen Kunden nicht,
- setzen sich Manager intensiver mit ihren Konkurrenten als mit ihren Kunden auseinander,
- messen bisher (1995) weniger als 30 % aller Firmen regelmäßig die Kundenzufriedenheit,
- werden Kundendaten zu ungenau und zu unsystematisch erhoben und noch seltener aufbereitet und kommuniziert,
- liegen Welten zwischen der Einschätzung der eigenen Leistung und der Sicht der Kunden,
- wissen 60 % der Lieferanten nicht genau, welche Leistungen für die eigenen Kunden wichtig sind,
- ist 40 % der Mitarbeiter die Bedeutung zufriedener Kunden nicht bewusst,
- wissen 66 % der Unternehmen nicht, wie viele ihrer Kunden zur Konkurrenz gewechselt sind,
- beschweren sich höchstens 15 % der unzufriedenen Kunden,
- werden nur 5 % der Beschwerden direkt an den Hersteller gerichtet,
- reagieren 85 % der unzufriedenen Kunden nicht, wandern zur Konkurrenz ab oder schaden dem Unternehmen durch negative Mund-zu-Mund-Propaganda,
- entfallen 70 % des Umsatzes auf Wiederholkäufe,
- akquirieren viele Unternehmen neue Kunden, ohne vorhandene Kunden ausreichend zu pflegen,
- ist die Akquisition eines Neukunden fünf- bis achtmal teurer, als die dauerhafte Bindung eines vorhandenen Kunden,
- hat die ISO Zertifizierung bisher in puncto Kundennähe nichts gebracht,
- werden in 85 % der Unternehmen interne Kunden als wichtig angesehen, aber in nur 31 % der Unternehmen spielt die interne Kundenorientierung eine Rolle.

Ein zuverlässiger Weg, die aufgeführten Mängel zu beseitigen, ist die Einführung von Geschäftsprozessen. Geschäftsprozesse stellen Kunden und Kundenbeziehungen in den Mittelpunkt. Über Geschäftsprozesse wird das Denken und Handeln des gesamten Unternehmens auf Kunden ausgerichtet. Geschäftsprozesse erfüllen damit auch eine zentrale Forderung der DIN EN ISO 9001:2000, die der Zertifizierung von Qualitätsmanagementsystemen zugrunde liegt. Je effizienter die Geschäftsprozesse die Kundenanforderungen und -erwartungen erfüllen, umso zufriedener sind die Kunden und umso erfolgreicher ist das Unternehmen.

Das Beispiel einer Autoreparatur zeigt die Bedeutung und die Wirkungsweise von Geschäftsprozessen im Alltag. Die Kundenerwartung lautet: schnelle, termintreue, kostengünstige und zuverlässige Reparatur des Autos. Der Geschäftsprozess „Reparaturabwicklung" beginnt beim Kunden (Reparaturannahme) und endet beim Kunden (bezahlte Rechnung). Wie die Autowerkstatt intern den Prozess abwickelt, welche Subunternehmer und Lieferanten sie einschaltet, ist für die Kunden uninteressant. Je besser und effizienter eine Autoreparaturwerkstätte diesen Geschäftsprozess beherrscht und die Kundenerwartungen erfüllt, umso erfolgreicher wird sie sein. Deshalb ist es für die Autowerkstatt notwendig, die Gestaltung und den Ablauf des Reparaturabwicklungsprozesses ganz auf die Anforderungen und Erwartungen der Kunden auszurichten.

Ein anderes Beispiel ist der Geschäftsprozess „Kundenauftragsabwicklung" in Handels- oder Industrieunternehmen. Der Prozess erstreckt sich vom Ein-

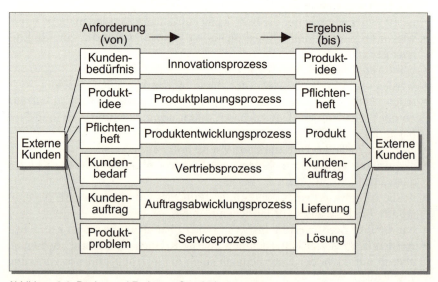

Abbildung 2-3: Beginn und Ende von Geschäftsprozessen

gang der Kundenaufträge bis zur Auslieferung der fertig gestellten Produkte an die Kunden. Alle für die vollständige Bearbeitung der Kundenaufträge erforderlichen Aktivitäten wie z. B. Beschaffung und Fertigung sind in dem Geschäftsprozess integriert. Nur so ist eine „kundenorientierte Komplettbearbeitung aus einer Hand" gewährleistet. Weitere Beispiele für Geschäftsprozesse zeigt Abbildung 2-3.

In Geschäftsprozessen werden nur Leistungen erstellt, für die ein Kundenbedarf vorhanden ist oder geweckt werden kann. Dabei ist darauf zu achten, dass jedes Leistungsmerkmal den Kunden einen ausreichend hohen Nutzen bietet. Das Anforderungsprofil der Kunden ist mit den Leistungsprofilen der Geschäftsprozesse in Übereinstimmung zu bringen. Je besser dieses gelingt, umso anhaltender wird die Steigerung der Kundenzufriedenheit sein. Zwischen Kundenzufriedenheit, Kapitalrendite, interner Verzinsung und Börsenwert bestehen enge Abhängigkeiten. Steigt die Kundenzufriedenheit, so wirkt sich dieses positiv auf den Erfolg und Wert des Unternehmens aus.

Um die Qualität und Intensität der Beziehungen zu Kunden zu steigern, wird vermehrt Customer Relationship Management (CRM) angewendet (vgl. Bach/Österle 2000). Darunter wird die Ausrichtung des Unternehmens auf Kunden und deren Erwartungen verstanden. Ziel von CRM ist es, die Kundenzufriedenheit und die Kundenbindung zu erhöhen. Viele IT-Provider bieten heute Software-Pakete für CRM an.

Die Deutsche Lufthansa AG ordnet CRM folgende Ziele und Aufgaben zu (vgl. Sattelberger 2001, S. 365):

- Märkte und Kunden verstehen
  – Kundentrends und -bedürfnisse verstehen,
  – Kunden halten, Potenziale erkennen, neue Kunden gewinnen.
- Angebote differenziert zuschneiden
  – Kunden nach Wert, Präferenzen und Verhalten differenzieren,
  – Produkte und Services auf Basis der Kundenbedürfnisse entwickeln.
- Kunden persönlich und zielgerichtet ansprechen
  – Serviceverhalten und Beziehungskompetenz entwickeln,
  – Right Customer, Right Behavior, Right Offer, Right Channel, Right Time.
- Loyale Kundenbeziehungen aufbauen und pflegen
  – Interaktion und Dialog nutzen, um den Kunden besser verstehen zu lernen,
  – Kunden einen eindeutigen und ständigen Mehrwert bieten.

An der Erfüllung dieser Aufgaben sind alle Geschäftsprozesse beteiligt, insbesondere Marketing-, Vertriebs- und Serviceprozess. Geschäftsprozesse sind deshalb Voraussetzung für den Erfolg des Customer Relationship Managements. Intensive Kundenbindung und Kundenselektion gelingt nur, wenn die Geschäftsprozesse eine hohe Effektivität und Effizienz aufweisen.

Kunden werden in Geschäftsprozessen in zwei Gruppen eingeteilt:

• externe Kunden und
• interne Kunden.

Externe Kunden sind die potenziellen Abnehmer bzw. Anwender der angebotenen Leistungen. In vielen Fällen handelt es sich dabei um Endkunden, die die Produkte oder die Dienstleistungen selbst nutzen bzw. anwenden, wie bei Haushaltsgeräten, Personalcomputern oder Personenautos. Häufig entscheiden jedoch die Nutzer/Anwender des Produktes nicht selbst über den Kauf. Bei medizinischen Geräten treffen z. B. immer häufiger spezialisierte Einkaufsstellen der Kliniken die Kaufentscheidungen und nicht mehr die Klinikärzte. In derartigen Fällen sind sowohl Kaufentscheider als auch die Nutzer/Anwender als externe Kunden zu betrachten. Beide Kundengruppen erwarten vom Unternehmen spezifische Leistungen. Die Kaufentscheider benötigen Informationen, um ihre Kaufentscheidung fundiert treffen zu können. Die Anwender/Nutzer benötigen ein Produkt, das den Anwendungsbedürfnissen gerecht wird.

Neben externen Kunden spielen interne Kunden eine wichtige Rolle in Geschäftsprozessen. Interne Kunden sind Abnehmer von Teilergebnissen, die sie als Input verwenden und weiter bearbeiten. In einem Geschäftsprozess ist jeder Teilprozess, Prozess- und Arbeitsschritt Kunde des vorhergehenden und zugleich Lieferant des nachfolgenden Teilprozesses, Prozess- und Arbeitsschrittes (siehe Abb. 2-4).

Zusätzlich werden Prozessinputs von prozessexternen Lieferanten bereitgestellt. Es können demnach drei Gruppen von Lieferanten unterschieden werden:

• prozessinterne Lieferanten,
• unternehmensinterne Lieferanten,
• unternehmensexterne Lieferanten.

Ein Geschäftsprozess besteht aus einer Vielzahl von internen und externen Kunden-Lieferanten-Beziehungen.

Erhalten interne Kunden eine schlechte Inputqualität von ihren Lieferanten, so haben sie Probleme, ein gutes Ergebnis abzuliefern. Schlechte Inputqualität erfordert zusätzliche Zeit und zusätzliche Kosten, was eine Minderung der Prozesseffizienz zur Folge hat. Deshalb ist auf ausreichend hohe Qualität, Termin- und Kostentreue der Zulieferungen zu achten. Dies gilt nicht nur für prozessexterne, sondern gleichermaßen für prozessinterne Lieferanten. Bei internen Kunden und Lieferanten sind dieselben Maßstäbe wie bei externen anzulegen. Hohe externe Kundenzufriedenheit setzt hohe interne Kundenzufriedenheit voraus.

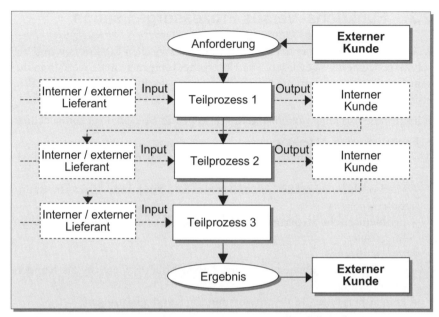

Abbildung 2-4: Kunden-Lieferanten-Beziehungen in Geschäftsprozessen

Interne Kunden-Lieferanten-Beziehungen werden in der Praxis zumeist weniger intensiv gepflegt als externe. Oft fehlt das richtige Verständnis für interne Kunden, obwohl jeder Mitarbeiter sowohl interner Lieferant als auch interner Kunde ist. Häufig verhalten sich interne Lieferanten wie Monopolisten, die ihre Leistungen zu teuer, zu langsam und in unzureichender Qualität bereitstellen. In Geschäftsprozessen werden interne Lieferanten daran gemessen, wie sie die Anforderungen ihrer internen Kunden erfüllen und diese zufrieden stellen.

Geschäftsprozesse fördern neben der unternehmensinternen auch die unternehmensübergreifende Zusammenarbeit. Ein Beispiel dafür sind Wertschöpfungspartnerschaften. In der Automobilindustrie sind unternehmensübergreifende Geschäftsprozesse weit verbreitet, in denen z. B. Zulieferer Entwicklungsaufgaben vom Hersteller übernehmen, komplexe Systemkomponenten komplett bereitstellen oder/und in die Logistik und Lagerhaltung des Herstellers eingebunden sind. Unternehmensübergreifende Geschäftsprozesse tragen zu einer marktgesteuerten Dezentralisierung des Unternehmens bei, die sich wiederum positiv auf die Stärkung der Eigenverantwortung vor Ort, Rücknahme zentraler Planung, Abbau von Kontrolle und Koordination sowie Abflachung der Hierarchie auswirkt. Durch Dezentralisierung wird die organisatorische Komplexität abgebaut, unter der viele Unternehmen leiden und die ein Grund für Ineffizienz und unbefriedigende Produktivität ist.

2.3   Funktions- versus Prozessorganisation

In Kapitel 2.1 wurde bereits auf Unterschiede zwischen Funktionen und Geschäftsprozessen hingewiesen. Die Unterscheidungsmerkmale werden in diesem Kapitel vertieft, um die Geschäftsprozesse noch deutlicher zu charakterisieren.

Funktionale Organisationen sind durch folgende Merkmale gekennzeichnet:

• Funktions- und Abteilungsziele
  – schwierige Abstimmung der Geschäftsziele mit den Funktions- und Abteilungszielen,
  – Zielkonflikte zwischen Geschäftszielen und Funktions- bzw. Abteilungszielen,
  – problematische Steuerung der Geschäftsziele über Funktions- und Abteilungsziele.
• Fachorientierung
  – Fach- und Aufgabenorientierung haben höheres Gewicht als Kundenorientierung,
  – keine übergreifende Verantwortung für Kundenleistungen.
• Komplexe Organisation
  – ausgeprägte Hierarchie,
  – aufwendige Koordination durch viele Schnittstellen,
  – geringe Transparenz.
• Zentrales Controlling mit starkem Akzent auf Kostenplanung und -kontrolle.

Charakteristisch für Funktionsorganisationen ist, dass sie Unternehmen vertikal nach Funktionen, z. B. in Marketing, Entwicklung, Fertigung, Vertrieb und Service (siehe Abb. 2-5) einteilen oder besser zerteilen. Jede Funktion ist auf bestimmte Verrichtungen spezialisiert und bearbeitet Teilaspekte von Kundenleistungen. Nicht der Kunde, sondern die Verrichtung bildet den zentralen Orientierungspunkt und setzt den Effizienzmaßstab. Das primäre Ziel, die Kunden zufrieden zu stellen, rückt dabei in den Hintergrund.

Mit der Spezialisierung ist eine ausgeprägte Hierarchisierung verbunden. Hierarchien haben ein starkes Beharrungsvermögen und sind nur schwer veränderbar. Auch prägen sie die Denkweise des Managements und der Mitarbeiter. Fragen nach der Zuständigkeit nehmen einen breiteren Raum ein als Fragen, wie die Kundenbedürfnisse erfüllt werden können.

In Funktionsorganisationen sind viele Funktions- und Abteilungsgrenzen zu überwinden, um Kundenleistungen zu erstellen. Die Grenzen bilden Schnittstellen, die den Fluss des Leistungserstellungsprozesses unterbrechen. Wie be-

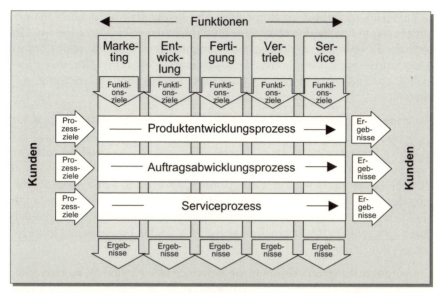

Abbildung 2-5: Funktionen versus Geschäftsprozesse

reits erwähnt, verursachen Schnittstellen Koordinations- und Kontrollaufwand, erzeugen Missverständnisse und Fehler, verzögern Entscheidungen, verbrauchen Zeit, erschweren die Kommunikation, führen zu Informationsverlusten und mindern insgesamt die Ergebnisqualität sowie die Produktivität. „Jede Schnittstelle ist eine Liegestelle, und jede Schnittstelle ist eine Irrtumsquelle." (Osterloh/Frost 1996, S. 22) Oft grenzen sich Funktionen und Abteilungen ab, indem sie Mauern aufbauen, die nur schwer zu überwinden sind. Das „Mauerdenken" und die „Festungsmentalität" erschweren Querbeziehungen und sind eine der Ursachen für Zeit-, Qualitäts- und Kostenprobleme.

Die organisationsbedingte Fragmentierung der Prozesse in Funktionsorganisationen verhindert eine ganzheitliche Sicht. Die Mitarbeiter überblicken nur einen kleinen Ausschnitt des Wertschöpfungsprozesses und sehen nicht das für den Kunden bestimmte Gesamtergebnis. Die Aufteilung der Verantwortung auf kleine Teilabschnitte hat zur Folge, dass sich keiner für die Gesamtleistung verantwortlich fühlt. Der Einzelne erfährt nicht unmittelbar, wie sich sein Arbeitsergebnis auf die Qualität der Kundenleistung auswirkt. Dadurch gehen wesentliche Lerneffekte und die Identifikation mit dem für den Kunden relevanten Gesamtergebnis verloren.

Funktionen führen ein starkes Eigenleben. Ihre Ziele und Interessen decken sich häufig nicht mit Kundenanforderungen und Unternehmenszielen. Diese Defizite soll die Koordination beheben. Ihre Aufgabe ist es, die Funktionsziele auf die übergeordneten Unternehmensziele auszurichten sowie Konflikte und Reibungsverluste zu minimieren. Der Erfolg der Koordinationsbemühungen hängt von der Interessenlage und Macht der Funktionsträger ab. Oft steht der Koordinationserfolg in einem ungünstigen Verhältnis zum Koordinationsaufwand. Zudem beruht die Koordination oft auf Regeln, deren formalistische und starre Einhaltung Initiativen blockiert und Innovationen verhindert.

Funktionsorientierte Organisationen sind durch komplexe Planungs-, Kontroll- und Steuerungssysteme gekennzeichnet. Der Hauptakzent liegt auf der zentralen Fremdkontrolle. Das Controlling ist auf Planung und Kontrolle der Funktions- und Stellenkosten fokussiert. Der Einhaltung von Abteilungs- und Kostenstellenbudgets wird größere Aufmerksamkeit geschenkt als der Erfüllung der Kundenanforderungen. Bei den Kosten handelt es sich zumeist um Funktionskosten, deren Aussagekraft fragwürdig ist. Prozesskosten, die sich durch eine größere Realitätsnähe auszeichnen, sind in Funktionsorganisationen oft unbekannt.

Um in funktionalen Strukturen mehr Synergien und Flexibilität zu erreichen, werden sie häufig mit einer Matrixorganisation überlagert oder durch Projektstrukturen ergänzt. Die Folgen sind ein Anstieg der organisatorischen Komplexität, mehr Konflikte und noch höherer Koordinationsaufwand. Auch die Organisation von Unternehmen nach Geschäftsbereichen (Divisionen, Sparten) bedeutet keine Abkehr von der Funktionsorientierung. Diese Unterteilung findet auf der ersten und teilweise der zweiten Ebene statt. Ab der zweiten bzw. dritten Gliederungsebene sind derartige Organisationen in der Regel wieder rein funktional ausgerichtet.

Funktionale Organisationen hatten in Zeiten überschaubarer Märkte, hoher Marktstabilität, langer Produktlebenszyklen, stabiler Technologien und großer Stückzahlen durchaus ihre Berechtigung. Heute bereitet es ihnen jedoch erhebliche Schwierigkeiten, flexibel auf die sich schnell verändernden Märkte, Kundenbedürfnisse und Technologien zu reagieren. Als Alternative bieten sich prozessorientierte Organisationen an.

Organisationen, die auf Geschäftsprozessen aufbauen (Prozessorganisationen), zeichnen sich durch folgende Merkmale aus:
• Prozessziele
  – Übereinstimmung von Prozess- mit Geschäftszielen,
  – keine bzw. geringe Zielkonflikte.
• Kunden- und Prozessorientierung
  – ausgeprägte Kundenorientierung im Außen- und Innenverhältnis,
  – klare Verantwortung für Kundenleistungen,
  – kontinuierliche Steigerung von Effektivität und Effizienz durch Prozessorientierung.

- Schlanke Organisation
  - Konzentration auf Wertschöpfung,
  - relativ flache Hierarchie,
  - relative geringer Koordinationsaufwand durch weniger Schnittstellen,
  - hohe Transparenz.
- Dezentrales Controlling
  - Planung und Kontrolle liegen weitgehend in der Verantwortung der Mitarbeiter,
  - Prozesse werden multidimensional, d. h. über mehrere Zielgrößen gesteuert (Kundenzufriedenheit, Zeit, Qualität, Kosten).

Geschäftsprozesse orientieren sich nach außen und nicht wie Funktionen nach innen. Ihr Hauptfokus ist die Erfüllung von Kundenbedürfnissen. Welche Leistungen in den Geschäftsprozessen erzeugt werden, bestimmen die Anforderungen, Bedürfnisse und Erwartungen der externen Kunden. Geschäftsprozesse folgen dem Fluss der Wertschöpfung und erstrecken sich über Funktionen und Abteilungen hinweg. Durch die horizontale Aufgabenzusammenführung können mehr Synergien und Flexibilität als in Funktional-, Projekt- oder Matrixorganisationen realisiert werden. Prozessorientierte Organisationen erlauben, flexibel auf Kundenwünsche zu reagieren. Dies ist in einer Zeit wichtig, in der schnelles Reagieren Priorität hat. Nicht nur Management und Mitarbeiter, sondern auch die Organisation muss den Anforderungen an Flexibilität gerecht werden.

Die Aktivitäten in den Geschäftsprozessen werden nach ihrem Beitrag zur Erstellung der Kundenleistungen beurteilt. Aktivitäten ohne Wertschöpfung stellen Verschwendung dar und sind zu eliminieren. Der Fokus von Geschäftsprozessen sind nicht Verrichtungen, sondern Leistungen, die für die Kunden einen Wert haben und von ihnen honoriert werden. Es geht darum, die Aktivitäten so zu selektieren und zu bündeln, dass dieser Wert effizient entsteht.

In reinen Prozessorganisationen werden Funktionen weitgehend aufgelöst und durch Geschäftsprozesse ersetzt. Dadurch werden Hierarchiestufen abgebaut und Schnittstellen reduziert, was den Koordinationsaufwand mindert und die Effizienz steigert. Dabei wird die Fachorientierung „umfunktioniert" und in die Geschäftsprozesse integriert. Die Fachspezialisten ordnen sich den Zielen und Aufgaben der Geschäftsprozesse unter.

> In Geschäftsprozessen stehen Kunden und Kundenleistungen im Mittelpunkt. Sie bestimmen Ziele und Handeln der Mitarbeiter. Diese gemeinsame Orientierung übt eine starke Koordinationswirkung aus und unterstützt die horizontale Kooperation und Zusammenarbeit.

Die einheitliche Sichtweise wird durch Prozessverantwortliche verstärkt, die für jeden Geschäftsprozess und Teilprozess ernannt werden. Sie haben dafür

Sorge zu tragen, dass die richtigen Prozessziele definiert und mit hoher Effizienz erreicht werden.

Geschäftsprozesse verfolgen ein integriertes Bündel von Zielen. An oberster Stelle steht die Kundenzufriedenheit, gefolgt von den Effizienzzielen Zeit, Qualität und Kosten. Dieses Zielsytem ermöglicht eine multidimensionale Steuerung. Das Controlling wird dezentral in den Geschäftsprozessen durchgeführt. Im Vordergrund steht dabei die Selbstkontrolle, die eine wichtige Basis für Leistungsverbesserungen darstellt. Die Selbstkontrolle initiiert Lernprozesse, die nicht nur dem Einzelnen nutzen, sondern die Lernfähigkeit der gesamten Organisation steigern. Je schneller eine Organisation lernt, umso schneller kann sie auf Veränderungen reagieren und Produktivitätsreserven mobilisieren (vgl. Wildemann 2001, S. 55 f.).

> Die Ablösung einer Funktionsorganisation durch eine Prozessorganisation ist ein weitreichender organisatorischer Eingriff, von dem besonders die Positionsinhaber auf den mittleren Managementebenen betroffen sind. Diesen Kraftakt haben sich bisher nur wenige Unternehmen und Manager in Deutschland zugetraut. Dies zeigen die Organisationspläne deutscher Unternehmen, in denen Geschäftsprozesse nur selten ausgewiesen sind.

Der Wandel gestaltet sich in der Praxis erheblich mühsamer als die Literatur vermuten lässt. Das Denken in Geschäftsprozessen ist für viele Manager und Kaufleute noch Neuland. In vielen Unternehmen sind Führungskräfte und Mitarbeiter noch nicht auf ihre Aufgaben und Verantwortung in Prozessorganisationen vorbereitet. Ausnahmen bilden Fertigung und Logistik, für die Prozessorientierung in vielen Fällen bereits gelebte Realität ist. Den indirekten Bereichen, wie z. B. Marketing, Vertrieb, Forschung und Entwicklung, Service und kaufmännisches Controlling fällt es dagegen schwer, sich mit dem Geschäftsprozessmanagement anzufreunden.

Auch bei einer Beibehaltung der funktionalen Aufbauorganisation steht die Prozessorientierung nicht auf verlorenem Posten. Das Geschäftsprozessmanagement verfügt über Koordinationsinstrumente, mit denen Abteilungs- und Funktionsgrenzen überwunden werden können. Ideal ist dieser Zustand jedoch nicht.

> Auf Dauer können Geschäftsprozesse nur in einer prozessorientierten Aufbauorganisation die gewünschte Leistungsfähigkeit entwickeln. Es gilt die Leitlinie, dass die Struktur den Prozessen zu folgen hat und nicht die Prozesse der Struktur. Deshalb sollte mit Einführung von Geschäftsprozessen der Startschuss für einen organisatorischen Veränderungsprozess gegeben werden, dessen Ziel eine prozessorientierte Aufbauorganisation ist.

2.4   Primäre und sekundäre Geschäftsprozesse

Geschäftsprozesse können danach unterschieden werden, wie sie sich auf Kundennutzen und Unternehmenserfolg auswirken. Einige Geschäftsprozesse leisten direkte Beiträge zur Wertschöpfung und stiften Kundennutzen, andere unterstützen nur die Wertschöpfung. Deshalb gibt es verschiedene Typen von Geschäftsprozessen. Für die Bildung und Bezeichnung von Geschäftsprozesstypen gibt es in Theorie und Praxis unterschiedliche Vorschläge (siehe Abb. 2-6).

Kreuz A. T. Kearny	Dernbach Diebold	Crux/Schwilling Roland Berger	Griese/Sieber
• Prozesse mit Hebelwirkung	• Management-prozesse	• Steuerungs-prozesse	• Management-prozesse
• Schlüssel-prozesse	• primäre Prozesse	• primäre Prozesse	• Kernprozesse
• opportunisti-sche Prozesse	• sekundäre Prozesse	• sekundäre Prozesse	• Support-prozesse
• unterstützende Prozesse	• Innovations-prozesse		

Abbildung 2-6: Typisierung von Geschäftsprozessen

Aufgrund unserer Praxiserfahrungen favorisieren wir die Zweiteilung in primäre und sekundäre Geschäftsprozesse, da sie ausreichende Transparenz vermittelt (siehe Abb. 2-7).

Bereits M. E. Porter hat in den 80er Jahren in seinem Wertkettenmodell die Unterscheidung zwischen primären und sekundären Aktivitäten bzw. Prozessen eingeführt. In den primären Geschäftsprozessen findet die originäre Wertschöpfung statt, d. h. die unmittelbare Erstellung und Vermarktung von Produkten und Dienstleistungen für externe Kunden. Für einen effizienten Ablauf benötigen primäre Geschäftsprozesse Unterstützung in Form von Infrastrukturleistungen. Diese stellen ihnen die sekundären Geschäftsprozesse bereit, die häufig auch unterstützende Prozesse, Support- oder Infrastrukturprozesse genannt werden. Die Trennung zwischen primären und sekundären Geschäftsprozessen ist fließend. Je nach Art und Leistungsangebot eines Geschäftes kann ein vergleichbarer Geschäftsprozess in einem Unternehmen Primärprozess und in einem anderen Unternehmen Sekundärprozess

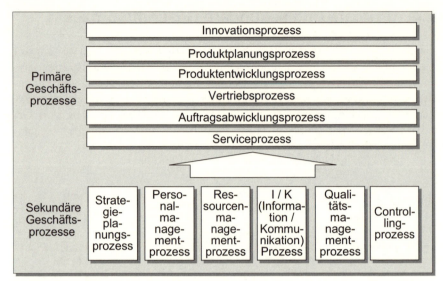

Abbildung 2-7: Primäre und sekundäre Geschäftsprozesse

sein. Auch werden nicht selten sekundäre Prozesse primären Geschäftsprozessen als Teilprozesse zugeordnet.

Zu den sekundären Geschäftsprozessen zählen z. B. die Beschaffung und Bereitstellung der finanziellen, personellen und technischen Ressourcen sowie die strategische und operative Planung und Kontrolle einschließlich der Informationsversorgung. Es ist von Fall zu Fall zu entscheiden, ob die sekundären Geschäftsprozesse als reine Geschäftsprozesse oder als funktionsorientierte Dienstleistungsstellen ausgewiesen werden. In Kapitel 3.4 wird auf diese Differenzierung näher eingegangen.

Sekundärprozesse erbringen Leistungen für Primärprozesse. Sie werden danach beurteilt, wie sie die Anforderungen der Primärprozesse erfüllen. Bei ihrer Beurteilung sollten die Maßstäbe angewandt werden, die auch für externe Lieferanten gelten.

In der Vergangenheit haben unternehmensinterne Dienstleister, wie z. B. Zentralstellen oder Referate, häufig ein ausgeprägtes Eigenleben geführt. Die kritische Überprüfung ihrer Leistungen war oft ein Politikum und wurde nicht selten geschickt verhindert.

Mit Einführung von Geschäftsprozessen wird den internen Dienstleistern eine neue Rolle zugewiesen. Welche Leistungen benötigt werden, bestimmen nicht mehr sie selbst, sondern ihre Kunden, die Primärprozesse. Leistungsangebot und Leistungsfähigkeit der Sekundärprozesse unterliegen einer ständigen Kontrolle und Beurteilung durch ihre „Auftraggeber", die primären Geschäftsprozesse.

Ein wichtiger Schritt ist dabei, die internen Leistungen zu verrechnen. Sind die Leistungen zu teuer, können die Primärprozesse auf externe Anbieter ausweichen. Dieses Regulativ ist für die Gesamtproduktivität eines Unternehmens wichtig, weil Sekundärprozesse erhebliche Ressourcen binden und einen bedeutenden Kostenfaktor darstellen. Zudem ist ihre strategische Bedeutung geringer als die der Primärprozesse. Die laufende kritische Überprüfung der sekundären Prozessleistungen durch die Primärprozesse liegt deshalb im Gesamtinteresse des Unternehmens.

Auf der anderen Seite sollte es den Sekundärprozessen möglich sein, ihre Leistungen auch auf dem externen Markt anzubieten. Einschränkungen sind bei strategisch sensiblen Leistungen zu machen. Der externe Wettbewerb erhöht die Leistungsfähigkeit. Eine breitere Volumenbasis wirkt sich zudem günstig auf Kosten bzw. Preise der internen Leistungen aus. Bei hoher Leistungsfähigkeit kann es sogar strategisch günstig sein, das Outsourcing interner Leistungen rückgängig zu machen.

Die Anzahl der primären Geschäftsprozesse hängt ab von:

• Größe und Komplexität der jeweiligen Geschäftseinheit,
• Anzahl und Varianz der Kundengruppen,
• Anzahl und Varianz der erzeugten Leistungen.

In der Regel wird das Leistungsspektrum eines Unternehmens mit fünf bis zehn primären Geschäftsprozessen abgedeckt (siehe Abb. 2-8). Manche Autoren plädieren für zwei bis vier Geschäftsprozesse.

Nach unseren Erfahrungen reichen zwei Geschäftsprozesse nicht aus, um die Leistungserstellung kundenorientiert, effizient und transparent zu steuern. Auf der anderen Seite sollte die Zahl der primären Geschäftsprozesse möglichst nicht über acht hinausgehen. Unsere Empfehlung liegt bei sechs bis acht primären Geschäftsprozessen pro unternehmerische Einheit.

Manche Unternehmen fassen die internen Dienstleistungsprozesse in einen Geschäftsprozess zusammen, der dann z. B. Managementprozess genannt wird. Diese Akkumulation ist nicht zu empfehlen, da der so gebildete Prozess zu umfangreich, heterogen und komplex ist. Je mehr unterschiedliche Leis-

Empfehlungen	Anzahl primärer Geschäftsprozesse
Thomas Group Inc.	3
McKinsey	3 - 4
Arthur D. Little	5
Coopers & Lybrand	5 - 8
Osterloh/Frost	5 - 8
A.T. Kearny	5 - 10
Booz·Allen & Hamilton	max. 6
Siemens	6 - 8
Ernst & Young	8 - 12

Abbildung 2-8: Anzahl primärer Geschäftsprozesse

tungen in einem Prozess gebündelt werden, umso schwieriger ist es, die einzelnen Leistungen gezielt zu messen und zu steuern.

Andere Unternehmen ordnen dem Managementprozess Planungs- und Steuerungsprozesse, Kontrollprozesse sowie Strategieplanungs- und Strategieumsetzungsprozesse zu. Für die operative Planung, Kontrolle und Steuerung ist aus unserer Sicht kein eigenständiger Geschäftsprozess sinnvoll, da diese Aufgaben zentraler Inhalt eines jeden Geschäftsprozesses sind. Anders ist der Fall bei der strategischen Planung und Kontrolle. Wegen ihrer großen Bedeutung für die strategische Ausrichtung eines Unternehmens sollte für sie ein eigenständiger Sekundärprozess eingerichtet werden.

Zwischen den Geschäftsprozessen bestehen Verbindungen und Abhängigkeiten. Diese beruhen auf dem Transfer von Leistungen und Informationen. „Erkennen, Verstehen, Leiten und Lenken von miteinander in Wechselbeziehung stehenden Prozessen als System trägt zur Wirksamkeit und Effizienz der Organisation beim Erreichen ihrer Ziele bei." (DIN EN ISO 9000:2000, S. 7).

Ein gutes Hilfsmittel zum Aufzeigen der Beziehungen und Nahtstellen ist die Prozess-Landkarte. Abbildung 2-9 zeigt das Schema einer Landkarte für primäre Geschäftsprozesse. Aufschlussreicher, aber auch komplexer ist es, die Prozess-Landkarte für Teilprozesse zu erstellen.

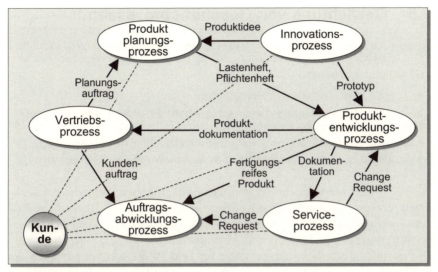

Abbildung 2-9: Prozess-Landkarte

> Wichtig ist, an den Nahtstellen zwischen den Geschäftsprozessen bzw.
> Teilprozessen Leistungsvereinbarungen zu treffen, Messpunkte einzurich-
> ten und den Leistungstransfer regelmäßig zu messen.

Leistungsvereinbarungen sorgen dafür, dass zwischen Leistungsgebern und
-empfängern Klarheit über Inhalt und Konditionen der Leistungsbereitstellung besteht. Dadurch können Missverständnisse ausgeschlossen und der Koordinationsaufwand reduziert werden.

In großen Unternehmen beziehen sich Geschäftsprozesse in den meisten
Fällen auf selbständige Geschäftseinheiten, wie z. B. Geschäftsgebiete, Geschäftsfelder, Business Units oder Profit Centers und nicht auf die Gesamt-
organisation. Geschäftsprozesse erfordern jeweils homogene Strategien,
Ziele, Kundengruppen und Leistungsobjekte. Diese sind in der Regel auf der
Ebene der geschäftsführenden Einheiten (Geschäftseinheiten) vorhanden,
aber nicht auf der obersten Unternehmensebene. Kleine und mittlere Unternehmen zeichnen sich zumeist durch homogene Strategien, Ziele, Kundengruppen und Leistungsspektren aus. Ihre Organisation ist deshalb nicht in
Geschäftseinheiten aufgeteilt. In diesen Fällen werden Geschäftsprozesse für
das Gesamtunternehmen festgelegt.

2.5   Gewichtung von Geschäftsprozessen

Die Gewichtung der Geschäftsprozesse wird für unterschiedliche Entscheidungen benötigt:

- Aufbau bzw. Ausbau von Kernkompetenzen,
- Auslagerung/Rückverlagerung von Geschäftsprozessen oder Teilprozessen (Outsourcing/Insourcing),
- Zuteilung finanzieller, personeller und technischer Prozessressourcen,
- Erneuerung von Geschäftsprozessen (Business Process Reengineering).

Als Methoden zur Gewichtung von Geschäftsprozessen eignen sich Checklisten, Prozessprofile oder Prozess-Portfolios. Abbildung 2-10 zeigt ein Prozess-Portfolio. Die Geschäftsprozesse werden darin in vier Felder je nach ihrer Wirkung auf Kundennutzen und Unternehmenserfolg plaziert. Die höchste Priorität haben Geschäftsprozesse im Feld B. Sie werden oft auch als Schlüssel- oder Kernprozesse bezeichnet, da sie die Kundenzufriedenheit und den Geschäftserfolg maßgeblich beeinflussen. Kandidaten für dieses Feld sind der Innovations-, Produktplanungs-, Produktentwicklungs-, Service- und Auftragsabwicklungsprozess.

Die sekundären Geschäftsprozesse sind Kandidaten für die Felder A oder C. Diese Prozesse sind zwar für den Unternehmenserfolg notwendig, tragen aber

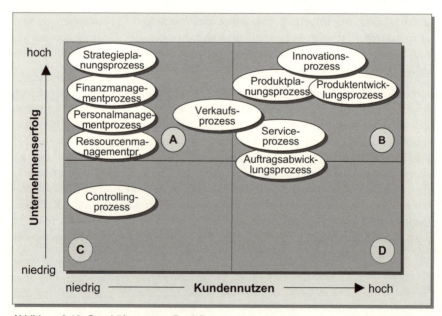

Abbildung 2-10: Geschäftsprozess-Portfolio

nicht unmittelbar zur Steigerung des Kundennutzens bei. Eine hohe Priorität kommt dem Strategieplanungsprozess zu. Er bestimmt die strategische Ausrichtung und Zielsetzung des Unternehmens. In ihm werden die Weichen für die Zukunft gestellt. Dieser Prozess stellt in vielen Unternehmen eine chronische Schwachstelle dar.

Besonderes Augenmerk ist auf die Geschäftsprozesse in Feld B zu legen. Von ihnen hängt die Zukunft des Unternehmens ab. Bei einem zu niedrigen Leistungsniveau sind sie bevorzugte Kandidaten für eine Neugestaltung im Sinne des Business Process Reengineering.

Die Aussagekraft des Prozess-Portfolios steigt, wenn nicht nur die Geschäftsprozesse, sondern auch deren Teilprozesse betrachtet werden. Diese differenziertere Bewertung liefert u. a. Hinweise auf Outsourcing-Kandidaten. Dabei handelt es sich primär um Teilprozesse, die im Feld C liegen.

In dem Prozess-Portfolio können je nach Entscheidungssituation auch andere Bewertungsachsen gewählt werden, wie z. B.:

• Prozesseffektivität (Einfluss auf Markterfolg) und Prozesseffizienz (Leistungsfähigkeit) oder
• Unternehmenserfolg und Verbesserungspotential.

Eine andere Methode zur Gewichtung von Geschäftsprozessen geht vom Einfluss der Geschäftsprozesse auf die Erfolgsfaktoren aus. Sie wird deshalb Geschäftsprozess-Erfolgsfaktoren-Matrix = GPE-Matrix genannt. Erfolgsfaktoren sind Merkmale, Bedingungen oder Variable, die den Unternehmenserfolg entscheidend und nachhaltig beeinflussen. Mögliche Erfolgsfaktoren sind z. B.:

• Umfang und Zusammensetzung des Leistungsprogramms,
• hohe Produktqualität,
• günstiges Preis-/Leistungsverhältnis,
• hohe Flexibilität,
• innovative Problemlösungen,
• kurze Lieferzeiten,
• hohe Liefertreue,
• hervorragender Kundenservice.

Unternehmen, die schnell Kundenprobleme erkennen, flexibel auf Kundenwünsche reagieren und Kundenlösungen kostengünstig bereitstellen, haben höhere Erfolgsaussichten als Wettbewerber, die weniger flexibel, weniger schnell und weniger effizient operieren. Die Erfolgsfaktoren hängen von externen und internen Gegebenheiten eines Unternehmens ab und unterscheiden sich deshalb von Unternehmen zu Unternehmen.

Erfolgsfaktoren werden im Rahmen der strategischen Planung ermittelt. Sie finden ihren Niederschlag in der Geschäftsstrategie und den Geschäftszielen.

Die strategische Planung hat nicht nur die Frage zu beantworten, welche Erfolgsfaktoren wettbewerbsentscheidend sind. Sie hat auch zu klären, wie die Erfolgsfaktoren im Vergleich zu den Wettbewerbern beherrscht werden (Stärken/Schwächen), welcher Verbesserungsbedarf bei welchen Erfolgsfaktoren besteht und wie darauf Einfluss genommen werden kann. Einen wichtigen Stellhebel bilden dabei Geschäftsprozesse. Ihre Leistungsfähigkeit wirkt sich direkt auf die Erfolgsfaktoren Zeit, Qualität, Kosten, Flexibilität und Innovation aus.

Viele Unternehmen sind nicht in der Lage, ihre Erfolgsfaktoren präzise zu nennen. Sommerlatte schätzt ihren Anteil auf über 90 % (vgl. Sommerlatte 1993, S. 57). Wir können aus unserer Projekterfahrung bestätigen, dass in der Praxis die Ableitung, Gewichtung und Kommunikation der wettbewerbskritischen Erfolgsfaktoren oft vernachlässigt werden. Es handelt sich dabei um eine jener Größen, die jeder Funktionsmanager zu kennen glaubt, über die aber sehr kontroverse Vorstellungen in den jeweiligen Führungskreisen bestehen. Ohne ein gemeinsames Verständnis der wettbewerbsentscheidenden Erfolgsfaktoren gelingt es kaum, das Geschäft wettbewerbs- und kundenorientiert auszurichten.

Die Abbildungen 2-11 und 2-12 zeigen eine einfache Vorgehensweise, wie aus dem Einfluss der Geschäftsprozesse auf die kritischen Erfolgsfaktoren das Gewicht der einzelnen Geschäftsprozesse abgeleitet werden kann (vgl. auch Heilmann 1996, S. 118 ff.).

Im ersten Schritt werden die Erfolgsfaktoren des Geschäftes bestimmt und gewichtet (siehe Abb. 2-11). Die Gewichtung kann z. B. auf einfache Weise mit Hilfe des paarweisen Vergleiches vorgenommen werden. Günstiger ist es, die Gewichtung aus Kundensicht festzulegen. Im Anschluss daran wird der Einflussgrad der einzelnen Geschäftsprozesse auf die Erfolgsfaktoren bewertet, wobei der Einfluss zwischen dem Wert 1 (schwach) und 5 (stark) anzugeben ist. Aus der Multiplikation von Einflussgrad und Gewicht wird die Gewichtungszahl pro Erfolgsfaktor ermittelt (siehe Abb. 2-12). Über die Addition sämtlicher Gewichtungszahlen errechnet sich die Gewichtungssumme je Geschäftsprozess. Aus dieser lässt sich dann das Gewicht bzw. die Rangfolge der Geschäftsprozesse ableiten.

In dem Beispiel sind der Auftragsabwicklungsprozess und der Produktentwicklungsprozess für das Unternehmen wettbewerbsentscheidend. Im nächsten Schritt ist über Prozess-Benchmarking herauszufinden, welche Stärken und Schwächen die Geschäftsprozesse im Wettbewerbsvergleich haben (relative Wettbewerbsstärke). Das Ergebnis wird in einem Geschäftsprozess-Portfolio visualisiert (siehe Abb. 2-13). Das Portfolio gibt Auskunft, welche Geschäftsprozesse in ihrer Leistung gesteigert werden müssen, um die Wettbewerbsposition zu halten bzw. zu verbessern. In dem Beispiel sind dies besonders der Produktentwicklungs- und der Produktplanungsprozess.

| Erfolgsfaktoren | Geschäftsprozesse (Einflussgrad 1 - 5) | | | | | | |
	Gewicht EF	Innovationsprozess	Produktplanungsprozess	Produktentwicklungsprozess	Vertriebsprozess	Auftragsabwicklungsprozess	Serviceprozess
Leistungsangebot	6	4	5	2	1	2	2
Produktqualität	8	3	4	5	1	4	2
Preis / Leistung	7	3	4	4	1	5	2
Flexibität	8	1	2	3	5	4	4
Innovation	6	5	2	3	1	1	1
Service	6	1	2	2	1	1	5
Lieferzeiten	8	1	1	2	2	5	1
Liefertreue	10	1	1	1	1	5	1
Summe GP		19	21	22	13	27	18

GP = Geschäftsprozess   EF = Erfolgsfaktor

Abbildung 2-11: Geschäftsprozess-Erfolgsfaktoren-Matrix (GPE-Matrix, Stufe 1)

| Erfolgsfaktoren | Geschäftsprozesse | | | | | | |
	Gewicht EF	Innovationsprozess	Produktplanungsprozess	Produktentwicklungsprozess	Vertriebsprozess	Auftragsabwicklungsprozess	Serviceprozess
Leistungsangebot	6	24	30	12	6	12	12
Produktqualität	8	24	32	40	8	32	16
Preis / Leistung	7	21	28	28	7	35	14
Flexibilität	8	8	16	24	40	32	32
Innovation	6	30	12	18	6	6	6
Service	6	6	12	12	6	6	30
Lieferzeiten	8	8	8	16	16	40	8
Liefertreue	10	10	10	10	10	50	10
Summe GP		131	148	160	99	213	128
Gewicht GP		1,3	1,5	1,6	1,0	2,1	1,3

GP = Geschäftsprozess   EF = Erfolgsfaktor

Abbildung 2-12: Geschäftsprozess-Erfolgsfaktoren-Matrix (GPE-Matrix, Stufe 2)

Von Erfolgsfaktoren zu unterscheiden sind Kernkompetenzen. Kernkompetenzen verkörpern einzigartige Ressourcen und Fähigkeiten, die bei einem koordinierten Einsatz dauerhafte Wettbewerbsvorteile begründen. Sie schaffen Kundennutzen, sind von der Konkurrenz nur schwer imitierbar oder substituierbar und haben Bedeutung für das gesamte Unternehmen (vgl. Ha-

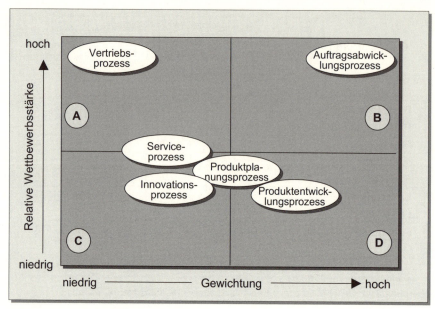

Abbildung 2-13: Geschäftsprozess-Portfolio

mel/Prahalad 1995, S. 310 ff.). Die Kernkompetenzorientierung liegt unterhalb der Kundenorientierung (siehe Abb. 2-14).

Die Kundenorientierung reagiert auf aktuelle und bekannte Kundenbedürfnisse, die mit heutigen Produkten und Dienstleistungen befriedigt werden. Kernkompetenzen zielen darauf ab, zukünftige Anforderungen zu erfüllen. Sie versetzen ein Unternehmen in die Lage, sich flexibel und schnell auf zukünftige Veränderungen einzustellen, neue Leistungen anzubieten und neue Märkte zu erschließen. Die Fokussierung auf Kernkompetenzen stärkt dauerhaft die Wettbewerbsposition und hat eine deutlich größere Reichweite als die Kundenorientierung. Deshalb sind Kernkompetenzen aus strategischer Sicht zu pflegen und auszubauen.

Geschäftsprozesse stellen selbst Kernkompetenzen dar oder bilden die Basis für die Schaffung von Kernkompetenzen. Hierbei sind verschiedene Möglichkeiten zu unterscheiden (vgl. Rohm 1998, S. 213 ff.):

• die gesamte Prozessorganisation ist eine Kernkompetenz,
• ein Geschäftsprozess bildet eine Kernkompetenz,
• eine Gruppe von Geschäftsprozessen bildet eine Kernkompetenz,
• ein Geschäftsprozess beinhaltet eine Kernkompetenz,
• ein Geschäftsprozess beinhaltet Teile einer Kernkompetenz.

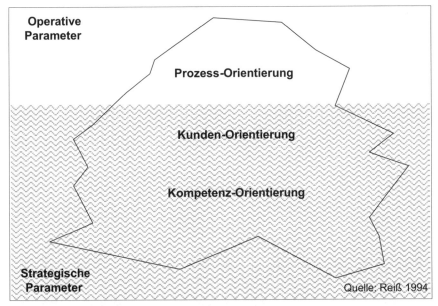

Abbildung 2-14: Orientierungen des Geschäftsprozessmanagements

Kernkompetenzen können sich in Geschäftsprozessen auf die Fähigkeit beziehen:

- schnell in neuen Märkten Fuß zu fassen,
- Kundenbedürfnisse frühzeitig zu erkennen,
- Produkte mit hohem Kundennutzen effizient zu erstellen,
- innovative Problemlösungen durch überlegene Beherrschung von Technologien anzubieten,
- Kunden besser und schneller als Konkurrenten zufrieden zu stellen,
- Kunden langfristig zu binden,
- schnell auf Veränderungen des Marktes und der Technologien zu reagieren.

Zur Klärung der Beziehungen zwischen Erfolgsfaktoren/Kernkompetenzen und Geschäftsprozessen hilft die Beantwortung folgender Fragen:

- Was tragen die einzelnen Geschäftsprozesse zum Aufbau oder Ausbau der Erfolgsfaktoren/Kernkompetenzen bei?
- Welche Leistungsinhalte und -fähigkeiten müssen die Geschäftsprozesse besitzen, um die Erfolgsfaktoren/Kernkompetenzen des Geschäftes zu erfüllen?
- Welche spezifischen Geschäftsprozesse müssen besonders gut beherrscht werden, um wichtige Erfolgsfaktoren/Kernkompetenzen zu stärken?

2.6   Geschäftsprozessmodelle

Geschäftsprozessmodelle enthalten idealtypische Geschäftsprozesse, die die
Identifikation, Definition, Gestaltung und Evaluation von Geschäftsprozessen erleichtern sollen. Sie sind zumeist für einen bestimmten Anwendungsbereich konzipiert, wie z. B. eine Branche. Besonders das informatikorien-
tierte Geschäftsprozessmanagement setzt Geschäftsprozessmodelle bei der
Planung, Realisierung und Steuerung betrieblicher Informationssysteme ein.
Sie werden dort häufig als Referenzmodelle oder Prozesskettenmodelle bezeichnet und dienen u. a. der Modellierung, d. h. der betriebswirtschaftlichen
und informationstechnischen Abbildung von Geschäftsprozessen, Funktionen, Daten und der Aufbauorganisation (vgl. Scheer 1994; Becker et al. 2000,
S. 91 ff.).

Geschäftsprozessmodelle sind besonders bei der Einführung des Geschäftsprozessmanagements nützlich, um Diskussionen über Zweck, Zahl,
Begrenzung, Struktur und Inhalt von Geschäftsprozessen abzukürzen.
Oft helfen sie, defensives Verhalten in konstruktive Mitarbeit umzuwandeln. Mit ihrer Hilfe können unternehmensspezifische Geschäftsprozesse
schneller abgeleitet und qualifizierter beurteilt werden.

Geschäftsprozessmodelle orientieren sich an folgenden Kernleistungen, die
für fast alle Industrieunternehmen – unabhängig von Branche und Größe –
charakteristisch sind:

- Generierung von Ideen für neue   Innovationsprozess
  Problemlösungen und Kundenleistungen

- Identifikation der Kundenanforderungen,   Produktplanungsprozess
  -wünsche und -erwartungen

- Entwicklung der Kundenleistungen   Produktentwicklungsprozess

- Fertigung und Lieferung der Kunden-   Auftragsabwicklungsprozess
  leistungen

- Vermarktung der Kundenleistungen   Vertriebsprozess

- Service der Kundenleistungen   Serviceprozess.

Diese primären Geschäftsprozesse werden von sekundären Geschäftsprozessen, den Dienstleistungsprozessen unterstützt. Zu diesen Prozessen zählen:

- Unternehmensplanung

  Planung und Kontrolle von Geschäftsfeldern, Kernkompetenzen, Erfolgsfaktoren, Wettbewerbsstrategien, Unternehmenszielen

- Personalmanagement

  Planung, Beschaffung, Qualifizierung, Bereitstellung und Betreuung von Personal

- Ressourcenmanagement

  Planung, Beschaffung, Bereitstellung, Instandhaltung und Kontrolle technischer Ressourcen

- Information und Kommunikation

  Planung, Beschaffung, Bereitstellung, Instandhaltung und Kontrolle von IuK-Ressourcen

- Finanzmanagement

  Planung, Beschaffung, Bereitstellung und Kontrolle finanzieller Mittel.

Die Abbildungen 2-15 und 2-16 zeigen einige Geschäftsprozessmodelle. In den Darstellungen ist jeweils nur die oberste Ebene der Geschäftsprozesse ausgewiesen. Die Mehrzahl der veröffentlichten Modelle beschränkt sich auch auf diese Ebene.

Gaitanides et al.	Scholz	EFQM	Juran Institute

• Kernprozesse
  - Leistungs-
    angebot
    definieren
  - Leistung
    entwickeln
  - Leistung
    herstellen
  - Leistung
    vertreiben
  - Leistung
    erbringen
  - Auftrag
    abwickeln
 	
• Supportprozesse
  - Personal
    betreuen
  - Liquidität
    sichern
  - Ressourcen
    bereitstellen
  - Informations-
    versorgung
    sicherstellen
	• Infrastruktur-
	  prozesse
	  - Kapazitäts-
	    planung
	  - Strategie-
	    planung
	  - Liquiditäts-
	    sicherung
	  - Personal-
	    entwicklung
	  - Motivation
	• Produktbearbei-
	  tungsprozesse
	  - Neu- und
	    Weiter-
	    entwicklung
	  - Produktferti-
	    gung
	• Transaktionspro-
	  zesse mit
	  Kunden
	  - Markter-
	    schließung
	    (Absatz)
	  - Auftrags-
	    abwicklung
	  - Service,
	    Wartung
		• Management-
		  Processes
		  - Business
		    Planning
		
		• Business
		  Processes
		  - Innovation
		  - Marketing
		  - Realization
		  - Sales
		  - Service,
		    Delivery
		
		• Support
		  Processes
		  - Procurement
		  - Human
		    Resources
		  - Information
		    Technology
		  - Administration
			• Planning
			
			• Purchasing
			
			• Billing /
			  Invoicing
			
			• Distribution
			
			• Product
			  process
			  (from con-
			  ception to
			  delivery)
			
			• Customer
			  service
			
			• Software
			  development
			
			• Information
			  services

Abbildung 2-15: Geschäftsprozessmodelle (1)

A.T.Kearny	A.D.Little	Thomas Group	Hammer; Hunter

• Führungs-
prozesse
 - Strategische
  Führung
 - Operative
  Führung
• Leistungs-
prozesse
 - Forschung &
  Entwicklung
 - Beschaffung
 - Transport
 - Produktion
 - Lager
 - Vertrieb
• Unterstützungs-
prozesse
 - Personal
 - Finanzen
 - Anlagen
 - Information
	• Kundennutzen-
	Optimierungs-
	prozess
	• Marktkommuni-
	kationsprozess
	• Produkt- und
	Leistungsbereit-
	stellungsprozess
	• Logistik- und
	Serviceprozess
	• Auftragsabwick-
	lungsprozess
	• Liquiditätssiche-
	rungsprozess
	• Kapazitätssiche-
	rungsprozess
	• Strategiepla-
	nungsprozess
	• Personal-
	planungs- und
	Motivations-
	prozess
		• Design-
		Development
		 - Concept
		 - Requirements
		 - Development
		 - Support
		 - Preproduction
		• Make-Market
		 - Order Entry
		 - Planning
		 - Procurement
		 - Manufac-
		  turing
		 - Distribution
		• Strategy Thrust
		 - Research
		  Analysis
		 - Planning
		 - New Business
		  Start-up
			• Development-
			process
			(concept-to-
			prototype)
			• Manufacturing-
			process
			(procurement-
			to-ship)
			• Salesprocess
			(prospect-to-
			order)
			• Order fulfill-
			ment-process
			(oder-to-
			payment)
			• Serviceprocess
			(inquiry-to-
			resolution)

Abbildung 2-16: Geschäftsprozessmodelle (2)

Die Firma SAP bietet Geschäftsprozessmodelle (Solution Maps) für mehr als 20 Industriesparten zusammen mit entsprechenden E-Commerce-Lösungen an (vgl. www.sap.com; siehe Abbildungen 2-17 und 2-18):

• Aerospace & Defense,
• Apparel & Footwear,
• Automotive,
• Banking,
• Chemicals,
• Consumer Products,
• Engineering & Construction,
• Healthcare,
• Higher Education,
• High Tech,
• Insurance,
• Media,
• Mill Products,
• Mining,
• Oil & Gas,
• Pharmaceuticals,
• Public Sector,

- Retail,
- Service Providers,
- Telecommunications
- Transportation,
- Utilities.

Die Darstellungen umfassen zwei Ebenen:

- Ebene 1 (overview) zeigt die wesentlichen Geschäftsprozesse der jeweiligen Branche auf (siehe Beispiele in den Abbildungen 2-17 und 2-18),
- Ebene 2 (business blueprint): detailliert die Geschäftsprozesse der Ebene 1 nach ihrer Funktionalität.

Bei Enterprise Management und Business Support handelt es sich in den SAP-Geschäftsprozessmodellen um sekundäre Geschäftsprozesse. Diese umfassen:

- Enterprise Management
  - Strategic Enterprise Management,
  - Business Intelligence,
  - Managerial Accounting,
  - Financial Accounting,

General Solution Map for Industry	Automotive Sales & Services	Automotive Supplier	Automotive OEM
• Enterprise Management • Customer Relationship Management • Product Design & Engineering • Component Procurement • Manufacturing • Sales & Distribution • Customer Service • Business Support	• Enterprise Management • Customer Relationship Management • Vehicle Business • Technical Services/ Workshop Management • Spare Parts • Financial/Rental/ Insurance Services • Warrenty & Claims Management • Business Support	• Enterprise Management • Customer Relationship Management • Engineering Supplier • Supply Chain Planning & Monitoring Supplier • Procurement Supplier • Manufacturing Supplier • Sales Supplier • Spare Parts Business Supplier • Business Support	• Enterprise Management • Customer Relationship Management • Engineering OEM • Supply Chain Planning & Monitoring OEM • Procurement OEM • Manufacturing OEM • Sales OEM • Completely Knocked-Down Kits (CKD) • Business Support

Abbildung 2-17: SAP-Geschäftsprozessmodelle (Solution Maps Edition 2001) für unterschiedliche Branchen (1)

High Tech	Engineering & Construction	Pharma-ceuticals	Consumer Products
• Enterprise Management • Customer Relationship Management • Value Added Distribution & Resale • Software Provider • Original Equipment Design & Manufacturing • Contract Manufacturing • Component Distribution • Semiconductor & Component Manufacturing • Business Support	• Enterprise Management • Customer Relationship Management • Develop to Order • Make to order • Engineer to Order • Engineering Procurement Construction • Construction • Service & Maintenance • Business Support	• Enterprise Management • Customer Relationship Management • Research & Development • Technical Service • Plant Engineering • Operations • Distribution • Business Support	• Enterprise Management • Customer Relationship Management • Marketing & Innovation • Supply Chain Management • Business Support

Abbildung 2-18: SAP-Geschäftsprozessmodelle (Solution Maps Edition 2001) für unterschiedliche Branchen (2)

- Business Support
  - Human Resource Core Functions & Strategy,
  - Human Resource Analytics & Enabling Solutions,
  - Procurement,
  - Treasury/Coporate Finance Management,
  - Fixed Asset Management,
  - Real Estate & Property Management,
  - Knowledge Management.

Als Ziele der Solution Maps nennt SAP: „The Solution Maps are designed to be used as a tool to help visualize, plan, and implement a coherent, integrated, and comprehensive information technology solution within a company".

Die „Solution Maps" hat SAP zusammen mit Kunden und Partnern entwickelt. Sie vermitteln einen guten Überblick über die Geschäftsprozesse der einzelnen Branchen und stellen durch ihren Praxisbezug ein wertvolle Hilfe bei der Identifikation, Definition, Gestaltung und Kontrolle von Geschäftsprozessen dar.

Geschäftsprozessmodelle in Literatur und Praxis unterscheiden sich zum Teil erheblich. Zahl, Abgrenzung, Inhalte und Konkretisierungsgrad der Ge-

schäftsprozesse variieren. Deshalb ist im konkreten Anwendungsfall kritiscn
zu prüfen, welches Modell am besten der eigenen Situation gerecht wird.

Für die Beurteilung eines Geschäftsprozessmodells ist die Beantwortung
folgender Fragen hilfreich:

- Unterscheidet das Modell zwischen primären und sekundären Ge-
  schäftsprozessen?
- Liegt die Zahl der primären Geschäftsprozesse zwischen fünf und acht?
- Unterscheiden sich Inhalt und Namen der Geschäftsprozesse deutlich
  von Funktionsinhalten und -bezeichnungen?
- Haben die vorgeschlagenen Geschäftsprozesse einen eindeutigen An-
  fangs- und Endpunkt (von ... bis ...)?
- Nehmen Anfangs- und Endpunkte der primären Geschäftsprozesse
  direkten Bezug auf externe Kunden?
- Sind die Bearbeitungsobjekte definiert?
- Werden die Ergebnisse der Geschäftsprozesse definiert?
- Werden die Teilprozesse der einzelnen Geschäftsprozesse ausgewiesen?

In unseren Projekten haben wir gute Erfahrungen mit dem Geschäftsprozessmodell in Abbildung 2-19 gemacht, das für Industrieunternehmen mit Serienprodukten konzipiert wurde. Wie in dem Modell von Hammer werden jeweils Prozessanfang und -ende definiert. Anfang und Ende stehen in einem
direkten Bezug zu externen Kunden. Mit sechs primären Geschäftsprozessen
deckt das Modell die gesamte Leistungserstellung ab. In den weiteren Kapiteln des Buches wird dieses Modell näher präzisiert.

1. Innovations- prozess	• Vom Kundenbedürfnis bis zur Produktidee
2. Produktplanungs- prozess	• Von der Produktidee bis zum Plichtenheft
3. Produktentwicklungs- prozess	• Vom Plichtenheft bis zum fertigungsreifen Produkt
4. Vertriebs- prozess	• Von der Kundenakquisition bis zum Kundenauftrag
5. Auftragsbearbeitungs- prozess	• Vom Kundenauftrag bis zur bezahlten Rechnung
6. Service- prozess	• Vom Kundenproblem bis zur Problemlösung

Abbildung 2-19: Geschäftsprozessmodell für Unternehmen mit Serienprodukten

Wesentlichen Einfluss auf die Identifikation und Gestaltung von Geschäftsprozessen haben Zielkunden, Kundenanforderungen, Leistungsangebot und wettbewerbskritische Erfolgsfaktoren. Diese hängen von der spezifischen Situation eines Unternehmens ab. Deshalb sind Geschäftsprozessmodelle jeweils an die unternehmensspezifischen Gegebenheiten anzupassen. Zahl, Reichweite, Inhalt und Bezeichnungen sind wegen der unterschiedlichen Ausgangssituationen und der unterschiedlichen Ziele situativ festzulegen.

Auf oberster Ebene bestehen oft Gemeinsamkeiten zwischen Geschäftsprozessen von Unternehmen derselben Branche. Auf tiefer liegenden Ebenen (Teilprozesse, Prozess- und Arbeitsschritte) dominieren dagegen unternehmensspezifische Ausprägungen.

Viele der in der Literatur veröffentlichten Prozessmodelle sind nur grob beschrieben und lassen deshalb einen breiten Interpretationsspielraum zu. Dies ist oft auch so gewollt, da die Autoren Beratungsleistungen verkaufen wollen und die Prozessmodelle als Türöffner benutzen.

> Dringend abzuraten ist, Geschäftsprozessmodelle unreflektiert auf ein Unternehmen zu übertragen. Das gilt auch für branchenbezogene Musterlösungen. An einer unternehmensspezifischen Festlegung der Geschäftsprozesse führt kein Weg vorbei.

Unternehmensspezifische Prozessmodelle bilden Unternehmen bzw. unternehmerische Einheiten in Geschäftsprozessen ab. Sie stellen das Gegenstück zum Organigramm der Aufbauorganisation dar. Gehen Unternehmen auf die reine Prozessorganisation über, so spiegeln die Prozessmodelle auch die Aufbauorganisation wider.

In Kapitel 3 wird ausführlich dargestellt, wie in der Praxis Geschäftsprozesse identifiziert und damit unternehmensspezifische Prozessmodelle entwickelt werden.

> Geschäftsprozessmodelle sagen in der Regel noch nichts über die Einbettung der Geschäftsprozesse in die Aufbauorganisation aus und geben auch keine Hinweise auf Planung und Kontrolle der Prozessziele sowie das Vorgehen zur Steigerung der Prozessleistungen. Sie decken zwar ein wichtiges, aber nur ein relativ kleines Segment des Geschäftsprozessmanagements ab.

2.7 Das Wichtigste in Kürze

- In funktionalen Organisationen werden Prozesse, die Leistungen für externe Kunden bereitstellen, durch Abteilungsgrenzen unterbrochen. Dadurch entstehen Prozessinseln. Es bereitet erhebliche Schwierigkeiten und Aufwendungen, die Prozessinseln auf Marktanforderungen und Kundenwünsche auszurichten.

- Um die vielseitigen Probleme der Funktionsorganisation zu beheben, wurde das Konzept der Geschäftsprozesse entwickelt. Geschäftsprozesse bestehen aus der funktionsüberschreitenden Verkettung wertschöpfender Aktivitäten, die spezifische, von Kunden erwartete Leistungen erzeugen und deren Ergebnisse strategische Bedeutung für das Unternehmen haben.

- Eine Organisation, die auf Geschäftsprozessen aufbaut, zeichnet sich im Vergleich zu funktionalen Organisationen durch folgende Merkmale aus:
  - stärkere Kundenorientierung,
  - weniger Schnittstellen,
  - geringerer Koordinationsaufwand,
  - klare Verantwortung für das Prozessergebnis,
  - systematische Steigerung der Prozessleistung,
  - mehrdimensionale Steuerung über die Zielgrößen Kundenzufriedenheit, Zeit, Qualität und Kosten,
  - dezentrales Controlling,
  - organisationales Lernen.

- Ein Geschäftsprozess besteht aus folgenden Komponenten:
  - Anforderungen der Kunden,
  - Inputs,
  - Leistungserstellung,
  - Ergebnisse,
  - Geschäftsprozessverantwortlicher,
  - Ziel- und Messgrößen zur Steuerung der Prozessleistung

- Kunden werden in Geschäftsprozessen in externe Kunden und interne Kunden eingeteilt. Externe Kunden sind die Abnehmer der Prozessergebnisse. Interne Kunden sind Empfänger von Teilergebnissen, die sie weiter bearbeiten. Ein Geschäftsprozess besteht aus einer Vielzahl von internen und externen Kunden-Lieferanten-Beziehungen. Wichtig ist, mit den Lieferanten und den externen Kunden Leistungsvereinbarungen zu treffen. Sie tragen dazu bei, zwischen Leistungsgebern und -empfängern Klarheit über Inhalt und Konditionen der Leistungsbereitstellung herzustellen.

- Geschäftsprozesse werden in primäre und sekundäre Prozesse unterteilt. In den primären Geschäftsprozessen findet die originäre Wertschöpfung statt, d. h. die unmittelbare Erstellung und Vermarktung von Produkten und Dienstleistungen für externe Kunden. In der Regel wird das Leistungsspektrum eines Unternehmens mit fünf bis zehn primären Geschäftsprozessen abgedeckt. Unsere Empfehlung liegt bei sechs bis acht primären Geschäftsprozessen pro unternehmerische Einheit.

• Sekundäre Geschäftsprozesse versorgen die primären Geschäftsprozesse mit Infrastrukturleistungen. Zu den sekundären Geschäftsprozessen zählen z. B. die Beschaffung und Bereitstellung der finanziellen, personellen und technischen Ressourcen.

• Mit der Einführung von Geschäftsprozessen wird den internen Dienstleistern eine neue Rolle zugewiesen. Welche Leistungen benötigt werden, bestimmen nicht mehr sie selbst, sondern ihre Kunden, die Primärprozesse. Leistungsangebot und Leistungsfähigkeit der Sekundärprozesse unterliegen einer ständigen Kontrolle durch ihre „Auftraggeber".

• Für Entscheidungen über:
  – Aufbau bzw. Ausbau von Kernkompetenzen,
  – Auslagerung/Rückverlagerung von Geschäftsprozessen oder Teilprozessen (Outsourcing/Insourcing),
  – Zuteilung personeller, finanzieller und technischer Ressourcen,
  – Erneuerung von Geschäftsprozessen (Business Process Reengineering)
  ist eine Gewichtung der Geschäftsprozesse erforderlich. Als Methoden kommen dabei Checklisten, Prozessprofile, Prozess-Portfolios und GPE-Matrizen (Geschäftsprozess-Erfolgsfaktoren-Matrizen) zur Anwendung.

• Geschäftsprozessmodelle enthalten idealtypische Geschäftsprozesse, die die Identifikation und Gestaltung von Geschäftsprozessen erleichtern. Sie sind nützlich, um Diskussionen über Zweck, Zahl, Begrenzung, Struktur und Inhalt von Geschäftsprozessen abzukürzen und defensives Verhalten in konstruktive Mitarbeit umzuwandeln. Dringend abzuraten ist jedoch, Geschäftsprozessmodelle unreflektiert auf ein Unternehmen zu übertragen. Das gilt auch für branchenbezogene Musterlösungen. An einer unternehmensspezifischen Festlegung der Geschäftsprozesse führt kein Weg vorbei. Nur so wird ein ausreichendes Verständnis der Geschäftsprozesse erreicht, was Voraussetzung für ihre Verbesserung ist.

2.8   Literatur zum Kapitel 2

Bach, V.; Österle, H. (Hrsg.) (2000): Customer Relationship in der Praxis, Berlin et al. 2000.

Becker, J.; Kugeler, M.; Rosemann, M. (Hrsg.) (2000): Prozessmanagement. Ein Leitfaden zur prozessorientierten Organisationsgestaltung, Berlin et al. 2000.

Binner, H. F. (1997): Integriertes Organisations- und Prozeßmanagement, München 1997.

Bullinger, H.-J.; Wiedmann, G.; Niemeier, J. (1995): Business Reengineering. Aktuelle

Managementkonzepte in Deutschland: Zukunftsperspektiven und Stand der Umsetzung, Fraunhofer-Institut für Arbeitswirtschaft und Organisation (IAO), Stuttgart 1995.

Corsten, H. (Hrsg.) (1997): Management von Geschäftsprozessen, Stuttgart 1997.

Davenport, Th. H. (1993): Process Innovation, Reengineering Work through Information Technology, Boston 1993.

Dernbach, W. (1996): Geschäftsprozeßoptimierung. Der neue Weg zur marktorientierten Unternehmensorganisation. Diebold Deutschland GmbH, in: Nippa, M.; Picot, A. (Hrsg.): Prozeßmanagement und Reengineering. Die Praxis im deutschsprachigen Raum, 2. Aufl., Frankfurt am Main/New York 1996, S. 187–205.

DIN EN ISO 9001:2000 (2000): Deutsches Institut für Normung e. V. (Hrsg.): DIN EN ISO 9001:2000, Qualitätsmanagementsysteme – Anforderungen, Berlin 2000.

EFQM (1999a): Das EFQM Modell für Excellence 1999. European Foundation for Quality Management, Brüssel 1999.

EFQM (1999b): Business Process Management, „How to embrace Process Management", EFQM Good Practice and Benchmarking Services, Brüssel 1999.

Ehrlenspiel, K. (1995): Integrierte Produktentwicklung: Methoden für Prozeßorganisation, Produktherstellung und Konstruktion, Wien 1995.

Eversheim, W. (Hrsg.) (1995): Prozeßorientierte Unternehmensorganisation, Berlin et al. 1995.

Gaitanides, M.; Scholz, R.; Vrohlings, A.; Raster, M. (1994): Prozeßmanagement: Konzepte, Umsetzungen und Erfahrungen des Reengineering, München 1994.

Gerpott, T. J.; Wittkemper, G. (1996): Business Process Redesign. Der Ansatz von Booz, Allen & Hamilton, in: Nippa, M.; Picot, A. (Hrsg.): Prozeßmanagement und Reengineering. Die Praxis im deutschsprachigen Raum, 2. Aufl., Frankfurt am Main/New York 1996, S. 144–164.

Gierhake, O. (1998): Integriertes Geschäftsprozeßmanagement. Effektive Organisationsgestaltung mit Workflow-, Workgroup- und Dokumentenmanagement-Systemen, Wiesbaden 1998.

Griese, J.; Sieber, P. (1999): Betriebliche Geschäftsprozesse: Grundlagen, Beispiele, Konzepte, Bern et al. 1999.

Hamel, G.; Prahalad, C. (1995): Wettlauf um die Zukunft: Wie Sie mit bahnbrechenden Strategien die Kontrolle über Ihre Branche gewinnen und die Märkte von morgen schaffen, Wien 1995.

Hammer, M.; Champy, J. (1994): Business Reengineering, Frankfurt am Main/ New York 1994.

Heilmann, M. L. (1996): Geschäftsprozess-Controlling, Bern et al. 1996.

Hinterhuber, H. H.; Handlbauer, G.; Matzler, K. (1997): Kundenzufriedenheit durch Kernkompetenzen: eigene Potentiale erkennen – entwickeln – umsetzen, München, Wien 1997.

Hinterhuber, H. H. (1995): Vom Denken in Funktionen zum Denken in Prozessen, in: Hammer, R. M.; Hinterhuber, H. H.; Schliessmann, C. P.: Aufbruch in die Veränderung. Strategien für eine Unternehmensführung, Wiesbaden 1995, S. 13–42.

Hohmann, P. (1995): Geschäftsprozesse und integrierte Anwendungssysteme. Prozessorientierung als Erfolgskonzept, Köln 1999.

Homburg, Ch.; Rudolph, B. (1995): Wie zufrieden sind Ihre Kunden tatsächlich?, in: Harvard Business Manager, (1995) 1, S. 43–50.

Hunter, M. (1994): Business Process Re-engineering, Seminar Frost & Sullivan, Düsseldorf 19. bis 21.10.1994.

Juran Institute (1996): Process Management, Seminar für Siemens AG, 1996.

Kaplan, R. B.; Murdock, L. (1991): Core process redesign, in: The McKinsey Quarterly, (1991) 2, S. 27–43.

Kreuz, W. (1996): Transforming the Enterprise. Die nächste Generation des Business Process Engineering (A. T. Kearny), in: Nippa, M.; Picot, A. (Hrsg.): Prozeßmanagement und Reengineering. Die Praxis im deutschsprachigen Raum, 2. Aufl., Frankfurt am Main/New York 1996, S. 93–107.

Nagel, P. (1996): Durch Reengineering die Fitness wiedergewinnen. Das Beispiel der Grammer AG, in: Nippa, M.; Picot, A. (Hrsg.): Prozeßmanagement und Reengineering. Die Praxis im deutschsprachigen Raum, 2. Aufl., Frankfurt am Main/New York, 1996, S. 286–292.

Nippa, M.; Picot, A. (Hrsg.) (1996): Prozeßmanagement und Reengineering. Die Praxis im deutschsprachigen Raum, 2. Aufl., Frankfurt am Main/New York 1996.

Osterloh, M.; Frost, J. (1996): Prozeßmanagement als Kernkompetenz. Wie Sie Business Reengineering strategisch nutzen können, Wiesbaden 1996.

o. V. (1995): Der Kunde soll wieder König werden, Studie der WHU Koblenz und der VDI-Nachrichten, in: VDI Nachrichten vom 22. 09. 1995.

Porter, M. E. (1986): Wettbewerbsvorteile-Spitzenleistungen erreichen und behaupten, Frankfurt am Main/New York 1986.

Prahalad, C. K.; Hamel, G. (1990): The Core Competence of the Corporation, in: Harvard Business Review, 68 (1990) 3, S. 79–91.

Reiß, M. (1994): Reengineering: radikale Revolution oder realistische Reform?, in: Horváth, P. (Hrsg.) (1994): Kunden und Prozesse im Fokus – Controlling und Reengineering, Stuttgart 1994, S. 9–26.

Rohm, Ch. (1998): Prozeßmanagement als Fokus im Unternehmungswandel, Gießen 1998.

Sattelberger, T. (2001): Customer Relationship Management – Der fordernde Marathonlauf zu marktdifferenzierender Service Excellenz, in: Wildemann, H. (Hrsg.): Wertsteigerung von Unternehmen. Mit welchen Methoden? Münchner Management Kolloquium 27./28.03.2001, München 2001, S. 345–373.

Scheer, A.-W. (1994): Wirtschaftsinformatik – Referenzmodelle für industrielle Geschäftsprozesse, 5. Aufl., Berlin 1994.

Scheer, A.-W. (1996): Modellunterstützung für ein kostenorientiertes Geschäftsprozeßmanagement, in: Berkau, C.; Hirschmann, P. (Hrsg.): Kostenorientiertes Geschäftsprozeßmanagement, München 1996, S. 3–25.

Scholz, R. (1994): Geschäftsprozeßoptimierung. Bergisch Gladbach 1994.

Siegle, K-P. (1994): Geschäftsprozesse und Kernkompetenzen, in: Gaitanides et al.: Prozeßmanagement, München 1994, S. 164–180.

Sommerlatte, T. (1993): Leistungsprozesse und Organisationsstruktur, in: Scharfenberg, H. (Hrsg.): Strukturwandel in Management und Organisation. Neue Konzepte sichern die Zukunft, Baden-Baden 1993, S. 55–70.

Sommerlatte, T.; Wedekind, E. (1990): Leistungsprozesse und Organisationsstruktur, in: Little, A. D. (Hrsg.): Management der Hochleistungsorganisation, Wiesbaden 1990, S. 23–41.

Striening, H.-D. (1988): Prozess-Management, Frankfurt am Main 1988.

Thomas, Ph. R. (1990): Competitiveness through Total Cycle Time. An Overview for CEOs, New York et al. 1990.

Treichler, Ch.; Schmidt, S. L. (1996): Transformationsfunktion von Kernprozessen, in: Zeitschrift Führung+Organisation (zfo), 65 (1996) 3, S. 136–141.

Wilckens, H.; Pasquale, Th. (1996): Geschäftsoptimierung in den Servicebereichen. Das Beispiel der HT Troplast AG, in: Nippa, M.; Picot, A. (Hrsg.): Prozeßmanagement und Reengineering. Die Praxis im deutschsprachigen Raum, 2. Aufl., Frankfurt am Main 1996, S. 293–307.

Wildemann, H. (Hrsg.) (2001): Wertsteigerung von Unternehmen. Mit welchen Methoden? Münchner Management Kolloquium 27./28.03.2001, München 2001.

Zink, K. J.; Bäuerle, Th.; Schmidt, A. (1999): Identifikation von Geschäfts- und Managementprozessen, in: Hofer-Alfeis, J. (Hrsg.): Geschäftsprozeßmanagement: innovative Ansätze für das wandlungsfähige Unternehmen, München 1999, S. 160–162.

3 Wie werden Geschäftsprozesse gestaltet und organisiert?

In diesem Kapitel werden folgende Fragen beantwortet:

- Wie werden Geschäftsprozesse identifiziert, abgegrenzt und strukturiert?
- Welche Ausgangsdaten sind dafür notwendig?
- Welche Regeln sind bei der Gestaltung von Geschäftsprozessen zu beachten?
- Wie werden Geschäftsprozesse beschrieben und dokumentiert?
- Welche Aufgaben und Befugnisse haben die Prozessverantwortlichen?
- Welche Gremien spielen in Geschäftsprozessen eine Rolle?
- Welche Aufgaben haben diese Gremien?
- Wie werden Geschäftsprozesse in die Aufbauorganisation eingeordnet?
- Was ist beim Übergang von der Funktions- auf die Prozessorganisation zu beachten?

3.1 Identifizierung von Geschäftsprozessen

3.1.1 Top-down und bottom-up Vorgehen

Am Anfang des Geschäftsprozessmanagements steht die Identifizierung der Geschäftsprozesse, die in der Praxis „die größten Probleme" bereitet. Die Prozessidentifikation beantwortet die Frage, welche Geschäftsprozesse in einem Unternehmen notwendig sind, um die Kunden bzw. Interessengruppen mit den erwarteten Leistungen zu versorgen.

Bei der Identifizierung von Geschäftsprozessen kann top-down oder bottom-up vorgegangen werden. Der top-down Ansatz geht von der Geschäftsstrategie aus. Die in der Strategie definierten Geschäftsfelder und Kundengruppen bilden zusammen mit den Kundenanforderungen und dem Leistungsangebot die Ausgangsdaten für die Prozessidentifikation. Aus ihnen wird abgeleitet, welche Geschäftsprozesse benötigt werden.

Beim top-down Vorgehen werden zunächst die primären Geschäftsprozesse und ihre Teilprozesse identifiziert. Anschließend folgt die Feststellung der sekundären Geschäftsprozesse, die sich an den Leistungsanforderungen der primären Geschäftsprozesse orientieren. Die weitere Aufteilung in Prozessschritte, Arbeitsschritte und Aktivitäten ist späteren Planungsschritten vorbehalten.

Der bottom-up Ansatz geht in umgekehrter Reihenfolge vor. Ausgangsbasis sind hier die Aktivitäten auf der untersten Prozessebene. Sie werden nach bestimmten ablauf- oder informationstechnischen Gesichtspunkten analysiert und gebündelt. Die so gefundenen Aktivitätsgruppen werden dann zu Arbeitsschritten, Prozessschritten, Teilprozessen und Geschäftsprozessen akkumuliert. Das Vorgehen findet bei der isolierten Einführung der Prozesskostenrechnung und der informatikorientierten Geschäftsprozessoptimierung Anwendung.

Das bottom-up Vorgehen birgt die Gefahr in sich, bei der Definition der Prozessstruktur und -inhalte einseitig von der bestehenden Aufgabenorientierung auszugehen und die Kunden- sowie Ergebnisorientierung zu vernachlässigen. Eine Selektion der Aktivitäten nach Kundenbedürfnissen, Wertschöpfungsbeiträgen und Geschäftszielen findet beim bottom-up Ansatz nicht oder nur eingeschränkt statt. Die bottom-up Vorgehensweise erschwert es ferner, Prozessüberschneidungen festzustellen und zu verhindern.

Wir empfehlen den top-down Ansatz, da dieser Geschäftsprozesse aus der Gesamtschau des Unternehmens ableitet und strategiekonforme Lösungen bietet. Gegenüber dem bottom-up Ansatz zeichnet sich der top-down Ansatz durch folgende Vorteile aus:
- Kunden und Geschäftsziele bilden die Ausgangsbasis.
- Die Ergebnisse sind strategiekonform und überschneidungsfrei.
- Redundanzen, Überschneidungen und Aktivitäten ohne Kundennutzen werden aufgedeckt.
- Die Gefahr ist geringer, sich im Detail zu verlieren und auf dem Bestehenden zu beharren.

3.1.2 Ausgangsdaten der Prozessidentifizierung

Für die Identifizierung der Geschäftsprozesse nach dem top-down Ansatz und die spätere Ableitung der Ziel- und Messgrößen werden folgende Daten benötigt, die im Allgemeinen der Geschäftsstrategie und dem Geschäftsplan entnommen werden können (siehe Abb. 3-1):

- Ausgangsdaten für die Identifizierung von Geschäftsprozessen:
  - Zielmärkte und Kundengruppen,
  - Kundenanforderungen, -bedürfnisse
  - strategische Erfolgsfaktoren des Geschäftes,
  - Stärken und Schwächen des Geschäftes.

- Ausgangsdaten für die Festlegung von Ziel- und Messgrößen in Geschäftsprozessen:
  - Kundenanforderungen und -erwartungen

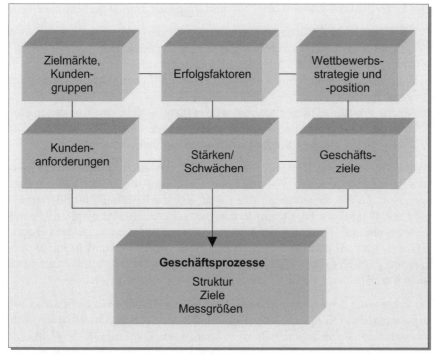

Abbildung 3-1: Ausgangsdaten für die Identifikation der Geschäftsprozesse und die Festlegung der Ziel- und Messgrößen

- Geschäftsziele,
- strategische Erfolgsfaktoren des Geschäftes,
- Wettbewerbsstrategie,
- Stärken und Schwächen des Geschäftes.

Für die Identifizierung der Geschäftsprozesse sind im ersten Schritt die Zielmärkte und Kundengruppen zu klären, die das Unternehmen bedient bzw. in Zukunft bedienen will. Dabei sind folgende Fragen zu beantworten:

- Wer sind die Kunden des Unternehmens?
- Auf welche Kundengruppen will sich das Unternehmen in Zukunft konzentrieren?
- Welche Leistungen erwarten die Kunden heute und in Zukunft?
- Welche Leistungen werden heute Kunden angeboten?
- Welche Leistungen sollen in Zukunft Kunden angeboten werden?
- Wie zufrieden sind die Kunden mit den heute angebotenen Leistungen?

Können die Kunden die Leistungsinhalte nicht ausreichend präzisieren, muss sich das Unternehmen selbst mit den Problemen und Prozessen der Kunden auseinander setzen, um die Kundenbedürfnisse zu definieren.

Das Unternehmen sollte in der Lage sein, folgende Fragen zu beantworten:

- Womit und wie verdienen die Kunden ihr Geld?
- Welches sind die kritischen Erfolgsfaktoren der Kunden?
- Welche Probleme beschäftigen die Kunden am stärksten?
- Wie kann das Unternehmen den Kunden bei der Lösung ihrer Probleme am besten helfen?
- Welche Produkte, Dienstleistungen oder Ideen sollten den Kunden in Zukunft angeboten werden, damit sie erfolgreicher werden?
- Wo liegen die größten Wachstumchancen bei den Kunden?

Aus der Kenntnis der Kundenprobleme und -präferenzen lassen sich die Leistungen ableiten, die den Vorstellungen und Erwartungen der Kunden entsprechen. Zu den Leistungen zählen nicht nur die Erstellung und Bereitstellung von Produkten oder Dienstleistungen, sondern alle Aktivitäten, die der Gewinnung und Betreuung der Kunden dienen. Die Spannweite der Leistungen vermittelt Abbildung 3-2. Sie zeigt, dass zwischen Kunden und Unternehmen viele Kontakte bestehen. An jeder dieser Nahtstellen werden Leistungen transferiert, die die Kundenzufriedenheit beeinflussen.

Die Frage nach den Leistungen und Leistungsanforderungen ist nicht nur in Bezug auf (externe) Kunden, sondern auch in Bezug auf andere Stakeholder (Mitarbeiter, Kapitalgeber, Gesellschaft) zu beantworten (vgl. EFQM Modell).

Den Bedürfnissen und Anforderungen auf der einen Seite steht das Leistungsangebot des Unternehmens auf der anderen Seite gegenüber. Mit Kenntnis der Leistungen kann die Frage beantwortet werden:

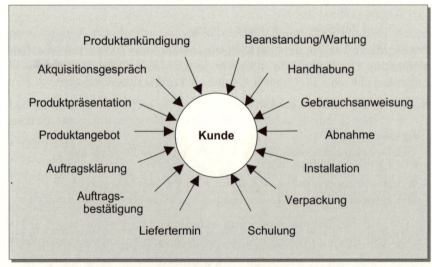

Abbildung 3-2: Kontakte zu Kunden (in Anlehnung an 3M)

• Welche Geschäftsprozesse sind notwendig, um die von den Kunden (bzw. Stakeholdern) geforderten bzw. erwarteten Leistungen bereitzustellen?

Nach der Identifizierung (WAS) werden die Geschäftsprozesse im nächsten Schritt mit Zielen (WIE) versehen. Das „WAS" bildet die Basis für die Organisation, das „WIE" die Basis für das Controlling der Geschäftsprozesse. Das „WIE" legt fest, wie die Leistungen zu erbringen sind, um eine hohe Kundenzufriedenheit und gute Geschäftsergebnisse zu erreichen.

Konkrete Hinweise auf das „WIE" geben Kundenbefragungen. Aus ihnen geht hervor, wie die Kunden das Unternehmen sehen:

• flexibel oder bürokratisch,
• schnell oder langsam,
• preiswert oder teuer,
• freundlich oder überheblich,
• engagiert oder formal,
• fachkundig oder inkompetent,
• konservativ oder innovativ,
• zuverlässig oder unzuverlässig.

Die Einschätzungen der Kunden weisen darauf hin, welche Anforderungen die Geschäftsprozesse erfüllen müssen, um eine höhere Kundenzufriedenheit zu erreichen. Leistungsanforderungen können z. B. sein:

• bedarfsgerechtere Produkte,
• termingerechte Auslieferung,
• vollständige Lieferungen,
• kompetentere Beratung,
• höhere Zuverlässigkeit der Produkte,
• flexiblere Behebung von Fehlern,
• schnellere Erreichbarkeit des Verkaufs- und Servicepersonals.

3.1.3 Vorgehen bei der Prozessidentifizierung

Größere Unternehmen sind in der Regel in eigenständig operierende Einheiten (Geschäftsgebiete, Geschäftseinheiten, Business Units, Geschäftsfelder) unterteilt. Wie bereits ausgeführt, sind diese Geschäftseinheiten und nicht das Gesamtunternehmen die organisatorische Bezugsbasis für die Festlegung der Geschäftsprozesse.

Bei der Identifizierung von Geschäftsprozessen können Geschäftsprozessmodelle bzw. Vergleiche mit Geschäftsprozessen anderer Unternehmen Hilfestellung geben (vgl. Kapitel 2.6). Geschäftsprozesse branchengleicher Unternehmen unterscheiden sich in der Regel auf den unteren, weniger auf den oberen Prozessebenen. Deshalb sind Vergleiche auf der Ebene der Geschäfts- und Teilprozesse nützlich. Aus ihnen lassen sich Gestaltungsalternativen ableiten. Ferner helfen sie bei der Überprüfung der Vollständigkeit und Konsistenz der Prozessidentifikation. Eine Konfektionierung von Geschäftsprozessen ist allerdings wegen der unterschiedlichen Marktsituation, Ziele und Gegebenheiten der Unternehmen nicht oder nur eingeschränkt möglich.

Um die Zahl der Geschäftsprozesse gering, den unternehmensübergreifenden Koordinationsaufwand niedrig und die Ressourcenauslastung hoch zu halten, ist es günstig, bestimmte sekundäre Geschäftsprozesse zu „zentralisieren". Kandidaten dafür sind die Prozesse des Finanz-, Qualitäts- sowie Personal- und Ressourcenmanagements.

> Es hat sich bewährt, die Identifizierung und Definition der Geschäfts- und Teilprozesse in Workshops gemeinsam mit dem Management der jeweiligen Geschäftseinheit zu erarbeiten. Erfahrungen zeigen, dass 1,5 bis 2 Tage für die Grobdefinition der Geschäfts- und Teilprozesse einer Geschäftseinheit ausreichen.

In Kapitel 8 werden Inhalt, Durchführung und Ergebnisse dieser Workshops beschrieben.

3.1.4 Überprüfung der Prozessidentifizierung

Markt, Kunden, Lieferanten, Technologien und andere strategische Einflussfaktoren des Unternehmens können sich ändern. Diese Änderungen haben Auswirkungen auf Inhalt, Struktur und Ziele der Geschäftsprozesse. Deshalb ist es notwendig, das „WAS" und „WIE" der Geschäftsprozesse periodisch zu überprüfen und sie bei Bedarf an die neue Situation anzupassen.

Bei der Überprüfung des „WAS" sollten folgende Fragen gestellt werden:

• Haben sich die Prioritäten der Kundengruppen verschoben?
• Gibt es neue Kundengruppen?
• Sind Kundengruppen weggefallen?
• Ist die Zahl der bedienten Kundengruppen wirtschaftlich sinnvoll?
• Sind die angebotenen Leistungen für die Kunden noch attraktiv?
• Bieten Wettbewerber aus Sicht der Kunden bessere Leistungen bzw. günstigere Preis-/Leistungsverhältnisse an?
• Wünschen Kunden Leistungen, die bisher nicht angeboten wurden?
• Sind Zahl und Varianz der angebotenen Leistungen wirtschaftlich sinnvoll?

Das „WIE" kann durch folgende Fragen überprüft werden:

• Haben sich Inhalt und Gewicht der Erfolgsfaktoren geändert?
• Haben diese Veränderungen Auswirkungen auf die Gewichtung der Geschäftsprozesse?
• Gibt es Veränderungen bei den Stärken und Schwächen gegenüber den Wettbewerbern?
• Leiten sich daraus Akzentverschiebungen bei den Geschäftsprozessen ab?
• Wurden die Geschäftsziele erreicht und waren die Ergebnisbeiträge der Geschäftsprozesse ausreichend?
• Gibt es neue Geschäftsziele?
• Welche Ergebnisbeiträge sollen die Geschäftsprozesse zur Zielerreichung leisten?
• Können die notwendigen Effizienzsteigerungen durch Verbesserung der vorhandenen Geschäftsprozesse erreicht werden oder ist eine Neugestaltung (Business Process Reengineering) bestimmter Geschäftsprozesse erforderlich?

Die Überprüfung der Ausgangsparameter (Kundengruppen, Kundenanforderungen, Kundenleistungen, Geschäftsziele, Wettbewerbsstrategie, Wettbewerbsstärken und -schwächen) ist Aufgabe der strategischen Geschäftsplanung. Sie sollte mindestens einmal jährlich durchgeführt werden. Darauf aufbauend sind das „WAS" (Zahl, Art, Inhalt, Struktur) und „WIE" (Ziele, Messgrößen) der Geschäftsprozesse zu kontrollieren. Diese Aufgabe ist Bestandteil der operativen Geschäftsplanung. Die Planungsergebnisse umfassen die aktualisierten Zielwerte der Geschäftsprozesse sowie grundlegende Entscheidungen über Maßnahmen zur Neugestaltung oder Verbesserung der Geschäftsprozesse. Die Verabschiedung der aktualisierten Zielwerte wie auch der Prozessmaßnahmen ist durch die Leitung der jeweiligen Geschäftseinheit vorzunehmen. Die Entscheidungen bilden die Basis für Zielvereinbarungen mit den Prozessverantwortlichen und sollten mit Incentivevereinbarungen gekoppelt werden.

3.2 Gestaltung der Geschäftsprozesse

3.2.1 Organisatorische Gestaltungsregeln

Mit der Identifizierung der Geschäftsprozesse ist ein erster wichtiger Schritt der Prozessdefinition vollzogen. Im nächsten Schritt gilt es, die organisatorischen Parameter zu spezifizieren, die Voraussetzung für die Erzielung einer hohen Prozesseffizienz sind. Bei dieser Gestaltung sind die Regeln zu beachten, die in Abbildung 3-3 zusammengefasst sind. Die Regeln gelten nicht nur für Geschäftsprozesse, sondern entsprechend auch für deren Teilprozesse, Prozess- und Arbeitsschritte.

1. Jeder Geschäftsprozess beginnt und endet bei den Kunden, die die Leistungsanforderungen stellen und die Prozessergebnisse erhalten

2. Jeder Geschäftsprozess ist in Teilprozesse, Prozess- und Arbeitsschritte unterteilt

3. Jeder Geschäftsprozess hat einen Verantwortlichen

4. Jeder Geschäfts- und Teilprozess bearbeitet ein Objekt. Das Ergebnis der Bearbeitung sind Leistungen, die von den Kunden erwartet werden

5. Jeder Geschäftsprozess benötigt Inputs, die Zulieferer bereitstellen

6. Nicht wertschöpfende Teilprozesse, Prozess- und Arbeitsschritte sind zu eliminieren

7. Wertschöpfende Teilprozesse, Prozess- und Arbeitsschritte sind durch entsprechende organisatorische Gestaltungsmaßnahmen (Zusammenlegen, Ergänzen, Parallelisieren, Auslagern) in ihrer Effizienz zu steigern

Abbildung 3-3: Organisatorische Gestaltungsregeln für Geschäftsprozesse

3.2.1.1 Begrenzung der Geschäftsprozesse (Festlegung von Kunden und Prozessergebnissen)

Regel Nr. 1 besagt, dass ein Geschäftsprozess bei den Kunden beginnt und endet. Den Anfang bilden die Anforderungen bzw. Erwartungen der Kunden. Am Ende steht die Übergabe der Ergebnisse an die Kunden.

Bei der Definition von Geschäftsprozessen sollte deshalb neben dem Prozessnamen der Anfangspunkt („von") und Endpunkt („bis") angegeben werden. Z. B. beginnt der Auftragsabwicklungsprozess mit den Bestellungen des Kunden und endet mit den bezahlten Rechnungen. Die Definition des Prozesses lautet in diesem Fall: „von der Bestellung bis zur bezahlten Rechnung".

Bei primären Geschäftsprozessen sind die Empfänger der Prozessergebnisse in der Regel externe Kunden, bei sekundären Geschäftsprozessen interne Kunden bzw. die primären Geschäftsprozesse. Externe Kunden sind nicht in jedem Fall Endkunden (Endverbraucher, Anwender, Nutzer). Beispielsweise sind in einem Fertigungszentrum, das als eigenständige Geschäftseinheit geführt wird, die Vertriebsstellen Auftraggeber und Abnehmer der Prozessergebnisse. In diesem Fall ist der Kunde die Vertriebsorganisation, die aus dem Blickwinkel des Fertigungszentrums kein wirklicher Endkunde, sondern ein organisations-externer Kunde ist.

3.2.1.2 Strukturierung der Geschäftsprozesse

Regel Nr. 2 verweist darauf, dass ein Geschäftsprozess aus einer hierarchischen Struktur besteht. Die einzelnen Prozessebenen liefern abgestimmte Wertschöpfungsbeiträge, aus denen sich die Ergebnisse des Geschäftsprozesses bzw. die Kundenleistungen zusammensetzen. Die Festlegung einer hierarchischen Prozessstruktur ist notwendig, um den einzelnen Strukturelementen Aufgabenträger zuordnen und klare Verantwortungen festlegen zu können. Auch das Prozesscontrolling und die Ermittlung der Prozesskosten setzt die Strukturierung der Geschäftsprozesse voraus.

In dem hier beschriebenen Konzept werden Geschäftsprozesse in Teilprozesse, Prozessschritte und Arbeitsschritte unterteilt (siehe Abb. 3-4). In Theorie und Praxis gibt es unterschiedliche Vorschläge für die Zahl der Prozessebenen und deren Bezeichnungen (siehe Abb. 3-5).

Der Detaillierungsgrad der Prozessstruktur richtet sich nach der Komplexität des Geschäftsprozesses und der Arbeitsorganisation. Steuern die Mitarbeiter den Prozess weitgehend selbst, besteht keine Notwendigkeit, den Geschäftsprozess bis auf einzelne Aktivitäten zu zerlegen. Hier kann sich die Strukturierungstiefe auf zwei bis drei Ebenen (Teilprozesse, Prozessschritte, Arbeitsschritte) beschränken.

Dies genügt, um ausreichende Transparenz herzustellen und Geschäfts- sowie Teilprozesse zu steuern und zu optimieren. Auch für die Prozesskostenrechnung reicht in der Regel eine Unterteilung in zwei bis drei Ebenen aus.

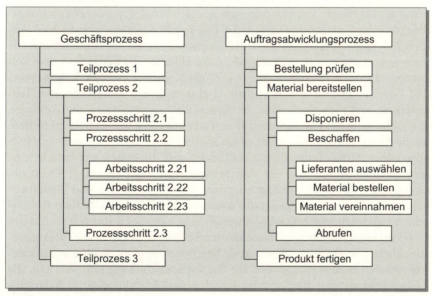

Abbildung 3-4: Prozess-Aufbaustruktur

Striening, Haist/Fromm (IBM)	Gaitanides/ Scholz/ Vrohlings/ Raster	Rohm	Mayer (Prozess kosten- rechnung)	Schmelzer/ Sesselmann (Siemens)
1. Prozess 2. Sub-prozess 3. Aktivität 4. Aufgabe	1. Unterneh-mens-prozess 2. Teilprozess Ebene II 3. Teilprozess Ebene III 4. Arbeits-schritt 5. Aktivität	1. Prozess 2. Teilpro-zess 3. Vorgang 4. Vorgangs-schritt 5. Aktivität	1. Geschäfts-prozess 2. Haupt-prozess 3. Teil-prozess 4. Aktivität	1. Ge-schäfts-prozess 2. Teil-prozess 3. Prozess-schritt 4. Arbeits-schritt

Abbildung 3-5: Ebenen und Bezeichnungen der Prozessstruktur

In Veröffentlichungen über die Prozesskostenrechnung wird zumeist eine Unterteilung in Geschäftsprozesse, Hauptprozesse, Teilprozesse und Aktivitäten vorgenommen. Dieses Schema hat sich inzwischen auch in der Praxis der Prozesskostenrechnung eingebürgert. Wir schließen uns dieser Terminologie nicht an, da sie spezifisch auf die Prozesskostenrechnung ausgerichtet ist.

Bei der Gestaltung von Geschäftsprozessen kann es vorteilhaft sein, Prozessvarianten zu bilden. Prozessvarianten sind relevant, wenn die Bearbeitungsobjekte eines Geschäftsprozesses die Prozessebenen unterschiedlich in Anspruch nehmen. So kann es im Auftragsabwicklungsprozess unterschiedliche Auftragskategorien geben. Kategorie A durchläuft z. B. alle Teilprozesse und Prozessschritte, Kategorie B eine bestimmte Kombination von Teilprozessen und Prozessschritten und Kategorie C eine andere Kombination von Teilprozessen und Prozessschritten. In diesem Fall unterteilt sich der Auftragsabwicklungsprozess in drei Varianten. Dabei ist die Entscheidung zu treffen, ob die Variantenbildung auf einer niedrigen Stufe (Arbeits-, Prozessschritte) oder hohen Stufe (Teilprozesse) stattfinden soll. Im ersten Fall besteht eine geringe Übereinstimmung der Variantenprozesse, aber ein hoher Spezifizierungsgrad. Im zweiten Fall liegt eine hohe Übereinstimmung und Vereinheitlichung der Variantenprozesse vor, worunter dann die Individualität der einzelnen Varianten leidet. Die Variantenbildung kann auch sinnvoll sein, wenn Objekte eines Geschäftsprozesses an unterschiedlichen Orten oder von unterschiedlichen Stellen bzw. Ressourcen bearbeitet werden. Auch Kundenkategorien können ausschlaggebend für die Variantenbildung sein, wie z. B. die Unterscheidung von Key-account-Kunden und Kleinkunden im Vertriebsprozess.

Die Variantenbildung erfolgt im Rahmen eines Geschäftsprozesses. Die Zahl der Geschäftsprozesse wird durch Prozessvarianten nicht erweitert. Die Ressourcenausstattung und Steuerung der Prozessvarianten liegen in der Hand des jeweiligen Geschäftsprozessverantwortlichen. Der Vorteil der Variantenbildung ist, dass die Prozesstransparenz erhöht und die Prozesssteuerung bezogen auf unterschiedliche Objektkategorien erleichtert wird.

3.2.1.3 Ernennung von Prozessverantwortlichen

Regel Nr. 3 fordert, dass für jeden Geschäftsprozess und zumeist auch für jeden Teilprozess ein Prozessverantwortlicher benannt wird. Der Geschäftsprozessverantwortliche ist für die Erreichung der Prozessziele, der Teilprozessverantwortliche für die Erreichung der Teilprozessziele verantwortlich. Diese personifizierten Verantwortungen sind ein wichtiger Erfolgsfaktor für die Optimierung der Geschäftsprozesse.

Die Ernennung des Geschäftsprozessverantwortlichen zählt zu den wichtigsten Entscheidungen des Geschäftsprozessmanagements. Nicht selten bereitet diese Personalentscheidung Schwierigkeiten, da mit ihr das Verhältnis zwischen funktionaler Aufbauorganisation und Geschäftsprozessen bzw. zwischen Aufgaben, Verantwortung und Befugnissen von Linien- und Geschäftsprozessverantwortlichen zu regeln ist.

Aufgaben und Befugnisse der Verantwortlichen für Geschäfts- und Teilprozesse werden in Kapitel 3.3.1 beschrieben.

3.2.1.4 Festlegung der Bearbeitungsobjekte

In Geschäftsprozessen werden Objekte bearbeitet. Das Ergebnis der Bearbeitung sind die von den Kunden geforderten bzw. erwarteten Leistungen. Die Bearbeitungsobjekte bilden die Basis für die Messung der Prozessleistung. Über die Objekte können direkte Beziehungen zwischen Bearbeitungsgegenstand, Ergebnis, Zeit, Qualität, Ressourcenverbrauch und Kosten hergestellt werden.

Regel Nr. 4 weist darauf hin, dass in einem Geschäftsprozess nur ein Objekt oder präziser definiert nur eine Objektart bearbeitet wird. Objektarten sind z. B. Entwicklungsprojekte, Kundenaufträge oder Serviceanforderungen. Es werden also in einem Geschäftsprozess z. B. Entwicklungsprojekte, in einem zweiten Geschäftsprozess Kundenaufträge und in einem dritten Geschäftsprozess Serviceanforderungen bearbeitet. Die Konzentration auf eine Objektart ist notwendig, um die Bearbeitungsobjekte eindeutig messen zu können.

Von Bearbeitungsobjekten sind in Geschäftsprozessen die Ergebnisse (Output) zu unterscheiden. Der Output ist das Ergebnis der Bearbeitung eines Objektes. Im Produktentwicklungsprozess werden z. B. als Objekte Entwicklungsprojekte bearbeitet, während als Ergebnisse fertigungsreife Produkte entstehen. Im Auftragsabwicklungsprozess werden als Objekte Kundenaufträge bearbeitet. Prozessergebnisse sind je nach Definition des Geschäftsprozesses gelieferte Produkte, installierte Systeme oder bezahlte Rechnungen. Im Serviceprozess sind Kundenbeanstandungen bzw. Service Calls die Objekte. Die Ergebnisse sind Fehlerbehebungen oder beseitigte Störungen.

3.2.1.5 Festlegung von Inputs und Lieferanten

Regel Nr. 5 macht deutlich, dass jeder Geschäftsprozess Inputs benötigt, um die Objekte bearbeiten zu können. Inputs können Personal, technische Ressourcen, Werkstoffe, Tools, Richtlinien oder Informationen sein. Die Ergebnisse vorgelagerter Teilprozesse sind häufig Inputs nachgelagerter Teilprozesse. Inputs werden von Zulieferern zur Verfügung gestellt. Zulieferer können Geschäftsprozesse, prozessinterne oder -externe Teilprozesse, sonstige unternehmensinterne Leistungsstellen oder externe Lieferanten sein. Notwendig ist, mit den internen und externen Zulieferern Leistungs-Vereinbarungen über die Bereitstellung der Inputs zu treffen.

3.2.1.6 Konzentration auf Wertschöpfung

Regel Nr. 6 fordert, dass nicht wertschöpfende Aktivitäten in Geschäftsprozessen zu eliminieren sind.

Betriebswirtschaftlich wird Wertschöpfung als Wertzuwachs verstanden. Er wird gemessen als Differenz zwischen den vom Unternehmen abgegebenen Leistungen und dem wertmäßigen Verbrauch der von Dritten bezogenen Vorleistungen. In dem hier diskutierten Zusammenhang wird Wertschöpfung als Zusatznutzen für den Kunden verstanden, der durch die Bearbeitung eines Prozessobjektes in einem Teilprozess, Prozess- oder Arbeitsschritt entsteht. Die Wertschöpfung wird also unter dem Blickwinkel des Nutzens des Ergebnisses (Outputbetrachtung) gesehen und nicht wie in der Kostenrechnung als Differenz aus Gesamtleistung minus Vorleistung (Inputbetrachtung).

Fehlende oder unzureichende Wertschöpfung ist auf allen Ebenen der Geschäftsprozesse anzutreffen. So gibt es in der Praxis nicht wenige Teilprozesse, deren Aufgabe es ist, auftretende Probleme zu lösen. Beispiele sind Fehlermeldewesen, Änderungswesen oder Endkontrollen. Derartige „wertlose" Prozesse werden oft als „Ersatzprozesse" bezeichnet. Häufig werden sie als unverzichtbar betrachtet und als Dauerzustand toleriert. Ziel sollte es sein, die Ersatzprozesse zu eliminieren. Dies setzt voraus, dass die Probleme beseitigt werden, die die Existenzbasis der Ersatzprozesse bilden.

Wertschöpfende Prozesse unterteilen sich in unmittelbar und mittelbar wertschöpfende. Die unmittelbar wertschöpfenden Prozesse erzeugen einen direkten Kundennutzen. Hierzu zählen die primären Geschäftsprozesse. In die

Kategorie der mittelbar wertschöpfenden Prozesse fallen die sekundären Geschäftsprozesse (z. B. Personalmanagement-, Ressourcenmanagement-, Qualitätsmanagementprozess). Sie erzeugen zwar keinen direkten Kundennutzen, sind jedoch für den Ablauf der primären Geschäftsprozesse notwendig.

Nicht wertschöpfende Teilprozesse, Prozess- und Arbeitsschritte werden im Zuge der Erstgestaltung oder Erneuerung von Geschäftsprozessen (Business Process Reengineering) eliminiert. Daneben werden sie sukzessive über die Methoden der kontinuierlichen Leistungssteigerung abgebaut (vgl. Kapitel 6).

Zum Aufspüren nicht wertschöpfender Teilprozesse, Prozess- und Arbeitsschritte vermittelt das Wertschöpfungs-Assessment wertvolle Hinweise (vgl. Scholz/Vrohlings 1994d, S. 110 f.). Seine Aufgabe ist es, Prozessaktivitäten zu identifizieren, die keinen Kundennutzen schaffen, aber Ressourcen und Zeit verbrauchen. Im Rahmen des Assessments werden folgende Fragen gestellt:

- Wird die Prozessleistung bereits in diesem oder einem anderen Prozess bzw. Teilprozess erzeugt?
- Dient der Teilprozess, Prozess- oder Arbeitsschritt der Fehlerverhütung?
- Dient der Teilprozess, Prozess- oder Arbeitsschritt der Planung, Durchführung und Kontrolle von Fehlern und der Nachbesserung von Ergebnissen?
- Dient der Teilprozess, Prozess- oder Arbeitsschritt der Schadensminimierung bei Ergebnisabweichungen?
- Dient der Teilprozess, Prozess- oder Arbeitsschritt der Planung, Durchführung und Kontrolle von Änderungen?
- Dient der Teilprozess, Prozess- oder Arbeitsschritt der Schnittstellenkoordination?
- Wird der Teilprozess, Prozess- oder Arbeitsschritt mehrmals durchlaufen (Wiederholschleifen)?
- Resultiert der Teilprozess, Prozess- oder Arbeitsschritt aus überholten, überzogenen oder überflüssigen Vorschriften?
- Kann die Prozessleistung an anderer Stelle effizienter erbracht werden?

Insgesamt tragen in Geschäftsprozessen nur relativ wenige Aktivitäten zur Wertschöpfung der Prozessergebnisse bei. Nach Tomys setzt sich die Gesamtleistung eines Unternehmens wie folgt zusammen (vgl. Tomys 1995, S. 72 ff.):

- Nutzleistung ca. 25%:   trägt direkt zur Wertsteigerung bei,
- Stützleistung ca. 45%:   trägt indirekt zur Wertsteigerung bei,
- Blindleistung ca. 20%:   trägt nicht zur Wertsteigerung bei,
- Fehlleistung ca. 10%:   trägt zur Wertminderung bei.

Die Zahlen zeigen, dass in Unternehmen erhebliche Verbesserungspotenziale vorhanden sind. Ziel des Geschäftsprozessmanagements ist es, Fehl- und
Blindleistungen zu eliminieren und die Stützleistungen zu minimieren.

3.2.1.7 Gestaltung des Ablaufs

In Regel Nr. 7 wird auf organisatorische Gestaltungsmaßnahmen verwiesen,
deren Anwendung die Prozesseffizienz in den Teilprozessen, Prozess- oder
Arbeitsschritten steigert (siehe Abb. 3-6):

- Weglassen: Eliminieren unnötiger Teilprozesse, Prozess- oder Arbeits-
  schritte wie z. B. Doppelarbeiten, Prüfungen, Mehrfacherfassungen (siehe
  Regel 6). Darunter fällt auch die Beseitigung von Schleifen und Rück-
  sprüngen.
- Zusammenlegen: Bündeln von Teilprozessen, Prozess- oder Arbeitsschrit-
  ten und damit Rücknahme von Arbeitsteilung.
- Aufteilen: Trennen von Teilprozessen, Prozess- oder Arbeitsschritten, um
  die Komplexität zu reduzieren.
- Ergänzen: Einfügen von Teilprozessen, Prozess- oder Arbeitsschritten (z. B.
  Insourcing).
- Parallelisieren: zeitparalleles/simultanes Durchführen verschiedener Teil-
  prozesse, Prozess- oder Arbeitsschritte (z. B. Simultaneous Engineering).
- Überlappen: Starten von Teilprozessen, Prozess- oder Arbeitsschritten be-
  vor die vorhergenhenden abgeschlossen sind.
- Auslagern: Ausgliedern von Teilprozessen, Prozess- oder Arbeitsschritten
  auf andere Prozesse, Kunden oder Lieferanten (z. B. Outsourcing).

Abbildung 3-6: Ablauforganisatorische Maßnahmen zur Steigerung der Prozesseffizienz

Besonders durch Wegfall und Parallelisierung von Aktivitäten können signifikante Zeiteinsparungen und Effizienzsteigerungen in Geschäftsprozessen erzielt werden. Auch ist es in vielen Fällen effizienter, bestimmte Leistungen nicht selbst zu erstellen, sondern damit externe Lieferanten zu beauftragen (Outsourcing).

Die Ergebnisse der Prozessgestaltung werden in Prozessbeschreibungen für Geschäfts-und Teilprozesse dokumentiert. Abbildung 3-7 zeigt das ausgefüllte Formular einer Prozessbeschreibung für einen Geschäftsprozess.

Prozessname: Produktentwicklungsprozess	**Prozessverant- wortlicher:**
von: Pflichtenheft **bis:** Lieferfreigabe	Name

Objekt: Entwicklungsprojekt	
Prozessinputs: Lastenheft, Pflichtenheft, Projektplan, Wirtschaftlicher Produktplan, Prototypen, Basislösungen	**Lieferanten:** Produktplanungsprozess, Innovationsprozess
Prozessergebnisse: integriertes, getestetes und fertigungsreifes Produkt mit vollständiger Dokumentation	**Kunden:** Auftragsabwicklungsprozess, Vertriebsprozess, Serviceprozess

Abbildung 3-7: Beschreibung eines Geschäftsprozesses

In dem Formular werden Prozessname, Anfangs- und Endpunkt („von" – „bis"), Prozessverantwortliche, Objekt, Inputs mit den zugehörigen Lieferanten und Ergebnisse mit den zugehörigen Empfängern bzw. Kunden ausgewiesen.

3.2.2 Gestaltung der Teilprozesse

Bei der Strukturierung der Geschäftsprozesse wird in zwei Stufen vorgegangen. Die erste Stufe umfasst die Zerlegung der Geschäftsprozesse in Teilprozesse. In der zweiten Stufe werden die Teilprozesse in Prozess- und Arbeitsschritte unterteilt. Ein Geschäftsprozess besteht im Allgemeinen aus ca. sechs bis zehn Teilprozessen. Jeder Teilprozess sollte etwa 10 % bis 15 % des Gesamtaufwandes abdecken.

Ein Teilprozess umfasst alle Aufgaben, die zur Erstellung eines bestimmten Teilergebnisses notwendig sind. Ausgangspunkt für die Definition der Teilprozesse ist das Ergebnis des Geschäftsprozesses. Zunächst ist dieses in Teilergebnisse bzw. Ergebniskomponenten aufzuspalten. Die so gewonnene Ergebnisstruktur vermittelt einen Überblick über die zu erstellenden Teilergebnisse und zeigt, welche Beziehungen zwischen den Teilergebnissen bestehen.

Ein wichtiger Gestaltungsaspekt von Teilprozessen ist deren Beschreibung und Visualisierung. In der Praxis werden dafür unterschiedliche Formen und Techniken angewendet:

• verbale Beschreibungen,
• Tabellen,
• Prozessablaufpläne,
• Flussdiagramme,
• Netzpläne.

Bei den Mitarbeitern finden Prozessablaufpläne, Tabellen und Flussdiagramme die höchste Akzeptanz (vgl. Hornung/Staiger/Wißler 1996, S. 1379). Wichtig ist, dass Prozessdarstellungen:

• für Außenstehende, Management und Prozessmitarbeiter leicht verständlich sind,
• von den Mitarbeitern akzeptiert und leicht erlernt werden,
• ein gemeinsames Prozessverständnis unterstützen,
• die logische Verknüpfung zwischen den Teilprozessen aufzeigen,
• die Verbindung zwischen Teilprozessen und den an der Durchführung beteiligten organisatorischen Einheiten sichtbar machen,
• mit geringem Aufwand zu erstellen und zu ändern sind,
• die gemeinsame Arbeit in den Prozess-Teams unterstützen,
• die Qualitätsanforderungen erfüllen (z. B. DIN EN ISO 9000 ff.:2000).

Von IuK-Beratern werden für die Gestaltung und Dokumentation von Prozessen Softwaretools zur Geschäftsprozessoptimierung (GPO-Tools) angeboten, wie z. B. ARIS-Toolset (Architektur integrierter Informationssysteme) von der IDS Scheer AG oder BONAPART von der UBIS GmbH. Das Funktionsspektrum dieser Tools ist sehr umfangreich. Es umfasst die Modellierung, Simulation, Gestaltung, Analyse und Dokumentation von Geschäftsprozessen.

Wichtig ist, die groben Strukturen und Abläufe der Geschäfts- und Teilprozesse in den Prozess-Teams gemeinsam zu erarbeiten und darzustellen. Nur so wird das Fundament für ein gemeinsames Prozessverständnis gelegt. GPO-Tools sind für diesen Zweck zu komplex. Ihr Nachteil ist, dass sie nur von Experten beherrscht werden und den Kommunikationsprozess eher behindern als fördern.

Für die Teamarbeit zur Festlegung und Ablaufgestaltung der Teilprozesse reichen in der Regel konventionelle Hilfsmittel wie Packpapier, Filzstifte und Metaplan-Karten sowie bekannte Textverarbeitungs-, Tabellenkalkulations- und Grafiksoftware aus (vgl. auch Lullies 1998, S. 66 f.; Seidelmann 1998, S. 1458). Für die Nachbearbeitung und Dokumentation der Prozessstrukturen und -abläufe können einfache Dokumentationswerkzeuge wie FlowCharter der Micrografx Inc. oder Visio der Shapeware International Ltd. hilfreich sein.

In der Praxis hat sich für die Darstellung der Teilprozesse das Prozess-Organisations-Diagramm (PO-Diagramm) bewährt (siehe Abb. 3-8). Die Darstellung zeigt den Gesamtprozess mit seinen Teilprozessen und vermittelt einen Überblick über die prozessualen sowie organisatorischen Schnittstellen. Im oberen Teil der Darstellung werden die am Geschäftsprozess beteiligten Organisationseinheiten ausgewiesen. Ein ausgefüllter Kreis im Knotenpunkt zwischen organisatorischer Einheit und Teilprozess besagt, dass die Organisationseinheit für die Leistungserstellung in dem Teilprozess verantwortlich ist. Ein leerer Kreis bedeutet, dass die jeweilige Organisation an der Leistungserstellung mitarbeitet. Als Organisationseinheiten werden nicht nur interne Stellen, sondern auch externe Kunden und externe Lieferanten aufgeführt. Der untere Teil der Darstellung zeigt die logische Ablauffolge der Teilprozesse.

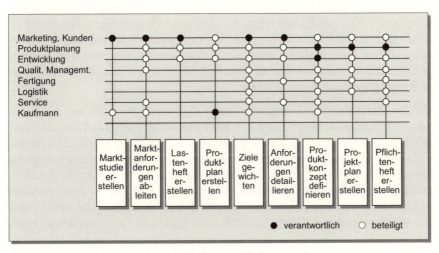

Abbildung 3-8: Prozess-Organisations-Diagramm (PO-Diagramm)

Teilprozesse werden in dem PO-Diagramm mit einem Substantiv und Verb beschrieben, wie z. B. „Auftrag klären". Das verwendete Verb weist auf den Ablauf hin und unterstützt das Denken in Prozessen. Prozessverantwortliche und -mitarbeiter neigen dazu, Substantive, Abkürzungen oder Verschlüsselungen als Teilprozessbezeichnungen zu wählen, die Insider verstehen, Außenstehende aber nicht. Dadurch können leicht Kommunikationsschwierigkeiten entstehen, die vermeidbar sind. Bei dem Substantiv „Auftragsklärung" als Prozessbezeichnung bleibt z. B. unklar, ob es sich um eine Funktion bzw. Organisation oder einen Prozess handelt. Die Empfehlung, Geschäfts- und Teilprozesse mit einem Substantiv und Verb zu benennen, mag banal klingen, hat sich aber in der Praxis bewährt.

Bei dem Beispiel in Abbildung 3-8 handelt es sich um einen Produktplanungsprozess. Bereits ein flüchtiger Blick zeigt, dass in dem Prozess die Verantwortung mehrmals wechselt. An einer Stelle liegt Doppelverantwortung vor. Es ist anzunehmen, dass in dem Beispiel wegen der vielen Verantwortungswechsel und Schnittstellen ein hoher Grad an Ineffizienz gegeben ist.

Das PO-Diagramm ist eine wertvolle Informationsquelle für die Identifizierung organisationsbedingter Ablaufprobleme und organisatorischer Schwachstellen. Die Übersicht lässt schnell erkennen, wie häufig Verantwortungswechsel in der Prozesskette stattfinden. Anhand der Zahl der Verantwortungswechsel können erste Aussagen über die Qualität eines Geschäftsprozesses und die Prozessorientierung einer Organisation gemacht werden.

Je häufiger die Verantwortung zwischen Organisationseinheiten innerhalb eines Geschäftsprozesses wechselt und je mehr Organisationseinheiten an den einzelnen Teilprozessen beteiligt sind, umso komplexer und in aller Regel ineffizienter ist der Geschäftsprozess. Aufbauorganisation und Geschäftsprozesse sollten mit möglichst wenigen Verantwortungswechseln und Schnittstellen auskommen, um Koordinationsprobleme sowie schnittstellenbedingte Reibungsverluste zu minimieren.

Bei der Definition der Teilprozesse ist der Schwerpunkt nicht auf den Istzustand zu legen, da dieser leicht den Blick für bessere Alternativen verdeckt. Wichtiger ist es, den Sollzustand zu erarbeiten und nicht zu viel Zeit für die Erfassung und Analyse des Istzustandes aufzuwenden. Die Aufzeichnung des Istzustandes ist eine wichtige Informationsbasis für die Kontrolle der Vollständigkeit des Sollzustandes. Der Vergleich von Soll und Ist gibt Hinweise auf den Konvertierungsaufwand. Ferner stellt der Istzustand die Bezugsbasis für die Bewertung zukünftiger Verbesserungen und Leistungssteigerungen dar.

Das PO-Diagramm in Abb. 3-8 erfüllt die Anforderungen der DIN EN ISO 9001:2000, die diese an eine Kommunikationsmatrix stellt. Aus der Kommunikationsmatrix sollen der Ablauf eines Prozesses (Ablauforganisation) sowie die daran beteiligten organisatorischen Einheiten (Aufbauorganisation) hervorgehen.

Zu empfehlen ist, neben dem PO-Diagramm eine Teilprozessbeschreibung zu erstellen, die weitere Beschreibungselemente enthält (siehe Abb. 3-9):

Teilprozess (TP):	Geschäftsprozess:
TP-Verantwortlicher:	TP-Objekt:
TP-Ergebnisse: 1. 2. 3.	TP-Kunden:
Prozessschritte: 1. 2. 3. 4. 5.	Ergebnisse:
Inputs: 1. 2. 3. 4.	Lieferanten:
Messgrößen:	
Vorschriften und Richtlinien:	
Tools, Methoden:	

Abbildung 3-9: Teilprozessbeschreibung

- Teilprozessverantwortlicher,
- Teilprozessobjekt,
- Inputs (Hilfsmittel, Zulieferungen, Informationen ...) mit Lieferanten,
- Teilprozessergebnisse mit Kunden,
- Vorschriften und Hilfsmittel,
- Messgrößen.

Bei den Vorschriften und Richtlinien handelt es sich um eine Auflistung von Qualitätsrichtlinien, Verfahrensanleitungen und Ausführungsbestimmungen, die zu beachten sind. Sie stellen die Verbindung zum Qualitätsmanagement her.

Das PO-Diagramm gibt die logische Verknüpfung und nicht die zeitliche Abfolge der Teilprozesse wider. Für die Darstellung des zeitlichen Ablaufes eignen sich Flussdiagramme, Netzpläne oder Petri-Netze. Weit verbreitet sind Flussdiagramme (siehe Abb. 3-10), die sich zumeist an DIN 66001 anlehnen. Die Darstellungen von Prozessabläufen zeigen, wie Teilprozesse zeitlich miteinander verknüpft sind, ob sie z. B. parallel, zeitlich überlappt, synchronisiert, sequentiell oder iterativ zyklisch ablaufen. Weitergehende Informationen über den zeitlichen Ablauf enthalten Netzpläne. Sie geben darüber Auskunft, welche Tätigkeiten bis zu einem bestimmten Zeitpunkt abgeschlossen sein müssen und welche zeitlichen Abhängigkeiten zwischen Aktivitäten bestehen.

Nach der Definition und Beschreibung der Teilprozesse werden in der nächsten Planungsstufe die Prozess- und Arbeitsschritte nach demselben Vorge-

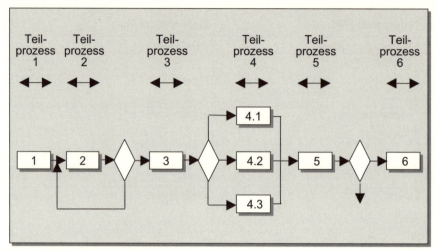

Abbildung 3-10: Prozess-Ablaufstruktur

hen und mit denselben Hilfsmitteln strukturiert und beschrieben. Auch hier sind jeweils Verantwortliche, Objekte, Schrittfolgen, Inputs, Lieferanten, Outputs und Kunden festzulegen.

Die Visualisierung der Prozess-Ablaufstruktur ist im Allgemeinen nur für die Ebenen Geschäftsprozess/Teilprozesse und Teilprozess/Prozessschritte zweckmäßig. Bei einer weiteren Detaillierung sind Nutzen und Aufwand kritisch abzuwägen. Die Erstellung und Aktualisierung von Ablaufstrukturen auf der Ebene der Prozessschritte/Arbeitsschritte ist wegen des großen Datenvolumens sehr aufwendig.

Wichtig ist, das top-down Vorgehen bei der Prozessidentifikation und -gestaltung konsequent einzuhalten. Die Definition der tieferen Prozessebene darf erst beginnen, wenn die jeweils übergeordnete Ebene definiert ist. Andernfalls besteht die Gefahr, die Verbindung zu den Hauptleistungen des Geschäftsprozesses zu verlieren. Bei einer Durchbrechung des Vorgehens lässt sich nicht mehr feststellen, welche Teilaufgaben für die Erzeugung des Prozessergebnisses erforderlich und damit wertschöpfend sind.

3.2.3 Leistungsvereinbarungen

Wie bereits ausgeführt werden die Prozessinputs von Lieferanten bereitgestellt. Lieferanten können externe Zulieferer, Geschäfts- und Teilprozesse oder sonstige interne Stellen sein. Mit den Lieferanten sind schriftliche Vereinbarungen über Inhalt, Termin, Kosten und Qualität der Zulieferung zu

Leistungsvereinbarung			Geschäftsprozess Teilprozess		
Lieferant			Dauer der Vereinbarung		
Leistungsinhalt	Menge	Termin	Qualität	Preis	Vorschriften
1. 2 3. 4. 5. 6. 7.					
Lieferant: Datum, Unterschrift			Prozessverantwortlicher: Datum, Unterschrift		

Abbildung 3-11: Leistungsvereinbarung mit Lieferanten

treffen (siehe Beispiel in Abb. 3-11). Die Prozessverantwortlichen haben sicherzustellen, dass Leistungsvereinbarungen mit den Lieferanten erstellt und bei Bedarf aktualisiert werden.

Leistungsvereinbarungen schaffen Klarheit über die zu erbringenden Leistungen und tragen dazu bei, den Koordinationsaufwand zwischen Kunden und Lieferanten zu reduzieren. Fehlleistungen aufgrund fehlender oder falscher Informationen werden durch Leistungsvereinbarungen abgebaut. Auch die Zahl der Nachbesserungen nimmt ab, wodurch Kosten und Zeit eingespart werden.

Leistungsvereinbarungen sind nicht nur mit Lieferanten, sondern auch mit den Leistungsempfängern abzuschließen, soweit nicht spezifische Kundenaufträge vorliegen. Empfänger der Prozessergebnisse können externe oder interne Kunden sein. In den Leistungsvereinbarungen sind Inhalt, Menge, Termin, Kosten/Preis und Qualität der Ergebnisse festzulegen. Darüber hinaus ist zu regeln, wie Abweichungen von den Vereinbarungen behandelt werden.

Als Hilfsmittel zur Beurteilung von Kundenleistungen und zur Erstellung von Leistungsvereinbarungen hat sich das Leistungs-Portfolio bewährt (siehe Abb. 3-12; vgl. Edenhofer/Prefi/Wissler 1997, S. 1232 f.). Es zeigt die Einschätzungen der Prozesskunden und des Geschäftsprozessverantwortlichen bezogen auf Bedeutung und Güte der Leistung. Die Einschätzungen werden über Interviews mit ausgewählten Prozesskunden sowie mit den jeweiligen Geschäftsprozess- bzw. Teilprozessverantwortlichen ermittelt. Die Kunden

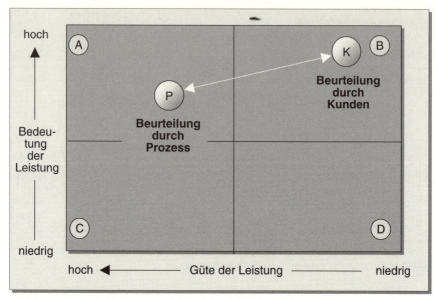

Abbildung 3-12: Leistungs-Portfolio eines Geschäftsprozesses

werden gefragt, welche Leistungen sie erwarten, welche Bedeutung die Leistungen für sie haben und wie sie mit den bisherigen Leistungen zufrieden sind. Nach dieser pauschalen Einschätzung werden die Prozesskunden gebeten, ihre Leistungsbeurteilung anhand von Kriterien zu konkretisieren. Die Geschäftsprozess- bzw. Teilprozessverantwortlichen geben ebenfalls ihre Leistungseinschätzung ab.

Über die Stärke des Handlungsbedarfs gibt die Entfernung der beiden Punkte (Kundeneinschätzung – Prozesseinschätzung) Auskunft. Bei Leistungen, die im Feld B liegen oder bei denen eine deutliche Diskrepanz der Einschätzungen besteht, liegt akuter Handlungsbedarf vor. Geschäftsprozess- bzw. Teilprozessverantwortliche sind in diesen Fällen angehalten, methodische und prozessuale Maßnahmen zu veranlassen, um die Kundenerwartungen besser zu erfüllen. Ziel sollte sein, dass Prozesskunden und -verantwortliche sämtliche Prozessleistungen den Feldern A und B zuordnen und dass die Einschätzungen nicht stark differieren.

Leistungs-Portfolios werden turnusmäßig oder bei signifikanten Abweichungen von den Leistungsvereinbarungen erstellt. Sie zeichnen sich durch folgende Vorteile aus:

- Konkretisierung der Leistungsanforderungen und -erwartungen der Prozesskunden,
- Visualisierung und Bewertung unterschiedlicher Einschätzungen,

- Konkretisierung und Versachlichung der Diskussion zwischen Prozess-kunden und Geschäfts- bzw. Teilprozessverantwortlichen,
- schnelle Klärung von Missverständnissen zwischen Prozesskunden und Geschäftsprozess- bzw. Teilprozessverantwortlichen,
- schnelle Identifizierung erfolgskritischer Schwachstellen in Geschäfts- bzw. Teilprozessen,
- Aufzeigen von Handlungsbedarf und Priorisierung von Maßnahmen,
- direktes Feedback zwischen Geschäftsprozess- bzw. Teilprozessverant-wortlichen und Prozesskunden,
- Festlegen von gemeinsamen Beurteilungskriterien für die Kundenzufrie-denheit,
- abgestimmter Input für die Erstellung von Leistungsvereinbarungen.

> Leistungs-Portfolios sollten nicht nur für externe Prozesskunden und -lie-feranten, sondern auch für interne Prozesskunden und Lieferanten erstellt werden. Sie können auf Geschäfts- und auf Teilprozesse bezogen werden.

3.2.4 Prozessdokumentation

Die Prozessdokumentation dient verschiedenen Aufgaben:

- prozessinterne und -externe Kommunikation,
- Prozesskoordination,
- Prozessmessung und -bewertung,
- Prozesssteuerung,
- Training der Prozessmitarbeiter,
- Wissensmanagement,
- Zertifizierung nach DIN EN ISO 9001:2000,
- Benchmarking,
- Auswahl von konfigurierbarer Standardsoftware (ERP-Software).

Sie bildet ferner die Basis, um Prozessprobleme zu erkennen und daraus Pro-zessverbesserungen abzuleiten. Abbildung 3-13 zeigt eine Auflistung wichti-ger Prozessdokumente.

In der Geschäftsprozessbeschreibung werden die Eckdaten eines Geschäfts-prozesses dokumentiert: Name, Anfang und Ende des Prozesses, Prozess-verantwortlicher, Objekt, Prozessinputs, Lieferanten, Prozessergebnisse, Prozesskunden. Die Teilprozessbeschreibung enthält analog zur Geschäfts-prozessbeschreibung eine Auflistung aller wichtiger Parameter eines Teilpro-zesses.

Die Prozessstruktur beschreibt, aus welchen Teilprozessen und ggf. Prozess-schritten sich ein Geschäftsprozess zusammensetzt und welche logischen Abhängigkeiten zwischen Teilprozessen und ggf. Prozessschritten bestehen. Das Ablaufdiagramm gibt Auskunft über den zeitlichen Ablauf der Teilprozesse und ggf. Prozessschritte.

Leistungsvereinbarungen mit Lieferanten und ggf. Kunden definieren die Leistungen, die bereitzustellen sind. Wichtige Festlegungen sind dabei Qualität, Termine und Kosten bzw. Preis der Leistung sowie das Vorgehen bei Abweichungen und die Gültigkeitsdauer.

Die Prozess-Landkarte zeigt den Informations- und Leistungsaustausch sowie die Abhängigkeiten und die Schnittstellen zwischen den Geschäftsprozessen. Sie macht sichtbar, welche Leistungen Geschäftsprozesse für andere Geschäftsprozesse erbringen und welcher Koordinationsbedarf zwischen den Geschäftsprozessen besteht.

Der Umfang der Prozessdokumentation und die dafür verwendeten Medien sind spezifisch festzulegen. Sie hängen u. a. von der Größe der Geschäftseinheit, der Komplexität der Geschäftsprozesse, den Kundenanforderungen, behördlichen Anforderungen sowie den Fähigkeiten und Erfahrungen der Prozessmitarbeiter ab. Auf die Prozessdokumente sollten die Mitarbeiter über das Intranet direkt zugreifen können.

> „Prozesse sollten in dem Umfang dokumentiert werden, der zur Unterstützung eines wirksamen und effizienten Ablaufs erforderlich ist." (DIN EN ISO 9004:2000, S. 42) Zu viel Dokumentation ist zu vermeiden, da nicht nur die Erstellung, sondern besonders auch die Änderung der Dokumente aufwendig ist. Bei jedem Dokument ist zu fragen, für was und für wen es benötigt wird. Die Prozessdokumente unterliegen einer Lenkung im Rahmen des Qualitätsmanagements. Die Lenkungsmaßnahmen betreffen die Erstellung, Genehmigung, Bewertung, Änderung, Verteilung und Speicherung/Aufbewahrung der Dokumente (vgl. DIN EN ISO 9001:2000, S. 19).

Die Definition der Geschäftsprozesse ist abgeschlossen, wenn die in Abbildung 3-13 aufgeführten Prozessdokumente 1 bis 8 vollständige erstellt und die damit verbundenen Entscheidungen und Festlegungen getroffen worden sind.

1.	Beschreibung Geschäftsprozess	(Abbildung 3-7)
2.	Prozess-Aufbaustruktur	(Abbildung 3-4)
3.	Prozess-Ablaufstruktur	(Abbildung 3-10)
4.	Beschreibung Teilprozess	(Abbildung 3-9)
5.	PO-Diagramm (Prozess-Organisations-Diagramm)	(Abbildung 3-8)
6.	Leistungsvereinbarungen mit Lieferanten/Kunden	(Abbildung 3-11)
7.	Prozess-Landkarte	(Abbildung 2-9)
8.	Beschreibung Aufgaben, Verantwortung, Befugnisse	

- Geschäftsprozessverantwortlicher
- Teilprozessverantwortlicher
- Management-Team
- Prozess-Team
- KAIZEN-Team

Abbildung 3-13: Prozessdokumentation

3.3 Aufgabenträger in Geschäftsprozessen

Die Leitungs-, Durchführungs- und Koordinationsaufgaben in Geschäftsprozessen werden Personen, Stellen und Gremien übertragen. Mit der Vergabe von Aufgaben und Verantwortung ist jeweils die Übertragung entsprechender Befugnisse verbunden.

Folgende Aufgabenträger sind in Geschäftsprozessen zu unterscheiden:

- Prozessverantwortliche
  - Geschäftsprozessverantwortliche,
  - Teilprozessverantwortliche
- Prozessmitarbeiter
- Prozessgremien (siehe Abb. 3-14)
  - Management-Team,
  - Prozess-Team,
  - KAIZEN-Team.

3.3.1 Prozessverantwortliche

Die Leitung eines Geschäftsprozesses liegt in der Hand des Geschäftsprozessverantwortlichen. Er ist für Gestaltung, Ablauf und Ergebnisse des Geschäftsprozesses und die Erreichung der Prozessziele verantwortlich. Die Leitung der

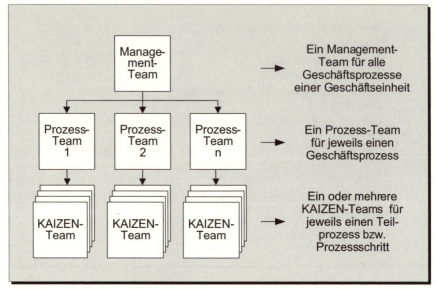

Abbildung 3-14: Gremien in Geschäftsprozessen

Teilprozesse wird Teilprozessverantwortlichen übertragen. Sie haben in Abstimmung mit dem Geschäftsprozessverantwortlichen die Verantwortung für Gestaltung, Ablauf, Ergebnisse und Zielerreichung der Teilprozesse. In der Regel bilden Teilprozessverantwortliche die unterste Führungsebene in Geschäftsprozessen. Ihre Aufgabe ist es, die Prozessmitarbeiter zu führen, zu beraten und zu coachen.

Prozessverantwortliche führen ihre Aufgaben in enger Abstimmung mit Prozessmitarbeitern und -gremien durch. Die Aufgabe wird ihnen auf Dauer übertragen. Erforderlich ist es, Aufgaben, Verantwortung und Befugnisse klar zu definieren.

Die Aufgaben der Geschäftsprozessverantwortlichen sind so umfangreich, dass sie mit einem Geschäftsprozess in der Regel voll ausgelastet sind. Deshalb ist zu vermeiden, einer Person die Verantwortung für mehrere Geschäftsprozesse zu übertragen.

Bei Mehrfachverantwortungen können neben der Überlastung auch Prioritäts- und Interessenkonflikte auftreten, die von vornherein ausgeschlossen werden sollten. Prozessverantwortliche tragen persönlich die Verantwortung für die Erreichung der Prozessziele und die kontinuierliche Verbesserung des Prozesses. Von einer Delegation der Aufgaben ist abzuraten, weil dadurch die personifizierte Verantwortung unterlaufen wird.

Die Aufgaben des Geschäftsprozessverantwortlichen umfassen:

- Festlegung von Zweck und Aufgabe des Geschäftsprozesses,
- Festlegung des Umfangs (Beginn und Ende) des Geschäftsprozesses,
- Ableitung und periodische Überprüfung der Erfolgsfaktoren des Geschäftsprozesses,
- Vereinbarung der Prozessleistungen (Output) mit den Prozesskunden,
- Vereinbarung der Prozesszulieferungen (Input) mit den Zulieferern,
- Planung der Zielwerte des Geschäftsprozesses,
- Definition und periodische Überprüfung der Messgrößen des Geschäftsprozesses,
- Kontrolle der Zielerreichung,
- Analyse der Schwachstellen des Geschäftsprozesses,
- Koordination der Maßnahmen zur kontinuierlichen Verbesserung der Prozesseffektivität und Prozesseffizienz,
- Beschaffung und Disposition der personellen, finanziellen und technischen Prozessressourcen,
- Planung und Kontrolle der Informations- und Kommunikationstechnik im Geschäftsprozess,
- Ernennung der Teilprozessverantwortlichen,
- Einrichtung und Coaching des Prozess-Teams,
- Berichterstattung,
- Veranlassung von Prozessaudits und Assessments im Geschäftsprozess,
- Vertretung der Prozessbelange nach außen.

Aus den Aufgaben leiten sich die Pflichten des Geschäftsprozessverantwortlichen ab:

- Kontrollpflicht bezogen auf die Zielerreichung des Geschäftsprozesses,
- Berichtspflicht über den Stand der Zielerreichung,
- frühzeitige Information der Geschäftsleitung bei gravierenden Zielabweichungen, Problemen und Risiken (Frühwarnung).

Der Geschäftsprozessverantwortliche ist von der Geschäftsleitung mit den für die Zielsetzung und -erreichung notwendigen Befugnissen auszustatten. Die Befugnisse beziehen sich auf:

- Mitsprache bei Entscheidungen über Ziele und Rahmenbedingungen des Geschäftsprozesses,
- Planung, Kontrolle und Steuerung des Geschäftsprozesses,
- Disposition der personellen, technischen und finanziellen Prozessressourcen,
- Vergabe von Aufgaben und Aufträgen,
- Vertretung der Prozessinteressen nach außen,
- Recht auf Eskalation bei gravierenden Schwierigkeiten.

Aufgaben, Pflichten und Befugnisse der Teilprozessverantwortlichen entsprechen denen der Geschäftsprozessverantwortlichen, nur dass sie sich auf die jeweiligen Teilprozesse beziehen. Die Verantwortlichen für die Teilprozesse werden von dem Geschäftsprozessverantwortlichen in Abstimmung mit der Geschäftsleitung benannt. Sie sind den Geschäftsprozessverantwortlichen fachlich, in reinen Prozessorganisationen auch disziplinarisch unterstellt.

Der Erfolg des Geschäftsprozessverantwortlichen hängt wesentlich von seinem Entscheidungsfreiraum ab. Das Management sollte nicht in den Geschäftsprozess hineinregieren. „Die Erfahrungen aus den Beratungsprojekten zeigen, dass ohne ein solches Verhalten, das im Übrigen auch klar und ausführlich im Unternehmen kommuniziert werden muss, das notwendige unternehmerische Denken unterhalb der Topmanagement-Ebene nicht erwartet werden darf." (Dernbach 1996, S. 201)

Wichtig ist, dass Geschäftsleitung und Geschäftsprozessverantwortliche eng zusammenarbeiten.

> Geschäftsprozessverantwortliche sollten Sitz und Stimme im Leitungskreis der Geschäftseinheit haben. Nur so erhalten sie aktuelle Informationen über Änderungen der geschäftlichen Ziele und Prioritäten sowie über aktuelle Herausforderungen, Störgrößen und Probleme des Geschäftes, auf die die Geschäftsprozesse reagieren müssen.

Ferner bietet dieses Diskussions- und Kommunikationsforum die Möglichkeit, Zielkonflikte und Probleme der Geschäftsprozesse schnell an die Leitung heranzutragen und einer Klärung bzw. Lösung zuzuführen.

Die Ernennung von Geschäftsprozessverantwortlichen verändert das Führungssystem in traditionellen Funktionsorganisationen. Die Verantwortung für die Leistungserstellung wird in die Hand der Prozessverantwortlichen gelegt. Sie werden damit zu Hauptgesprächspartnern der Geschäftsleitung. Der Verantwortungsrahmen der Funktionsverantwortlichen wird dadurch verkleinert. Dieser Rollentausch stößt in den meisten Fällen auf Widerstände der Funktionsträger. In der Person des Geschäftsprozessverantwortlichen kollidieren die beiden Welten „Funktionsorganisation" und „Prozessorganisation". Von der Lösung dieses Problems hängt der Erfolg des Geschäftsprozessmanagements ab. Wichtige Einflussfaktoren sind dabei das Führungs- und Entscheidungsverhalten des Managements, die Einsicht und Kooperationsbereitschaft der Funktionsträger sowie das Einfühlungsvermögen und die Kooperationsfähigkeit der Geschäftsprozessverantwortlichen.

> In der Praxis zählt die Ernennung der Geschäftsprozessverantwortlichen und ihre organisatorische Zuordnung zu den schwierigsten und weitrei-

chendsten Entscheidungen des Geschäftsprozessmanagements. Die Geschäftsleitung geht diesen Entscheidungen gerne aus dem Wege oder zögert sie hinaus. Nicht umsonst sind Prozessverantwortliche mit voller Verantwortungs- und Befugnisübertragung „noch eine seltene Erscheinung".

Mit der Ernennung bzw. Nichternennung der Prozessverantwortlichen zeigt die Geschäftsleitung, wie überzeugt sie vom Konzept des Geschäftsprozessmanagements ist und ob sie fähig ist, die Widerstände zu überwinden.

3.3.2 Gremien in Geschäftsprozessen

3.3.2.1 Management-Team

Das Management-Team hat die Aufgabe, prozessübergreifende Fragen und Probleme zu lösen. Es ist das Bindeglied zwischen Geschäftsleitung, Funktionen und Geschäftsprozessen. Mitglieder sind die Geschäftsleitung, die Geschäftsprozessverantwortlichen sowie die Funktionsverantwortlichen, solange die Funktionsorganisation noch existiert. Das Team trifft sich regelmäßig, wobei wöchentliche oder zweiwöchentliche Sitzungen zu empfehlen sind.

Hauptziel des Management-Teams ist es, die Effektivität und Effizienz des Geschäftes durch Leistungssteigerungen der Geschäftsprozesse zu erhöhen. Das Management-Team nimmt folgende Aufgaben wahr:

- Vereinbarung von Prozesszielen und -prioritäten zwischen Geschäftsleitung und Geschäftsprozessverantwortlichen (in der Regel einmal jährlich).
- Überwachung der Einführung des Geschäftsprozessmanagements anhand der Ergebnisse von Prozessassessments.
- Sicherstellung eines einheitlichen Vorgehens bei der Einführung von Geschäftsprozessen.
- Diskussion des Leistungsstandes der Geschäftsprozesse anhand der in den Prozessberichten ausgewiesenen Leistungsdaten.
- Feststellung der Ursachen bei Ziel- bzw. Trendabweichungen.
- Einleitung prozessübergreifender Maßnahmen zur Korrektur von Zielabweichungen.
- Initiierung von Maßnahmen zur Beseitigung besonders schwieriger Prozessbarrieren unter Einbeziehung der Geschäftsleitung.
- Koordination und Überwachung der Nahtstellen zwischen den Geschäftsprozessen (Prozess-Landkarte).
- Koordination zwischen Geschäftsprozessen und Funktionen.
- Lösung von Konflikten zwischen Geschäftsprozessen und Funktionen.
- Kontrolle der vom Management-Team veranlassten Maßnahmen.
- Anpassung von Prozesszielen und -prioritäten bei Änderung prozessinterner oder -externer Planungsprämissen.

- Anpassung der Ressourcen bei Änderung von Zielwerten und Prioritäten der Geschäftsprozesse.
- Aufzeigen des BPR-Bedarfs.
- Anstoß und Kontrolle von BPR-Projekten.
- Entscheidung über die Einführung neuer bzw. die Eliminierung vorhandener Geschäftsprozesse.

Das Management-Team ist notwendig, wenn Geschäftsprozesse und Funktionsorganisation nebeneinander existieren. In einer reinen Prozessorganisation ist es identisch mit dem Leitungskreis, der dann aus der Geschäftsleitung und den Geschäftsprozessverantwortlichen besteht.

3.3.2.2 Prozess-Team

Das Prozess-Team ist ein wichtiges Beratungs- und Koordinierungsgremium des Geschäftsprozessverantwortlichen. Es widmet sich internen Fragen und Problemen eines Geschäftsprozesses. Mitglieder sind neben dem Geschäftsprozessverantwortlichen die Teilprozessverantwortlichen.

Das Prozess-Team kann auch als Leitungskreis des Geschäftsprozesses bezeichnet werden. Ob es als separates Team ausgewiesen wird, muss im Einzelfall entschieden werden. Sicherzustellen ist, dass seine Aufgaben wahrgenommen werden.

Die Aufgaben des Prozess-Teams decken sich weitgehend mit denen des Management-Teams. Sie beziehen sich jedoch nur auf einen Geschäftsprozess und nicht auf die gesamte Geschäfteinheit. Zu den Aufgaben zählen:

- Gestaltung der Prozessstruktur: inhaltliche Festlegung der Teilprozesse, Prozessschritte und Arbeitsschritte.
- Gestaltung des Prozessablaufs: zeitliche Verknüpfung des Ablaufs von Teilprozessen (z. B. Parallelisierung).
- Definition und Abstimmung der Erfolgsfaktoren, Mess- und Zielgrößen des Geschäftsprozesses und der Teilprozesse.
- Regelmäßige Überprüfung der Prozessleistung.
- Feststellung der Ursachen bei Ziel- bzw. Trendabweichungen.
- Einleitung und Kontrolle von Maßnahmen zur Korrektur von Zielabweichungen.
- Anpassung der Zielwerte und Prioritäten der Teilprozesse bei Zieländerungen des Geschäftsprozesses.
- Anpassung der Ressourcenzuteilung bei Änderung von Zielwerten und Prioritäten des Geschäftsprozesses oder bei prozessinternen Schwierigkeiten.
- Dokumentation des Geschäftsprozesses.

Das Prozess-Team beseitigt Barrieren und Probleme, die den gesamten Geschäftsprozess betreffen. Die Lösung wird durch enge Zusammenarbeit aller Teilprozesse erreicht. Dabei werden nicht nur Maßnahmen initiiert, sondern auch deren Umsetzung verfolgt und kontrolliert. Die Prozess-Teams wenden zur Lösung ihrer Aufgaben die Total Cycle Time (TCT)-Methode[1] an, die in Kapitel 6.3 beschrieben wird.

Die Größe des Prozess-Teams hängt von der Zahl der Teilprozesse ab. In der Regel wird die Zahl der Mitglieder bei sechs bis acht liegen. Das Team trifft sich wöchentlich ca. ein bis zwei Stunden und wird von dem Geschäftsprozessverantwortlichen geleitet bzw. moderiert. Abbildung 3-15 enthält Grundsätze, nach denen sich die Prozess-Teams bei ABB-Industrie ausrichten.

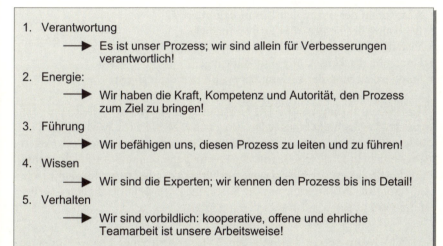

1. Verantwortung
   ──▶ Es ist unser Prozess; wir sind allein für Verbesserungen verantwortlich!
2. Energie:
   ──▶ Wir haben die Kraft, Kompetenz und Autorität, den Prozess zum Ziel zu bringen!
3. Führung
   ──▶ Wir befähigen uns, diesen Prozess zu leiten und zu führen!
4. Wissen
   ──▶ Wir sind die Experten; wir kennen den Prozess bis ins Detail!
5. Verhalten
   ──▶ Wir sind vorbildlich: kooperative, offene und ehrliche Teamarbeit ist unsere Arbeitsweise!

Abbildung 3-15: Grundsätze der Prozess-Teams bei der ABB-Industrie (vgl. Bagdasarjanz/ Hochreutener 1995, S. 217)

Die Einrichtung von Prozess-Teams hat folgende Vorteile:

* gemeinsame Zieldiskussion,
* gemeinsames Zielverständnis und Zielidentifikation,
* gemeinsame Verantwortung für den Geschäftsprozess,
* schnelle Entscheidungsfindung und Problemlösung,
* größeres Verständnis für prozessinterne Probleme,
* Verringerung von Widerständen durch gemeinsame Entscheidungen,
* Vertretung der Interessen aller Teilprozesse,
* Bündelung der Erfahrungen und Kompetenz aus allen Teilprozessen.

---

[1] TCT ist ein geschützter Begriff der Thomas Group Inc.

3.3.2.3 KAIZEN-Team

KAIZEN-Teams setzen sich mit Problemen und Verbesserungen auseinander, die einzelne Prozessschritte und Arbeitsschritte betreffen. Ihr Ziel ist es, die Effizienz eines Geschäftsprozesses durch kontinuierliche Verbesserungen der Prozess- und Arbeitsschritte zu steigern. KAIZEN-Teams setzen zur Lösung ihrer Aufgaben die KAIZEN-Methode ein, die in Kapitel 6.3 beschrieben wird.

Die Aufgaben der KAIZEN-Teams sind:

- Lokalisierung und Analyse von Fehlern und Problemen (= Verschwendungen),
- Feststellen der Fehler- und Problemursachen,
- Suchen nach Lösungsalternativen,
- Auswählen der optimalen Lösungsalternative,
- Behebung der Fehler- und Problemursachen,
- Visualisierung der Probleme und Lösungen,
- Kontrolle der Umsetzung und Wirkung,
- Standardisierung der Lösung bei positiven Erfahrungen.

Mit der Einführung von KAIZEN-Teams wird das Wissen, die Kreativität und das Engagement eines jeden Prozessmitarbeiters für Leistungsverbesserungen des Geschäftsprozesses genutzt. Richtig vorbereitet und angeleitet entwickeln KAIZEN-Teams eine große Eigendynamik, die sich positiv auf das Erreichen der Prozessziele auswirkt. Voraussetzung für den Erfolg ist, dass jeder Mitarbeiter auf die KAIZEN-Aufgaben ausreichend vorbereitet wird.

KAIZEN-Teams setzen sich aus den Mitarbeitern eines Prozess- oder Arbeitsschrittes zusammen. Die Zahl liegt bei vier bis acht Mitarbeitern. Das Team koordiniert und steuert sich selbst. Es sammelt Probleme, priorisiert und löst sie. Bei Problemen, die es nicht selbst lösen kann, wird der Teilprozessverantwortliche bzw. das Prozess-Team eingeschaltet.

3.4 Einbettung der Geschäftsprozesse in die Unternehmensorganisation

3.4.1 Dominanz der Geschäftsprozesse gegenüber der Aufbaustruktur

Die Wirksamkeit des Geschäftsprozessmanagements hängt wesentlich davon ab, wie Geschäftsprozesse in die Aufbauorganisation des Unternehmens bzw. der betrachteten Geschäftseinheit eingebettet werden. Nach einer im Jahre 1994 durchgeführten Untersuchung der BPU (Betriebswirtschaftliche Projektgruppe für Unternehmensentwicklung GmbH, München) sehen zwei

Drittel der befragten deutschen Unternehmen eine enge Beziehung zwischen Geschäftsprozessen und Aufbauorganisation (vgl. Picot/Böhme 1996, S. 231).

Grundsätzlich gilt bei Einführung von Geschäftsprozessen der Leitsatz: „Die Struktur folgt den Prozessen und die Prozesse folgen der Strategie." Dieses Prinzip haben erst wenige Unternehmen realisiert. Sowohl in der Betriebswirtschaftslehre als auch in der betrieblichen Praxis dominiert nach wie vor die Aufbauorganisation gegenüber der Ablauforganisation.

In grundlegenden Büchern der Organisationslehre wird auch heute noch die Prozessorganisation „nur als Nebenprodukt des Aufbaus" behandelt (vgl. Gaitanides 1983, S. 19; Engelmann 1995, S. 52). Ebenso zeigt ein Blick in die Organisationspläne deutscher Unternehmen, dass in der Regel die Strukturen und nicht die Prozesse im Vordergrund stehen.

Die Aussage „Die Struktur folgt den Prozessen und die Prozesse folgen der Strategie" erfordert eine differenzierte Betrachtung. In der Praxis hat sich folgendes pragmatische Vorgehen bewährt. Vor Einführung von Geschäftsprozessen ist zunächst die strategische Positionierung des gesamten Unternehmens zu überprüfen. Ein wichtiges Ergebnis ist dabei die Bestätigung oder Modifikation der Geschäftssegmentierung, aus der sich die Grundstruktur des Unternehmens (z. B. Geschäftsfelder, Geschäftsgebiete, Geschäftseinheiten, Business Units) ableitet. Die Grundstruktur legt die erste, seltener auch die zweite Unternehmensebene fest. Die Strukturierungskriterien sind auf dieser Ebene unterschiedlich und unternehmensspezifisch festzulegen. Es können Produkte, Sparten, Kunden, Regionen oder Kompetenzen sein. Neben der Grundstruktur ist im Zuge der Strategieüberprüfung die Leistungstiefe des Unternehmens zu überprüfen. Von ihr hängt es ab, ob Teile des Unternehmens ausgegliedert oder u. U. auch eingegliedert (zugekauft) werden sollen.

Das Ergebnis dieser strategischen Strukturplanung ist die Unterteilung des Unternehmens in eigenständige Einheiten wie Geschäftsbereiche, -gebiete oder -felder. Sie bilden die Ausgangsbasis für die Identifizierung und Definition der Geschäftsprozesse.

Wenn die Grundstruktur festgelegt bzw. bestätigt ist, kommt die Regel zur Anwendung, dass die Struktur den Prozessen zu folgen hat. Dies bedeutet, dass sich die Aufbaustruktur der einzelnen unternehmerischen Einheiten an den Geschäftsprozessen zu orientieren hat. Sie ist jeweils so zu gestalten, dass eine hohe Effektivität und Effizienz der Geschäftsprozesse erreicht wird. Die Aufbaustruktur soll die Geschäftsprozesse unterstützen, aber nicht behindern. Diese Forderung macht in der Regel Veränderungen der Aufbauorganisationen innerhalb bestehender unternehmerischen Einheiten erforderlich. Die zuvor erwähnte Grundstruktur des Unternehmens bleibt davon weitgehend unberührt. Rückkopplungen gibt es nur bei zentralen Dienstleistungen auf der ersten Unternehmensebene.

Die vorgenannten Ausführungen gelten für Großunternehmen. Mittelständische Unternehmen bestehen oft nur aus einer Geschäftseinheit. In diesem Fall beziehen sich die Geschäftsprozesse auf das gesamte Unternehmen.

3.4.2 Formen der Prozessorganisation

Wie Abbildung 3-16 zeigt, bestehen verschiedene Möglichkeiten, Geschäftsprozesse organisatorisch in die Aufbauorganisation zu verankern (vgl. u. a. Rohm 1998, S. 15 ff. ; EFQM 1999b, S. 7):

- Weitgehende Beibehaltung der vorhandenen funktionalen Aufbauorganisation (Fall 1),
- Bildung von Mischformen zwischen Funktions- und Prozessorganisation (Fall 2),
- Ablösung der Funktionsorganisation durch eine reine Prozessorganisation (Fall 3).

Derzeit dominiert in deutschen Unternehmen die reine Funktionsorganisation (Fall 1). In einer IAO-Studie sprachen sich 76 % der untersuchten Unternehmen für durchgängige Geschäftsprozesse aus, aber nur 4 % haben sich bisher von ihren funktionalen Strukturen gelöst (vgl. Bullinger et al. 1995, S. 17; vgl. auch Picot/Böhme 1996, S. 228 f.).

In funktionalen Organisationen kommen die Gestaltungsregeln für Geschäftsprozesse nicht bzw. nur sehr eingeschränkt zum Tragen. Es werden keine eigenständigen Geschäftsprozesse für die Bereitstellung der Kunden-

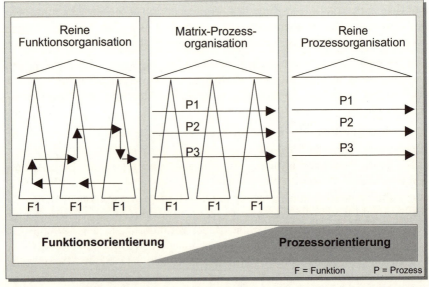

Abbildung 3-16: Prozessorientierte Organisationsformen (in Anlehnung an Rohm 1998, S. 17)

leistungen gebildet und auch keine Geschäftsprozessverantwortlichen ernannt. Die einzelnen organisatorischen Stellen wickeln eigenverantwortlich
Teilaufgaben der Gesamtprozesse ab. „Prozesse vollziehen sich zwischen
funktionalen Silos mit den Folgen von Redundanzen, Ineffizienzen und daraus resultierenden hohen, gemeinkostenverursachenden Koordinationsbedarf." (Rohm 1998, S. 49) Leistungsmessungen werden teilweise durchgeführt. Wegen der fehlenden Infrastruktur (Prozessverantwortliche, Management-Teams, Prozess-Teams, KAIZEN-Teams) fehlt jedoch die organisatorische Basis, um Prozessleistungen systematisch zu steigern.

Insgesamt hat das Geschäftsprozessmanagement bei einer Aufrechterhal-
tung der reinen Funktionsorganisation keine Chance.

3.4.2.1 Reine Prozessorganisation

Beim Übergang auf die reine Prozessorganisation (Fall 3) wird die Funktionsorganisation weitgehend aufgegeben und durch Geschäftsprozesse ersetzt. Die Geschäftsprozesse bestimmen die Aufbauorganisation, d. h., dass
die Struktur den Prozessen folgt. Die Organisationseinheiten bestehen aus
den primären und sekundären Geschäftsprozessen mit ihren Teilprozessen.
Sie sind organisatorisch eigenständig, verfügen über eigene Ressourcen und
disponieren diese selbständig. Die Geschäftsprozess- und Teilprozessverantwortlichen üben in diesem Modell Leitungsfunktionen in der Linie aus. Die
Geschäftsprozessverantwortlichen haben umfassende Budget-, Ressourcen-
und Ergebnisverantwortung und Weisungsrechte gegenüber den Teilprozessverantwortlichen.

Beispielsweise kann sich die Aufbaustruktur einer reinen Prozessorganisation
zusammensetzen aus:

- primären Geschäftsprozessen:
  - Innovationsprozess,
  - Produktplanungsprozess,
  - Produktentwicklungsprozess,
  - Vertriebsprozess,
  - Auftragsabwicklungsprozess,
  - Serviceprozess,
- sekundären Geschäftsprozessen:
  - Strategieplanungsprozess,
  - Personalmanagementprozess,
  - Ressourcenmanagementprozess,
  - Finanzmanagementprozess,
  - Qualitätsmanagementprozess,
  - IuK-Prozess,
  - Controllingprozess.

Die Vorteile der reinen Prozessorganisation sind:

- Stärkung der Kundenorientierung im gesamten Unternehmen,
- Abbau von Schnittstellen,
- Abbau von Hierarchien,
- Eliminierung nicht wertschöpfender Tätigkeiten,
- Selektion der internen Dienstleistungen nach den Anforderungen der primären Geschäftsprozesse,
- Beschaffung und Disposition der personellen und technischen Ressourcen nach den Prioritäten der Geschäftsprozesse,
- flexibles Reagieren auf Veränderungen,
- Kopplung der Anreizsysteme an Markterfolg und Kundenorientierung.

Als Nachteile sind anzusehen:

- schwierige Umsetzung,
- dogmatisches Aufzwingen der Prozessorientierung auch dort, wo eine Fachausrichtung günstiger ist.

3.4.2.2 Mischformen aus Funktions- und Prozessorganisation

Folgende Mischformen aus Funktions- und Prozessorganisation können unterschieden werden (Fall 2):

- Einfluss-Prozessorganisation,
- Matrix-Prozessorganisation,
  - Ressourcenmodell,
  - Leistungsmodell.

Bei der Einfluss-Prozessorganisation wird einzelnen Stäben oder Personen die Aufgabe übertragen, die in der funktionalen Organisation ablaufenden Teilprozesse als Geschäftsprozesse zu koordinieren. Die Koordinatoren haben weder Budget-, noch Ressourcen- oder Ergebnisverantwortung. Gegenüber den Funktionsverantwortlichen sind sie in einer schwachen Position. Sie nehmen die Aufgabe haupt- oder nebenamtlich wahr.

Die Einfluss-Prozessorganisation hat viele Nachteile und ist deswegen kritisch zu bewerten:

- Die Funktionsorganisation bleibt voll erhalten.
- Es werden Geschäftsprozesse ohne organisatorische Konsequenzen eingeführt.
- Teilprozesse, Prozessschritte und Arbeitsschritte der Geschäftsprozesse werden nicht zu einer organisatorischen Einheit (Geschäftsprozess) zusammengefasst.
- Die Organisation wird nicht kundenorientiert ausgerichtet.
- Handlungsspielraum und Befugnisse der Prozessverantwortlichen sind so eingeschränkt, dass nicht von einer personifizierten Gesamtverantwortung für den Geschäftsprozess gesprochen werden kann.

- Es werden keine Teamstrukturen eingeführt, die Voraussetzung für Selbst-steuerung und kontinuierliche Leistungsverbesserungen der Geschäftspro-zesse sind (Empowerment).
- Die multidimensionale Steuerung der Geschäftsprozesse nach' Kunden-zufriedenheit, Prozesszeit, -qualität und -kosten ist wegen ihrer organisa-torischen Fragmentierung kaum möglich.
- Die Koordinationsaufwendungen sind hoch und ihre Ergebnisse fragwürdig.
- Insgesamt kommen die Stärken der Prozessorientierung nicht zum Tragen.

Die Nachteile sind vergleichbar mit den Nachteilen der Einfluss-Projektor-ganisation, deren Anwendung in Theorie und Praxis umstritten ist.

Trotz der Nachteile kommt die Einfluss-Prozessorganisation in der Praxis häufig zur Anwendung, da sie keine gravierenden Änderungen der Funk-tionsorganisation erfordert und deshalb ohne großen Widerstand zu rea-lisieren ist. Die Anwendung dieser Organisationsform weist darauf hin, dass die Einführung des Geschäftsprozessmanagements nicht überzeugend und konsequent betrieben wird.

Wesentlich positiver ist die Matrix-Prozessorganisationen zu beurteilen. Bei dieser Organisationsform werden Elemente der Funktions- und Prozess-struktur miteinander kombiniert. Es werden Geschäftsprozesse eingeführt, die alle wesentlichen Merkmale enthalten:

- Definition der Geschäftsprozesse „vom Kunden … bis zum Kunden",
- Strukturierung der Geschäftsprozesse in Teilprozesse, Prozessschritte und Arbeitsschritte,
- Ausweis der Geschäftsprozesse als eigenständige organisatorische Einhei-ten,
- Ernennung von hauptamtlichen Prozessverantwortlichen für Geschäfts-prozesse und Teilprozesse,
- Etablierung von Teamstrukturen (Management-Team, Prozess-Teams, KAIZEN-Teams),
- multidimensionales Prozesscontrolling und integrierte Leistungssteuerung,
- kontinuierliche Leistungsverbesserung.

Beim Ressourcenmodell werden den Geschäftsprozessen Ressourcen und beim Leistungsmodell Leistungen von funktionalen Organisationseinheiten bereitgestellt. So werden z. B. Mitarbeiter einer Funktionsstelle einem Ge-schäftsprozess temporär zugeordnet (Ressourcenmodell). Oder die Funk-tionsstellen sind Lieferanten spezifischer Leistungen (Leistungsmodell).

Sowohl im Ressourcen- als auch im Leistungsmodell haben die Funktionen die Ressourcenverantwortung, handeln aber im Auftrag der Geschäftspro-zesse. Zwischen Geschäftsprozessen und Funktionen besteht ein Kunden-Lie-feranten-Verhältnis. Die Ergebnisverantwortung liegt bei den Geschäftspro-

zessen bzw. bei den Geschäftsprozessverantwortlichen. Sie üben gegenüber
den Funktionen fachliche Weisungsbefugnisse aus.

> Auch bei der reinen Prozessorganisation wird in der Praxis die Funktions-
> orientierung zumeist nicht vollständig aufgegeben. Streng genommen han-
> delt es sich auch hier um eine Mischorganisation, allerdings mit einer star-
> ken organisatorischen Eigenständigkeit der Geschäftsprozesse.

Inwieweit funktionsorientierte Stellen beibehalten werden, hängt von mehreren Faktoren ab:

* Spezialisierungsgrad,
* Heterogenität der Aufgaben,
* Strukturiertheit der Aufgaben,
* Umfang der Aufgaben,
* Wiederholungsgrad der Aufgaben,
* Abnehmer der Leistungen.

Spezialisierte Funktionen, die mehrere Geschäftsprozesse in Anspruch nehmen, werden oft als Kompetenzzentren bezeichnet. Ihre Ressourcen werden
nicht auf die Geschäftsprozesse aufgeteilt, um das spezialisierte Know-how
zu sichern und eine ausreichende Ressourcenauslastung zu gewährleisten.
Der „Ressourcenökonomie" wird in diesen Fällen ein höheres Gewicht als
der „Prozessökonomie" eingeräumt (vgl. Gaitanides/Sjurts 1995, S. 2 f.; Mertens 1997, S. 110). Nicht ausgelastete Ressourcen wirken sich negativ auf die
Prozesskosten und damit auf die Prozesseffizienz aus. Hohe Prozesseffizienz
erfordert auch eine hohe Ressourceneffizienz.

Besonders in Zentralabteilungen existieren häufig funktionale Stellen, deren
Aufgaben durch Spezialwissen, große Heterogenität, geringe Strukturiertheit,
geringe Wiederholhäufigkeit und relativ geringe Kapazitätsausstattung gekennzeichnet sind. Beispiele sind Öffentlichkeitsarbeit, Rechtsabteilung, Me-
dizinischer Dienst, Training und Weiterbildung, Technische Referate (Normung, Patentwesen …). Diese Stellen sind Kandidaten für funktionsorientierte Kompetenzzentren. Sie stellen ihre Leistungen bzw. Ressourcen mehreren Geschäftsprozessen zur Verfügung.

> Effektivität und Effizienz lassen sich steigern, wenn die Kompetenzzentren
> ihre Leistungen auch extern vermarkten. Sie werden dann an externen
> Leistungsanbietern gemessen und sind gezwungen, ihre Leistungsfähigkeit
> dem Marktniveau anzupassen. Für die internen Leistungsabnehmer kön-
> nen damit Leistungs- und Kostenvorteile verbunden sein.

Oft werden Kompetenzzentren nicht nur für eng begrenzte Spezialaufgaben
gebildet, sondern auch für Teilprozesse, deren Leistungen von mehreren unternehmerischen Einheiten und Geschäftsprozessen abgenommen werden.

Diese prozessorientierten Kompetenzzentren agieren eigenständig und setzen intern das Instrumentarium des Geschäftsprozessmanagements ein. Beispiele sind Systemtest und -integration oder die Erstellung von Benutzerdokumentation in Produktentwicklungen.

Somit besteht auch in der reinen Prozessorganisation ein Nebeneinander aus:

- Geschäftsprozessen
  - primäre Geschäftsprozesse,
  - sekundäre Geschäftsprozesse und
- Kompetenzzentren
  - prozessorientierte Kompetenzzentren,
  - funktionsorientierte Kompetenzzentren.

Das Hauptgewicht der Organisation liegt dabei allerdings auf den primären und sekundären Geschäftsprozessen.

Abbildung 3-17 zeigt das Praxisbeispiel einer Mischorganisation. Die Organisation folgt bis auf den Block „Executive Management" den Prinzipien der reinen Prozessorganisation. In dem Block „Executive Management" sind eine Reihe von zentralen Aufgaben und Diensten zusammengefasst, die als Kompetenzzentren oder spezialisierte Dienstleister geführt werden.

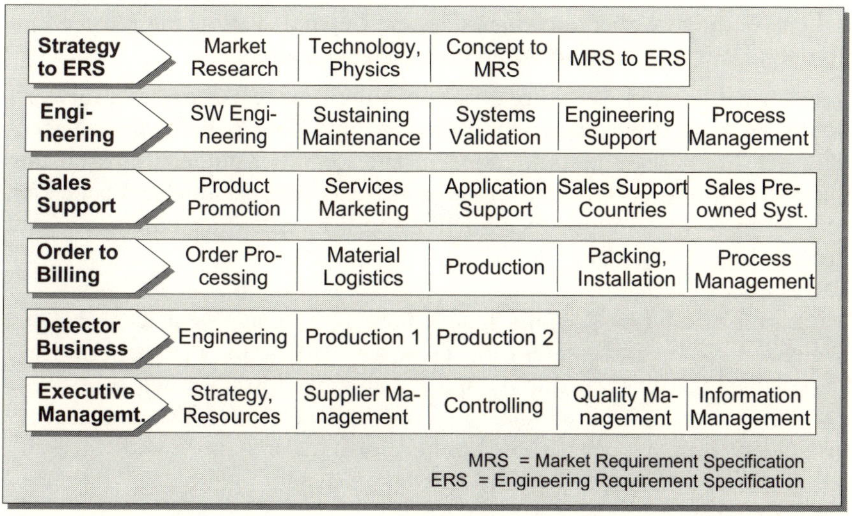

Abbildung 3-17: Organisation des Geschäftsgebietes Computertomographie der Siemens AG (vgl. Behnke/Niemand 1998, S. 102)

3.4.3 Umsetzung der Prozessorganisation

Der Übergang von einer funktions- auf eine prozessorientierte Aufbauorganisation erfordert ein hohes Maß an Änderungsbereitschaft und Umsetzungsfähigkeit. Es geht dabei nicht nur um die Neuorientierung der Organisation, sondern auch um eine Neuausrichtung der Kultur und des Verhaltens. Verhaltensänderungen setzen voraus, dass das Management und die Mitarbeiter davon überzeugt sind, mit Geschäftsprozessmanagement die Probleme der Gegenwart und Zukunft besser zu lösen als mit der bisherigen Organisation.

Besonders in gemischten Prozessorganisationen wird die organisatorische Effizienz stark vom Verhalten der Prozessverantwortlichen sowie der Funktionsträger beeinflusst. Das Verhalten hängt von den Personen selbst, aber auch von Einstellung, Zielen und Durchsetzungsfähigkeit der Geschäftsleitung ab. Werden die Geschäftsprozessverantwortlichen aufgrund ihrer Persönlichkeit und Fähigkeiten der Verantwortung gerecht, ohne effizienzmindernde Konflikte mit den Funktionsträgern auszutragen, können Mischformen der Prozessorganisation gut funktionieren. Wegen der personellen Abhängigkeiten und Veränderungen ist die Gefahr von Misserfolgen jedoch größer als in reinen Prozessorganisationen. Konflikte und Risiken sind geringer, wenn sich die Funktionen als Dienstleister der Geschäftsprozesse verstehen. Wichtig ist aber auch hier, dass die Geschäftsleitung diese Rolle klar kommuniziert und bei Konflikten korrigierend eingreift.

Rein formal kann in Mischorganisationen die Rolle der Prozessverantwortlichen durch die Übertragung von Weisungs- und Kontrollbefugnissen gegenüber den Funktionen gestärkt werden. Die formale Kompetenzausstattung nutzt jedoch wenig, wenn auf organisatorischer und personeller Ebene kein gemeinsames Verständnis über Inhalte und Prioritäten der Funktions- und Prozessaufgaben besteht.

Akzeptanz und Erfolgswahrscheinlichkeit sind höher, wenn beim Übergang auf die Prozessorganisation nicht sofort die reine Prozessorganisation eingeführt wird, sondern zunächst eine der Mischformen (Ressourcen- und/oder Leistungsmodell) zur Anwendung kommt. Das zeitlich befristete Nebeneinander beider Organisationsformen baut Widerstände ab und ist eine gute Plattform, das Prozessdenken zu trainieren, zu verstehen und zu lernen.

Über die Verbesserungsmechanismen des Geschäftsprozessmanagements können sukzessive die funktionalen Strukturen reduziert und die prozessualen Strukturen gestärkt werden. Bei Mischorganisationsformen mit starkem Gewicht der Funktionen ist allerdings die Gefahr des Rückfalls in das traditionelle Funktionsdenken hoch.

Das Konfliktpotenzial zwischen Geschäftsprozessen und Funktionen lässt sich reduzieren, wenn amtierenden Funktionsträgern in der Übergangsphase die Verantwortung für Geschäftsprozesse übertragen wird. Die Praxis zeigt, dass sie den Prozessaufgaben schnell eine höhere Priorität als den Funktionsaufgaben einräumen. Vorteilhaft ist bei dieser Konstellation, dass Konflikte zwischen Prozess- und Funktionsinteressen durch dieselbe Person gelöst werden müssen.

Abzuraten ist, die reine Funktionsorganisation als Startbasis des Geschäftsprozessmanagements zu wählen. Sie gibt der Prozessorientierung kaum eine Chance, signalisiert keine Veränderungen und unterstützt kein prozessuales und organisationales Lernen.

Nicht selten werden Geschäftsprozesse aus Rationalisierungsgründen eingeführt, um die abteilungsübergreifende Koordination zu verbessern, die Zahl der organisatorischen Schnittstellen zu reduzieren oder die Kosten zu senken. Bleiben dabei die Aufgaben- und Machtstrukturen der Funktionsorganisation unangetastet, ist der Misserfolg vorprogrammiert. Oft wird dann das Scheitern dem Geschäftsprozessmanagement angelastet und nicht dem falschen Vorgehen. Besonders negativ wirkt sich bei einem Fehlschlag die ablehnende Haltung der Mitarbeiter gegenüber Geschäftsprozessen und dem Geschäftsprozessmanagement aus. Die Skepsis hält lange an und kann nur schwer wieder abgebaut werden.

Nach einer Umfrage der BPU (Betriebswirtschaftliche Projektgruppe für Unternehmensentwicklung GmbH) betrachten zwei Drittel der befragten Unternehmen in Deutschland die Umstellung der Organisation als wichtige Komponente des Geschäftsprozessmanagements. Mehr als die Hälfte verbinden damit die Neugestaltung der Geschäftsprozesse, den strukturellen Wandel, den Hierarchieabbau sowie die kundenorientierte Reorganisation (vgl. Picot/Böhme 1996, S. 231). Bleibt die strukturelle Anpassung aus, wird erhebliches Effizienzpotenzial verschenkt.

Im Gegensatz zu diesen Umfrageergebnissen steht die geringe Verbreitung der reinen Prozessorganisation in deutschen Unternehmen. Dies lässt den Schluss zu, dass bisher nur wenige Unternehmen ausreichend Mut und Kraft hatten, sich organisatorisch grundlegend zu ändern. Die Umstellung der Funktions- auf die Prozessorganisation sollte jedoch nicht auf die lange Bank geschoben werden. Sonst besteht die Gefahr, die organisatorischen Schwachstellen zu konservieren und im Wettbewerb den Anschluss zu verlieren. Denn auch hier gilt die Aussage von Gorbatschow: „Wer zu spät kommt, den bestraft das Leben."

3.5   Das Wichtigste in Kürze

• Am Anfang des Geschäftsprozessmanagements steht die Identifizierung der Geschäftsprozesse, bei der top-down oder bottom-up vorgegangen werden kann. Wir empfehlen den top-down Ansatz, da dieser Geschäftsprozesse aus der Gesamtschau des Unternehmens ableitet und strategiekonforme Lösungen bietet.

• Beim top-down Vorgehen werden zunächst die primären Geschäftsprozesse und ihre Teilprozesse identifiziert. Anschließend folgt die Definition der sekundären Geschäftsprozesse, die sich an den Leistungsanforderungen der primären Geschäftsprozesse zu orientieren haben. Die weitere Strukturierung in Prozessschritte und Arbeitsschritte ist späteren Planungsschritten vorbehalten.

• Der top-down Ansatz erfordert für die Identifizierung der Geschäftsprozesse sowie die Festlegung der Ziel- und Messgrößen folgende Daten, die im Allgemeinen der Geschäftsstrategie und dem Geschäftsplan entnommen werden können:
  – für die Identifizierung der Geschäftsprozesse:
    – Zielmärkte und Kundengruppen,
    – Kundenanforderungen,
    – strategische Erfolgsfaktoren des Geschäftes,
  – für die Festlegung der Ziel- und Messgrößen:
    – Geschäftsziele,
    – Wettbewerbsstrategie,
    – Stärken und Schwächen.

• Es hat sich bewährt, die Identifizierung und Definition der Geschäfts- und Teilprozesse in Workshops gemeinsam mit dem Management zu erarbeiten. Erfahrungen zeigen, dass 1,5 bis 2 Tage für die Grobdefinition der Geschäfts- und Teilprozesse einer Geschäftseinheit ausreichen. Bei der Identifizierung von Geschäftsprozessen können Geschäftsprozessmodelle Hilfestellung geben.

• Nach der Identifizierung werden die Geschäftsprozesse gestaltet und strukturiert. Dabei sind folgende Regeln zu beachten:
  – Jeder Geschäftsprozess beginnt und endet bei den Kunden, die die Leistungsanforderungen stellen und die Prozessergebnisse erhalten.
  – Jeder Geschäftsprozess ist in Teilprozesse, Prozess- und Arbeitsschritte unterteilt.
  – Jeder Geschäftsprozess hat einen Verantwortlichen.
  – Jeder Geschäftsprozess bearbeitet ein Objekt, dessen Ergebnis die von den Kunden geforderte/erwartete Leistung ist.
  – Jeder Geschäftsprozess benötigt Inputs, die Zulieferer bereitstellen.
  – Nicht wertschöpfende Teilprozesse, Prozess- und Arbeitsschritte sind zu eliminieren.

- Wertschöpfende Teilprozesse, Prozess- und Arbeitsschritte sind durch entsprechende organisatorische Gestaltungsmaßnahmen (Zusammenlegen, Ergänzen, Parallelisieren, Auslagern) in ihrer Effizienz zu steigern.

• Die Ergebnisse der Prozessgestaltung sind zu dokumentieren. Die Dokumentation umfasst:
  - Beschreibung Geschäfts- und Teilprozesse,
  - Prozess-Aufbaustruktur und -Ablaufstruktur,
  - PO-Diagramm (Prozess-Organisations-Diagramm),
  - Leistungsvereinbarungen mit Lieferanten/Kunden,
  - Prozess-Landkarte,
  - Beschreibung Aufgaben, Verantwortung, Befugnisse der Aufgabenträger.

• Aufgabenträger in Geschäftsprozessen sind:
  - Prozessverantwortliche (Geschäftsprozess- und Teilprozessverantwortliche),
  - Prozessmitarbeiter,
  - Management-Team,
  - Prozess-Team,
  - KAIZEN-Team.

• Geschäftsprozessverantwortliche nehmen ihre Aufgaben auf Dauer wahr. Die Aufgaben sind so umfangreich, dass sie mit einem Geschäftsprozess in der Regel voll ausgelastet sind. Deshalb ist zu vermeiden, eine Person für mehrere Geschäftsprozesse verantwortlich zu machen. Geschäftsprozessverantwortliche sollten Sitz und Stimme im Leitungskreis der Geschäftseinheit haben.

• In der Praxis zählt die Ernennung der Geschäftsprozessverantwortlichen und ihre organisatorische Standortbestimmung zu den schwierigsten und weitreichendsten Entscheidungen des Geschäftsprozessmanagements. Die Geschäftsleitung geht diesen Entscheidungen gerne aus dem Wege oder zögert sie hinaus.

• Die Wirksamkeit des Geschäftsprozessmanagements hängt wesentlich von der Einbettung der Geschäftsprozesse in die Aufbauorganisation ab. Für die Ebene der Geschäftsbereiche und Geschäftsgebiete gilt dabei der Leitsatz, dass die Struktur den Prozessen und die Prozesse der Strategie zu folgen haben.

• Folgende Formen der organisatorischen Einbettung werden unterschieden:
  - Weitgehende Beibehaltung der vorhandenen funktionalen Aufbauorganisation: Bei dieser Form bleibt das Geschäftsprozessmanagement weitgehend unwirksam.
  - Bildung von Mischformen zwischen Funktions- und Prozessorganisation: Diese Form ermöglicht pragmatische Lösungen und bietet einen gleitenden Ausbau der Prozessorganisation.

- Ablösung der Funktionsorganisation durch die reine Prozessorganisation: Diese Form hat idealtypischen Charakter, da es in der Praxis immer zu Mischformen kommen wird. Dabei sollte allerdings die Prozessorientierung stark ausgeprägt sein.

• Prozessorganisationen haben in Deutschland noch eine relativ geringe Verbreitung. Dies lässt den Schluss zu, dass bisher nur wenige Unternehmen ausreichend Mut und Kraft hatten, sich organisatorisch grundlegend zu ändern. Die Umstellung der Funktions- auf die Prozessorganisation sollte jedoch nicht auf die lange Bank geschoben werden. Sonst besteht die Gefahr, die organisatorischen Schwachstellen zu konservieren und im Wettbewerb den Anschluss zu verlieren.

3.6   Literatur zum Kapitel 3

Bagdasarjanz, F.; Hochreutener, K. (1995): Prozeßmanagement als Voraussetzung für Kundenzufriedenheit – Das Customer Focus-Programm bei ABB, in: Simon, H.; Homburg, Ch. (Hrsg.): Kundenzufriedenheit, Konzepte-Methoden-Erfahrungen, Wiesbaden, 1995, S. 207–227.

Becker, M.; Kampschulte, T.; Vauth, W. (1998): Standard für Prozesse. VDI/DGQ 5505: Richtlinie zum Prozeßmanagement als Bestandteil von TQM, in: Qualität und Zuverlässigkeit (QZ), 43 (1998) 12, S. 1472–1476.

Becker, J.; Kugeler, M.; Rosemann, M. (Hrsg.) (2000): Prozessmanagement. Ein Leitfaden zur prozessorientierten Organisationsgestaltung, Berlin et al. 2000.

Behnke, C. W. F.; Niemand, S. (1998): Prozeßkostenmanagement auf der Grundlage einer vorhandenen Prozeßorganisation bei Siemens Med CT, in: Horváth & Partner GmbH (Hrsg.): Prozesskostenmanagement. Methodik und Anwendungsfelder, 2. Aufl., München 1998, S. 97–113.

Bullinger, H.-J.; Wiedmann, G.; Niemeier, J. (1995): Business Reengineering. Aktuelle Managementkonzepte in Deutschland: Zukunftsperspektiven und Stand der Umsetzung, Fraunhofer-Institut für Arbeitswirtschaft und Organisation (IAO), Stuttgart 1995.

Chrobok, R.; Tiemeyer, E. (1996): Geschäftsprozeßorganisation, Vorgehensweise und unterstützende Tools, in: Zeitschrift Führung+Organisation (zfo), 65 (1996) 3, S. 165–172.

Corsten, H. (Hrsg.) (1997): Management von Geschäftsprozessen, Stuttgart 1997.

Dernbach, W. (1996): Geschäftsprozeßoptimierung. Der neue Weg zur marktorientierten Unternehmensorganisation. Diebold Deutschland GmbH, in: Nippa, M.; Picot, A. (Hrsg.): Prozeßmanagement und Reengineering. Die Praxis im deutschsprachigen Raum, 2. Aufl., Frankfurt am Main/New York 1996, S. 187–205.

DIN EN ISO 9001:2000 (2000): Deutsches Institut für Normung e. V. (Hrsg.): DIN EN ISO 9001:2000, Qualitätsmanagementsysteme – Anforderungen, Berlin 2000.

DIN 66001 (1983): Deutsches Institut für Normung e. V. (Hrsg.): DIN 66001, Informationsverarbeitung; Sinnbilder und ihre Anwendung, Berlin 1983.

Edenhofer, B.; Prefi, T.; Wißler F. E. (1997): Das System verändern. pQMS – ein Qualitätsmanagementsystem für Prozesse, in: Qualität und Zuverlässigkeit (QZ), 42 (1997) 11, S. 1231–1234.

Engelmann, Th. (1995): Business Process Reengineering: Grundlagen- Gestaltungsempfehlungen-Vorgehensmodell, Wiesbaden 1995.

EFQM (1999b): Business Process Management, „How to embrace Process Management", EFQM Good Practice and Benchmarking Services, Brüssel 1999.

Finkeißen, A.; Forschner, M.; Häge, M. (1996): Werkzeuge zur Prozeßanalyse und -optimierung, in: CONTROLLING, 8 (1996) 1, S. 58–67.

Gaitanides, M. (1983): Prozeßorganisation. Entwicklung, Ansätze und Programme prozeßorientierter Organisationsgstaltung, München 1983.

Gaitanides, M; Sjurts, I. (1995): Wettbewerbsvorteile durch Prozeßmanagement. Eine ressourcenorientierte Analyse, in: Corsten, H.; Will, T. (Hrsg.): Unternehmungsführung im Wandel, Stuttgart/Berlin/Köln 1995, S. 61–82.

Haist, F.; Fromm, H. (1989): Qualität im Unternehmen: Prinzipien-Methoden-Techniken, München 1989.

Harrington, H. J. (1991): Business Process Improvement - The Breakthrough Strategy for Total Quality Management, Productivity and Competitiveness, New York et al. 1991.

Holst, J. (1992): Der Wandel im Dienstleistungsbereich. Mit Prozeßmanagement zur schlanken Organisation, in: CONTROLLING, 4 (1992) 9/10, S. 260–267.

Hornung, M; Staiger, Th. J.; Wißler, F. E. (1996): Prozesse mitarbeitergerecht dokumentieren, in: Qualität und Zuverlässigkeit (QZ), 41 (1996) 12, S. 1374–1380.

Imai, M. (1992): Der Schlüssel zum Erfolg der Japaner im Wettbewerb, 5. Aufl., München 1992.

Imai, M. (1997): Gemba KAIZEN, München 1997.

Lullies, V.; Pastowsky, M.; Grandke, S. (1998): Geschäftsprozesse optimieren ohne Diktat der Technik, in: Harvard Business Manager, (1998) 2, S. 65–72.

Mayer, R. (1998): Prozeßkostenrechnung – State of the Art, in: Horváth & Partner GmbH (Hrsg.): Prozesskostenmanagement. Methodik und Anwendungsfelder, 2. Aufl., München 1998, S. 3–27.

Mertens, P. (1997): Die Kehrseite der Prozeßorientierung, in: CONTROLLING, 9 (1997) 2, S. 110–111.

Nippa, M.; Schnopp, R. (1990): Ein praxiserprobtes Konzept zur Gestaltung der Entwicklungszeit, in: Reichwald, R.; Schmelzer H. J.: Durchlaufzeiten in der Entwicklung: Praxis des industriellen F&E-Managements, München 1990, S. 115–155.

Österle, H. (1995): Business Engineering: Prozeß- und Systementwicklung, Band 1. Entwurfstechniken, 2. Aufl., Berlin et al. 1995.

Osterloh, M.; Frost, J. (1994): Business Reengineering: Modeerscheinung oder „Business Revolution"?, in: Zeitschrift Führung+Organisation (zfo), 63 (1994) 6, S. 356–363.

Pfitzinger, E. (1997): Geschäftsprozeß-Management – Steuerung und Optimierung von Geschäftsprozessen, Berlin et al. 1997.

Picot, A.; Böhme, M. (1996): Zum Stand der prozeßorientierten Unternehmensgestaltung in Deutschland, in: Nippa, M.; Picot, A. (Hrsg.): Prozeßmanagement und Reengineering. Die Praxis im deutschsprachigen Raum, 2. Aufl., Frankfurt am Main/New York 1996, S. 227–247.

Picot, A.; Franck, E. (1996): Prozeßorganisation. Eine Bewertung der neuen Ansätze aus Sicht der Organisationslehre, in: Nippa, M.; Picot, A. (Hrsg.): Prozeßmanagement und Reengineering. Die Praxis im deutschsprachigen Raum, 2. Aufl., Frankfurt am Main/New York 1996, 13–38.

Raufer, H. (1997): Dokumentenorientierte Modellierung und Controlling von Geschäftsprozessen: integriertes Workflow-Management in der Industrie, Wiesbaden 1997.

Rebstock, M. (1997): Grenzen der Prozeßorientierung, in: Zeitschrift Führung + Organisation (zfo), 66 (1997) 5, S. 272–278.

Reiß, M. (1997): Was ist schädlich an der Prozeßorientierung? in: CONTROLLING, 9 (1997) 2, S. 112–113.

Rohm, Ch. (1998): Prozeßmanagement als Fokus im Unternehmungswandel, Gießen 1998.

Schönbach, G. (1998): Prozeßorientierung – aber mit Augenmaß, in: Qualität und Zuverlässigkeit (QZ), 43 (1998) 11, S. 1331–1334.

Scholz, R.; Vrohlings, A. (1994b): Prozeß-Struktur-Transparenz, in: Gaitanides, M.; Scholz, R.; Vrohlings, A.; Raster, M.: Prozeßmanagement: Konzepte, Umsetzungen und Erfahrungen des Reengineering, München 1994, S. 37–56.

Scholz, R.; Vrohlings, A. (1994d): Prozeß-Redesign und kontinuierliche Verbesserung, in: Gaitanides, M.; Scholz, R.; Vrohlings, A.; Raster, M.: Prozeßmanagement: Konzepte, Umsetzungen und Erfahrungen des Reengineering, München 1994, S. 99–122.

Schwarzer, B.; Krcmar, H. (1995): Grundlagen der Prozeßorientierung. Eine vergleichende Untersuchung in der Elektronik- und Pharmaindustrie, Wiesbaden 1995.

Seidelmann, U. (1998): Revolution in der Prozeßdarstellung? in: Qualität und Zuverlässigkeit (QZ), 43 (1998) 12, S. 1457–1460.

Striening, H.-D. (1988): Prozess-Management, Frankfurt am Main 1988.

Strohmayr, W.; Schwarzmaier, C. (1996): Finanzdienstleistungen prozeßorientiert gestalten. Der Ansatz der Bayerischen Landesbank, in: Nippa, M.; Picot, A. (Hrsg.): Prozeßmanagement und Reengineering. Die Praxis im deutschsprachigen Raum, 2. Aufl., Frankfurt am Main/New York 1996, 258–271.

Töpfer, A. (1996c): Business Units auf der Grundlage von Geschäftsprozessen, in: Töpfer, A. (Hrsg.): Geschäftsprozesse analysiert & optimiert, Neuwied 1996, S. 239–266.

Tomys, A.-K. (1995): Kostenorientiertes Qualitätsmanagement: Qualitätscontrolling zur ständigen Verbesserung der Unternehmensprozesse, München 1995.

Wall, F. (2000): Kostenwirkung der Prozessorientierung, in: Wirtschaftsinformatik, 42 (2000) 3, S. 210–221.

4 Beschreibung von Geschäfts-prozessen in der Praxis

In diesem Kapitel werden folgende Fragen beantwortet:

• Welche Geschäftsprozesse sind in der Praxis verbreitet?
• Welchen Inhalt haben diese Geschäftsprozesse?
• Wie werden Geschäftsprozesse formal beschrieben?

4.1 Übersicht

Abbildung 4-1 zeigt Beispiele von Geschäftsprozessen aus drei verschiedenen Unternehmen (vgl. EFQM 1999b, S. 107 ff.; ergänzend Griese/Sieber 1999,

Joh. Vaillant GmbH & Co Germany	Alfmeier Präzision AG Germany		Marconi Communications (United Kingdom)
• Business Processes - Innovation Process - Product Procurement Process - Sales process • Organisational Processes - Corporate Strategy - Corporate Quality - Personnel Management - Finance and Taxes - IT Management - Law, Assurance - Infrastructure - Corporate Controlling	• Key Processes - Offer Fulfillment - Product Development - Process Development - Purchasing - Manufacturing - Logistics - Complaints • Management Processes - Strategic Planning - Audit Process - Human Resource Management - Improvement Process - Controlling - Project Mangt.	• Support Processes - Preventive Maintenance - Control of Inspection - Supplier Management - Design Changes - Marketing - Innovation - Regulations - Document and Data Control	• Strategy and Business Planning • Business Processes - Order Creation - Demand Management - Product Management - Product Design and Realisation - Order Fulfillment • Lifecycle Management • Support Processes - People Management - Business Improvement

Abbildung 4-1: Praxisbeispiele für Geschäftsprozesse

S. 91 ff.). In den Beispielen werden Geschäftsprozesse in primäre und sekundäre unterteilt. Teilweise wird eine Dreiteilung vorgenommen, indem die sekundären Geschäftsprozesse nochmals in Support- und Managementprozesse getrennt werden. Auffallend ist, dass die Zahl der primären und sekundären Geschäftsprozesse stark variiert. Auch werden die Gruppierungen der Geschäftsprozesse unterschiedlich benannt (Business Processes, Key Processes, Organisational Processes, Support Processes, Management Processes). Deutlich erkennbar sind die spezifischen Ausprägungen der einzelnen Geschäftsprozessmodelle.

Abbildung 4-2 enthält Geschäftsprozesse aus unterschiedlichen Geschäftsgebieten der Siemens AG.

Die Geschäftsprozesse tragen häufig unterschiedliche Namen für vergleichbare Inhalte. In den Anwendungsfällen 3, 4 und 5 der Abbildung 4-2 werden z. B. die Bezeichnungen Idea to Draft, Produktfindungsprozess und Innovationsprozess für den Geschäftsprozess verwendet, der sich von der Produktidee bis zum Produktkonzept erstreckt. Individuelle Bezeichnungen verstär-

Beispiel 1	Beispiel 2	Beispiel 3	Beispiel 4	Beispiel 5
1. Produktfindungsprozess	1. Innovationsprozess	1. Produktinnovationsprozess	1. Produktgestaltungsprozess	1. Produktfindungsprozess
2. Produktentwicklungsprozess	2. Produktdefinitionsprozess	2. Dienstleistungsinnovationsprozess	2. Vertriebsprozess	2. Produktentwicklungsprozess
3. Marktbetreuungsprozess	3. Entwicklungsprozess	3. Entwicklungsprozess	3. Auftragsabwicklungsprozess	3. Vertriebsprozess
4. Vertriebsprozess	4. Produktbetreuungsprozess	4. Vertriebsprozess	4. Fertigungsprozess	4. Auftragsabwicklungsprozess
5. Auftragsabwicklungsprozess	5. Markterschließungsprozess	5. Auftragsabwicklungsprozess Produkt	5. Beschwerdemanagementprozess	5. Lieferanten Managementprozess
6. Produktbetreuungsprozess	6. Auftragsabwicklungsprozess	6. Auftragsabwicklungsprozess Dienstleistung	6. Dienstleistungsprozess	6. Produktbetreuungsprozess
7. Reparaturprozess	7. Funktionserhaltungsprozess	7. Produktbetreuungsprozess	7. Managementprozess	7. Complaintprozess
8. Managementprozess	8. Complaintprozess	8. Managementprozess		8. Wartungs- und Serviceprozess
	9. Managementprozess			9. Managementprozess

Abbildung 4-2: Praxisbeispiele für Geschäftsprozesse aus der Siemens AG

ken die Identifikation mit den Geschäftsprozessen und sind deshalb positiv zu beurteilen. Die sekundären Geschäftsprozesse sowie zentrale Dienstleistungen sind in den Beispielen in Abbildung 4-2 unter dem Oberbegriff Managementprozess zusammengefasst.

Nachfolgend werden folgende primären Geschäftsprozesse näher beschrieben, die weit verbreitet sind:

- Innovationsprozess,
- Produktplanungsprozess,
- Produktentwicklungsprozess,
- Vertriebsprozess,
- Auftragsabwicklungsprozess,
- Serviceprozess.

Ergänzend wird als sekundärer Geschäftsprozess der Strategieplanungsprozess beschrieben. Die Beschreibungen umfassen jeweils:

- verbale Beschreibung,
- Beschreibung des Geschäftsprozesses,
- Beschreibung der Teilprozesse.

4.2 Primäre Geschäftsprozesse

4.2.1 Innovationsprozess

4.2.1.1 Inhaltliche Beschreibung

Im Innovationsprozess werden Innovationsideen generiert, konkretisiert und selektiert. Die Ideen können sich auf neue Produkte und Prozesse oder auf Verbesserungen bestehender Produkte und Prozesse beziehen. Ideenlieferanten sind Forschung und Entwicklung, Kunden oder Marketing. Grundsätzlich ist jeder Mitarbeiter ein potenzieller Lieferant von Produkt- und Prozessideen.

Der Innovationsprozess deckt die Spanne von der Ideenfindung bis zur Machbarkeitsprüfung technischer Innovationsideen ab. Dazu zählen u. a.:

- Ideengewinnung und -bündelung,
- Machbarkeitsprüfung neuer Produktideen und innovativer Produkt- und Prozessverbesserungen,
- Ideenselektion nach technischen und wirtschaftlichen Kriterien,
- Bewertung, Auswahl und Bereitstellung von Technologien,
- Entwicklung und Test neuer Lösungsprinzipien,
- Entwicklung und Test neuer Systemarchitekturen und Plattformen.

Hauptaufgabe des Innovationsprozesses sind die Bewertung und Selektion der Ideen. Nicht nur am Ende des Prozesses, sondern in allen Phasen werden

Auswahlentscheidungen getroffen. Nur die Ideen werden weiter verfolgt, die technisch machbar und wirtschaftlich erfolgversprechend sind. Ziel ist es, chancenlose Ideen frühzeitig auszusondern. Die Auswahlentscheidungen am Ende des Prozesses geben den Anstoß für die Planung neuer Produkte, die Verbesserung vorhandener Produkte sowie die Innovation von Prozessen.

Der Innovationsprozess erfordert die Kombination von technischem Know-how und fundierten Marketingkenntnissen, da über die technische Realisierbarkeit und wirtschaftliche Tragfähigkeit von Ideen entschieden wird. Beziehen sich die Ideen auf bereits vorhandene Produkte, so sind die zuständigen Produktmanager in die Entscheidung einzubeziehen.

Die Ergebnisse des Innovationsprozesses sind für Kunden von hohem Interesse. Über die Auswahlentscheidungen erfahren sie, welche neuen oder verbesserten Problemlösungen das Unternehmen in Angriff nehmen wird. Mit diesen Informationen kann das Kaufverhalten der Kunden direkt beeinflusst werden.

Der Innovationsprozess sollte als eigenständiger Geschäftsprozess und nicht als Teil des Produktentwicklungsprozesses definiert werden, da er sich in Objektart, Inputs, Output und Risiken wesentlich vom Produktentwicklungsprozess unterscheidet.

4.2.1.2 Formale Beschreibung

Prozessname: Innovationsprozess von: Kundenproblem bis: ausgewählte Produkt-, Prozessideen	Prozessverant- wortlicher: Name
Objekt: Produkt-, Prozessidee	
Prozessinputs: Forschungsergebnisse, Patente, Kundenprobleme, Konkurrenzprodukte	**Lieferanten:** Forschungsinstitute, Literatur, Kongresse, Mitarbeiter, Kunden, Wettbewerber, Zulieferer
Prozessergebnisse: Technologien, Prototypen, ausgewählte Produkt-, Prozessideen, Durchführbar- keitsstudien, Basislösungen (Platt- formen, Systemkonzepte ...), Patente	**Kunden:** Strategieplanungsprozess, Produktplanungsprozess, Produktentwicklungsprozess, Fertigungsprozess

Abbildung 4-3: Innovationsprozess: Beschreibung Geschäftsprozess

Teil-pro-zesse	Technolo-gien planen und bereitstellen	Ideen gewinnen und vor-selektieren	Machbarkeit prüfen	Ideen auswählen	Vorentwick-lungen durch-führen
Objekte	Technologie	Produkt-, Prozessidee	Produkt-, Prozessidee	Produkt-, Prozessidee	Vorentwick-lungsprojekte
Inputs	Forschungs-ergebnisse	Technolo-gien, Kundenpro-bleme, Konkurrenz-produkte	vor-selektierte Produkt-, Prozess-ideen	Prototypen, Machbar-keits-studien	ausge-wählte Produkt- und Prozess-ideen
Ergeb-nisse	Technologie-strategie, Technologie-projekte	vor-selektierte Produkt-, Prozess-ideen	Prototypen, Machbar-keits-studien, Patente	ausge-wählte Produkt- und Prozess-ideen	Basis-lösungen: Platt-formen, Architek-turen
Metho-den	Szenarien, Technologie-Roadmap, S-Kurve, T-Portfolios	Kreativitäts-techniken	Rapid Prototyping	F&E Portfolios	Projekt-manage-ment

Abbildung 4-4: Innovationsprozess: Beschreibung der Teilprozesse

4.2.2 Produktplanungsprozess

4.2.2.1 Inhaltliche Beschreibung

Im Produktplanungsprozess werden aufbauend auf den Entscheidungen und Ergebnissen des Innovationsprozesses Produktkonzepte erarbeitet (vgl. Schmelzer 1999, S. 207; Schmelzer 1994, S. 117 ff.). Diese betreffen neue Produkte oder auch wesentliche Verbesserungen an vorhandenen Produkten.

Der Produktplanungsprozess erstreckt sich von der ausgewählten Produktidee bis zum Produktkonzept (Pflichtenheft). Wesentliche Teilprozesse sind Marktanalyse, Produktstrategie-, Produktanforderungs- und Produktkonzeptplanung. Die Aufgaben des Produktplanungsprozesses werden interdisziplinär mit Experten aus dem Produktentwicklungs-, Produktbetreuungs- und Auftragsabwicklungsprozess durchgeführt. In dem Teilprozess Produktkonzeptplanung liegt der Startpunkt für das Simultaneous Engineering.

Wichtige Ergebnisse des Produktplanungsprozesses sind das Produktprogramm, die Produktpositionierung/Zielgruppenfestlegung, die Produktversionsplanung, Lasten- und Pflichtenhefte, Marketingkonzepte (Preis-, Markteinführungs-, Vertriebs-, Kommunikationsstrategie) und wirtschaftliche Produktpläne. Das Lastenheft beinhaltet die Produktanforderungen, das Pflichtenheft das technische Lösungskonzept und der wirtschaftliche Produktplan alle wirtschaftlich relevanten Planungsdaten des Produktes, wie z. B. Plan-Umsatz, Plan-Kosten, Plan-Ergebnis, Plan-Deckungsbeitrag und Markteintrittszeitpunkt. Der wirtschaftliche Produktplan liefert zusammen mit dem Pflichtenheft die Daten für die Entscheidung über den Start eines Entwicklungsprojektes. Sind die Daten im Lasten- und Pflichtenheft unvollständig oder inkonsistent, so ist die Produktentwicklung von Anfang an mit erheblichen Risiken behaftet.

Der Produktplanungsprozess endet mit der Entscheidung, ob das geplante Produkt entwickelt werden soll oder nicht. Diese Entscheidung hat weitreichende Folgen für das Unternehmen und ist deshalb sorgfältig zu treffen. Für Kunden ist dieser Entscheidungspunkt über „go or no go" eines Produktes von großem Interesse. Sie erfahren, ob, wann, mit welchen Leistungsmerkmalen und zu welchen Kosten sie ein neues Produkt oder eine neue Produktversion erwarten können.

Der Produktplanungsprozess zählt in vielen Unternehmen zu den strategisch und operativ wichtigsten Geschäftsprozessen. Die in diesem Prozess getroffenen Festlegungen determinieren zu über 60 bis 80 % die Kosten und Qualität von Produkten sowie die Entwicklungszeit der F&E Projekte.

Der Prozess sollte deshalb als eigener Geschäftsprozess geführt und nicht mit dem Produktentwicklungsprozess zusammengelegt werden. Durch die Trennung in zwei Geschäftsprozesse wird einer wichtigen Entscheidungssituation im Unternehmen Rechnung getragen. Diese betrifft die Frage, ob ein Produkt hergestellt werden soll oder nicht. Eine sorgfältige Vorbereitung dieser Entscheidung gewährleistet, dass spätere Kurskorrekturen vermieden werden oder Entwicklungsprojekte wegen Fehlplanungen abgebrochen werden müssen.

Die Planung von Dienstleistungen unterscheidet sich prinzipiell nicht von der Planung von Produkten.

4.2.2.2 Formale Beschreibung

Prozessname: Produktplanungsprozess von: Produktidee bis: Pflichtenheft	Prozessverant- wortlicher: Name
Objekt: Produkt	
Prozessinputs: Geschäftsstrategie, Marktanalysen, Kundenanforderungen, Konkurrenz- produkte, Produktideen, Prototypen	**Lieferanten:** Strategieplanungsprozess, Innovationsprozess, Kunden, Wettbewerber, Lieferanten
Prozessergebnisse: Produktprogramm, Lastenheft, Pflichtenheft, Wirtschaftlicher Produktplan, Projektplan, Produkt-, Projektentscheidung	**Kunden:** Produktentwicklungsprozess, Auftragsabwicklungsprozess Vertriebs- und Serviceprozess, Lieferanten, Kunden

Abbildung 4-5: Produktplanungsprozess: Beschreibung Geschäftsprozess

Teil-pro-zesse	Markt und Wettbewerber beobachten	Produktstrate-gie und Produktpro-gramm planen	Produktprofil und Produkt-konzept planen	Produkte steuern (Produktma-nagement)
Objekte	Marktstudie	Produktstrategie	Produktkonzept	Produkt
Inputs	Markt-, Wettbe-werberdaten	Geschäftsstrate-gie, Marktanalysen, Wettbe-werberprodukte, Produktideen	Zielkunden, Erfolgsfaktoren, Wettbewerber-produkte, Prototypen	Projektdaten, Markt-, Wettbe-werberanalysen
Ergeb-nisse	Markt-, Wettbe-werberanalyse, Marktsegmente, Marketingkonzept	Zielmärkte, Erfolgsfaktoren, Produkt-, Projektpro-gramm	Lastenheft, Pflichtenheft, Produktstruktur, Wirtschaftlicher Produktplan, Projektplan, Q-Plan	go or no go Entscheidungen, Einführungs-und Auslaufstrategie
Me-thoden	Markt-, Wettbe-werberanalyse, Marktsegmen-tierung, Marktportfolio	GAP-Analyse, Produktportfolio, Projektportfolio	Conjoint Analyse, Fokus Gruppen, Target Costing, Reverse Engineering	Projektde-ckungs-, Produkt-erfolgsrechnung, Produktberichte

Abbildung 4-6: Produktplanungsprozess: Beschreibung der Teilprozesse

4.2.3 Produktentwicklungsprozess

4.2.3.1 Inhaltliche Beschreibung

Im Produktentwicklungsprozess werden aufbauend auf den Entscheidungen und Ergebnissen des Produktplanungsprozesses Entwicklungsprojekte bearbeitet (vgl. Schmelzer 1999, S. 208 f.). Diese können sich auf neue Produkte, neue Produktversionen oder Produktänderungen beziehen.

Der Produktentwicklungsprozess beginnt beim Pflichtenheft und endet mit der Lieferfreigabe. In dem Prozess laufen alle Produktentwicklungsprojekte ab, unabhängig davon, ob es sich um Neu-, Versions- oder Anpassungsentwicklungen handelt. Typische Teilprozesse des Produktentwicklungsprozesses sind: Systemdesign, Komponentenentwicklung Hardware, Komponentenentwicklung Software, Systemintegration und -test sowie bei Hardwarekomponenten Fertigungsanlauf.

Ergebnis des Produktentwicklungsprozesses ist das getestete, fertigungsreife und lieferfähige System/Produkt mit allen für Fertigung, Beschaffung, Logistik, Vertrieb und Service notwendigen Dokumenten. Fertigungsreif bedeutet, dass das System/Produkt die Vorserie (Nullserie, Erstlos) erfolgreich durchlaufen hat. Bei Hardwareprodukten schließt der Prozess mit der Fertigungs- und Lieferfreigabe ab, bei Softwareprodukten mit dem Systemtest/Feldtest und der Lieferfreigabe.

Das Ende des Produktentwicklungsprozesses hat einen unmittelbaren Bezug zum externen Kunden. Ab diesem Termin können die Kunden das System/ Produkt in Auftrag geben.

Abbildung 4-7 zeigt die Struktur des Produktentwicklungsprozesses, die im Prinzip für alle Geschäftsprozesse gilt. Der Prozess ist vergleichbar mit einem Rohr, durch das alle Produktentwicklungsprojekte laufen. Je günstiger das Rohr dimensioniert ist und je geringer seine Reibungsverluste sind, umso schneller und ressourcensparender können die Entwicklungsprojekte bearbeitet werden.

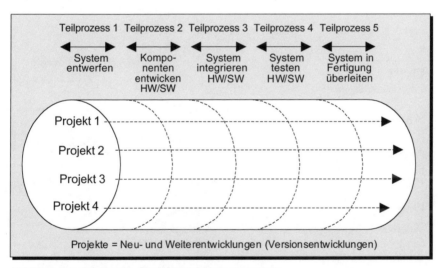

Abbildung 4-7: Struktur des Produktentwicklungsprozesses

Häufig wird argumentiert, dass Produktentwicklungsprozesse und Entwicklungsprojekte unverträglich seien. Produktentwicklungsprozesse würden Aktivitäten voraussetzen, die sich wiederholen, während bei Entwicklungsprojekten gerade die Einmaligkeit das herausragende Kennzeichen sei. Dieses Argument trifft zu, wenn es sich um revolutionäre Neuentwicklungen handelt. Die meisten Produktentwicklungsprojekte beinhalten jedoch keine wirklichen Neuentwicklungen, sondern Weiter- und Anpassungsentwicklungen. Letztere zeichnen sich durch einen hohen Grad an wiederkehrenden Aktivitäten aus. Der Produktentwicklungsprozess bildet den organisatorischen Rahmen, innerhalb dessen die Weiter- und Anpassungsentwicklungsprojekte ablaufen. Die Projekte stehen nicht mehr isoliert nebeneinander, sondern werden in die Aufbau- und Ablaufstruktur des Produktentwicklungsprozesses integriert. Die Vorteile sind Effizienzsteigerungen und höhere Lerneffekte. Jede Verbesserung des Prozesses führt zu einer Verbesserung der in ihm ablaufenden Projekte.

Grundlegend neue Entwicklungen sind im Rahmen des Innovationsprozesses durchzuführen. Der Innovationsprozess hat einen deutlich niedrigeren Standardisierungs- und Formalisierungsgrad als der Produktentwicklungsprozess. Dadurch ergeben sich Unterschiede im Ablauf, aber auch im Controlling von Innovations- und Produktentwicklungsprojekten (vgl. Schmelzer 2000, S. 332 ff.).

4.2.3.2 Formale Beschreibung

Prozessname: Produktentwicklungsprozess		Prozessverantwortlicher:
von: Pflichtenheft	**bis:** Lieferfreigabe	Name
Objekt: Entwicklungsprojekt		
Prozessinputs: Lastenheft, Pflichtenheft, Projektplan, Wirtschaftlicher Produktplan, Prototypen, Basislösungen		**Lieferanten:** Produktplanungsprozess, Innovationsprozess
Prozessergebnisse: integriertes, getestetes und fertigungsreifes Produkt mit vollständiger Dokumentation		**Kunden:** Auftragsabwicklungsprozess, Vertriebsprozess, Serviceprozess

Abbildung 4-8: Produktentwicklungsprozess: Beschreibung Geschäftsprozess

Teil-prozesse	System entwerfen	Hardware Komponenten entwickeln	Software Komponenten entwickeln	System Integrieren und testen	System in Fertigung überleiten
Objekte	System	HW Komponente	SW Komponente	System	System
Inputs	System-Lastenheft und -Pflichtenheft, Wirtschaftlicher Produktplan, Prototyp	System-spezifikation	System-spezifikation	getestete Komponenten	integriertes und getestetes System
Ergebnisse	System-spezifikation, Integrations- und Testplan	getestete und dokumentierte HW Komponenten	getestete und dokumentierte SW Komponenten	integriertes und getestetes System	fertigungs-reifes System
Methoden	QFD, WA, FMEA, Design to Cost, Simulation, Prototyping	QFD, WA, FMEA, Design to Cost, DoE, CAD, Versuche, Reviews, Tests	QFD, FMEA, Design to Cost, SW-Engineering, Simulation, Reviews, Tests	Systemtest	Nullserie, CIM

Abbildung 4-9: Produktentwicklungsprozess: Beschreibung der Teilprozesse

4.2.4 Vertriebsprozess

4.2.4.1 Inhaltliche Beschreibung

Der Vertriebsprozess beginnt mit der Akquisition von Kunden und setzt sich über den Kundenauftrag, die Kundenbetreuung bis zur Akquisition von Folgeaufträgen fort. Ziel des Vertriebsprozesses ist es, eine dauerhafte Kundenbindung aufzubauen, der eine geschäftliche Partnerschaft zugrunde liegt. Kundenzufriedenheit ist neben den finanziellen Größen Auftragseingang, Umsatz und Vertriebsergebnis die wichtigste Ziel- und Messgröße im Vertriebsprozess. Der periphere „vor-Ort" Vertrieb wird häufig durch einen zentralen Vertriebssupport unterstützt. Beide Aufgabenbereiche bilden zusammen den Vertriebsprozess.

4.2.4.2 Formale Beschreibung

Prozessname: Vertriebsprozess von: Interessent bis: Kundenauftrag	Prozessverantwort-licher: Name
Objekt: Akquisition	

Prozessinputs: Vertriebsstrategie, Marktanalysen, Kundendaten, Kundenbedürfnisse,	Lieferanten: Strategieplanungsprozess, Produktplanungsprozess, Auftragsabwicklungsprozess, Serviceprozess
Prozessergebnisse: Kundenauftrag, Kundenbindung	**Kunden:** Auftragsabwicklungsprozess, Serviceprozess

Abbildung 4-10: Vertriebsprozess: Beschreibung Geschäftsprozess

Teil-prozesse	Kunden betreuen	Kundenbedürf-nisse analysieren	Angebote erstellen	Aufträge ab-schließen	Vertrieb unter-stützen
Objekte	Kunden-kontakte	Kunden-bedürfnisse	Angebot	Kunden-auftrag	Vertriebs-information
Inputs	Markt-, Konkur-renz-, Kunden-daten	Problem-analysen, Kundenan-forderungen	Kundenan-forde-rungen, Muster-lösungen	Angebot	Vertriebs-, Produkt-strategie
Ergeb-nisse	Markt-analysen, Absatz-planung	Anforde-rungs-analysen	Lösungs-konzept, Angebot	Kunden-auftrag	Markt-, Konkur-renz-, Produkt-daten
Metho-den	Kunden-datenbank	Conjoint Analysen, Experten Workshops	Produkt-, Lösungs-datenbank		Markt-, Wettbewer-ber-analysen, Werbung

Abbildung 4-11: Vertriebsprozess: Beschreibung der Teilprozesse

4.2.5 Auftragsabwicklungsprozess

4.2.5.1 Inhaltliche Beschreibung

Der Auftragsabwicklungsprozess erstreckt sich vom Auftragseingang bis zur bezahlten Rechnung. Den Anfang dieses Prozesses bilden die erteilten Kundenaufträge, das Ende die installierten und von den Kunden abgenommenen Produkte bzw. die von den Kunden bezahlten Rechnungen. Häufig wird der Prozess auch als Supply Chain bezeichnet. Darunter wird die Integration aller Prozesse der Versorgungskette in einen Geschäftsprozess verstanden. Das Supply Chain Council hat mit dem SCOR-Modell ein Referenzmodell zur Gestaltung und Analyse von Supply Chains entwickelt, das in der Praxis viel Beachtung findet (vgl. www.supply-chain.org).

Typische Teilprozesse des Auftragsabwicklungsprozesses sind im Produktgeschäft Auftragsmanagement-, Beschaffungs-, Fertigungs-, Montage-, Lieferungs-, Installations- und Fakturierungsprozess. Diese für die Effizienz der Auftragsabwicklung wichtigen Teilprozesse sind aus dem Blickwinkel der Kunden weitgehend uninteressant. Ihr Hauptinteresse ist, die bestellten Produkte zu den zugesagten Lieferterminen mit den erwarteten/zugesicherten Eigenschaften zu erhalten. Der Verantwortliche für den Auftragsabwicklungsprozess hat deshalb dafür Sorge zu tragen, dass die Kundenaufträge termin-, kosten- und qualitätsgerecht erfüllt werden.

Gegenstand des Auftragsabwicklungsprozesses ist nicht nur die Optimierung der innerbetrieblichen Beschaffungs-, Fertigungs-, Montage-, Versand- und Installationsprozesse. Eingebunden sind auch ausgelagerte Prozesse wie z. B. Lagerung, Transport, Bestandsmanagement oder Zahlungsabwicklung. Zusätzlich werden die Wertschöpfungs-Ketten der Lieferanten und Handelskunden einbezogen.

Gestaltung und Effizienz des Auftragsabwicklungsprozesses werden wesentlich durch die IuK-Technik beeinflusst. Besonders in Unternehmen mit einem hohen Anteil fremdbezogener Leistungen werden E-Technologien (Electronic Technologien) intensiv im Supply Chain Management eingesetzt. Die Firma SAP bietet z. B. im Rahmen des Supply Chain Managements folgende Software-Komponenten an:

• Advanced Planner and Optimizer,
• Enterprise Buyer (formerly Business-to-Business Procurement),
• Business Information Warehouse,
• Logistics Execution System,
• Materials Management,
• Production Planning,
• Sales and Distribution.

Nach Herstellerangaben können durch E-Business die Auftragsdurchlaufzeiten um 50 % verkürzt, Supply-Chain-Kosten um 30–60% verringert, die Beschaffungskosten zwischen 10% und 30% reduziert und die Bestände innerhalb der gesamten Supply Chain um bis zu 30% gesenkt werden (vgl. Stahuber, 2001, S. 452). Das Investitionsvolumen für E-Business ist erheblich und kann häufig nur von größeren und großen Unternehmen finanziert werden.

Eine Optimierung der Supply Chain gelingt nur, wenn sie in Verbindung mit den anderen Geschäftsprozessen durchgeführt wird. Voraussetzung dafür ist ein umfassendes Geschäftsprozessmanagement.

4.2.5.2 Formale Beschreibung

Prozessname: Auftragsabwicklungsprozess	Prozessverantwort-licher:
von: Auftragseingang bis: bezahlte Rechnung	Name

Objekt: Kundenauftrag	

Prozessinputs:	Lieferanten:
Kundenauftrag, Entwicklungsdokumentation, Umsatzplanung	Vertriebsprozess, Produktentwicklungsprozess, Produktplanungsprozess

Prozessergebnisse:	Kunden:
geliefertes und installiertes Produkt, bezahlte Rechnung	Kunden, Serviceprozess, Controllingprozess (Finanzcontrolling)

Abbildung 4-12: Auftragsabwicklungsprozess: Beschreibung Geschäftsprozess

Teil-pro-zesse	Auftrag erfassen und einlasten	Material abrufen und bereit-stellen	Produkt/ System fertigen	Produkt System liefern	Auftrag fakturieren
Objekte	Kunden-auftrag	Material-auftrag	Fertigungs-auftrag	Liefer-auftrag	Rechnung
Inputs	Kunden-auftrag	Fertigungs-programm, Material-bedarf	Fertigungs-auftrag, Fertigungs-unterlagen	Fertig-meldung	Liefer-schein
Ergeb-nisse	Auftrags-bestäti-gung, Fertigungs-programm	bereit-gestelltes Material	Fertig-meldung, Prüfprotokoll	ausgelie-fertes und installiertes Produkt/ System	bezahlte Rechnung
Metho-den, Tools	PPS-System	PPS-System	PPS-System, CAM-System, CAQ	PPS-System	

Abbildung 4-13: Auftragsabwicklungsprozess: Beschreibung der Teilprozesse

4.2.6 Serviceprozess

4.2.6.1 Inhaltliche Beschreibung

Der Serviceprozess betreut die Kunden nach dem Kauf der Produkte (after sales). Die Prozessaktivitäten sind darauf ausgerichtet, den Kunden bei Schwierigkeiten zu helfen, Produktmängel und -fehler zu beheben und den dauerhaften Einsatz des Produktes zu sichern. Der Geschäftsprozess hat erheblichen Einfluss auf die Kundenzufriedenheit, Kundenloyalität und Kundenbindung. Der Serviceprozess liefert anderen Geschäftsprozessen wichtige Informationen, wenn es um die kundenorientierte Verbesserung von Produkten und Prozessen geht.

Der Serviceprozess koordiniert alle Anforderungen (change requests), die sich auf freigegebene Produkte beziehen. Derartige Anforderungen sind z. B.: Beanstandungen, Fehlermeldungen, Servicecalls, Änderungen oder Produktwünsche. Absender der Anforderungen können Kunden, Lieferanten, Marketing-, Vertriebs-, Service- oder Fertigungsmitarbeiter sein. Die Aufgabe des Serviceprozesses ist es, für diese unterschiedlichen Anforderungen Lösungen zu finden bzw. diese anzustoßen.

Über Art, Umfang, Ort und Termine der Anforderungsbearbeitung entscheidet eine Clearingsstelle (Change Control Board), die am günstigsten organisatorisch in den Serviceprozess integriert wird. Diese Stelle hat die Aufgabe, die Anforderungen zu sammeln, zu priorisieren, zu bündeln und die Bearbeitung der Anforderungen zu veranlassen. Ziel ist es, eine schnelle Klärung herbeizuführen und den Anforderungssteller, insbesondere externe Kunden, kurzfristig über die weiteren Schritte zu informieren. Im Serviceprozess selbst werden nur Anforderungen mit hoher terminlicher Priorität bearbeitet. Die Mehrzahl der Anforderungen fließt zumeist in die Planung zukünftiger Produktversionen ein und wird im Rahmen von Weiterentwicklungsprojekten (Versionsprojekten) realisiert.

Mit der Aufteilung der Anforderungen in Prioritätsklassen (Sofort-, Versionsbearbeitung) sind eine Reihe von Vorteilen verbunden:

• Berücksichtigung der Dringlichkeit der Kundenprobleme,
• effiziente Bearbeitung durch Bündelung der Anforderungen,
• zeitliche Staffelung der Bearbeitung durch Paketierung nach Prioritäten,
• inhaltliche Abstimmung der Bearbeitung,
• prioritätsgesteuerter Ressourceneinsatz.

Positiv wirkt sich aus, wenn Fehlerbehebungen und Änderungen mit hoher Priorität im Serviceprozess und damit außerhalb des Produktentwicklungsprozesses durchgeführt werden. Dadurch können Prioritätskonflikte innerhalb des Produktentwicklungsprozesses, die häufig zwischen Neuentwicklungen und Fehlerbehebungen/Änderungen auftreten, reduziert werden.

Bei diesem Vorgehen unterteilt sich der Serviceprozess in drei Teile:

• Behebung aktueller Kundenprobleme,
• Durchführung laufender Servicearbeiten wie Wartung,
• Bereitstellung flankierender Serviceleistungen wie Schulungen des Servicepersonals und Servicedokumentation.

Die Installation von Produkten/Systemen wird häufig nicht im Serviceprozess, sondern im Auftragsabwicklungsprozess durchgeführt.

Teilweise werden Beschwerden in einem eigenständigen Geschäfts- oder Teilprozess bearbeitet. Damit wird dem starken Einfluss von Beschwerden auf die Kundenzufriedenheit und -bindung Rechnung getragen. Bei einer schnellen und für Kunden zufrieden stellenden Bearbeitung von Beschwerden kann die Kundenbindung deutlich erhöht werden. Die besondere Behandlung von Beanstandungen und Beschwerden erfordern teilweise auch Qualitätsvorschriften wie z. B. bei medizinischen Geräten. Die regulativen Forderungen müssen bei der Gestaltung der Geschäftsprozesse ausreichend berücksichtigt werden.

4.2.6.2 Formale Beschreibung

Prozessname: Serviceprozess	Prozessverantwortlicher:
von: Produktproblem bis: Problemlösung	Name

Objekt: Produktproblem	

Prozessinputs:	Lieferanten:
Service-Calls, Change Requests, Beanstandungen, Reklamationen, Änderungswünsche	Kunden, Kundenbetreuer, Servicetechniker

Prozessergebnisse:	Kunden:
Problemlösung, Anforderungen an nächste Produktversion	Kunden, Produktplanungsprozess, Produktentwicklungsprozess, Auftragsabwicklungsprozess

Abbildung 4-14: Serviceprozess: Beschreibung Geschäftsprozess

Teil-pro-zess	Kundenan-fragen vorklären	Problemlö-sung veran-lassen	Probleme lösen	Produkte/ Systeme installieren und warten	Service unter-stüzen
Objekte	Kunden-problem	Kunden-problem	Kunden-problem	Produkt/ System	Service-support
Inputs	Problem-meldung	vollständige Problem-beschrei-bung	vollständige Problem-beschrei-bung	Liefer-schein, Installa-tions-, Wartungs-plan	Entwick-lungs-dokumen-tation
Ergeb-nisse	vollständige Problem-beschrei-bung	Einplanung der Problem-lösung	Problem-lösung	installiertes, gewartetes Produkt/ System	Service-dokumen-tation, Trainings-kurse
Metho-den	Hotline, Call Center Service	Change Control Board, Konfigurati-onsma-nagement	Teleservice, Versions-planung,	Tele-service, Diagnose-, Experten-systeme	

Abbildung 4-15: Serviceprozess: Beschreibung der Teilprozesse

4.3 Sekundäre Geschäftsprozesse

4.3.1 Strategieplanungsprozess

4.3.1.1 Inhaltliche Beschreibung

Der Strategieplanungsprozess dient dazu, die Unternehmensstrategie zu planen und in bestimmten Zeitabständen (jährlich) zu überprüfen bzw. zu überarbeiten. Wichtige Ergebnisse sind die Geschäftsstrategie, der Geschäftsplan und die Balanced Scorecard.

Der nachfolgend beschriebene Strategieplanungsprozess besteht aus fünf Teilprozessen. In Teilprozess 1 wird die Historie und die derzeitige Situation des Geschäftes beschrieben. Die Aussagen beziehen sich auf Technologien, Produkte, Kunden, Wettbewerber und Finanzen. Ziel dieses Teilprozesses ist es, die wesentlichen Einfluss- und Gestaltungsfaktoren des Geschäftes aufzuzeigen und zu verstehen.

In Teilprozess 2 werden die Markt- und Wettbewerbssituation dargestellt. Im Mittelpunkt stehen Marktsegmentierung, Kundengruppen, Marktanteile in den einzelnen Marktsegmenten sowie die Position der Wettbewerber. Ziel der Phase ist es, die Marktdynamik zu verstehen (Größe, Wachstum, Wettbewerber) und die Marktsegmente zu definieren. Die Teilprozesse 1 und 2 spiegeln die gegenwärtige Situation des Geschäftes wider.

In Teilprozess 3 werden Trends aufgezeigt, die sich auf Technologien, Märkte, Kunden und Wettbewerber beziehen. Ziel des Teilprozesses ist es, die Trends auf diesen Gebieten zu erkennen und aufzuzeigen, wie sich diese voraussichtlich auf das bestehende Geschäft und auf neue Geschäfte auswirken werden.

In Teilprozess 4 werden die wettbewerbsentscheidenden Erfolgsfaktoren des Geschäftes bestimmt und über Benchmarking mit Zielwerten versehen. Die Erfolgsfaktoren beziehen sich auf Kosten-, Markt-, und Technologieposition, Ressourcen, Kernkompetenzen und Fähigkeiten, Geschäftsprozesse sowie Kooperationspartner. Ziel des Teilprozesses ist es, die Faktoren zu bestimmen, zu gewichten und zu quantifizieren, die den Geschäftserfolg nachhaltig sicherstellen.

Die Ergebnisse der Teilprozesse 3 und 4 zeigen die Wachstumsmöglichkeiten auf und weisen auf die Faktoren hin, von denen der zukünftige Erfolg abhängen wird.

In Teilprozess 5 werden aus der derzeitigen Geschäftssituation, den Trends und den wettbewerbsentscheidenden Faktoren Handlungsoptionen abgeleitet, die auf ihre Realisierbarkeit überprüft und nach Prioritäten gewichtet werden. Es werden Empfehlungen für die Auswahl der Alternativen gegeben und die Voraussetzungen für deren Realisierung aufgezeigt. Ziel des Teilprozesses ist es, fundierte Entscheidungsvorschläge für aussichtsreiche Handlungsoptionen zu erarbeiten, um eine fundierte Auswahlentscheidung treffen zu können.

Die ausgewählten Handlungsoptionen bilden die Basis für die Erstellung des Geschäftsplanes, in dem u. a. Festlegungen hinsichtlich Finanzen, Ressourcen, Maßnahmen getroffen werden und in dem die zentralen Führungsgrößen des Geschäftes fixiert und quantifiziert werden (Balanced Scorecard). In dem Teilprozess wird ferner ein Umsetzungsplan erarbeitet, der operative Zielvorgaben und Maßnahmen für das nächste Geschäftsjahr enthält.

Die Ergebnisse des Teilprozesses 5 zeigen die Ziele und den Weg auf, die eine erfolgreiche Umsetzung der Unternehmensstrategie gewährleisten sollen.

Der Strategieplanungsprozess beantwortet folgende für den Geschäftserfolg wichtige Fragen:

• In welcher Situation befindet sich das Unternehmen?
• Welches Umfeld beeinflusst das Geschäft?
• Was treibt den Geschäftserfolg?
• Wie arbeiten die „klassenbesten" Wettbewerber?
• Welche Kompetenzen und Fähigkeiten sind für den Erfolg entscheidend?
• Welche Kompetenzen und Fähigkeiten müssen weiterentwickelt werden?
• Für welche Ziele ist das Management bereit zu kämpfen?
• Wie wird der Erfolg des Geschäftes gemessen und gesteuert?

4.3.1.2 Formale Beschreibung

Prozessname: Strategieplanungsprozess		Prozessverantwort-licher:
von: Geschäftsauftrag	bis: Geschäftsplan	Name
Objekt: Geschäftsstrategie		
Prozessinputs: Geschäftsauftrag, -vision, Markt-, Wettbewerber, Technologiedaten		Lieferanten: Produktplanungsprozess, Innovationsprozess, Wettbewerber, Kunden, Institute
Prozessergebnisse: Kritische Erfolgsfaktoren, Kernkompetenzen, Geschäftssegmentierung, Geschäftsplan, Balanced Scorecard		Kunden: alle Geschäftsprozesse

Abbildung 4-16: Strategieplanungsprozess: Beschreibung Geschäftsprozess

Teil-pro-zess	Historie und Geschäfts-situation aufzeigen	Trends aufzeigen	Geschäfts-situation bewerten	Geschäfts-strategie festlegen	Geschäfts-plan erstellen
Objekte	Geschäfts-analyse	Trend-analyse	Geschäfts-bewertung	Strategie-definition	Geschäfts-planung
Inputs	Markt-, Wett-bewerber-, Techno-logie-, Geschäfts-daten	Markt-, Wett-bewerber-, Techno-logiedaten	Geschäfts-status, Geschäfts-trends	Vision, Geschäfts-status, Geschäfts-trends	Geschäfts-strategie
Ergeb-nisse	Geschäfts-status	Geschäfts-trends, Vision	Stärken / Schwächen, Erfolgsfak-toren, Kern-kompe-tenzen	Segmen-tierung, Wettbewerbs-strategie	Geschäfts-plan
Metho-den	Bench-marking, Markt-, Wett-bewerber-analyse	Szenario-technik	Bench-marking, GAP-Analyse, Stärken/Schwächen-(SWOT) Analyse), Portfolios	Portfolios	Balanced Scorecard

Abbildung 4-17: Strategieplanungsprozess: Beschreibung der Teilprozesse

4.4   Verbreitung der Geschäftsprozesse in der Praxis

Viele Unternehmen nehmen für sich in Anspruch, Geschäftsprozessmanage-ment anzuwenden. Die Zahl der Unternehmen ist jedoch relativ gering, die bisher Geschäftsprozesse eingeführt haben, die die wesentlichen Grundan-forderungen erfüllen:

- kundenorientierte Definition (vom Kunden … zum Kunden) der Ge-schäftsprozesse,
- Differenzierung zwischen primären und sekundären Geschäftsprozessen,
- Ernennung von hauptamtlichen Geschäfts- und Teilprozessverantwort-lichen,
- organisatorische Eigenständigkeit der Geschäftsprozesse,

- System zur Leistungsmessung, das aus Ziel- und Messgrößen besteht,
- Ableitung der Prozessziele aus den Geschäftszielen,
- laufende Messung und Kontrolle der Prozessleistungen,
- kontinuierliche Steigerung der Prozessleistungen bzw. Optimierung der Geschäftsprozesse.

Häufig sprechen Praktiker auch dann von Geschäftsprozessen, wenn:

- Geschäftsprozesse nicht bei externen Kunden beginnen und enden,
- die Prozessverantwortung nicht klar geregelt ist,
- die Prozessleistungen nicht laufend gemessen werden oder
- die organisatorische Infrastruktur (Management-Teams, Prozess-Teams, KAIZEN-Teams) für Leistungssteigerungen nicht vorhanden ist.

In diesen Fällen sind die Voraussetzungen nicht erfüllt, um durch Geschäftsprozessmanagement die Kundenzufriedenheit zu erhöhen, die Produktivität zu steigern und die Wettbewerbsfähigkeit dauerhaft zu erhöhen. Im Gegenteil: Die halbherzige Einführung von Geschäftsprozessen schadet einem Unternehmen erheblich. Zum einen werden die zumeist ambitionierten Ziele nicht erreicht, zum anderen der Prozessgedanke in Verruf gebracht. Der selbst verschuldete Misserfolg wird in der Regel nicht dem mangelhaften Vorgehen und den fehlenden Entscheidungen, sondern der Methode des Geschäftsprozessmanagements angelastet.

Nicht selten werden Geschäftsprozesse nur in Teilbereichen eingeführt, wie z. B. in der Logistik oder in der Fertigung. Gerade in diesen beiden Aufgabenfeldern ist jedoch die Prozessorientierung zumeist schon weit fortgeschritten. Größere Defizite und damit Verbesserungspotenziale weisen die Gemeinkostenbereiche, wie z. B. Entwicklung, Marketing, Vertrieb, Service, Personalwesen oder die kaufmännischen Funktionsbereiche auf. Oft gibt es eine starke Lobby, die die Einführung von Geschäftsprozessen in diesen Bereichen verhindert. Die Wirkung des Geschäftsprozessmanagements wird stark gebremst, wenn Geschäftsprozesse nur in Teilgebieten einer Geschäftseinheit zur Anwendung kommen. Mit diesem Vorgehen lässt sich keine durchgehende Prozessorientierung erreichen.

Viele Unternehmen planen die Einführung des Geschäftsprozessmanagements oder haben mit der Einführung begonnen. Oft wird die Startentscheidung so dargestellt, als ob man die Einführung bereits erfolgreich abgeschlossen hätte. Vollständig implementierte Geschäftsprozessmanagementsysteme sind noch in der Minderzahl (vgl. EFQM 1999b, S. 141 ff.). Häufig fehlt nicht nur der Wille, sondern auch das Know-how, Geschäftsprozesse richtig und schnell einzuführen. In den Kapiteln 6-9 wird ausführlich beschrieben, wie bei der Einführung vorzugehen ist.

4.5 Literatur zum Kapitel 4

EFQM (1999b): Business Process Management, „How to embrace Process Management", EFQM Good Practice and Benchmarking Services, Brüssel 1999.

Griese, J.; Sieber, P. (1999): Betriebliche Geschäftsprozesse: Grundlagen, Beispiele, Konzepte, Bern et al. 1999.

Schmelzer, H. J. (1994): Qualitätscontrolling in der Produktplanung und Produktentwicklung, Teil 1, in: Qualität und Zuverlässigkeit (QZ), 39 (1994) 2, S. 117–125.

Schmelzer, H. J. (1999a): Prozeßmanagement in der Produktentwicklung, in: Tintelnot, C.; Meißner, D.; Steinmeier, I. (Hrsg.): Innovationsmanagement, Festschrift für Prof. H. Sabisch, Berlin 1999, S. 205–217.

Schmelzer, H. J. (2000): Performance Measurement in F&E, in: Zeitschrift für Organisation (zfo), 6 (2000) Heft 6, S. 332–339.

Schönsleben, P. (1998): Integrales Logistikmanagement. Planung und Steuerung von umfassenden Geschäftsprozessen, Berlin et al. (1998).

Stahuber, A. (2001): Intelligente Geschäftsprozesse auf Basis virtueller Marktplätze, in: Wildemann, H. (Hrsg.): Wertsteigerung von Unternehmen. Mit welchen Methoden? Münchner Management Kolloquium 27./28. 03. 2001, München 2001, S. 441–468.

5 Wie werden Geschäftsprozesse geplant, kontrolliert und gesteuert?

In diesem Kapitel werden folgende Fragen beantwortet:

- Was wird unter Prozesscontrolling verstanden?
- Welche Ziele verfolgt das Prozesscontrolling?
- Über welche Größen wird die Leistung in Geschäftsprozessen gemessen?
- Wie werden Prozessziele festgelegt?
- Wie ist das Berichtswesen in Geschäftsprozessen zu gestalten?
- Warum haben Prozesskosten allein nur eine begrenzte Aussagekraft?
- Wie aufwendig ist die Einführung der Prozesskostenrechnung?
- Wie können Geschäftsprozesse beurteilt werden?
- Wie werden Selbstbeurteilungen (Assessments) in Geschäftsprozessen durchgeführt?

5.1 Prozesscontrolling

Hauptziele des Geschäftsprozessmanagements sind, Effektivität und Effizienz der Geschäftsprozesse zu steigern, um dadurch die Kundenzufriedenheit und Produktivität des Unternehmens zu erhöhen. Voraussetzung dafür ist eine auf die Kundenbedürfnisse ausgerichtete Gestaltung der Geschäftsprozesse sowie deren zielgerichtete Steuerung. Die für die Steuerung notwendigen Informationen liefert das Prozesscontrolling.

Die Aufgaben des Prozesscontrolling umfassen Planung, Kontrolle, Informationsversorgung und Koordination (siehe Abb. 5-1):

- Die Schwerpunkte der Prozessplanung liegen auf der Definition von Messgrößen und der Festlegung von Leistungszielen. Die Ziel- und Messgrößen bilden die Basis für die Steuerung der Geschäftsprozesse.

- Der Prozesskontrolle fällt die Aufgabe zu, anhand der Messgrößen die Ist-Leistung eines Prozesses zu erfassen. Durch den Vergleich von Ziel- und Messgrößen bzw. von Soll- und Istwerten werden Zielabweichungen ermittelt und deren Ursachen festgestellt. Weiter ist es Aufgabe der Prozesskontrolle bei Zielabweichungen Korrekturmaßnahmen vorzuschlagen.

- Zweck der Informationsversorgung ist es, die Informationen bereitzustellen, die die Verantwortlichen in Geschäftsprozessen für Planung, Kontrol-

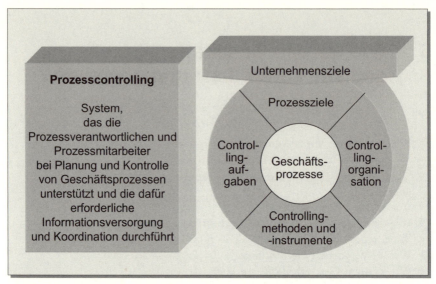

Abbildung 5-1: Aufgaben und Komponenten des Prozesscontrolling

le und Steuerung benötigen. Wichtige Instrumente der Infomationsversorgung sind Prozessberichte.

• Der Koordination fällt die Aufgabe zu, die Ziele und Aufgaben des Prozesscontrolling inhaltlich und zeitlich aufeinander abzustimmen. Dabei wird zwischen horizontaler und vertikaler Koordination unterschieden. Die horizontale Koordination umfasst die Abstimmung der Zielgrößen innerhalb eines Geschäftsprozesses und zwischen Geschäftsprozessen. Die vertikale Koordination beinhaltet die Abstimmung zwischen Unternehmenszielen und Prozesszielen sowie die Abstimmung der Ziele auf den verschiedenen Ebenen innerhalb der Geschäftsprozesse.

Das Prozesscontrolling hat eine Servicefunktion. Es bereitet Entscheidungen vor, die von den Verantwortlichen in den Geschäftsprozessen getroffen werden.

Vor der Durchführung der Controllingaufgaben ist das Controllingsystem zu konzipieren. Im Rahmen des Controlling-Konzeptes werden das Mess- und Berichtssystem festgelegt. Ergänzend sind die organisatorischen und technischen Hilfsmittel bereitzustellen, die für die Durchführung der Controllingaufgaben erforderlich sind.

Die Durchführung des Prozesscontrolling liegt weitgehend bei den Prozessmitarbeitern und den Prozess-Teams. Die Verlagerung der Controllingaufgaben in die Prozesse entlastet das zentrale Controlling und stößt eine Neuorientierung des gesamten Controlling an.

Die reglementierende Fremdkontrolle wird zugunsten einer auf Zielverein-barungen basierenden Selbststeuerung aufgegeben. „Denn wenn Kosten, Qualität und Durchlaufzeiten unmittelbar am Ort der Wertschöpfung von den Mitarbeitern innerhalb eines Zielkorridors überwacht werden, dann sind traditionelle Aufgaben des Fremdcontrolling zwangsläufig nicht mehr not-wendig. Im Gegenteil: Sie bremsen die Informationsprozesse und hemmen wegen ihrer Fremdbestimmtheit Maßnahmen zur kontinuierlichen Verbesse-rung." (Wildemann 1995, S. 310)

Im Zuge der Neuorientierung verbleiben beim zentralen Controlling weiter-hin wichtige Aufgaben wie:

- Mittelfristplanung,
- Budgetplanung,
- Investitionsplanung,
- Kosten- und Erlösrechnung.

In der Zuständigkeit des zentralen Controlling liegt ferner die Weiterent-wicklung des Controllingsystems und die Bereitstellung der Controllingin-strumente. Darüber hinaus bietet es Beratungsleistungen an, die z. B. den Ein-satz von Controllingmethoden betreffen. Günstig ist, die Aufgaben des zent-ralen Controlling in einem sekundären Geschäftsprozess zusammenzufassen.

Zuständig für das Prozesscontrolling sind die Geschäftsprozessverantwort-lichen. Vorteilhaft ist, wenn sich die Geschäftsprozessverantwortlichen auf ein Rahmenkonzept des Prozesscontrolling abstützen sowie Serviceleistungen des zentralen Controlling in Anspruch nehmen können.

5.2 Prozessplanung

Die Prozessplanung kann in zwei Aufgabenblöcke unterteilt werden:

- Auswahl der Leistungsparameter und Messgrößen,
- Planung der Prozessziele.

> Leistungsparameter geben Auskunft über den Leistungsstand und die Leis-tungsentwicklung der Geschäftsprozesse. Von ihrer richtigen Auswahl und Anwendung hängt der Erfolg der Prozesssteuerung und damit die Wirkung des Geschäftsprozessmanagements ab.

In der Praxis weisen Leistungsparameter oft Schwachstellen auf (siehe Abb. 5-2). Diese hat das Prozesscontrolling zu vermeiden bzw. auszuräumen.

Die Leistungsparameter setzen sich aus Ziel- und Messgrößen zusammen (siehe Abb. 5-3). Über die Prozessmessgrößen wird periodisch der Ist-

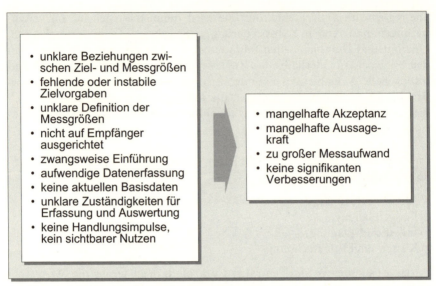

Abbildung 5-2: Schwachstellen von Leistungsparametern

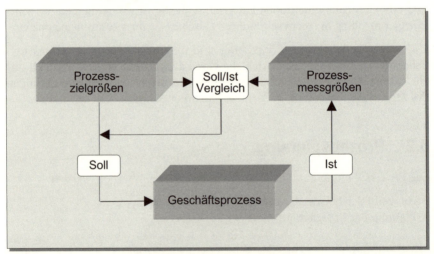

Abbildung 5-3: Ziel- und Messgrößen in Geschäftsprozessen

Zustand der Geschäftsprozesse gemessen. Die Erfassung der Istwerte reicht jedoch nicht für die Steuerung aus. Notwendig ist, quantifizierte und überprüfbare Zielwerte vorzugeben, damit Abweichungen zwischen Soll und Ist ermittelt werden können.

5.2.1 Leistungsparameter in Geschäftsprozessen

5.2.1.1 Ziele und Anforderungen

Leistungsparameter dienen dazu, die Effektivität und Effizienz der Geschäftsprozesse aufzuzeigen und die Auswirkungen von Leistungsveränderungen auf das wirtschaftliche Ergebnis sichtbar zu machen. Die Anzahl der Leistungsparameter ist auf ein Mindestmaß zu beschränken. Für Leistungsvergleiche ist es wichtig, möglichst einheitliche Leistungsparameter für die Geschäftsprozesse eines Unternehmens festzulegen.

Bei der Festlegung der Leistungsparameter sind folgende Anforderungen zu berücksichtigen:

• Steuerungsrelevanz
  – Die Leistungsparameter sollen sich zur Steuerung der Prozessziele eignen.
  – Die Leistungsparameter sind auf die Entscheidungsträger in den Geschäftsprozessen und deren Informationsbedarf auszurichten.
  – Die Leistungsparameter sollen Handlungsbedarf sichtbar machen.
• Objektivität
  – Die Leistungsparameter sollen sich auf quantifizierbare und messbare Sachverhalte beziehen.
• Akzeptanz
  – Die Leistungsparameter sollen leicht verständlich und realitätsnah sein.
  – Die Leistungsparameter sollen von den Entscheidungsträgern und Mitarbeitern in Geschäftsprozessen zur Erreichung ihrer Ziele nutzbringend angewendet werden.
  – Die Leistungsparameter sollen die Selbstkontrolle und -steuerung unterstützen.
• Integration
  – Die Leistungsparameter sollen die Abhängigkeiten zwischen Zielgrößen aufzeigen.
  – Die Leistungsparameter sollen Aussagen über zusammenhängende Sachverhalte ermöglichen.
  – Die Leistungsparameter sollen eine inhaltlich und zeitlich abgestimmte Erfassung gewährleisten.
• Vergangenheits- und Zukunftsorientierung
  – Die Leistungsparameter sollen Aufschluss über die Vergangenheit und Gegenwart geben.
  – Die Leistungsparameter sollen Trends aufzeigen und auf Risiken hinweisen.
• Verantwortung
  – Die Verantwortung für Erfassung, Berichterstattung und Auswertung der Leistungsparameter soll klar geregelt sein.
• Wirtschaftlichkeit
  – Nutzen und Messaufwand der Leistungsparameter sollen in einem günstigen Verhältnis zueinander stehen.

Der wichtigste Parameter zur Beurteilung der Prozesseffektivität ist die Kundenzufriedenheit. Die wichtigsten Parameter der Prozesseffizienz sind Prozesszeit, Termintreue, Prozessqualität, und Prozesskosten.

Kundenzufriedenheit, Prozesszeit, Termintreue, Prozessqualität, und Prozesskosten sollten in allen Geschäftsprozessen als Basis für die Messung der Prozessleistung verwendet und als Standard-Leistungsparameter betrachtet werden.

Bei den in Abbildung 5-4 aufgeführten Leistungszielen fehlt die Termintreue, auf die aus unserer Sicht nicht verzichtet werden sollte. Als zusätzlicher Leistungsparameter ist dort die Flexibilität aufgeführt. Definition, Messung und Aussagekraft der Flexibilität sind jedoch problematisch. Aus diesem Grund empfehlen wir nicht, die Flexibilität als Standard-Leistungparameter in Geschäftsprozessen zu verwenden (vgl. auch Hirsch et al. 2001, S. 75).

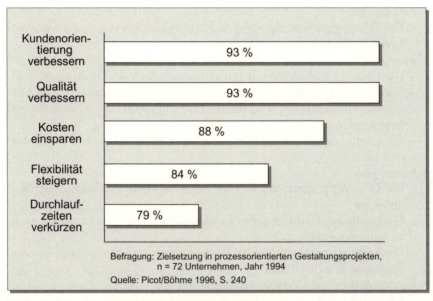

Abbildung 5-4: Leistungsziele in Geschäftsprozessen

Häufig werden auch Leistungsmengen in Geschäftsprozessen erfasst, wie z. B. die Zahl der bearbeiteten Kundenaufträge im Auftragsabwicklungsprozess oder die Zahl der generierten Produktideen im Innovationsprozess. Leistungsmengen spielen im Rahmen der Prozesskostenrechnung eine wichtige Rolle. Als unmittelbarer Leistungsindikator ist dagegen ihre Aussagekraft nicht sehr hoch.

Die fünf Standard-Leistungsparameter geben Antworten auf folgende Fragen:

- Kundenzufriedenheit
  - Wie zufrieden sind die (externen und internen) Kunden mit den Prozess-
    ergebnissen?
- Prozessqualität
  - Wie gut werden die Kundenanforderungen und -erwartungen erfüllt?
  - Wie fehlerfrei werden die Kundenleistungen bereitgestellt?
- Prozesszeit/Termintreue
  - Wie schnell werden die Kundenwünsche befriedigt?
  - Wie gut werden vereinbarte Termine eingehalten?
- Prozesskosten
  - Welche Kosten bzw. welcher Ressourcenaufwand werden für die Erstel-
    lung der Kundenleistungen benötigt?

Die Standard-Leistungsparameter bilden die Basis für prozessinterne und
prozessexterne Bewertungen. Bei der prozessinternen Bewertung werden
Leistungs-Soll und Leistungs-Ist eines Geschäftsprozesses miteinander in Beziehung gesetzt. Abbildung 5-5 zeigt ein Beispiel. Die gepunktete Fläche stellt
die Istsituation, die weiße Fläche die Sollsituation dar. Kundenzufriedenheit,
Prozessqualität und Termintreue haben ein relativ hohes Niveau. Demgegenüber fallen Prozesszeiten und Prozesskosten ab. Ziel sollte es in diesem
Fall sein, gleichzeitig Prozesskosten und Prozesszeiten zu reduzieren und das
hohe Niveau der anderen Leistungsparameter beizubehalten bzw. noch zu
steigern. Bei der prozessexternen Leistungsbewertung wird ein Geschäfts-

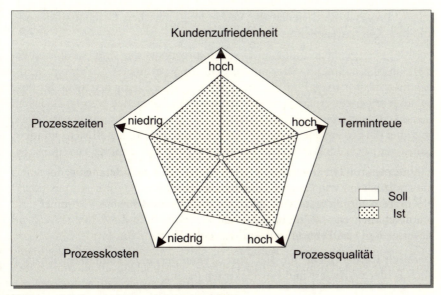

Abbildung 5-5: Prozessinterner Leistungsvergleich

prozess mit anderen Geschäftsprozessen innerhalb oder außerhalb des Unternehmens verglichen (Prozess-Benchmarks).

Zwischen den Leistungsparametern Kundenzufriedenheit und Prozessqualität bestehen enge Verbindungen. Wird Qualität als Erfüllung der Kundenwünsche interpretiert, so ist Kundenzufriedenheit als eine Komponente der Qualität zu betrachten. Im Prozesscontrolling spiegelt die Kundenzufriedenheit die prozessexterne Sicht der Qualität wider (= Effektivität). Sie informiert darüber, wie zufrieden die Kunden mit der Erfüllung ihrer Wünsche, Anforderungen und Erwartungen sind. Dagegen repräsentiert die Prozessqualität die prozessinterne Sicht. Sie gibt Auskunft, inwieweit die Leistungsanforderungen vollständig und fehlerfrei realisiert werden (= Effizienz). Da sich die Qualität der Prozessergebnisse aus vielen Einzelergebnissen zusammensetzt, ist die Qualität nicht erst am Prozessende sondern prozessbegleitend zu messen und zu kontrollieren.

> Prozessqualität, Prozesszeit und Prozesstermine lassen sich direkt aus dem Prozessgeschehen ableiten. Sie besitzen hohe Aktualität und Aussagekraft, weil sie ereignisnah erfasst und von jedem Mitarbeiter ohne Schwierigkeiten verstanden werden.

Auch können über diese drei Leistungsparameter die Ursachen von Zielabweichungen schnell und treffsicher ausfindig gemacht werden. In diesem Punkt sind sie den Prozesskosten überlegen. Aber auch die Prozesskosten sind ein wichtiger Prozessparameter, da sie den Ressourcenverbrauch finanziell bewerten und die wirtschaftlichen Effekte von Prozessverbesserungen aufzeigen. Prozesskosten stellen die Verbindung zwischen Geschäftsprozessen und dem Geschäftsergebnis her.

Leistungssteigerungen finden in Geschäftsprozessen nur statt, wenn sich getroffene Maßnahmen positiv auf alle Leistungsparameter auswirken. Maßnahmen, die positiven Einfluss auf einen, aber gleichzeitig negativen Einfluss auf andere Leistungsparameter ausüben, sollten vermieden werden. So lassen sich z. B. Prozesszeiten durch verstärkten Einsatz von Ressourcen verkürzen, was aber die Prozesskosten nach oben treibt und die Prozesseffizienz mindert. Günstiger ist es, die Prozesszeiten durch folgende Maßnahmen zu reduzieren:

- Eliminieren nicht wertschöpfender Prozess- und Arbeitsschritte,
- Parallelisieren von Prozess- und Arbeitsschritten,
- Zusammenlegen oder Auslagern von Prozess- und Arbeitsschritten,
- Ausschalten von Wiederholschleifen,
- Vermeiden von Fehlern und Änderungen.

Dadurch werden nicht nur die Prozesszeiten verkürzt, sondern gleichzeitig auch Fehler verringert und Prozesskosten gesenkt.

Wichtig ist, die Leistungsparameter im Zusammenhang zu betrachten und zu steuern. Voraussetzung dafür ist ihre integrierte Erfassung und Auswertung. Um diese zu erreichen, müssen die Messungen von Qualität, Kosten und Zeit am selben Objekt und zum selben Zeitpunkt durchgeführt werden. Es ist Aufgabe des Prozesscontrolling diese Synchronisation sicherzustellen.

Die Aussagekraft und Einflussmöglichkeit sind bei diesem Ansatz deutlich höher als bei Methoden, die sich nur auf eine Zielgröße konzentrieren. Zu diesen Methoden zählen u. a. die Gemeinkostenwertanalyse oder das Zero-Base-Budgeting, in deren Mittelpunkt die Senkung der Kosten steht (siehe Abb. 5-6). „Kostensenkungsprogramme können kurzfristig die Bilanz verbessern, eine langfristige Sicherung und Verbesserung der Wettbewerbsposition wird dadurch jedoch kaum erreicht." (Gaitanides et al. 1994, S. 9)

Erfolgreiche Unternehmen optimieren nicht nur einen Erfolgsfaktor oder eine Zielgröße, sondern alle strategisch wichtigen Erfolgsfaktoren und Zielgrößen. Ein Hindernis auf diesem Weg stellt oft das traditionelle Rechnungs- und Berichtswesen dar. Es fördert die isolierte Betrachtung der Kosten und ist kaum in der Lage, umfassende und nachhaltige Leistungssteigerungen anzustoßen und zu kontrollieren. Im Vergleich dazu sind die Aussagekraft und Steuerungsmöglichkeiten des Prozesscontrolling wesentlich größer.

Die Gewichtung der einzelnen Leistungsparameter hängt wesentlich von der jeweiligen Wettbewerbssituation und der verfolgten Wettbewerbsstrategie

• Methoden:
  » Zero Base Budgeting
  » Gemeinkostenwertanalyse
• Ziele
  » deutliche Kostensenkungen
• Nachteile
  » Konzentration auf Aufbauorganisation: Stellen, Abteilungen
  » keine Beiträge zur Verbesserung von Geschäftsprozessen
  » nur kurzfristige und lokale Wirkung in ausgewählten Kostenstellen, Abteilungen
  » keine Basis für dauerhafte kontinuierliche Verbesserungen
  » viele Einzelmaßnahmen, kein übergreifendes Verbesserungskonzept
  » detailliertes Maßnahmencontrolling erforderlich
  » oft nur mit externen Beratern erfolgreich
  » führen zur Verunsicherung und Demotivation der Mitarbeiter

Abbildung 5-6: Kostensenkungsmethoden

ab. Oft spielt die Zeit als Erfolgsfaktor eine dominante Rolle. In diesem Fall hat das Prozesscontrolling zeitreduzierenden Maßnahmen eine hohe Priorität einzuräumen. Dabei müssen negative Wirkungen auf Kundenzufriedenheit, Prozessqualität, Kundentermine und Prozesskosten vermieden werden.

Die Erfassung der Leistungsparameter sowie ihr Abgleich mit den entsprechenden Zielwerten wird auf der Ebene der Geschäftsprozesse und Teilprozesse vorgenommen. Auf den tieferen Prozessebenen beschränken sich die Messungen aus Aufwandsgründen zumeist auf Prozesszeit, Termintreue und Prozessqualität.

Das Messsystem (Messgrößen, Messobjekte, Messpunkte, Messzyklen, Messverantwortung, Messinstrumente) sollte der Geschäftsprozessverantwortliche in enger Abstimmung mit dem Prozess-Team spezifizieren, um einen hohen Grad an fachlicher Abstimmung, an gemeinsamem Verständnis und an Akzeptanz zu erreichen. Die Wirksamkeit des Messsystems ist jährlich zu überprüfen, da sich die Rahmenbedingungen ändern können.

Die Erfassung der Messgrößen wird durch den Einsatz von Software erleichtert und beschleunigt. Ferner erhöht der Computereinsatz die Verlässlichkeit der Daten und erweitert die Aggregations- und Auswertungsmöglichkeiten.

In den folgenden Kapiteln werden die einzelnen Leistungsparameter näher beschrieben.

5.2.1.2 Kundenzufriedenheit

Bedeutung

Ein zentrales Ziel des Geschäftsprozessmanagements ist es, die Kunden zufrieden zu stellen. Um dieses Ziel zu erreichen, müssen Probleme, Bedürfnisse, Ziele und Wünsche der Kunden richtig verstanden werden. Erst dann können die Anforderungen richtig festgelegt und in den Geschäftsprozessen richtig umgesetzt werden.

Die Kundenzufriedenheit hängt demnach von zwei Voraussetzungen ab:

• richtige Kenntnis und Definition der Kundenanforderungen und
• richtige Umsetzung der Kundenanforderungen.

Für die richtige Kenntnis und Definition der Kundenanforderungen sind das Marketing bzw. der dafür zuständige Geschäftsprozess wie z. B. der Innovationsprozess und/oder Produktplanungsprozess verantwortlich. Bei den Kundenanforderungen ist in Anlehnung an das Kano-Modell folgende Differenzierung vorzunehmen (Kano 1994; Töpfer 1999):

- Basisanforderungen:
  Anforderungen, deren Erfüllung der Kunde voraussetzt. Sie werden vom Kunden nicht explizit verlangt. Werden sie nicht erfüllt, entsteht starke Unzufriedenheit.

- Leistungsanforderungen:
  Anforderungen, deren Erfüllung der Kunde erwartet. Sie werden vom Kunden explizit verlangt. Werden sie nicht erfüllt, entsteht Unzufriedenheit, werden sie übertroffen, steigt die Zufriedenheit.

- Begeisterungsanforderungen:
  Anforderungen, deren Erfüllung der Kunde nicht erwartet. Sie werden vom Kunden nicht explizit verlangt. Ihre Erfüllung löst Begeisterung aus und hat einen überproportional starken Einfluss auf Kundenzufriedenheit, Loyalität, Wiederkauf und Weiterempfehlung.

Die Erfüllung der Kundenanforderungen ist zentrale Aufgabe aller Geschäftsprozesse. Sie findet ihren Niederschlag in der Prozessqualität. Hohe Prozessqualität bedeutet, die festgelegten Kundenanforderungen vollständig und fehlerfrei zu erfüllen. Dabei macht es keinen Unterschied, ob es sich um externe oder interne Kundenanforderungen handelt.

Die Kundenbedürfnisse beeinflussen Gestaltung und Controlling der Geschäftsprozesse. Die von den externen Kunden geforderten bzw. erwarteten Leistungen determinieren, **welche** Geschäftsprozesse erforderlich und welche Leistungen in diesen Prozessen zu erbringen sind (Organisationsaspekt). Auf Basis der Kundenzufriedenheit und der übrigen Leistungsparameter (Zeit, Termintreue, Qualität, Kosten) wird festgelegt, **wie** die Anforderungen und Erwartungen der Kunden zu erfüllen sind (Controllingaspekt).

Die Kundenzufriedenheit beeinflusst sehr stark den Erfolg des Unternehmens. Hohe Kundenzufriedenheit wirkt sich positiv aus auf:

- Kundenloyalität und Kundenbindung,
- Wiederkauf,
- Umsätze pro Geschäftsbeziehung,
- Marketing- und Vertriebskosten (geringere Kosten durch Weiterempfehlung),
- Preissensitivität bei Stammkunden.

Hohe Kundenzufriedenheit ist Voraussetzung für hohe Kundenbindung. Die Kundenbindung ist aber auch noch von anderen Faktoren abhängig, wie z. B. der Behandlung von Kundenbeschwerden. Deshalb ist im Rahmen des Geschäftsprozessmanagements auch dem Beschwerdemanagement hohe Aufmerksamkeit zu schenken.

Die Kundenzufriedenheit spielt auch im Rahmen des Qualitätsmanagements eine wichtige Rolle. DIN EN ISO 9001:2000 fordert, dass die Kundenzufriedenheit überwacht und für ihre Messung geeignete Methoden angewandt werden (vgl. DIN EN ISO 9001:2000, S. 31).

Messung

Wie die Kundenzufriedenheit im Einzelfall zu messen und zu definieren ist, hängt von der Leistungsart und den Leistungsempfängern des jeweiligen Geschäftsprozesses ab. Wichtig ist, regelmäßig zu messen und die Messergebnisse sorgfältig zu analysieren, um daraus Verbesserungsmaßnahmen abzuleiten. „Einmalige Messungen der Kundenzufriedenheit machen zwar auf die Schwachstellen eines Unternehmens aufmerksam, die Wirksamkeit der getroffenen Maßnahmen wird jedoch erst bei regelmäßiger Messung über längere Zeiträume sichtbar." (Homburg/Rudolph 1995, S. 49)

Die Kundenzufriedenheit kann über verschiedene Methoden gemessen werden:

- direkte Messung
  - periodische Befragungen von Kunden und Nutzern,
  - Befragung der Kunden nach Bereitstellung von Prozessergebnissen.
- indirekte Messung
  - Befragung von Mitarbeitern mit häufigem Kundenkontakt,
  - Analyse unternehmensinterner Messgrößen:
    - Termintreue der Lieferungen,
    - Lieferzeit,
    - Kundenbeanstandungen, -beschwerden,
    - Produkt- und Leistungszurückweisungen,
    - Gewährleistungs- und Garantiefälle,
    - Auftragsverluste.

Befragungen stellen einen direkten Bezug zum Prozessablauf her, wenn sie unmittelbar nach Übergabe der Prozessergebnisse durchgeführt werden. Der Geschäftsprozessverantwortliche kann bei Problemen sofort reagieren und die Informationen unmittelbar zur Verbesserung der Prozesseffektivität und -effizienz nutzen.

Bei Befragungen sind folgende Informationen von Interesse:

- Wie zufrieden sind die Kunden mit den Prozessergebnissen?
- Wie zufrieden sind die Kunden mit der Lösungsdauer und Termintreue?
- Welche Leistungsmerkmale sind für die Kunden am wichtigsten?
- Wie werden die Leistungsmerkmale erfüllt?
- Wie wirken sich die bereitgestellten Leistungen auf Kundenzufriedenheit und Kundenbindung aus?
- Wovon hängt die Zufriedenheit der Kunden am stärksten ab?

- Welche Wettbewerber bieten überlegene Leistungen und Leistungsmerkmale an?
- Welche Anforderungen und Wünsche stellen die Kunden an zukünftige Prozessleistungen?
- Welche Verbesserungen/Verschlechterungen haben die Kunden wahrgenommen?

Befragungen können mit Fragebogen, in Gesprächen oder auch telefonisch durchgeführt werden. Diese drei Erhebungsmethoden unterscheiden sich in folgenden Punkten (siehe Abb. 5-7):

Kriterium	Telefonische Befragung	Schriftliche Befragung	Persönliches Interview
Antwortrate	hoch (+)	tendenziell niedrig, aber beeinflussbar (?)	hoch (+)
Kosten	hoch (-)	gering bis mittel (++)	sehr hoch (- -}
Kontrolle der Erhebungssituation	gut (+)	gering (-)	sehr gut (++)
Objektivität der Ergebnisse	problematisch (-)	hoch (++)	sehr problematisch (- -)
externe Unterstützung	notwendig (- -)	nicht notwendig (++)	notwendig (- -)

Abbildung 5-7: Beurteilung von Befragungsformen (vgl. Homburg/Rudolph 1995, S. 47)

Periodische Befragungen vermitteln generelle Einschätzungen der Kunden. Da sich Kundenerwartungen und geschäftliche Rahmenbedingungen wandeln, sollten Kundenbefragungen halbjährlich oder jährlich durchgeführt werden. Nachteilig ist, dass über periodische Befragungen der direkte und aktuelle Bezug zu spezifischen Prozessleistungen zumeist nicht hergestellt werden kann.

Indirekte Messungen, die auf intern verfügbaren Daten basieren, erfordern deutlich weniger Aufwand als Befragungen. Eine besonders wichtige Informationsquelle sind Kundenbeanstandungen. Sie geben Hinweise auf aktuelle Schwachstellen, die Unzufriedenheit bei Kunden auslösen. Eine schnelle Reaktion auf Beanstandungen und ihre gründliche Behebung sind der beste Weg, Kunden wieder positiv zu stimmen. Für die Bearbeitung von Kundenbeanstandungen empfiehlt es sich, einen eigenen Geschäftsprozess oder zumindest Teilprozess einzurichten, dessen primäres Ziel die schnelle Wiederherstellung der Kundenzufriedenheit ist. Unter dem Blickwinkel der Kundenorientierung ist diesem Geschäftsprozess/Teilprozess hohe Priorität einzuräumen. In der Praxis hat das Beschwerdemanagement oft nicht den Stellenwert, den es wegen seines starken Einflusses auf die Kundenzufriedenheit haben sollte (siehe Abb. 5-8).

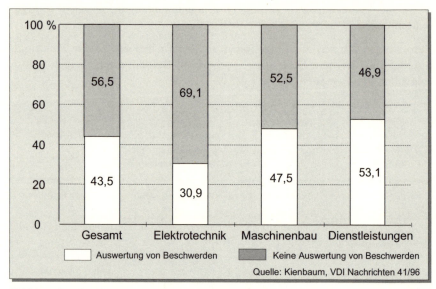

Abbildung 5-8: Beschwerdemanagement in Deutschland

> Vorteilhaft ist, die Kundenzufriedenheit nicht nur periodisch, sondern auch ereignisgesteuert zu messen, um eine direkte Verbindung zu den Geschäftsprozessen herzustellen.

In mehreren Geschäftsgebieten der Siemens AG hat sich folgendes Messkonzept bewährt:

- Periodische Messungen der generellen Kundenzufriedenheit in den Vertriebsregionen
  - Frequenz: ein bis zweimal jährlich,
  - Erhebung: schriftlich mittels Fragebogen.
- Messung der Zufriedenheit von Kunden nach der Installation von Produkten bzw. Systemen
  - Frequenz: fünf bis zehn Tage nach Auslieferung/Installation,
  - Erhebung: schriftlich mittels Fragebogen.
- Messung der Zufriedenheit von Kunden mit Neuprodukten
  - Frequenz: 90 Tage nach Auslieferung/Installation,
  - Erhebung: schriftlich mittels Fragebogen.

Dieses Messkonzept dient folgenden Zielen und Aufgaben:

• Messen des Ist-Zustandes der Zufriedenheit der Kunden,
• Errechnen von Kundenzufriedenheitsindizes,
• Erkennen der zentralen Erfolgsfaktoren der Kundenzufriedenheit,
• Ableiten von Handlungsbedarf zur Steigerung der Kundenzufriedenheit bezogen auf Leistungen/Produkte sowie Geschäftsprozesse,
• Einbeziehen der Messergebnisse in einen Regelkreis zur Steuerung der Kundenzufriedenheit,
• Identifizieren von Wettbewerbern, die Kunden in bestimmten Bereichen für vorbildlich halten (Benchmarking).

Die jährlich bzw. halbjährlich durchgeführten periodischen Messungen beziehen sich auf:

• Produkte und Leistungen,
• Vertrieb,
• Auftragsabwicklung,
• Service.

Bezogen auf den Service werden z. B. folgende Fragen gestellt.
Wie zufrieden sind Sie mit:

• Betreuung durch unser Servicepersonal?
• Erreichbarkeit unserer Servicestellen?
• Schnelligkeit unserer Terminzusagen?
• Zeitspanne bis zum Eintreffen unserer Servicemitarbeiter?
• Fachkompetenz unserer Servicemitarbeiter?
• Instandsetzungszeit?
• Preis-/Leistungsverhältnis unseres Services?
• Angebotspalette an Wartungsverträgen?
• Preis-/Leistungsverhältnis unserer Wartungsverträge?

Aus der Beantwortung dieser Fragen kann der Geschäftsprozessverantwortliche des Serviceprozesses Kundenanforderungen ableiten, die den Leistungsinhalt, die Prozessgestaltung, die Prozessausstattung sowie die Leistungsparameter und ihre Zielwerte betreffen.

Die Auswertungen der Messergebnisse geben u. a. Hinweise auf das Gewicht der Geschäftsprozesse und die Zufriedenheit der Kunden mit ihnen (siehe Abb. 5-9; vgl. auch Homburg/Rudolph 1995, S. 48).

Ziel von Geschäftsprozessen ist es, die Kundenzufriedenheit kontinuierlich zu steigern. Dafür ist nicht nur die Messung erforderlich, sondern auch die Vorgabe von Zielen, an denen die Messwerte gespiegelt werden. Zielplanung und Messung erfordern deshalb ein methodisch abgesichertes und abgestimmtes Vorgehen.

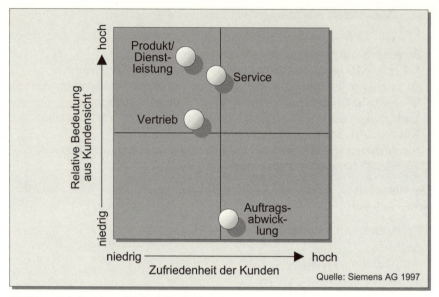

Abbildung 5-9: Kundenzufriedenheitsprofil

Nur über regelmäßige Messungen können die Wirkungen von Maßnahmen erfasst und Verbesserungen festgestellt werden. Jeder Messung hat deshalb eine Abweichungsanalyse, die Feststellung der Abweichungsursachen sowie die Beseitigung der Ursachen zu folgen.

5.2.1.3 Prozesszeiten und Prozesstermine

Bedeutung

Prozesszeiten haben erheblichen Einfluss auf Effektivität, Effizienz, Reaktionsfähigkeit und Flexibilität eines Unternehmens. Abbildung 5-10 zeigt, wie sich kürzere Prozesszeiten positiv auf Prozesseffektivität und Prozesseffizienz auswirken (vgl. Schmelzer 1990, S. 27 ff.). Produkte können früher auf dem Markt eingeführt und Kundenaufträge schneller bearbeitet werden. Bei einer frühen Markteinführung werden oft höhere Preise und Stückzahlen und damit Pioniergewinne erzielt. Diese ermöglichen es, die Entwicklungskosten frühzeitig zu amortisieren und die finanziellen Mittel früher in andere Zukunftsvorhaben zu investieren. Durch höhere Absatzmengen verschafft sich der Erstanbieter zudem Kostenvorteile gegenüber Mitbewerbern. Nachfolger müssen ihre Produkte zu niedrigeren Preisen anbieten. Dadurch steigt ihr Risiko, die Entwicklungskosten abzudecken. Auch hat der Erstanbieter größere Chancen, nachhaltige Erfolgspotenziale aufzubauen. Diese kommen durch Erfahrungsvorsprünge, Imagevorteile sowie frühzeitigere Kundenbindung zustande.

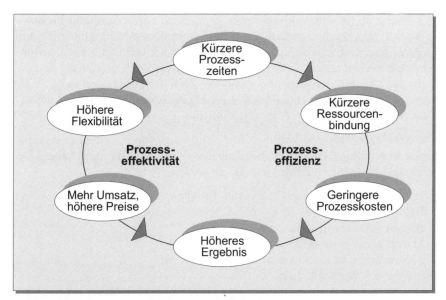

Abbildung 5-10: Wirkung der Verkürzung von Prozesszeiten

Kürzere Prozesszeiten wirken sich ebenfalls positiv auf die Prozesseffizienz aus. Die Bindungsdauer der Ressourcen ist pro Leistungseinheit kürzer. Die früher frei werdenden Ressourcen können für die Erzeugung größerer Leistungsmengen, für die Beschleunigung der Leistungserstellung oder für die Bereitstellung anderer Leistungen eingesetzt werden.

Mit kürzeren Produktlebenszyklen und längeren Amortisationszeiten in Forschung und Entwicklung geraten besonders die Entwicklungszeiten immer stärker unter Druck. Durch kürzere Marktzyklen verbleibt immer weniger Zeit, die Entwicklungskosten zu amortisieren. Auf vielen Produktfeldern ist deshalb die Zeit zum entscheidenden Wettbewerbsfaktor geworden. Die Fähigkeit, schneller auf Kundenwünsche und Marktveränderungen zu reagieren sowie neue Ideen in neue oder verbesserte Problemlösungen umzusetzen, wird durch das Geschäftsprozessmanagement gestärkt.

Praxisbeispiele zeigen, dass kürzere Prozesszeiten gleichzeitig Kosten reduzieren und Qualität verbessern, die Termin- und Kostentreue erhöhen sowie Risiken mindern. Höhere Zeiteffizienz verkürzt ferner die Reaktionszeiten, was sich positiv auf Kundenzufriedenheit, Wettbewerbs- und Rentabilitätsposition auswirkt.

„Wenn ein Zeitwettbewerber drei- bis viermal schneller reagiert als die Konkurrenten, wird er fast immer dreimal so schnell wachsen und doppelt so rentabel arbeiten wie alle Konkurrenten." (Stalk/Hout 1990, S. 18)

Je kürzer z. B. die Entwicklungszeiten sind, umso später kann mit Produktentwicklungen begonnen werden, um einen bestimmten Markteintrittstermin zu erreichen. Der spätere Start ermöglicht es, noch recht spät Kundenwünsche zu berücksichtigen. Ein weiterer Vorteil kurzer Prozesszeiten ist, dass die Zahl der Objektdurchläufe und damit die Zahl der Lernzyklen steigt. Viele Lernzyklen sind eine wichtige Voraussetzung für hohe Erfahrungsakkumulation und Lernintensität in einer Organisation.

Die Effizienzwirkungen kommen nur dann zum Tragen, wenn zeitverkürzende Maßnahmen eine kostenneutrale bzw. -senkende Wirkung haben. Geschäftsprozesse bieten dafür viele Ansatzpunkte:

- Eliminierung nicht wertschöpfender Tätigkeiten,
- Parallelisierung von Prozess- und Arbeitsschritten,
- Abbau von Schnittstellen,
- klare Verantwortungen,
- Motivation und Empowerment der Mitarbeiter,
- intensive Kommunikation.

Sind keine Geschäftsprozesse und kein Prozesscontrolling vorhanden, fehlen wichtige Voraussetzungen, um Durchlaufzeiten zu reduzieren:

- es gibt keine aussagefähigen Ziel- und Messgrößen zur Steuerung von Prozesszeiten,
- es fehlt eine geeignete Messbasis für die Zeiterfassung,
- es fehlen gesicherte Erfahrungsdaten für Zeitplanungen,
- Kosten- und Qualitätswirkungen von Zeitverkürzungen bleiben weitgehend unbekannt.

Eng mit dem Zeitcontrolling ist das Termincontrolling verbunden. Während Zeitcontrolling die Planung und Kontrolle der Zeitdauer umfasst, beinhaltet Termincontrolling die Planung und Kontrolle von Zeitpunkten.

Das Zeitcontrolling zielt auf die Reduzierung bzw. Optimierung der Prozesszeiten, um dadurch Prozesseffektivität und -effizienz zu steigern. Ziel des Termincontrolling ist es dagegen, eine hohe Termintreue und Zuverlässigkeit gegenüber den Kunden zu erreichen.

Auf die Einhaltung und Verlässlichkeit von Terminen legen interne und externe Kunden großen Wert. Die Nichteinhaltung zugesagter Termine ist für jeden Kunden ein Ärgernis, da dadurch seine eigenen Termin- und Kostenplanungen ins Rutschen kommen. Hohe Termintreue setzt voraus, dass Prozesszeiten beherrscht werden.

Messung

1. Durchlaufzeit

Die Prozesszeit kann als Durchlaufzeit oder Zykluszeit gemessen werden (siehe Abb. 5-11). Als Durchlaufzeit wird die Zeitdauer vom Anstoß der Leistungserstellung bis zur Bereitstellung des Prozessergebnisses definiert. Sie setzt sich aus Bearbeitungs-, Transfer- und Liegezeiten zusammen. Die Bearbeitungzeit enthält alle Zeitanteile, die unmittelbar der Erstellung des Prozessergebnisses dienen. Unter Transferzeit fallen die Zeiten, die für die Weitergabe von Zwischen- oder Endergebnissen an interne oder externe Kunden benötigt werden. Als Liegezeiten werden die Zeiten verstanden, bei denen die Bearbeitung und der Transfer ruht, weil Inputs oder Ressourcen für die Bearbeitung oder den Transfer nicht zur Verfügung stehen.

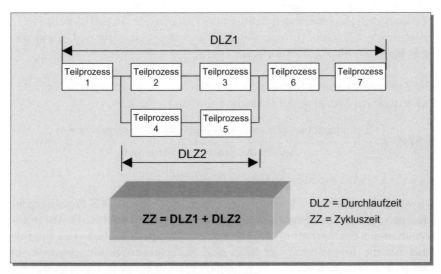

Abbildung 5-11: Durchlaufzeit (DZ) und Zykluszeit (ZZ)

2. Zeiteffizienz

Aus dem Verhältnis von Bearbeitungszeit und gesamter Durchlaufzeit kann die Zeiteffizienz ermittelt werden. Diese gibt Hinweise auf das Leistungsniveau eines Geschäftsprozesses.

- Zeiteffizienz $= \dfrac{\text{Bearbeitungszeit}}{\text{Durchlaufzeit}} \%$

Die Zeiteffizienz liegt in Geschäftsprozessen häufig unter 5 %. Werte in diesem Bereich weisen auf eine schlechte Performance hin. Ziel sollten Werte von 10 % sein. Werte über 10 % gelten als gut bis hervorragend.

Das Hauptanliegen muss sein, die Transfer- und Liegezeiten zu reduzieren und nicht „schneller zu arbeiten". Transfer- und Liegezeiten sind „Totzeiten", die keine Beiträge zur Wertschöpfung liefern. Besonderes Augenmerk verdienen Liegezeiten, da sie auf Mängel in der Prozesssteuerung hinweisen. Auch Bearbeitungszeiten enthalten häufig nicht wertschöpfende Anteile, wie z. B. Qualitätskontrollen. Gegenüber den Transfer- und Liegezeiten nehmen diese Zeitanteile jedoch einen deutlich geringeren Umfang ein.

3. Zykluszeit

Die Zykluszeit setzt sich aus der Summe der Durchlaufzeiten aller Prozessstrecken, auch die der zeitparallelen Teilprozesse und Tätigkeiten, zusammen (vgl. Thomas 1990, S. 27 f.). Im Falle parallel ablaufender Teilprozesse ist die Zykluszeit länger als die Durchlaufzeit. Gelingt es, die Zykluszeit zu verkürzen, so erhöht sich dadurch die Zeiteffizienz. In bestimmten Prozessen, wie z. B. dem Auftragsabwicklungsprozess, ist es sinnvoll, Zykluszeit und Durchlaufzeit zu messen.

Die Zykluszeit kann auf verschiedene Arten bestimmt werden. Die einfachste Form ist die Messung der statischen Zykluszeit (SZZ):

$$\bullet \; SZZ = \frac{\Sigma \; (\text{Endtermin} - \text{Beginntermin}) \; \text{über alle Prozessergebnisse in } (t_0 - t_{-1})}{\text{Anzahl der Prozessergebnisse in } (t_0 - t_{-1})}$$

$(t_0 - t_{-1})$ ist dabei die Messperiode, z. B. eine Woche.

Die statische Zykluszeit kommt zur Anwendung, wenn viele Prozessergebnisse pro Messperiode bereitgestellt werden und deren Durchlaufzeiten (Endtermin minus Beginntermin) im Vergleich zur Messperiode kurz sind. Ein Beispiel für die Anwendung der SZZ sind Auftragsabwicklungsprozesse, in denen die Aufträge schnell, d. h. innerhalb von ein bis zwei Tagen bearbeitet werden.

Wenn Messperiode und typische Durchlaufzeit etwa gleich lang sind und nur relativ wenige Prozessergebnisse in der Messperiode fertiggestellt werden (z. B. weniger als fünf Ergebnisse), verläuft die SZZ sehr unstetig. In diesem Fall ist das Messergebnis aussagefähiger, wenn die dynamische Zykluszeit (DZZ) gemessen wird:

$$\bullet \; DZZ = \frac{\text{Anzahl Prozessergebnisse in Arbeit am Ende der Messperiode } (t_0)}{\text{Anzahl fertiggestellter Prozessergebnisse in der Messperiode } (t_0 - t_{-1})}$$

Typische Anwendungen für die dynamische Zykluszeit sind die Abwicklung von Aufträgen, Bearbeitung von Änderungen sowie Behebung von Fehlern.

Geschäftsprozesse, in denen Projekte bearbeitet werden, erzielen innerhalb einer Messperiode oft keine Prozessergebnisse. Die Dauer bis zum Projektabschluss oder bis zum Erreichen eines Projektmeilensteins ist hier zumeist länger als eine Messperiode. In derartigen Fällen wird die Messung der Zykluszeit auf Basis von Arbeitspaketen durchgeführt (vgl. Schmelzer/Friedrich 1997). Die Arbeitspakete werden in Personenstunden bewertet und über die Projektlaufzeit terminlich eingeplant. In komplexen Projekten mit längeren Laufzeiten erfolgt die Planung der Arbeitspakete wegen des Aufwandes und der fehlenden Planungsgenauigkeit nicht detailliert für die gesamte Projektlaufzeit, sondern nur für ein definiertes Zeitfenster. Über dieses Zeitfenster hinaus werden die Arbeitspakete nur grob geplant. Das Zeitfenster sollte etwa den Faktor 10 größer als die Messperiode sein. Die Zykluszeit wird in diesem Fall als Arbeitspaket-Zykluszeit (AP-ZZ) bezeichnet. Sie wird wie folgt berechnet:

$$\bullet \ \text{AP-ZZ} = \frac{\text{Arbeitsvorrat am Ende Messperiode } (t_0) \times \text{Messperiode } (t_0 - t_{-1})}{\text{Arbeitsvorrat zu Beginn Messperiode } (t_{-1}) - \text{Arbeitsvorrat am Ende Messperiode } (t_0)}$$

Der Arbeitsvorrat ist definiert als die Summe der geplanten Personenstunden über alle betrachteten Arbeitspakete multipliziert mit dem Fertigstellungsgrad der Arbeitspakete. Dabei werden alle Arbeitspakete, die in dem Zeitfenster liegen, in die Summe einbezogen. Beträgt z. B. die Messperiode eine Woche, so wird das Zeitfenster auf zehn Wochen festgelegt. Dies bedeutet, dass am Ende der Messperiode in dem Arbeitsvorrat die Arbeitspakete berücksichtigt werden, die am Beginn der Messperiode in dem Zeitfenster von elf Wochen lagen. Um den Arbeitsvorrat zu berechnen, wird zum Messzeitpunkt der Fertigstellungsgrad der Arbeitspakete geschätzt. Er kann zwischen 0 (= 0 %) und 1 (= 100 %) liegen. Über die Angabe des Fertigstellungsgrades werden anteilig die begonnenen, aber noch nicht fertiggestellten Arbeitspakete in die Berechnung der Zykluszeit einbezogen.

Die Arbeitspaket-Zykluszeit lässt sich anschaulicher durch das Einführen der Prozessgeschwindigkeit darstellen:

$$\bullet \ \text{Prozessgeschwindigkeit} = \frac{\text{Arbeitsvorrat } (t_0 - t_{-1})}{\text{Messperiode } (t_0 - t_{-1})}$$

(Arbeitsvorrat $[t_0 - t_{-1}]$ bedeutet Arbeitsvorrat zu Beginn Messperiode $[t_{-1}]$ minus Arbeitsvorrat am Ende Messperiode $[t_0]$).

Beträgt die Messperiode eine „Woche", so hat die Prozessgeschwindigkeit die Einheit „abgearbeitete Personenstunden pro Woche". Die Arbeitspaket-Zykluszeit lässt sich dann definieren als:

$$\bullet \ \text{AP-ZZ} = \frac{\text{Arbeitsvorrat am Ende der Messperiode } (t_0)}{\text{Prozessgeschwindigkeit in der Messperiode } (t_0 - t_{-1})}$$

Die Arbeitspaket-Zykluszeit wird zumeist in Wochen gemessen. Bei einer Messung in Tagen sind Arbeitstage zugrunde zu legen.

Mit der Darstellung der Arbeitspaket-Zykluszeit lässt sich abschätzen, ob das noch zu erledigende Arbeitsvolumen termingerecht abgearbeitet werden kann oder nicht. Beträgt z. B. der Arbeitsvorrat am Ende der Messperiode 600 Personenstunden und ist die augenblickliche Prozessgeschwindigkeit 50 Personenstunden pro Woche, so beträgt die Zykluszeit zwölf Wochen. Dieser Wert ist mit der geplanten Zeit von zehn Wochen zu vergleichen. Um die geplante Durchlaufzeit und die Termine zu halten, ist es in diesem Fall notwendig, die Prozessgeschwindigkeit zu erhöhen.

Ein Ansteigen der Zykluszeit weist auf eine Überlastung des Geschäftsprozesses hin und signalisiert längere Durchlaufzeiten. Diese können zu einer Gefährdung vereinbarter Termine und einem Absinken der Termintreue führen. Auslöser für ein plötzliches Absinken der Prozessgeschwindigkeit können temporäre Prozessprobleme, kurzfristig angestiegenes Arbeitsvolumen oder die Reduzierung verfügbarer Ressourcen sein. Ein kontinuierliches Absinken weist auf chronische Prozessprobleme hin, die ihre Ursache in Fehlplanungen, einem Abbau der Ressourcen oder in einer Abnahme der Prozesseffizienz haben können.

Mögliche Maßnahmen zur Reduktion der Zykluszeit sind:

• Absenken bzw. zeitliches Strecken des Arbeitsvolumens,
• priorisierte und gesteuerte Einlastung der Bearbeitungsobjekte in den Geschäftsprozess, um eine Überlastung zu vermeiden,
• kontinuierliche Steigerung der Prozesseffizienz durch systematische Beseitigung zeitverbrauchender Barrieren,
• Erhöhung der Ressourcen, was allerdings zu Lasten der Prozesskosten geht.

4. Termintreue

Zeit ist in Geschäftsprozessen sowohl als Zeitdauer als auch als Zeitpunkt zu betrachten. Während mit der Durchlauf- und Zykluszeit die Zeitdauer der Leistungserstellung gemessen wird, gibt der Termin Auskunft über den Zeitpunkt der Leistungsbereitstellung. Eine aussagefähige Kennzahl zur Messung von Prozessterminen ist die Termintreue (TT). Hierunter wird der Anteil an Ergebnissen verstanden, die in einer Messperiode ohne Terminverzug fertiggestellt werden (siehe Abb. 5-12). Die Termintreue hat den Wert 1, wenn das Ergebnis ohne Terminverzug bereitgestellt wird. Sie ist gleich 0, wenn ein Terminverzug eingetreten ist.

$$\bullet \ TT\,(\%) = \frac{\sum \text{fertiggestellte Ergebnisse } (t_0 - t_{-1}) \text{ ohne Terminverzug}}{\sum \text{aller fertiggestellten Ereignisse } (t_0 - t_{-1})} \times 100$$

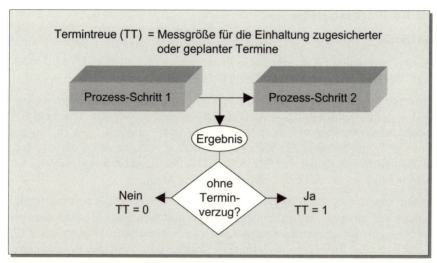

Abbildung 5-12: Messung der Termintreue

Terminverzögerungen verursachen Probleme in nachfolgenden Teilprozessen, Geschäftsprozessen oder direkt bei den Kunden. Deshalb sollte als Zielwert für die Termintreue 100 % angestrebt werden.

Mangelhafte Termintreue ist ein Signal für mangelhafte Terminplanung, Überlastung oder unzureichende Effizienz des Geschäftsprozesses. Nicht selten wird sie auch durch eine Kombination dieser Faktoren verursacht.

Maßnahmen zur Verbesserung der Termintreue sind weitgehend identisch mit den Maßnahmen zur Beeinflussung der Zykluszeit:

• bessere Planung der zu bearbeitenden Objekte (z. B. Aufträge, Beanstandungen, Entwicklungsprojekte),
• prioritätsgesteuerte Einlastung der Bearbeitungsobjekte,
• prioritätsgesteuerte Ressourcenzuteilung,
• Erhöhung der Ressourcen, was allerdings wieder zu Lasten der Prozesskosten geht.

Mit den Messgrößen Zykluszeit und Termintreue wird die Basis für kontinuierliche Leistungssteigerungen der Prozesse gelegt. Denn jede Verkürzung der Prozesszeit und Reduktion von Terminverzügen steigert die Kundenzufriedenheit und verbessert die Effizienz.

5.2.1.4 Prozessqualität

Bedeutung

Hohe Prozessqualität sichert hohe Prozesseffizienz und hohe Produktqualität. Voraussetzung dafür sind beherrschte Prozesse.

Prozesse werden beherrscht, wenn Fehler, Beanstandungen, Terminverzüge und sonstige Fehlleistungen weitgehend vermieden werden. Die Fehlleistungskosten betragen in Unternehmen nicht selten jährlich 8 bis 10 % vom Umsatz. In der Siemens AG wäre das ein Betrag in Höhe von 8 bis 10 Mrd. DM jährlich (vgl. Krubasik 1999, S. 11). Das Potenzial zur Steigerung der Effizienz ist allein bei der Prozessqualität enorm hoch.

Fehler treten auf, wenn in Geschäftsprozessen festgelegte Kundenanforderungen und sonstige Anforderungen nicht erfüllt werden. Aber auch die Anforderungen selbst können Gegenstand von Fehlern sein. Dies ist der Fall, wenn z. B. die Anforderungsdefinition (Lastenheft) nicht die Erwartungen und Wünsche der Kunden widerspiegelt oder unvollständig und ungenau beschreibt. Die Folge dieser Defizite sind Produkte, die „am Markt vorbei" entwickelt werden oder Leistungsmerkmale, für die die Kunden nicht den gewünschten Preis zahlen.

> Hohe Prozessqualität bedeutet, Fehler und Fehlleistungskosten von vornherein zu vermeiden. Diese Ziel verfolgt auch das „Null Fehler"-Prinzip. Null Fehler sind allerdings nur schwer zu erreichen. Trotzdem sollte dieses Ziel angestrebt werden. Wichtige Instrumente auf diesem Weg sind Reviews, Prüfungen und Tests, mit deren Hilfe Fehler frühzeitig erkannt werden können.

Bei einer Früherkennung können Fehler noch mit relativ geringen Kosten behoben werden. Jedoch sind damit auch Kosten verbunden, die nicht wertschöpfend sind. Deshalb ist der beste Weg, das Fehlerniveau niedrig zu halten, um dadurch sowohl Vorbeugungs- als auch Fehlerkosten zu minimieren.

Messung

In der Praxis wird die Prozessqualität über verschiedene Kenngrößen wie z. B. Fehlerraten, Qualitätskosten oder First Pass Yield (FPY) ermittelt.

Bei der Fehlerrate werden die fehlerhaften Prozessergebnisse auf die Gesamtsumme der Prozessergebnisse bezogen. Sie wird in Prozent oder in „parts per million" (ppm) angegeben.

Qualitätskosten werden traditionell in Fehlerverhütungskosten (Vorbeugungskosten), Prüfkosten und Fehlerkosten (Kontrollkosten) unterteilt. In der Praxis bereitet diese Aufteilung Probleme, da diese Kostenkomponenten unterschiedlich auf die Qualität wirken. Während die Fehlerverhütungskosten positiv zu beurteilen sind, da sie helfen, Fehler zu vermeiden, verbergen sich hinter den Fehlerkosten und einem Teil der Prüfkosten Fehlleistungen, die die Effizienz mindern. Eine Optimierung der Summe aus den drei Komponenten macht deshalb keinen Sinn.

Zielführender ist die Aufteilung der Qualitätskosten in (vgl. u. a. Wildemann 1993):

• Präventivkosten: Kosten der Übereinstimmung der Qualität und
• Fehlleistungskosten: Kosten der Abweichung der Qualität.

Mit präventiven Maßnahmen sollen das Erreichen der Qualitätsziele gesichert, Fehler vermieden (Ziel: Null Fehler) und die Wertschöpfung erhöht werden. Kosten der Übereinstimmung dienen dazu, Fehlleistungskosten zu reduzieren bzw. zu eliminieren und die Summe aus Präventiv- und Fehlleistungskosten zu minimieren. Die präventive Qualitätssicherung ist ein wichtiger Hebel zur Steigerung der Prozessqualität.

Fehlleistungskosten entstehen als Folge von Abweichungen von den Qualitätszielen. Hierunter fallen Kosten für das Suchen und Beseitigen von Fehlern und Fehlerursachen. Sie werden durch Multiplikation von Mehrmengen und Mehrzeiten mit den entsprechenden Wertansätzen ermittelt. Vorteilhaft ist, wenn dabei auf Prozesskostensätze zurückgegriffen werden kann, um realitätsnahe Werte zu erhalten. Die Höhe der Fehlleistungskosten sowie ihre Entwicklung im Zeitablauf geben Hinweise auf Schwachstellen in Geschäftsprozessen, zeigen Handlungsbedarf auf und spiegeln die finanzielle Wirkung qualitätsverbessernder Maßnahmen wider.

Fehlleistungskosten haben als Kennzahl jedoch einige Schwächen. Ihre Aussagekraft leidet häufig an der unvollständigen und ungenauen Kostenerfassung und -zurechnung. Die Ergebnisse sind wesentlich aussagefähiger, wenn die Fehlleistungskosten auf Basis von Prozesskosten ermittelt werden. Oft fehlt auch die notwendige Life-Cycle-Betrachtung der Fehlleistungskosten. Zusätzlich besteht ein Zeitproblem. Zwischen Fehlerentstehung und Berichterstattung der Fehlleistungskosten liegt zumeist ein erheblicher zeitlicher Abstand, der einer schnellen Fehlerbehebung und Ursachenbeseitigung im Wege steht.

Günstiger als Qualitätskosten sind Messgrößen, die sich unmittelbar auf Qualitätsabweichungen beziehen und direkt aus den Geschäftsprozessen ableitbar sind. Zu diesen Messgrößen zählt der First Pass Yield (FPY).

Unter FPY wird der Prozentsatz an Ergebnissen verstanden, die bereits im ersten Prozessdurchlauf korrekt sind und keine Nacharbeit erfordern (vgl. Thomas 1991, S. 117 f.; siehe Abb. 5-13). Ist das Prozessergebnis korrekt, hat der FPY den Wert 1, im umgekehrten Fall den Wert 0. Auftragsklärun-

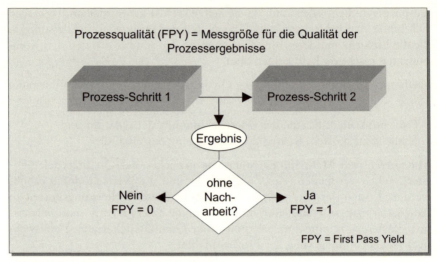

Abbildung 5-13: Messung der Prozessqualität

gen, Vertragskorrekturen, Korrektur fehlerhafter Einbuchungen, nachträgliche Komplettierung fehlerhafter oder unvollständiger Auslieferungen sind Beispiele für einen FPY= 0.

Der FPY wird wie folgt errechnet:

$$\bullet \; \text{FPY (\%)} \; = \; \frac{\Sigma \text{ fertiggestellte Ergebnisse } (t_0 - t_{-1}) \text{ ohne Nacharbeit}}{\Sigma \text{ aller fertiggestellten Ergebnisse } (t_0 - t_{-1})} \times 100$$

Die Prozessqualität eines Geschäfts- bzw. Teilprozesses ergibt sich aus der Multiplikation der FPY's der Teilprozesse bzw. Prozessschritte. Ein FPY eines Geschäftsprozesses von über 90 % ist ein sehr guter Wert. Bei Beginn der Messungen liegen die FPY's nicht selten bei 20 bis 30 %, werden dann aber durch Leistungssteigerungen im Rahmen des Geschäftsprozessmanagements relativ schnell auf 60 bis 70 % angehoben. Darüber hinausgehende Steigerungen erfordern zumeist erhebliche Anstrengungen. Wichtig ist, die Abweichungen von einem FPY kleiner 100 % zu analysieren, um die Ursachen festzustellen und zu beseitigen.

Die Bestimmung des FPY basiert auf der individuellen Einschätzung der für die Arbeits- und Prozessergebnisse Verantwortlichen. Die Zuverlässigkeit der Aussage steigt, wenn die Ergebnisse durch Reviews überprüft und dabei die FPY-Werte vergeben werden. Aber auch Reviews können nicht alle Fehler aufdecken. In Produktentwicklungsprozessen werden viele Fehler erst im System- und Feldtest entdeckt, so dass der FPY des Gesamtprozesses entsprechend niedrig ausfällt. Aus dem Vergleich der ursprünglich angegebenen FPY's mit denen aus dem System- und Feldtest lässt sich die Güte der Ersteinschätzung ablesen. Ein FPY kleiner 70 % und häufige Korrekturen der Ersteinschätzung signalisieren akuten Handlungsbedarf, die Planungs- und Durchführungsqualität des Geschäftsprozesses zu verbessern.

Der FPY steht in direkter Beziehung zu den Fehlleistungs- oder Mehrkosten. Wird der FPY gesenkt, so reduzieren sich auch die Fehlleistungskosten. Der FPY eignet sich deshalb gut als Basis für die kontinuierliche Senkung der Fehlleistungskosten. Darüber hinaus trägt er dazu bei, die Kundenzufriedenheit zu erhöhen.

Jeder Fehler beeinträchtigt die Erwartungen der Kunden, unabhängig davon, ob er bei externen Kunden oder bei internen Kunden auftritt. Enttäuschte Kunden werden leicht zu unzufriedenen Kunden, die bei der nächsten Kaufentscheidung ein anderes Produkt vorziehen bzw. sich für einen anderen Lieferanten entscheiden. Eine Verbesserung des FPY wirkt sich aber nicht nur auf die Kundenzufriedenheit, sondern auch auf die Prozesszeiten positiv aus, da zusätzliche Zeiten für die Bearbeitung von Korrekturen, Fehlern und Klärungen minimiert werden.

5.2.1.5 Prozesskosten

Prozesskosten und Prozesskostenrechnung

Kosten dienen dazu, betriebliche Leistungen monetär zu bewerten und Schwachstellen der Leistungserstellung zu erkennen. Die Aussagekraft der Kosten hängt wesentlich von dem angewandten Kostenrechnungssystem ab. Gefordert wird, dass die Kosten den betrieblichen Leistungen möglichst verursachungsgerecht, d. h. in Abhängigkeit von den beanspruchten Ressourcen zugerechnet werden.

Die traditionelle Kostenrechnung wird dem Verursachungsprinzip nur teilweise gerecht. Der Grund ist die pauschale Umlegung der Gemeinkosten auf der Basis von Einzelkosten. Die so ermittelten Kosten spiegeln oft nicht den wahren Ressourcenverbrauch wider.

Die pauschale Zurechnung wäre akzeptabel, wenn die Gemeinkosten deutlich niedriger als die Einzelkosten lägen und eine Proportionalität zwischen Einzel- und Gemeinkosten bestehen würde. In der Praxis ist dies in der Regel nicht der Fall. Gemeinkosten, wie z. B. Kosten der Forschung und Entwicklung, der Beschaffung, der Logistik, des Vertriebs, der Verwaltung, der Qualitätssicherung und des Service übersteigen heute deutlich die Einzelkosten, wie z. B. Lohneinzelkosten oder Materialeinzelkosten.

Die traditionelle Zuschlagsrechnung ermittelt die Kosten für die Bearbeitung eines Auftrages, die Behebung eines Fehlers oder die Auslieferung eines Ersatzteiles nicht verursachungsgerecht und wirklichkeitsnah. Für betreuungsintensive oder komplexe Produkte und Varianten werden in der Regel zu niedrige Kosten und für relativ einfache Produkte und Varianten zu hohe Kosten ermittelt. Damit ist die Gefahr von Fehlentscheidungen gegeben. Dies trifft besonders auf Leistungen zu, die in Geschäftsprozessen mit einem hohen Anteil an Gemeinkosten erzeugt werden. Dazu zählen besonders Produktplanungs-, Entwicklungs-, Vertriebs- und Serviceprozesse.

Im Unterschied zur traditionellen Zuschlagsrechnung werden in der Prozesskostenrechnung die Gemeinkosten den Leistungen in Abhängigkeit von der Inanspruchnahme der Prozessressourcen zugeteilt (vgl. zur Prozesskostenrechnung u. a.: Horváth/Mayer 1989; Horváth & Partner 1998). Anstelle pauschaler Zuschläge werden hier die Gemeinkosten differenziert zugeordnet.

> Die Prozesskostenrechnung liefert nicht nur verursachungsgerechtere Ergebnisse, sondern unterstützt auch das prozessuale Vorgehen, indem sie die Verbindung zwischen Prozessleistungen, Ressourcenverbrauch und wirtschaftlichem Ergebnis herstellt.

Sie gibt Auskunft darüber, welche Ressourcen Geschäftsprozesse, Teilprozesse und Prozessschritte verbrauchen und welche Kosten sie verursachen, wie z. B. für die:

- Beantwortung einer Kundenanfrage,
- Bearbeitung eines Kundenauftrages,
- Erstellung eines Lastenheftes,
- Entwicklung einer Produktversion,
- Fertigung einer Produktvariante,
- Verwaltung einer Teilenummer,
- Behebung eines Fehlers,
- Durchführung einer Änderung,
- Installation oder Wartung eines Systems.

Die Prozesskostenrechnung steigert die Kostentransparenz erheblich und liefert bessere Informationen z. B. für Entscheidungen über:

- Dimensionierung und Allokation der Ressourcen,
- Bereinigung des Produktprogramms,
- Reduktion oder Ausweitung von Varianten,
- Neuentwicklung von Produkten,
- Auswahl und Abbruch von Entwicklungsprojekten,
- Preisfindung von Produkten und Dienstleistungen,
- Auswahl von Investitionsalternativen,
- Make or Buy von Produkten oder Produktkomponenten.

In der Prozesskostenrechnung wird zwischen leistungsmengeninduzierten (lmi) und leistungsmengenneutralen (lmn) Gemeinkosten unterschieden. Die leistungsmengeninduzierten Kosten fallen proportional zur Leistungsmenge eines Prozesses an. So besteht beispielsweise ein direkter Zusammenhang zwischen der Zahl der Kundenaufträge und der für ihre Bearbeitung benötigten Personal- und Rechnerkapazität. Steigt die Zahl der Aufträge, so wird die verfügbare Kapazität mehr ausgelastet oder aber es besteht bei einer Grenzbelastung die Notwendigkeit, die Kapazität zu erhöhen. Bei sinkender Auftragszahl entsteht eine Unterauslastung.

Die leistungsmengenneutralen Kosten fallen unabhängig von der Leistungsmenge an und müssen deshalb von allen Prozessleistungen getragen werden. Sie haben fixen Charakter. Hierunter fallen Kosten für Planung, Kontrolle, Steuerung und Koordination der Geschäftsprozesse sowie Mitarbeiterführung und Weiterbildung. Durch die Differenzierung der Kosten in leistungsmengeninduzierte (mengenvariable) und leistungsmengenneutrale (mengenfixe) Anteile wird eine größere Transparenz über wertschöpfende und nicht wertschöpfende Tätigkeiten in Prozessen hergestellt.

Prozesskosten geben konkrete Anhaltspunkte für Prozessverbesserungen. Sie weisen auf ineffiziente, überdimensionierte oder überflüssige Prozessaktivitäten hin.

Über den Vergleich von budgetierten mit verrechneten Kosten geben sie Auskunft über die Ressourcenauslastung und zeigen bei rückgängigen Leistungsmengen anhand der Leerkosten auf, wo Kapazitätsanpassungen notwendig sind. Anhaltspunkte für Effizienzsteigerungen geben auch die leistungsmengenneutralen Prozesskosten. Hinter ihnen verbirgt sich nicht selten vermeidbarer Overhead.

Prozesskosten zeigen, wie sich Veränderungen der nicht-finanziellen Leistungsparameter Kundenzufriedenheit, Prozesszeit, Termintreue und Prozessqualität monetär auswirken. Aus diesem Grunde sollten die fünf Leistungsparameter immer im Zusammenhang dargestellt und ausgewertet werden.

Die Verwendung der Prozesskosten als isolierter bzw. einziger Leistungsparameter weist dagegen folgende Nachteile auf:

• Kostendaten stehen häufig erst mit großem zeitlichen Abstand zum Entstehungszeitpunkt zur Verfügung, was eine ereignisnahe Steuerung der Geschäftsprozesse erschwert bzw. unmöglich macht.

• Prozesskosten beruhen auf verdichteten Daten, aus denen nicht direkt die Ursachen für Ineffektivität und Ineffizienz in Geschäftsprozessen ableitbar sind.

• Bei Zuordnungsproblemen von Kostenstellen zu Geschäftsprozessen oder Teilprozessen ist die Aussagekraft der Prozesskosten eingeschränkt.

• Prozesskosten stellen für Prozessmitarbeiter eine abstrakte Größe dar, die keinen unmittelbaren Einblick in den operativen Prozessablauf und die Abwicklung ihrer Aufgaben gewährt. Sie sind deshalb zur Selbststeuerung nur bedingt geeignet.

Wegen des relativ hohen Ermittlungsaufwandes und der langsameren Reaktion auf Änderungen werden Prozesskosten im Vergleich zu Prozesszeiten, Termintreue und Prozessqualität weniger häufig gemessen. Im Allgemeinen reicht die quartalsweise Erfassung der Prozesskosten aus.

Einführung der Prozesskostenrechnung

Bei der Einführung der Prozesskostenrechnung ist in folgenden Schritten vorzugehen (siehe Abb. 5-14):

In Schritt 1 und 2 sind die Geschäftsprozesse zu identifizieren sowie deren Struktur (Teilprozesse, Prozessschritte, Arbeitsschritte), Objekte und Verantwortlichen festzulegen. Die Schritte sind identisch mit denen bei der Einführung des Geschäftsprozessmanagements.

In Schritt 3 sind den Geschäfts- und Teilprozessen und ggf. Prozessschritten Kostenstellen zuzuordnen. Da die Prozesskostenrechnung auf der traditionellen Kostenarten- und Kostenstellenrechnung aufbaut, können in vielen Fällen die bestehende Kostenstellenstruktur sowie die Ergebnisse der vorhandenen Kostenstellen- und Kostenartenrechnung verwendet werden. Günstig ist, jeweils für einen Teilprozess oder Prozessschritt eine eigene Kostenstelle einzurichten.

Nach der Zuordnung der Kostenstellen zu Teilprozessen sind in Schritt 4 die Prozesskosten je Teilprozess bzw. Prozessschritt aus der Kostenstellen- und Kostenartenrechnung zu ermitteln. Falls bestimmte Kostenarten nur prozess-

1. Definition von Geschäftsprozessen mit Teilprozessen, Prozessschritten und Objekten (Leistungsarten)

2. Festlegung von Verantwortlichen für Geschäfts- und Teilprozesse

3. Zuordnung von Kostenstellen zu Teilprozessen und Prozessschritten

4. Ermittlung der Gesamtkosten für Teilprozesse und Prozessschritte

5. Bestimmung von Bezugsgrößen (Kostentreiber, Einflussgrößen) für die Zurechnung der Prozesskosten auf Prozessleistungen

6. Planung der Leistungsmengen für Teilprozesse und Prozessschritte

7. Ermittlung der mengenabhängigen und mengenunabhängigen Kosten in den Kostenstellen der Teilprozesse und Prozessschritte

8. Planung der Prozesskosten auf Basis der geplanten Prozessmengen

9. Ermittlung der Prozesskostensätze

10. Kalkulation der Prozessleistungen auf Basis der Prozesskostensätze

Abbildung 5-14: Vorgehen der Prozesskostenrechnung

übergreifend ausgewiesen werden, sind diese über Bezugsgrößen oder Verrechnungssätze zuzuordnen. Dabei ist die tatsächliche Inanspruchnahme der Kostenart zu berücksichtigen. Wird eine Kostenstelle von mehreren Teilprozessen bzw. Prozessschritten in Anspruch genommen, ist eine Kostenaufteilung über geeignete Schlüsselgrößen vorzunehmen. In vielen Fällen bietet sich an, die Kostenstellenkosten nach der beanspruchten Personalkapazität zuzuordnen (z. B. Arbeitsaufwand in Personenjahren oder Personenjahren je Teilprozess oder Prozessschritt). Die bessere Lösung ist, die Kostenstellen so festzulegen, dass sich eine Kostenverteilung erübrigt.

In Schritt 5 sind die Bezugsgrößen je Teilprozess bzw. Prozessschritt zu bestimmen. Wie bereits erwähnt, stellen Bezugsgrößen (auch Kosteneinflussfaktoren oder Kostentreiber genannt) eine mengenabhängige Beziehung zwischen Prozessleistung und Kostenentstehung her. Sie beeinflussen über ihre Menge den Ressourcenverbrauch und damit die Höhe der Prozesskosten. Beispiele für Bezugsgrößen in Auftragsabwicklungsprozessen sind Anzahl Kundenaufträge, Bestellungen, Einlagerungen, Kundenrechnungen, Auslieferungen und Installationen. Bezugsgrößen in Produktentwicklungsprozessen können beispielsweise Anzahl Pflichtenhefte, getestete Komponenten, Integrationstests oder Pilotserien sein. Für jeden Teilprozess bzw. Prozessschritt sollte nur eine Bezugsgröße festgelegt werden. An Bezugsgrößen werden folgende Anforderungen gestellt:

• sie sollen eine reale Prozessgröße darstellen,
• sie sollen im direkten Zusammenhang mit der Prozessleistung stehen,
• ihre Menge soll sich proportional zur Beanspruchung der Prozessressourcen verhalten,
• sie sollen über einen längeren Zeitraum Gültigkeit haben,
• sie sollen eine aussagefähige Kennzahlenbildung ermöglichen.

Diese Anforderungen erfüllen in der Regel die Bearbeitungsobjekte der Teilprozesse bzw. Prozessschritte. Sie eignen sich deshalb gut als Bezugsgrößen. Im Rahmen des Geschäftsprozessmanagements werden die Bearbeitungsobjekte top-down definiert. Zunächst werden die Objekte der Geschäftsprozesse, dann die der Teilprozesse, dann die der Prozessschritte usw. festgelegt. Dabei wird die Frage beantwortet, welche Prozesse und Objekte erforderlich sind, um die Kundenanforderungen bzw. -erwartungen zu erfüllen. Das Vorgehen ermöglicht eine kundenorientierte Bestimmung der Objekte. Dadurch kann ein direkter Bezug zum Target Costing hergestellt werden. Dies bietet die Möglichkeit, den Geschäftsprozessen marktorientierte Zielkosten vorzugeben.

Im Unterschied zum Geschäftsprozessmanagement werden bei der isolierten Einführung der Prozesskostenrechnung die Prozessstrukturen und Kostentreiber bottom-up festgelegt. Die Ausgangsbasis bildet die Tätigkeitsanalyse in den Kostenstellen. Der Kundenbezug ist bei dem bottom-up Vorgehen nur schwer herzustellen. Ebenso stößt die kostenmäßige Beurteilung von Kundenleistungen auf Schwierigkeiten. Auch lässt sich dieses Vorgehen nur schwer mit dem Target Costing verbinden.

In Schritt 6 sind für die Bezugsgrößen der Teilprozesse bzw. Prozessschritte die Leistungsmengen zu planen. Die Leistungsmenge gibt an, welches Volumen der zugrunde gelegten Bezugsgröße innerhalb eines bestimmten Zeitraumes bearbeitet wird.

Schritt 7 dient der Ermittlung der mengenabhängigen und mengenunabhängigen Gemeinkosten je Kostenstelle. Mit deren Kenntnis können die Prozesskosten der geplanten Leistungsmengen ermittelt werden.

Bei der Festlegung des Prozesskostensatzes in Schritt 8 werden die leistungsmengenabhängigen Prozesskosten eines Teilprozesses bzw. Prozessschrittes der geplanten Leistungsmenge gegenübergestellt. Der Prozesskostensatz weist die Prozesskosten pro Leistungsmengeneinheit aus. Die so ermittelten Prozesskostensätze ermöglichen es, die Kosten der Prozessleistungen pro Teilprozess bzw. Prozessschritt zu kalkulieren und Plan-Ist Abweichungen festzustellen.

Die Prozesskosten eines Geschäftsprozesses werden durch Addition der leistungsmengenabhängigen Kosten der Teilprozesse bzw. Prozessschritte ermittelt. Der Prozesskostensatz des Geschäftsprozesses ergibt sich aus der Division der leistungsmengenabhängigen Kosten des Geschäftsprozesses durch seine geplante Leistungsmenge. Der Prozesskostensatz je Geschäftsprozess beziffert die Kosten für einen Prozessdurchlauf bzw. für die Erstellung einer Leistungseinheit. Diese Kosten bilden u. a. die Basis für die interne Leistungsverrechnung.

Das Beispiel in Abbildung 5-15 verdeutlicht vereinfacht den beschriebenen Ablauf anhand von Zahlenwerten.

Bei dem Vorgehen werden die leistungsmengenneutralen Gemeinkosten proportional zu den leistungsmengeninduzierten Kosten umgelegt. Nachteilig ist, dass dadurch der leistungsmengeninduzierte Prozesskostensatz verfälscht wird. Die bessere Alternative ist, die leistungsmengenneutralen Gemeinkosten in einem Block zu erfassen und dann mit prozentualen Zuschlägen auf die Gesamtsumme aus Einzel- und Prozesskosten der Kalkulationsobjekte zu verteilen.

Vorteilhaft ist, die Prozesskostenrechnung schrittweise als Ergänzung des vorhandenen Kostenrechnungssystems einzuführen. Zunächst sollte mit den kostenintensivsten Geschäftsprozessen begonnen werden. Zumeist sind dies der Auftragsabwicklungs- und der Produktentwicklungsprozess.

Teilprozesse	Kosten-treiber (Prozess-objekt)	Maß-größe	Leistungs-menge	Kapazität MJ	Plan-prozess-kosten (TDM)	Prozess kostensatz lmi (DM)
Beschaffung Fremdhan-delsware A	Eingangs-rechnung	Rech-nungs-position	1.920	2,21	317	166
Warenein-gangsprüfung Fremdhan-delsware A	Eingangs-rechnung	Rech-nungs-position	1.920	0,83	130	68
Beschaffung Gemein-kosten-material	Eingangs-rechnung	Rech-nungs-position	10.416	2,71	386	37

Abbildung 5-15: Beispiel für die Ermittlung von leistungsmengeninduzierten (lmi) Prozess-kostensätzen in einem Auftragsabwicklungsprozess

Der Einführungsaufwand hängt wesentlich von der jeweiligen Organisa-tionsstruktur, der Kostenstellenstruktur, dem Reifegrad der Geschäftsprozes-se und dem vorhandenen Kostenrechnungssystem ab.

Mit der Einführung des Geschäftsprozessmanagements werden erhebliche Vorleistungen für die Prozesskostenrechnung erbracht:

- Definition von Geschäftsprozessen,
- Definition der Bearbeitungsobjekte und damit Bestimmung von Bezugsgrö-ßen (Kostentreiber, Einflussgrößen) für die Zuordnung der Prozesskosten auf die Prozessleistungen,
- Festlegung von Verantwortlichen für Geschäfts- und Teilprozesse,
- Festlegung der geplanten Leistungsmengen je Geschäfts- und Teilprozess,
- Messung der Prozessleistungen,
- Aufbau des Prozessberichtswesens,
- Stabilisierung der Geschäftsprozesse.

Die Aufwendungen für die Einführung der Prozesskostenrechnung sind im Rahmen des Geschäftsprozessmanagements relativ gering. Das Kosten-Nutzen-Verhältnis ist deutlich günstiger als wenn Geschäftsprozesse spe-ziell für die Anwendung der Prozesskostenrechnung eingeführt werden. Trotz ihrer Nachteile ist die isolierte Einführung der Prozesskostenrech-nung weit verbreitet. Die vielfältigen Vorteile des Geschäftsprozessma-nagements bleiben dabei ungenutzt.

Prozesskostenrechnung in Deutschland

Nach einer umfassenden empirischen Untersuchung, die R. Stoi 1998 durchgeführt hat, lassen sich die eingeführten Prozesskostenrechnungen in deutschen Unternehmen wie folgt charakterisieren (vgl. Stoi 1999, S. 54 ff.):

- Verfolgte Zielsetzungen (0 = keine Bedeutung bis 4 = sehr hohe Bedeutung):
  - Erhöhung der Kostentransparenz: 3,5,
  - Verbesserung der Produktkalkulation: 3,01,
  - Optimierung der Geschäftsprozesse: 3,0,
  - Verbesserung der Ergebnisrechnung: 2,82,
  - Erhöhung der Produktrentabilität: 2,48,
  - Senkung des Gemeinkostenanteils: 2,47,
  - Leistungsmessung und bessere Steuerbarkeit der indirekten Bereiche 2,37.
- Durchschnittliches Alter der Einführung:
  - im Durchschnitt 3,5 Jahre,
  - 53 % haben nach 1995 mit der Einführung begonnen.
- Einsatzfelder:
  - Produktkalkulation: 78 %,
  - Kostensenkung: 77 %,
  - Ergebnisrechnung: 56 %,
  - innerbetriebliche Leistungsverrechnung: 56 %,
  - Benchmarking: 56 %,
  - Performance Measurement: 54 %,
  - Budgetierung: 53 %,
  - Produktentwicklung: 53 %,
  - Analyse der Kundenrentabilität: 43 %.
- Funktionsbereiche:
  - Logistik: 47 %,
  - Beschaffung: 38 %,
  - Lagerwesen: 37 %,
  - Fertigung: 34 %,
  - Arbeitsvorbereitung: 34 %,
  - Qualitätssicherung: 33 %,
  - Vertrieb: 32 %,
  - Vorkalkulation: 29 %,
  - Interne Revision, Controlling: 27 %,
  - Versand: 23 %,
  - Forschung und Entwicklung: 22 %.
- Einsatzbreite:
  - gesamtes Unternehmen: 23 %,
  - Teilbereiche: 77 %.
- Einsatzart:
  - als Pilotstudie: 19 %,

- fallweiser Einsatz parallel zum bestehenden Kostenrechnungssystem: 30 %,
- laufender Einsatz: 51 %,
- parallel zum bestehenden Kostenrechnungssystem: 16 %,
- integrierter Einsatz im Rahmen der Kalkulation und Ergebnisrechnung: 35 %.
• Softwareunterstützung:
  - Tabellenkalkulation, Datenbanken: 49 %,
  - vorhandene Software des Rechnungswesens: 36 %,
  - Standardsoftware (CO-ABC Modul, SAP/R3, Prozessmanager): 25 %.
• Erfolg der Einführung:
  - hoher und sehr hoher Erfolg: 46 %,
  - mittelmäßiger Erfolg: 41 %,
  - geringer und sehr geringer Erfolg: 13 %.
• Erfolgsfaktoren der Einführung:
  - Unterstützung durch Unternehmensleitung: 82 %,
  - klare Zieldefiniton der Einführung: 76 %,
  - offene Kommunikation der Projektziele: 73 %,
  - frühzeitige Einbeziehung der Mitarbeiter: 67 %,
  - kurze Projektdauer: 54 %,
  - interdisziplinäre Zusammenarbeit: 42 %,
  - Schulung der Mitarbeiter: 34 %.
• Problemfelder der Einführung:
  - Messung der Maßgrößen/Cost Driver: 56 %,
  - Definition der Maßgrößen: 45 %,
  - IuK-Unterstützung: 41 %,
  - unzureichende Ressourcen: 35 %.
• Erzielte Wirkungen (−2 = starke Verschlechterung bis + 2 = starke Verbesserung):
  - Erhöhung Kosten- und Leistungstransparenz: 1,57,
  - Verbesserung der Produktkalkulation: 1,22,
  - Optimierung Geschäftsprozesse: 0,99,
  - Verbesserung Ergebnisrechnung: 0,99,
  - Leistungsmessung indirekte Bereiche: 0,82,
  - Erhöhung der Produktrentabilität: 0,75,
  - bessere Steuerbarkeit der indirekten Bereiche: 0,72,
  - Verringerung der Produktkomplexität: 0,59.

Die Angaben zu den Einsatzfeldern, Funktionsbereichen, Einsatzbreite, Einsatzart und Wirkungen lassen vermuten, dass in den befragten Unternehmen die Prozesskostenrechnung in den meisten Fällen isoliert und nicht im Rahmen eines integrierten Geschäftsprozessmanagements eingesetzt wird.

5.2.2 Festlegung der Prozessziele

5.2.2.1 Vorgehensweise

Eine weitere wichtige Aufgabe der Prozessplanung ist die Festlegung der Zielwerte für die Geschäftsprozesse. Diese beziehen sich auf die Leistungsparameter und die korrespondierenden Prozessmessgrößen. Für die Planung der Prozessziele bieten sich zwei Vorgehensweisen an (vgl. Abb. 5-16):

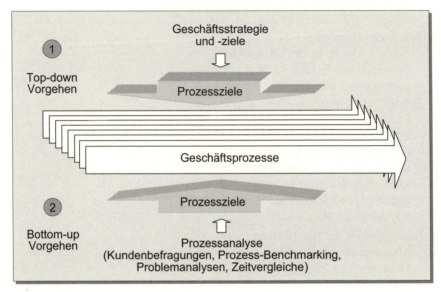

Abbildung 5-16: Vorgehen bei der Planung von Prozesszielen

- Top-down Zielplanung
  – Ableitung der Prozessziele aus der Geschäftsstrategie und den Geschäftszielen.
- Bottom-up Zielplanung
  – Ableitung der Prozessziele:
    – aus Kundenbefragungen, die Aufschluss über die Zufriedenheit der Kunden mit den bereitgestellten Prozessleistungen geben,
    – aus Prozess-Benchmarking, das Auskunft über die Leistung der eigenen Geschäftsprozesse im Vergleich mit Geschäftsprozessen von Wettbewerbern oder „best-practice"-Unternehmen gibt,
    – aus Problemanalysen, die Auskunft über die Verbesserungspotenziale in den Geschäftsprozessen geben,
    – aus Zeitvergleichen, die Auskunft über die Leistungsentwicklung in der Vergangenheit geben,
    – aus einer Kombination von Informationsquellen: Kundenbefragungen, Prozess-Benchmarking, Problemanalysen, Zeitvergleiche.

Der bessere Weg ist, Prozessziele top-down aus der Geschäftsstrategie abzuleiten. Damit wird sichergestellt, dass die Geschäftsprozesse die Erreichung der Geschäftsziele unterstützen. Voraussetzung dafür ist, dass die Geschäftsstrategie mindestens einmal jährlich geplant bzw. aktualisiert wird.

Bei beiden Vorgehensweisen ist darauf zu achten, dass die Prozessziele einen ausreichenden Grad an Operationalität aufweisen, d. h. zur Bewertung der Prozessleistung und zur Beurteilung und Auswahl von Handlungsalternativen geeignet sind. Dies ist der Fall, wenn:

• Prozessziele auf die jeweiligen Prozessmessgrößen und Prozessobjekte Bezug nehmen.
• Zieldimension und Zielausmaß festgelegt sind:
  – In welchem Umfang sind die Prozessziele zu erreichen?
  – Wie wird die Zielerreichung gemessen?
• Die Zielprioritäten festgelegt sind:
  – Welches Gewicht haben die Ziele?
• Die Zielbeziehungen bekannt sind:
  – In welcher Beziehung stehen Prozessqualität, Prozesszeit, Prozesskosten und Kundenzufriedenheit zueinander?
• Ein Zeitpunkt für die Erreichung der Ziele festgelegt ist:
  – Bis wann sind die Ziele zu erreichen?

5.2.2.2 Top-down Vorgehen

Strategische Geschäftsplanung

Die Zielplanung nach dem top-down Vorgehen setzt eine strategische Geschäftsplanung voraus. Teilbereiche der Siemens AG führen diese Planung nach dem in Abbildung 5-17 dargestellten Vorgehen durch. Der Vorteil dieses Vorgehens liegt in der systematischen Analyse von Markt, Wettbewerbern und Trends. Darauf aufbauend werden die Erfolgsfaktoren (driving economic factors), Handlungsoptionen, Geschäftsplan und die Geschäftsziele des Geschäftes festgelegt. Die Geschäftsziele werden in einer Balanced Scorecard zusammengefasst. Das Vorgehen wurde in der Siemens AG mit Unterstützung externer Berater entwickelt.

Balanced Scorecard

Unter Balanced Scorecard wird eine strukturierte Sammlung von Kennzahlen (Ziel- und Messgrößen) verstanden, die dem Management eine schnelle und gleichzeitig umfassende Sicht des Unternehmens vermittelt (vgl. Kaplan/ Norton 1997 und Kapitel 1.4). Die Balanced Scorecard dient der Strategieumsetzung, nicht der Strategiefindung. Ziel der Balanced Scorecard ist es, mit

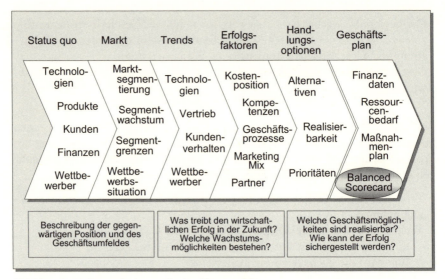

Abbildung 5-17: Strategieplanung in der Siemens AG

Hilfe relativ weniger Kennzahlen das gesamte Unternehmen strategiekonform zu steuern. Dabei wird besonderes Gewicht auf die Verbindung zwischen strategischen und operativen Zielen sowie die Kontrolle der Strategieumsetzung gelegt. „Balanced" bedeutet, dass die abgeleiteten Ziele unterschiedliche Sichtweisen (Perspektiven) berücksichtigen und aufeinander abgestimmt sind. Diese Perspektiven sind (siehe Abb. 5-18):

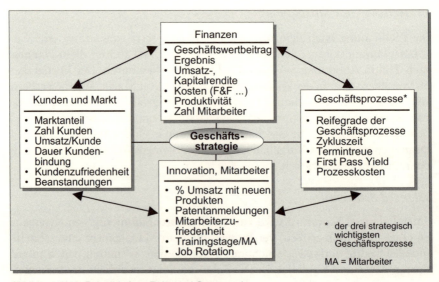

Abbildung 5-18: Beispiel einer Balanced Scorecard

- finanzielle Perspektive,
- Kundenperspektive,
- interne Perspektive bzw. Prozessperspektive,
- Lern- und Innovationsperspektive.

Die finanzielle Perspektive zeigt das finanzielle Ergebnis. Die Kundenperspektive enthält Kennzahlen, die die Kunden- und Marktseite beleuchten. Die interne Perspektive gibt Auskunft über die Leistung der Geschäftsprozesse. Im Mittelpunkt der Lern- und Innovationsperspektive stehen Mitarbeiter und Innovationen. Jede Perspektive umfasst ca. fünf bis acht Kennzahlen, die sich jeweils aus Ziel- und Messgrößen zusammensetzen. Die Summe der Kennzahlen spiegelt die Strategie des jeweiligen Betrachtungsfeldes wider.

Die Kennzahlen der Balanced Scorecard stellen Ergebnis- oder Treibergrößen dar. Die Treibergrößen zeigen, wie die Ergebnisse erreicht werden und wie sie verbessert werden können. Ergebnisgrößen stellen ex-post Indikatoren, Treibergrößen ex-ante Indikatoren dar. Treibergrößen eignen sich als Frühwarnindikatoren, die Prognosen über das Erreichen zukünftiger Ergebnisse ermöglichen.

Mit der Anwendung der Balanced Scorecard sind folgende Vorteile verbunden (vgl. Horváth/Gaiser 2000, S. 17 ff.):

- Übersetzung der Unternehmensstrategie in konkrete Ziele und operative Steuerungsgrößen,
- Kommunikation der Strategie auf allen Unternehmensebenen,
- Umsetzung der Strategie in Pläne und Budgets,
- strategieorientierte Zuordnung der Ressourcen,
- Feedback zur Überprüfung der Zielerreichung,
- Verbesserung und Beschleunigung des Planungs- und Budgetierungsprozesses,
- Initiierung von Lernprozessen.

Die Balanced Scorecard stellt eine direkte Verbindung zwischen Geschäftsstrategie, Geschäftsplan und Geschäftsprozessen her. Die über die Balanced Scorecard abgeleiteten Zielwerte berücksichtigen die Markt- und Wettbewerbssituation sowie die geschäftspolitischen Schwerpunkte und Ziele. Sie bieten damit eine ideale Basis für die Festlegung der Prozessziele.

Policy Deployment

Policy Deployment ist die amerikanische Bezeichnung für den japanischen Begriff „Hoshin Kanri". Darunter wird ein methodisches Vorgehen zur Planung, Detaillierung, Abstimmung, Vereinbarung und Verfolgung von Zielen verstanden (vgl. Hummel/Malorny 1996, S. 66 ff.).

	Ziel-dis-kus-sion	Ziel-bil-dung	Ziel-dis-kus-sion	Ziel-bil-dung	Ziel-dis-kus-sion	Ziel-bil-dung	Ziel-dis-kus-sion	Ziel-bil-dung
1. Geschäfts-einheit	⇕	Ziele						
2. Geschäfts-prozess	⇕		⇕	Ziele				
3. Teil-prozess			⇕		⇕	Ziele		
4. Prozess-schritt					⇕		⇕	
5. Mit-arbeiter							⇕	Ziele

Abbildung 5-19: Zielvereinbarungen über Policy Deployment

Im Rahmen des Policy Deployment werden die operativen Ziele aus den strategischen Zielen abgeleitet (siehe Balanced Scorecard), in Teilzeile aufgeteilt und mit den Verantwortlichen auf den verschiedenen Hierarchie- bzw. Prozessebenen bis zu den Mitarbeitern vereinbart. Dabei findet keine top-down Vorgabe der Ziele wie beim Management by Objectives (MbO) statt. Vielmehr werden die Ziele unter Beteiligung von zwei oder drei Ebenen gemeinsam erarbeitet (siehe Abb. 5-19).

In diesen Mehrebenengesprächen spielen neben den Zielwünschen der oberen Ebene die Lösungswege auf der nächsttieferen Ebene eine wichtige Rolle. Die obere Ebene hat zunächst darzulegen, warum die Zielwünsche bestehen und welche Auswirkungen mit dem Erreichen oder Nichterreichen der Ziele verbunden sind. Die Zielwünsche werden dann mit der Leistungsfähigkeit und den möglichen Zielbeiträgen der nächsttieferen Ebene abgeglichen. Reichen die Maßnahmenvorschläge nicht aus, um die Zielwünsche zu erfüllen, so sind ergänzende Maßnahmen zu erarbeiten oder die Ziele anzupassen. Ein wichtiger Diskussionspunkt ist die Klärung der Ressourcen, die für die Maßnahmenrealisierung notwendig sind. Eine Vereinbarung der Ziele mit der nächsttieferen Ebene erfolgt erst dann, wenn Aktionspläne zur Erreichung der Ziele verabschiedet worden sind. Ziele und Aktionspläne werden visualisiert und allen Mitarbeitern bekannt gegeben.

Der Vorteil der Mehrebenengespräche ist, dass eine intensive Diskussion über Ziele und korrespondierende Maßnahmen stattfindet. Dadurch werden Zielverständnis und Zielkonkretisierung erhöht. „Dieses Vorgehen stellt sicher, dass jeder Mitarbeiter die Ziele kennt und sich so damit identifiziert, dass er seinen persönlichen Beitrag zur Zielerreichung leisten kann und leisten will." (Vogt/Junker 2001, S. 42)

Die Abstimmungsprozesse verlaufen nicht nur vertikal, sondern auch horizontal. Die vertikale Abstimmung bezieht sich auf die Zielabsprache zwischen den verschiedenen Hierarchie- bzw. Prozessebenen. Die horizontale Abstimmung betrifft die Zielabsprache innerhalb der einzelnen Ebenen, wie z. B. zwischen den einzelnen Geschäftsprozessen, zwischen den Teilprozessen eines Geschäftsprozesses oder zwischen den Prozessschritten eines Teilprozesses. Auf der Ebene der Geschäftsprozesse wird die Zielabstimmung durch das Management-Team, auf der Ebene der Teilprozesse durch das Prozess-Team und auf der Ebene der Prozessschritte durch die jeweiligen KAIZEN-Teams durchgeführt. Durch die 2-Ebenen Besetzung der Teams ist die Verbindung zur nächsthöheren Zielebene gegeben.

Gegenstand der horizontalen Zielabstimmung sind auch die Zielvereinbarungen, die die Geschäftsprozesse mit prozessexternen Kunden und Lieferanten treffen sowie Vereinbarungen, die zwischen prozessinternen Kunden und prozessinternen Lieferanten verabschiedet werden.

Die Kontrolle der Maßnahmenumsetzung und Zielerreichung wird im Rahmen der Prozesskontrolle und des Prozess-Berichtswesens durchgeführt.

5.2.2.3 Bottom-up Vorgehen

Prozessanalysen

Bei Prozessanalysen (Problemanalysen, Zeitvergleichen, Prozessaudits und Prozessassessments) werden Geschäftsprozesse allein aus der Innensicht heraus beurteilt. Die so gewonnenen Ziele reflektieren das vermutete Verbesserungspotenzial. Sie stellen aber keinen Bezug zu externen Kunden her und lassen auch offen, ob das angestrebte Leistungsniveau der Geschäftsprozesse ausreicht, die Geschäftsziele zu erreichen und die Wettbewerbsposition zu sichern.

Besser ist es, Prozessziele an Kundenwünschen und -anforderungen auszurichten. Die so gewonnenen Informationen geben Anhaltspunkte für Verbesserungen der Prozesseffektivität. Aber auch bei diesem Vorgehen wird der Bezug zu den strategischen und operativen Geschäftszielen wie bei dem top-down Vorgehen nicht hergestellt.

Bei der Neueinführung von Geschäftsprozessen existieren noch keine Daten über das vorhandene Leistungsniveau. In solchen Fällen empfiehlt es sich, ca. ein halbes Jahr Prozesszeiten, Termintreue und Prozessqualität zu messen.

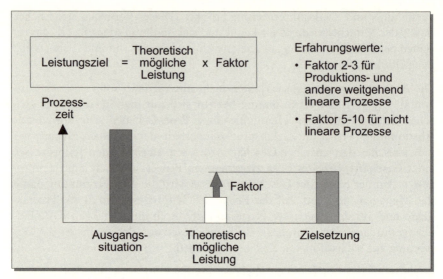

Abbildung 5-20: Analytische Ermittlung der Prozessziele (vgl. Thomas 1990, S. 28)

Während dieser Phase sollten Prozess-Teams Barrieren in den Geschäfts-prozessen erfassen, analysieren und beseitigen. Über die Analyse der Pro-zessbarrieren lässt sich das Verbesserungspotenzial abschätzen, das dann für die Vorgabe von Prozesszielen herangezogen werden kann (siehe Abb. 5-20). In der anschließenden Phase werden die erfassten Istwerte mit den Zielwer-ten verglichen. Zielabweichungen machen deutlich, ob das angestrebte Leis-tungsniveau realistisch war oder nicht. Wenn nicht, muss es entsprechend korrigiert werden. Die für die Festlegung der Zielwerte notwendige Erfah-rungsbasis kann umso schneller geschaffen werden, je häufiger Prozess-messungen und -auswertungen durchgeführt werden. Bei der Einführung von Geschäftsprozessen hat sich bewährt, Prozesszeiten, Prozessqualität und Termintreue wöchentlich zu messen, um schnell das Leistungsniveau ein-schätzen zu können.

Prozess-Benchmarking

Hilfreich bei der Definition von Zielvorgaben ist das Prozess-Benchmarking. Es vergleicht die Geschäftsprozesse des eigenen Unternehmens mit denen leis-tungsstarker Wettbewerber. Inhalte des Vergleichs sind die Prozessergebnisse und der Prozessablauf. Das Prozess-Benchmarking kann Hinweise geben, welche Effektivität und Effizienz Wettbewerber oder Best-in-class-Firmen in ihren Geschäftsprozessen erreichen. Es zeigt den Zielabstand der eigenen Ge-schäftsprozesse zur Weltspitze und sagt, wie hoch die Zielmarke zu legen ist, um sich im Wettbewerb behaupten zu können.

Für die Ableitung von Prozesszielen sollten Benchmarking-Daten mit den Ergebnissen von Kundenbefragungen kombiniert werden, um die Präferenzen der Kunden zu berücksichtigen. Ergänzend sind die Benchmarking-Ergebnisse mit den strategischen Geschäftszielen abzugleichen.

Das Prozess-Benchmarking umfasst folgende Vorgehensschritte (vgl. u. a. Siebert 1998, S. 53 ff.):

* Vorbereitung
  – Auswahl der Geschäftsprozesse als Benchmarkingobjekte,
  – Auswahl der Benchmarkingpartner,
  – Benennung des Benchmarkingteams,
  – Abstimmung Objekte, Leistungsparameter, Vorgehen, Zeitplan, Spielregeln.
* Analyse
  – Erfassung und Analyse der ausgewählten Geschäftsprozesse (Struktur, Ablauf, Controlling ...) auf Basis der aktuellen Prozessdokumentation,
  – Messung und Analyse der aktuellen Leistungsparameter,
  – Messung und Analyse zusätzlicher Prozessparameter.
* Bewertung
  – Prozessvergleich,
  – Identifikation von Leistungslücken,
  – Identifikation der Ursachen von Leistungslücken,
  – Auswahl und Interpretation der Benchmarks (Richt- und Zielwerte),
  – Aufbereitung der Ergebnisse.
* Verbesserung
  – Ableiten von Prozesszielen und Maßnahmenvorschlägen aus den Benchmarks,
  – Diskussion, Festlegung und Umsetzung der Prozessziele und -maßnahmen.

Beim Prozess-Benchmarking sind folgende Hinweise zu beachten:

* Die Benchmarking-Partner sind sorgfältig auszuwählen.
* Es sind Unternehmen/Organisationen ausfindig zu machen, die verwandte Geschäftsprozesse aufweisen. Nicht vergleichbar sind Geschäftsprozesse, deren Prozessstruktur und Leistungsparameter sehr unterschiedlich sind.
* Das Prozess-Benchmarking sollte sich auf einen/wenige Geschäftsprozesse konzentrieren.
* Die Geschäftsprozesse sind eindeutig abzugrenzen. Inputs, Outputs und Hilfsmittel sind genau zu beschreiben.
* Es sind möglichst viele Prozessbeteiligte einzubeziehen.

5.2.3   Ergebnisse der Prozessplanung

Am Ende der Prozessplanung liegen Messgrößen und die zugehörigen Zielwerte für sämtliche Geschäftsprozesse vor (siehe Abb. 5-21). Zusammen mit den Messgrößen werden die Parameter des Messsystems für jeden einzelnen Geschäftsprozess festgelegt. Dazu zählen Angaben über die Erfassungshäufigkeit, Datenquellen der Messgrößen und Prozessebenen, auf denen die jeweilige Messgröße erfasst wird.

Mess- und Zielgrößen / Geschäftsprozess	Kunden-zufriedenheit		Zyklus-zeit		Termintreue		Prozess-qualität (FPY)		Prozess-kosten	
	Messgröße (Einheit)	Zielgröße (Wert)	Messgröße (Einheit)	Zielgröße (Wert)	Messgröße (Einheit)	Zielgröße (Wert)	Messgröße (Einheit)	Zielgröße (Wert)	Messgröße (Einheit)	Zielgröße (Wert)
Geschäftsprozess 1										
Geschäftsprozess 2										
Geschäftsprozess 3										
Geschäftsprozess 4										
Geschäftsprozess 5										
Geschäftsprozess 6										

Abbildung 5-21: Festlegungen der Prozessplanung

Die Prozessplanung erfordert eine enge Zusammenarbeit zwischen Prozessverantwortlichen, Funktionsleitern und kaufmännischen Controllern. Nur über eine funktions- und prozessübergreifende Abstimmung werden Ziel- und Messgrößen gefunden, die die gewünschte Aussagefähigkeit über die Leistungsfähigkeit der Prozesse gewährleisten und die Verbindung zwischen Prozessleistung und Unternehmensergebnis herstellen. Zudem fördert der enge Dialog zwischen den Disziplinen das gemeinsame Verständnis der Kunden- und Leistungsanforderungen.

5.3   Prozesskontrolle

Die Steuerung von Geschäftsprozessen setzt eine mit der Prozessplanung abgestimmte Prozesskontrolle voraus. Die Prozesskontrolle dient unterschiedlichen Zwecken:

* Sicherung der Zielerreichung in Geschäftsprozessen durch frühzeitiges Erkennen und Korrigieren von Zielabweichungen (Handlungsaspekt),
* Steigerung der Effizienz in Geschäftsprozessen durch bessere Beherrschung
  der Einflussfaktoren (Erfahrungs- und Lernaspekt).

Die Prozesskontrolle beinhaltet folgende Aufgaben:

* Messung der Ist-Situation anhand der Messgrößen in den Geschäftsprozessen,
* Ermittlung von Zielabweichungen durch Vergleich von Ziel- und Istwerten,
* Beurteilung der Abweichungsrelevanz und Analyse der Abweichungsursachen,
* Erarbeitung von Maßnahmen zur Behebung der Zielabweichungen und
  zur Beseitigung der Abweichungsursachen,
* Gewinnung von Erfahrungsdaten.

Die Häufigkeit der Messung hängt von der Art der Messgröße, der Durchlaufzeit der Bearbeitungsobjekte und dem Informationsbedürfnis der Entscheidungsträger in den Geschäftsprozessen ab.

Prozesszeiten, Termintreue und Prozessqualität werden zumeist wöchentlich
oder zweiwöchentlich gemessen. Prozesskosten und Kundenzufriedenheit
werden dagegen in größeren Zeitabständen erfasst. Ausschlaggebend für die
Messperioden der Prozesskosten sind Erfassungsaufwand und Entschei-
dungsrelevanz der Kosten. Die Messung der Kundenzufriedenheit hängt von
der Häufigkeit der Leistungsübergaben an externe Kunden ab. Periodische
Messungen der externen Kundenzufriedenheit werden zumeist halbjährlich
oder jährlich durchgeführt. Bei internen Kunden sollten Messungen dagegen
monatlich oder quartalsweise vorgenommen werden, da hier die Zahl der
Leistungsübergaben deutlich höher ist.

Je kürzer die Messintervalle sind, umso schneller kann auf Abweichungen
reagiert werden und umso intensiver sind die Lerneffekte. Deshalb sollte
angestrebt werden, möglichst häufig zu messen und Abweichungskontrollen durchzuführen. Setzen die Kontrollen zu spät an, so besteht die Gefahr,
dass die verfügbare Zeit für Korrekturen nicht mehr ausreicht.

Die Aussagekraft der Prozesskontrolle steht und fällt mit der richtigen Festlegung der Zielwerte und der Regelmäßigkeit der Messungen. Besteht Unge-

wissheit über die Ziele, sind die Prozessziele selbst zum Gegenstand der Kontrolle zu machen (Zielkontrolle). Diese Situation ist bei der Einführung von Geschäftsprozessen häufig anzutreffen. Bei der Neueinführung ist zunächst von groben Zielvorgaben auszugehen, die mit zunehmenden Prozesserfahrungen enger definiert werden. Die Notwendigkeit von Zielkorrekturen in Geschäftsprozessen kann auch durch unvorhersehbare Störungen des Prozessablaufs oder durch Veränderungen der Planungsprämissen ausgelöst werden.

Auch die Messgrößen sind einer Kontrolle zu unterziehen. Die Aussagekraft einer Messgröße kann unzureichend oder der Erfassungsaufwand zu hoch sein. In diesen Fällen hat die Prozesskontrolle alternative Lösungen vorzuschlagen.

Die Kontrollwirkung hängt wesentlich von der Reaktionsgeschwindigkeit ab. Der Aktualität ist ein größeres Gewicht als der Genauigkeit beizumessen.

Ergänzend zu der laufenden Kontrolle der Leistungsparameter sollten Geschäftsprozesse mindestens einmal jährlich einem Prozessaudit und/oder einem Prozessassessment unterzogen werden. Beide Methoden bieten die Möglichkeit, das Geschäftsprozessmanagement umfassend zu beurteilen.

Aufgabe von Prozessaudits und Prozessassessments ist es, die Übereinstimmung der Geschäftsprozesse mit internen und externen Anforderungen zu überprüfen sowie Hinweise auf Verbesserungsmöglichkeiten zu geben. Bei Prozessassessments wird der Reifegrad eines Prozesses festgestellt, d. h. die Zweckmäßigkeit und Wirksamkeit der Prozessorganisation, des Prozesscontrolling und der laufenden Prozessverbesserung.

Prozessaudits und Prozessassessments unterscheiden sich hauptsächlich in der Art ihrer Durchführung. Beim Prozessaudit beurteilt ein Auditor bzw. ein Auditteam aus prozessexternen Mitgliedern das Geschäftsprozessmanagement. Beim Prozessassessment nehmen prozessinterne Mitarbeiter die Beurteilung vor.

Von den Auditoren wird verlangt, dass sie mit den Inhalten des Geschäftsprozessmanagements gut vertraut sind. Bei der Durchführung von Prozessaudits sind die generellen Anforderungen an Qualitätsaudits der DIN EN ISO 9001:2000 und DIN EN ISO 10011-1:1990 zu beachten. Methode und Vorgehen des Prozessassessments werden in Kapitel 5.6 beschrieben.

5.4 Informationsversorgung und Prozess-Berichtswesen

Prozessplanung, -kontrolle und -steuerung basieren auf Informationen. Eine wichtige Aufgabe des Prozesscontrolling ist es, eine ausreichende Informationsversorgung sicherzustellen.

Die Informationsversorgung beinhaltet die Ermittlung des Informationsbedarfs sowie Beschaffung, Aufbereitung, Speicherung und Übertragung der für Prozessverantwortliche und Prozessmitarbeiter relevanten Informationen. Je besser die Informationsversorgung auf den Informationsbedarf der Aufgabenträger abgestimmt ist, umso höher sind Entscheidungsqualität und Wahrscheinlichkeit, die Prozessziele zu erreichen.

Den Schwerpunkt der Informationsversorgung bildet in Geschäftsprozessen der Prozessbericht (siehe Abb. 5-22). In ihm werden die Zielwerte mit den erfassten Messgrößen ausgewiesen. Der Bericht zeigt, welches aktuelle Leistungsniveau ein Geschäftsprozess hat und wie sich seine Leistungsdaten entwickelt haben.

An Prozessberichte werden folgende Anforderungen gestellt. Sie sollen:

• die Leistungssituation des Geschäftsprozesses umfassend darstellen,
• die Leistungsentwicklung aufzeigen,
• Abweichungen von den Prozesszielen ausweisen,
• die Daten aussagefähig aufbereiten, so dass sie auch Nicht-Experten leicht verstehen können,
• die Qualitätsanforderungen der DIN EN ISO 9001:2000 erfüllen.

In dem Prozessbericht werden folgende Leistungsparameter visualisiert:

• Termintreue,
• First Pass Yield,
• Zykluszeit,
• Ressourceneinsatz,
• Kundenzufriedenheit.

Für jeden Leistungsparameter sind Ausgangswert, Zielwert, Istwert und Trend angegeben. Als Ausgangswert dient der als Durchschnitt errechnete Wert des vorhergehenden Messzeitraumes. Die Zielwerte werden in der Regel einmal jährlich, rechtzeitig vor Beginn des Messzeitraumes (z. B. Geschäftsjahr) festgelegt. Ergänzend dazu kann ein oberer Grenzwert definiert werden. Bei Überschreitung dieses Grenzwertes liegt eine kritische Situation vor, die Steuerungsmaßnahmen erfordert. Im Regelfall wird für jeden Geschäftsprozess ein Berichtsblatt erstellt. Es empfiehlt sich, auch für kritische Teilprozesse und Prozessschritte Prozessberichte herauszugeben.

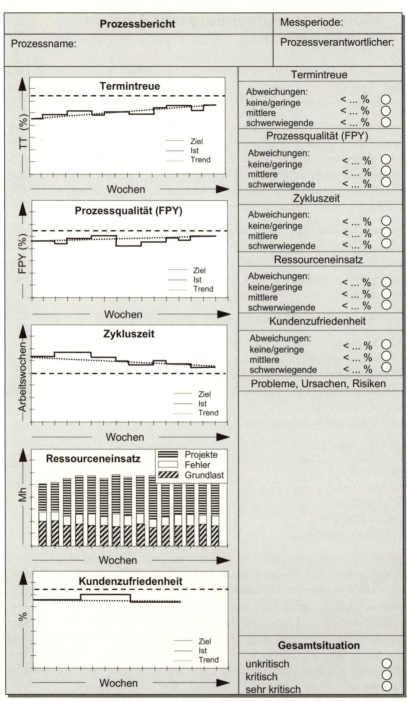

Abbildung 5-22: Prozessbericht

Der Prozessbericht zählt zu den wichtigsten Steuerungsinstrumenten der Prozessverantwortlichen und der Prozess-Teams. Aus dem Vergleich zwischen Soll- und Istwerten erkennen sie, ob die bisherigen Anstrengungen ausreichen, die Prozessziele zu erreichen.

Zeitvergleiche, z. B. Monats- oder Jahresvergleiche, zeigen, wie sich die Leistung über längere Zeiträume entwickelt hat. Ein positiver Leistungstrend signalisiert, dass die durchgeführten Maßnahmen greifen. Ist der Trend positiv, liegen aber Soll und Ist auseinander, sind zusätzliche Maßnahmen einzuleiten. Bei einem negativen Trend sind die Ursachen festzustellen und zu beseitigen.

5.5 Prozesssteuerung

5.5.1 Vorgehen

Die Prozesssteuerung ist die wichtigste Aufgabe der Geschäftsprozessverantwortlichen. Informationsquellen der Prozesssteuerung sind:

• der Prozessbericht und
• das Barrieren-Portfolio.

Der Prozessbericht zeigt die aktuellen Leistungsdaten und die Abweichungen von den Zielwerten. Bei negativen Abweichungen ist zu klären, ob es sich um Leistungsschwankungen oder Störungen handelt. Aufgabe der Steuerung ist es, mit geeigneten Maßnahmen auf diese Schwankungen oder Störungen zu reagieren.

Das Barrieren-Portfolio enthält die von dem Prozess-Team gesammelten Barrieren, die nach den Kriterien „Einfluss auf die Prozesszeit" und „Schwierigkeit/Aufwand der Beseitigung" geordnet sind (siehe Abb. 5-23). Als Barriere wird jede Schwachstelle bezeichnet, die den Durchfluss eines Geschäftsprozesses behindert bzw. dessen Leistungsfähigkeit mindert. An die Stelle des Kriteriums Prozesszeit kann auch ein anderer Leistungsparameter treten. Die Wahl hängt von der Gewichtung der Leistungsparameter ab. Zu empfehlen ist, den Leistungsparameter mit dem höchsten Gewicht als Kriterium auszuwählen.

Anhand des Barrieren-Portfolios entscheidet das Prozess-Team, welche Barrieren beseitigt werden sollen. Dabei wird den Barrieren im Quadranten D des Barrieren-Portfolios (siehe Abb. 5-23) die höchste Priorität zugewiesen (= low hanging fruits). Sie zeichnen sich durch hohe Wirkung und relativ geringen Beseitigungsaufwand aus. Je nach Art der Barriere liegt die Verantwortung für ihre Beseitigung beim Geschäftsprozessverantwortlichen, bei einem Teilprozessverantwortlichen oder bei einem temporären Projekt-Team, das speziell eingesetzt wird (Barrieren-Beseitigungs-Team). Das Vorgehen deckt

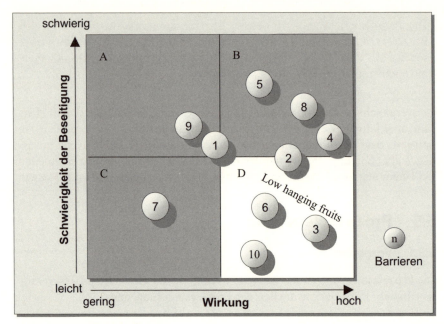

Abbildung 5-23: Barrieren-Portfolio

sich mit der TCT-Methode (Total Cycle Time), die in Kapitel 6.3 beschrieben wird.

> Auf der Ebene des Geschäftsprozesses und der Teilprozesse liegt die Steuerung in der Hand der Geschäftsprozess- bzw. Teilprozessverantwortlichen. Auf der Ebene der Prozess- und der Arbeitsschritte wird die Prozesssteuerung von den Prozessmitarbeitern wahrgenommen.

Das Vorgehen auf der Ebene der Prozess- und der Arbeitsschritte entspricht der Arbeitsweise von KAIZEN, das in Kapitel 6.3 beschrieben wird.

Zur Ablaufsteuerung können auf den unteren Prozessebenen auch Workflow-Management-Systeme eingesetzt werden. Diese Systeme unterstützen die Vorgangsbearbeitung in Geschäftsprozessen mit Hilfe der Informationsverarbeitung. Sie stoßen einzelne Vorgänge (halb)-automatisch an, stellen die für die Aufgabenausführung benötigten Informationen elektronisch zur Verfügung, steuern und koordinieren den Arbeitsablauf, protokollieren die Bearbeitung, überwachen Termine und kontrollieren die Arbeitsergebnisse. Workflow-Management-Systeme liefern detaillierte Daten über Häufigkeit und Zeiten der Vorgänge sowie Leistungsmengen. Das Datenmaterial gibt Hinweise auf Optimierungsmöglichkeiten auf der Ebene der Arbeits- und Prozessschritte und ist eine wichtige Informationsquelle für Erfolgskontrollen und Prozessverbesserungen.

Die wertmäßige Beurteilung des Prozessablaufs auf der Vorgangsebene erfordert die Integration von Workflow-Management-System und Prozesskostenrechnung. Dabei liefert das Workflow-Management-System technische Daten wie Leistungsmengen, Prozessqualität, Prozesszeit und die Prozesskostenrechnung Daten über den Ressourcenverbrauch sowie die Kosten der Vorgangsbearbeitung. Aus der Verknüpfung dieser Daten können die Abhängigkeiten zwischen Leistungsmengen, Zeiten, Kosten und Qualität dargestellt sowie Aussagen über die Wirtschaftlichkeit gewonnen werden.

5.5.2 Steuerung der Produktivität

Ziel der Produktivitätsverbesserung ist es, die Leistungsfähigkeit zu steigern, um eine höhere Wirtschaftlichkeit zu erreichen. Dies kann durch verminderten Ressourceneinsatz bei gleicher Leistungsmenge und/oder durch gleichen Ressourceneinsatz bei höherer Leistungsmenge erfolgen. Eine Erhöhung der Leistungsmenge setzt allerdings voraus, dass dafür Abnehmer vorhanden sind. Bei stagnierendem bzw. fallendem Umsatz haben Produktivitätssteigerungen deshalb häufig den Abbau von Ressourcen zur Folge.

Die Ursachen unzureichender Produktivität liegen zumeist in der zu niedrigen Leistungsfähigkeit der Geschäftsprozesse. Um eine wettbewerbsgerechte Produktivität zu erreichen, müssen alle Leistungsparameter (Prozessqualität, -zeiten, -kosten, Termintreue und Kundenzufriedenheit) ein hohes Niveau aufweisen.

Die Kunden nehmen alle Leistungsparameter wahr. Eine ganzheitliche Steuerung der Leistungsparameter ist deshalb auch unter dem Blickwinkel der Kundenorientierung geboten.

Eine Möglichkeit, die Wirkung der Geschäftsprozesse auf die Produktivität darzustellen, ist, Kosten- und Umsatzänderungen in Abhängigkeit von der Veränderung der Leistungsparameter in den Geschäftsprozessen aufzuzeigen. Dabei hat sich folgendes Vorgehen bewährt.

Zunächst werden die erreichbaren Verbesserungspotenziale in den Geschäftsprozessen ermittelt. Als Basis dienen dazu die in den Prozess-Teams erstellten Barrieren-Listen und Barrieren-Portfolios (siehe Abb. 5-23). Im nächsten Schritt wird abgeschätzt, wie sich die Leistungsparameter Prozesszeit, Termintreue und Prozessqualität durch die Beseitigung der lokalisierten Barrieren verändern und welche Kosten- und Umsatzwirkungen damit verbunden sind. Die Prozesskosten stellen in diesem Zusammenhang keine originäre Stellgröße dar, sondern sind eine Resultante aus den Verbesserungseffekten der anderen Leistungsparameter. Im Anschluss daran folgt die Festlegung der Zielwerte für die einzelnen Leistungsparameter. Diese Zielwerte korrespondieren mit bestimmten Kostensenkungen und Umsatzsteigerungen. Abbildung 5-24 zeigt das Formblatt für die Ermittlung der Kostenwirkungen und Abbildung 5-25 für die Ermittlung der Umsatzwirkungen.

Prozess-kennzahlen	Ist	Prozessverbesserungen						Ziel
		10 %	20 %	30 %	40 %	50 %	60 %	
Kunden-zufriedenheit	60 %							+ 20 %
Prozesszeit	2 Wochen	Kosten-wirkung	Kosten-wirkung	Kosten-wirkung	Kosten-wirkung	Kosten-wirkung	Kosten-wirkung	- 20 %
Termintreue	60 %	Kosten-wirkung	Kosten-wirkung	Kosten-wirkung	Kosten-wirkung	Kosten-wirkung	Kosten-wirkung	+ 30 %
Prozessqualität	70 %	Kosten-wirkung	Kosten-wirkung	Kosten-wirkung	Kosten-wirkung	Kosten-wirkung	Kosten-wirkung	+ 20 %
Summe Kosten	300.000 DM							- 20 %
Leistungsmenge	1.500							1.500
Kosten/Leistungs-einheit	200 DM							160 DM

Abbildung 5-24: Wirkung von Leistungsverbesserungen auf Kosten

Prozess-kennzahlen	Ist	Prozessverbesserungen						Ziel
		10 %	20 %	30 %	40 %	50 %	60 %	
Kunden-zufriedenheit	60 %	Umsatz-wirkung	Umsatz-wirkung	Umsatz-wirkung	Umsatz-wirkung	Umsatz-wirkung	Umsatz-wirkung	+ 20 %
Prozesszeit	2 Wochen	Umsatz-wirkung	Usatz-wirkung	Umsatz-wirkung	Umsatz-wirkung	Umsatz-wirkung	Umsatz-wirkung	- 20 %
Termintreue	60 %	Umsatz-wirkung	Umsatz-wirkung	Umsatz-wirkung	Umsatz-wirkung	Umsatz-wirkung	Umsatz-wirkung	+ 30 %
Prozessqualität	70 %	Umsatz-wirkung	Umsatz-wirkung	Umsatz-wirkung	Umsatz-wirkung	Umsatz-wirkung	Umsatz-wirkung	+ 20 %
Summe Umsatz	700.000 DM							+ 25 %

Abbildung 5-25: Wirkung von Leistungsverbesserungen auf Umsatz

Bei dem Vorgehen ist zu berücksichtigen, dass die Leistungsparameter voneinander abhängen. Eine Verkürzung der Prozesszeit kann gleichzeitig die Prozessqualität verbessern und die Termintreue erhöhen. Auch die umgekehrte Wirkung ist möglich. Die Wirkungen der einzelnen Leistungsparameter auf Kosten und Umsatz dürfen deshalb nicht akkumuliert werden. Zu empfehlen ist, für jeden Geschäftsprozess den Leistungsparameter zu bestimmen, der den stärksten Einfluss auf Kosten bzw. Umsatz hat und diesen als bestimmende Größe auszuwählen. In vielen Fällen wird das die Prozesszeit sein.

Das skizzierte Vorgehen ist ein bottom-up Ansatz, um Geschäftsprozessziele in Abhängigkeit von Produktivitätszielen (Kostensenkung, Umsatzsteigerung) festzulegen. Die so ermittelten Ziele werden häufig nicht mit den übergeordneten Produktivitätszielen des Unternehmens übereinstimmen. Deshalb ist es notwendig, die bottom-up Ziele mit den top-down Zielvorgaben abzugleichen.

Reichen die bottom-up Ziele nicht aus, um die übergeordneten Produktivitätsziele zu erreichen, sind sie zu korrigieren und zusätzliche Maßnahmen zur Leistungssteigerung in Angriff zu nehmen. Statt der bottom-up Ermittlung kann auch direkt von den top-down Zielen ausgegangen werden. In diesem Fall werden zunächst die Zielwerte für die einzelnen Leistungsparameter der Geschäftsprozesse festgelegt, die anschließend mit einem entsprechenden Maßnahmenprogramm abzusichern sind.

Die Formblätter in Abbildung 5-24 und 5-25 sind pro Geschäftsprozess in enger Zusammenarbeit zwischen dem jeweiligen Prozess-Team, dem kaufmännischen Controller und bei Umsatzschätzungen mit den Produktmanagern auszufüllen. Die Geschäftsprozessverantwortlichen können nicht allein die Frage beantworten, wie sich Verbesserungen der Leistungsparameter in den Geschäftsprozessen auf Kosten und Umsatz auswirken.

5.6 Assessment von Geschäftsprozessen

5.6.1 Das Bewertungsmodell

Aufgabe von Prozessassessments ist es, die Zweckmäßigkeit und Wirksamkeit des Geschäftsprozessmanagements, z. B. der Prozessorganisation, des Prozesscontrolling und der Leistungssteigerung in Geschäftsprozessen zu beurteilen. Sie ermöglichen es, den Reifegrad der Geschäftsprozesse im konkreten Anwendungsfall festzustellen. Darüber hinaus geben sie Hinweise auf Stärken und Schwächen des eingeführten Geschäftsprozessmanagements. Prozessassessments sollten so konzipiert sein, dass sie eine Selbstbewertung durch die eigene Organisation ermöglichen (vgl. DIN EN ISO 9004:2000, S. 81).

Das nachfolgend beschriebene Reifegradmodell, das der Durchführung von Prozessassessments zugrunde liegt, lehnt sich an die Kriterien des EFQM-Modells an und berücksichtigt darüber hinaus die bereits behandelten Gestaltungsregeln des Geschäftsprozessmanagements (vgl. Schmelzer/Sesselmann 1998, S. 39–42).

Das Reifegradmodell basiert auf der Beantwortung folgender Fragen:

• Sind die Geschäftsprozesse vollständig definiert und dokumentiert?
• Sind Prozessverantwortliche mit ausreichenden Befugnissen ausgestattet?
• Sind geeignete Messgrößen definiert und eingeführt?
• Wird die Messung regelmäßig durchgeführt?
• Existieren Zielwerte zu den Prozessmessgrößen?

- Werden diese Zielwerte systematisch abgeleitet?
- Werden regelmäßige Soll-Ist-Vergleiche zwischen Ziel- und Messwerten durchgeführt?
- Werden bei Zielabweichungen konsequent Korrekturmaßnahmen eingeleitet und verfolgt?
- Sind Methoden zur kontinuierlichen Verbesserung der Prozesse eingeführt?
- Werden diese Methoden systematisch und mit Erfolg angewandt?
- Leistet das Management einen sichtbaren Beitrag zur Verbesserung der Geschäftsprozesse?

Diesen Fragen werden sieben Reifegrade zugeordnet, wobei sich die Reifegrade an den Implementierungsstufen des Geschäftsprozessmanagements orientieren (siehe Abb. 5-26).

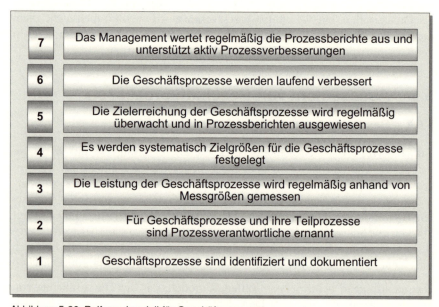

Abbildung 5-26: Reifegradmodell für Geschäftsprozesse

- Reifegrad 1: Der Geschäftsprozess ist identifiziert und dokumentiert.
- Reifegrad 2: Für den Geschäftsprozess und seine Teilprozesse sind Prozessverantwortliche nominiert und mit ausreichenden Befugnissen ausgestattet.
- Reifegrad 3: Die Prozessleistung wird regelmäßig anhand von Messgrößen für Kundenzufriedenheit, Prozesszeit, Termintreue, Prozessqualität, Prozesskosten gemessen.

- Reifegrad 4: Es werden systematisch Zielgrößen für den Geschäftsprozess festgelegt und die geplanten Produktivitätssteigerungen in das Budget übernommen.
- Reifegrad 5: Die Zielerreichung des Geschäftsprozesses wird regelmäßig überwacht. Soll und Ist werden in Prozessberichten ausgewiesen.
- Reifegrad 6: Der Geschäftsprozess wird laufend verbessert. Leistungssteigerungen werden nachgewiesen.
- Reifegrad 7: Die Geschäftsleitung schafft die Voraussetzungen für erfolgreiches Geschäftsprozessmanagement, geht auf eine prozessorientierte Organisation über und setzt sich aktiv für Prozessverbesserungen ein.

Bei der Einführung des Geschäftsprozessmanagements bereiten die Reifegrade 1 und 2 noch relativ wenig Probleme. Die Schwierigkeiten beginnen mit der Definition von Prozessmessgrößen und der laufenden Messung der Prozessleistungen (Reifegrad 3). Auch das Vereinbaren und Überwachen der Prozessziele gestaltet sich oft schwierig (Reifegrade 4 und 5). In Reifegrad 6 liegt der Schwerpunkt des Geschäftsprozessmanagements. Beurteilt werden hier die Steigerung der Prozesseffektivität und -effizienz. Reifegrad 7 steht in enger Beziehung zum Reifegrad 6. Nur mit aktiver Unterstützung des Managements bei der Beseitigung schwerwiegender Barrieren kommt das Geschäftsprozessmanagement voll zur Wirkung.

Kritik kann hervorrufen, dass in dem Reifegradmodell auf Stufe 3 die Prozessleistung gemessen und erst auf Stufe 4 die Ziele festgelegt werden. Das logische Vorgehen ist, zunächst Ziele festzulegen und dann zu messen. Wir haben uns für die umgekehrte Reihenfolge entschieden, da in der Praxis die systematische Definition der Prozessziele Schwierigkeiten bereitet. Viele Anwender beginnen deshalb bei der Einführung des Geschäftsprozessmanagements zunächst mit der Messung, um das Leistungsniveau der Prozesse festzustellen. Auf dieser Basis (baselining) werden dann die Prozessziele festgelegt (entitlement). Umgekehrt wird vorgegangen, wenn bereits eine relativ hohe Prozessreife erreicht worden ist.

5.6.2 Durchführung des Prozessassessments

Das prinzipielle Vorgehen des Prozessassessments geht aus Abbildung 5-27 hervor.

Den einzelnen Reifegraden werden Punktzahlen zugeordnet, die maximal erreicht werden können. Die Summe der maximalen Punkte liegt bei 140. Dieser Wert ist identisch mit dem Maximalwert für Geschäftsprozesse im EFQM-Modell. In dem Beispiel in Abbildung 5-27 werden für die einzelnen Reifegrade folgende maximalen Werte vergeben:

Reifegrade	Bewer-tungs-ergebnis (%)	Gewich-tungs-faktor	Erreichte Punktzahl	Zielwert
7 Managementunterstützung	20	x 0,30	6	15
6 Prozessverbesserung	60	x 0,20	12	15
5 Kontrolle Zielerreichung	30	x 0,20	6	15
4 Definition Prozessziele	30	x 0,20	6	15
3 Messung Prozessleistung	70	x 0,20	14	15
2 Prozessverantwortung	80	x 0,15	12	12
1 Prozessdefinition	80	x 0,15	12	12
Gesamtpunktzahl Geschäftsprozess (maximal 140 Punkte)			68	99
Erfüllungsgrad Geschäftsprozess			49 %	71 %

Abbildung 5-27: Bewertung eines Geschäftsprozesses

- Reifegrad 1: 15 Punkte,
- Reifegrad 2: 15 Punkte,
- Reifegrad 3: 20 Punkte,
- Reifegrad 4: 20 Punkte,
- Reifegrad 5: 20 Punkte,
- Reifegrad 6: 20 Punkte,
- Reifegrad 7: 30 Punkte.

Diese Punktzahlen bestimmen die Gewichtung der einzelnen Reifegrade. Die Gewichtung ist in jedem Anwendungsfall individuell vorzunehmen.

Bei der Durchführung von Prozessassessments wird im ersten Schritt bewertet, in welchem Umfang die einzelnen Reifegrade erfüllt sind. Das Bewertungsergebnis pro Reifegradstufe wird in % angegeben. Zweckmäßig ist, für diese Beurteilung Checklisten zu verwenden, in denen jeder Reifegrad mit vier bis fünf Kriterien beschrieben ist (vgl. Kapitel 5.6.3). Die Checklisten gewährleisten eine nachvollziehbare und vergleichbare Bewertung.

Durch Multiplikation des prozentualen Bewertungsergebnisses pro Reifegrad mit dem Gewichtungsfaktor errechnet sich die erreichte Punktzahl je Reifegrad (siehe Abb. 5-27). Durch Addition der Punkte der sieben Reifegrade wird die erreichte Punktzahl pro Geschäftsprozess ermittelt. Der Erfüllungsgrad des Gesamtprozesses ergibt sich aus der Division der erreichten Gesamtpunktzahl mit der Maximalzahl von 140 Punkten.

Bei der Einführung des Geschäftsprozessmanagements werden in der Regel Aktivitäten gestartet, die sich auf unterschiedliche Reifegrade beziehen. Bei-

spielsweise werden gleichzeitig Geschäftsprozesse definiert, Prozessverantwortliche festgelegt und das Messsystem implementiert. Deshalb werden alle Reifegrade separat bewertet. Dabei können für einen höheren Reifegrad
mehr Punkte als für einen niedrigeren vergeben werden. Es wird nicht vor-
ausgesetzt, dass mit Erreichen eines bestimmten Reifegrades alle niedrigeren
Reifegrade voll erfüllt werden. Dieses Vorgehen erlaubt eine flexible und auf
die Praxisgegebenheiten abgestimmte Beurteilung.

Prozessassessments werden in Interviews mit den einzelnen Geschäftsprozessverantwortlichen durchgeführt. Die Dauer der Interviews beträgt ca. 60 Minuten. In die Interviews fließen Beratungsaspekte zum weiteren Vorgehen mit
ein. Es ist wichtig, in dem Assessment Nachweise und Begründungen der Bewertung festzuhalten, da das Bewertungsergebnis die Basis für die Fort-
schrittsmessung im nächsten Prozessassessment bildet.

Abbildung 5-28 zeigt das Ergebnis eines Prozessassessments. Für die einzelnen Geschäftsprozesse sind die Bewertungsergebnisse auf der Skala von 0 bis
140 Punkten dargestellt. Liegt das Bewertungsergebnis eines Geschäftsprozesses unter 80 Punkten, sind die Voraussetzungen für systematische Leistungsverbesserungen noch ungünstig. Erst ab ca. 100 Punkten kann mit signifikanten Leistungs- und Produktivitätssteigerungen gerechnet werden.
Unter Produktivitätsgesichtspunkten verdienen deshalb Geschäftsprozesse,
die unter 80 Punkten liegen, besondere Aufmerksamkeit. Hier sollten die Defizite schnell beseitigt werden, um in den Bereich nachhaltiger Leistungssteigerungen zu gelangen.

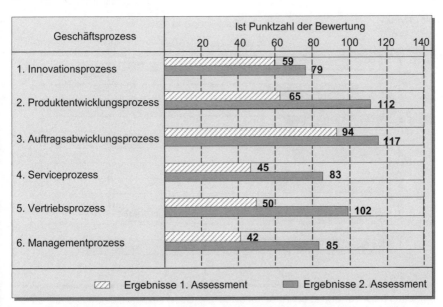

Abbildung 5-28: Bewertung der Geschäftsprozesse eines Unternehmens

Es empfiehlt sich, Prozessassessments quartalsweise durchzuführen und deren Ergebnisse in einer Fortschrittsübersicht zu visualisieren (siehe Abb. 5-28).

Zusätzlich hat sich die Auswertung in Abbildung 5-29 bewährt. Bei ihr wird über alle Geschäftsprozesse der Erfüllungsgrad der einzelnen Reifegrade in Prozent ermittelt. Aus der Auswertung lassen sich unmittelbar die Stärken und Schwächen des eingeführten Geschäftsprozessmanagements ablesen.

Das Beispiel in Abbildung 5-29 zeigt relativ gute Ergebnisse in den Reifegraden 1 und 2, die sich auf die Identifizierung und Implementierung der Geschäftsprozesse beziehen. Schwächen sind bei der Prozessmessung, Zieldefinition und bei Prozessverbesserungen zu erkennen. Positiv ist die relativ hohe Bewertung des Reifegrades 7 „Managementunterstützung" zu beurteilen. Die Assessment-Ergebnisse in Abbildung 5-29 sind typisch für Unternehmen, die mit dem Management ihrer Geschäftsprozesse erst begonnen haben.

Jedes Prozessassessment sollte mit Auswertungen (siehe Abb. 5-27 bis 5-29) sowie einer Analyse der einzelnen Geschäftsprozesse abschließen. Ziel der Analysen ist es, Stärken und Schwächen aufzuzeigen sowie konkrete Handlungsempfehlungen zu geben. Über die Assessment-Ergebnisse sind alle Prozessmitarbeiter zu informieren, um ihnen die Prozesssituation und die Verbesserungsmöglichkeiten bewusst zu machen.

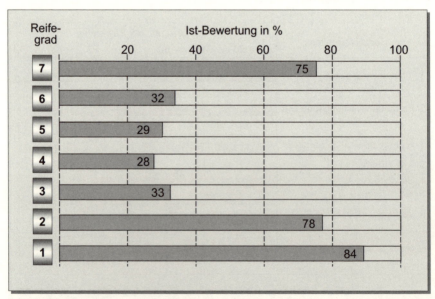

Abbildung 5-29: Bewertung der Reifegrade über alle Geschäftsprozesse eines Unternehmens (Mittelwert über alle Geschäftsprozesse)

Anhand des Reifegradmodells lässt sich einfach und schnell feststellen, welchen Reifegrad die Geschäftsprozesse eines Unternehmens aufweisen und inwieweit sie beherrscht werden. Aus den Ergebnissen können unmittelbar Verbesserungsansätze abgeleitet werden. Die regelmäßige Durchführung von Prozessassessments ermöglicht es, den Implementierungsfortschritt des Geschäftsprozessmanagements zu messen.

Bei einem hohen Reifegrad des Geschäftsprozessmanagements verlieren Prozessassessments an Bedeutung. An ihre Stelle treten dann Prozessberichte, die detailliert Auskunft über den Leistungsstand der Geschäftsprozesse geben.

5.6.3 Checkliste zur Beurteilung des Reifegrades von Geschäftsprozessen

Ein wichtige Voraussetzung für die erfolgreiche Durchführung von Prozessassessments ist das Vorhandensein von Fragen bzw. Checklisten. Jede Organisation sollte eine Checkliste entwickeln, die ihren spezifischen Gegebenheiten, Zielen und Anforderungen gerecht wird. Die nachfolgende Liste enthält typische Beispielfragen.

	Bewertung in %	Bewertung in Punkten	Begründung d. Beurteilung
1. Prozessdefinition (maximal 15 Punkte; je Unterpunkt maximal 3,75 Punkte) • Ist der Geschäftsprozess identifiziert (von … bis …) und dokumentiert? • Liegen aktuelle Prozess-Landkarten vor? • Sind Teilprozesse identifiziert und dokumentiert? • Sind Input/Output/Prozessschritte der Teilprozesse dokumentiert?			
2. Prozessverantwortung (maximal 15 Punkte; je Unterpunkt maximal 3,75 Punkte) • Ist der Geschäftsprozessverantwortliche festgelegt? • Sind Teilprozessverantwortliche festgelegt? • Hat der Geschäftsprozessverantwortliche ausreichende Befugnisse und Kompetenzen (Personal, Budget)? • Haben die Teilprozessverantwortlichen ausreichende Befugnisse und Kompetenzen (Personal, Budget)?			

	Bewertung in %	Bewertung in Punkten	Begründung d. Beurteilung
3. Prozessmessung (maximal 20 Punkte; je Unterpunkt maximal 4 Punkte) • Sind Messgrößen für den Geschäftsprozess definiert? • Sind Messgrößen für alle Teilprozesse definiert? • Werden regelmäßig Messungen durchgeführt? • Werden Messergebnisse regelmäßig im Prozess-Team analysiert? • Werden Messergebnisse regelmäßig ausgewertet			
4. Definition Prozessziele (maximal 20 Punkte; je Unterpunkt maximal 6,66 Punkte) • Werden Zielwerte für Geschäftsprozesse systematisch festgelegt? • Werden Verbesserungspotenziale pro Geschäftsprozess definiert und budgetiert? • Werden Barrieren finanziell bewertet?			
5. Kontrolle Zielerreichung (maximal 20 Punkte; je Unterpunkt maximal 4 Punkte) • Liegen aktuelle und vollständige Prozessberichte vor? • Werden regelmäßig Abweichungsanalysen durchgeführt? • Werden die Ursachen für Abweichungen systematisch festgestellt und analysiert? • Werden bei Abweichungen Korrekturmaßnahmen erarbeitet? • Zeigen Leistungsparameter einen positiven Trend in Richtung Zielerreichung?			
6. Prozessverbesserung (maximal 20 Punkte; je Unterpunkt maximal 4 Punkte) • Liegen aktuelle Barrierenlisten liegt? • Liegt ein aktueller Maßnahmenplan zur Realisierung der Verbesserungen vor? • Werden Verbesserungsmaßnahmen nachweislich durchgeführt? • Arbeitet das Prozess-Team regelmäßig?			

	Bewertung in %	Bewertung in Punkten	Begründung d. Beurteilung
• Arbeiten die KAIZEN-Teams regelmäßig (Visualisierung, KAIZEN-Reviews)?			
7. Managementunterstützung (maximal 30 Punkte; je Unterpunkt maximal 7,5 Punkte) • Trifft sich das Management-Team regelmäßig mit der Geschäftsleitung und allen Geschäftsprozessverantwortlichen? • Werden Prozessberichte regelmäßig im Management-Team analysiert? • Treibt die Geschäftsleitung aktiv Prozessverbesserung voran (Nachweise)? • Werden Veränderungen zu einer prozessorientierten Organisation verfolgt?			

5.6.4   Reifegradmodell der IBM

IBM bewertet seine Geschäftsprozesse bereits seit Ende der 80er Jahre regelmäßig. Die Bewertung trägt dazu bei, die Geschäftsprozesse kontinuierlich zu verbessern und zu optimieren (Haist/Fromm 1998, S. 130 ff.). Die Bewertung der IBM-Geschäftsprozesse umfasst folgende Stufen:

- Rating 5
  – Das Geschäftsprozessmanagement ist noch nicht eingeführt.
- Rating 4
  – Die Grundlagen für das Geschäftsprozessmanagement sind vorhanden.
- Rating 3
  – Der Geschäftsprozess wird wirkungsvoll kontrolliert.
- Rating 2
  – Der Geschäftsprozess ist wettbewerbsfähig.
- Rating 1
  – Der Geschäftsprozess ist vergleichbaren Geschäftsprozessen im Wettbewerb überlegen.

Eine Erweiterung dieses Modells wendet die IBM Deutschland Entwicklung GmbH an. Es werden so genannte Prozess-Vitalitäts-Indizes (PVI) ermittelt, die einmal die Phasen des Prozessmanagements widerspiegeln und zum anderen den Erfüllungsgrad der Phasen aufzeigen (vgl. Dette/Schweikert 1999, S. 71). Die Phasen und Aktivitäten des Prozessmanagements bei IBM sind:

- Phase 0: Prozessarbeit aufnehmen
  - Prozess definieren,
  - Verantwortliche benennen,
  - Mitarbeiter ausbilden,
  - Kundenanforderungen ermitteln.

- Phase 1: Prozessablauf dokumentieren und freigeben
  - Bestandsaufnahme durchführen,
  - Prozess freigeben und Umsetzung sicherstellen,
  - Daten erfassen, auswerten und Ziele festlegen (Cycle Time, Defect Solution, Prozesskosten, Kundenzufriedenheit).

- Phase 2: Prozess lenken und verbessern
  - Verbesserungsprozess einführen,
  - Kontinuierliche Verbesserung durchführen.

- Phase 3: Prozess wettbewerbsfähig gestalten
  - Benchmarking durchführen,
  - Wettbewerbsfähigkeit nachweisen.

- Phase 4: Prozess ist „World Class"
  - Prozess ist vergleichbaren Prozessen im Wettbewerb überlegen,
  - Operative Qualitätskosten sind optimiert.

Der Erfüllungsgrad besteht aus drei Stufen:

- Mindestanforderungen erfüllt,
- mittlere Anforderungen erfüllt,
- Anforderungen voll erfüllt.

Der PVI wird anhand eines Kriterienkataloges ermittelt. In dem Katalog sind für jede Prozessaktivität innerhalb der Prozessphasen Kriterien und Maximalpunkte festgelegt. Der PVI setzt sich aus der Summe aller erfüllten Kriterien zusammen und kann maximal 100 Punkte betragen. Die PVI-Werte werden für alle Prozesse erhoben. Sie geben Auskunft über die Geschwindigkeit, das Ausmaß und die Güte der Prozessverbesserung. Die Prozessreife wird mindestens einmal jährlich von den Prozessverantwortlichen ermittelt.

IBM Malaysia erreichte über die Steigerung der PVI's bereits 1996 mehr als 750 Punkte im Rahmen der Selbstbewertung nach dem Malcolm Baldrige National Quality Award. Dieses ist ein ausgezeichneter Wert, der auf ein sehr hohes Effektivitäts- und Effizienzniveau der Geschäftsprozesse schließen lässt.

5.6.5 Selbstbewertung nach DIN EN ISO 9004:2000

DIN EN ISO 9004:2000 schlägt ein „einfaches und problemlos anzuwendendes" Verfahren zur Ermittlung des Reifegrads von Qualitätsmanagementsystemen vor. Es werden 5 Leistungsreifegrade unterschieden (siehe Abb.

Reife-grad	Leistungs-niveau	Erläuterung
5	Bestleistung	Fest integrierter Verbesserungsprozess; Nachweis der Bestleistung durch Benchmark-Ergebnisse
4	Schwerpunkt auf ständiger Verbesserung	Verbesserungsprozess eingeführt; gute Ergebnisse und nachhaltige Verbesserungstrends
3	Stabiler fomaler systematischer Ansatz	Systematischer prozessgestützter Ansatz, systematische Verbesserungen im Frühstadium, Daten über die Einhaltung von Prozesszielen vorhanden, Verbesserungstrends vorhanden
2	Reaktiver Ansatz	Problem- und korrekturorientierter systematischer Ansatz; Mindestdaten zu Verbesserungsergebnissen vorhanden
1	Kein formaler Ansatz	Kein systematischer Ansatz erkennbar; keine Ergebnisse, schlechte oder nicht vorhersagbare Ergebnisse

Abb. 5-30: Reifegradmodell der DIN EN ISO 9004:2000

5-30): von 1 (kein formelles System) bis 5 (Bestleistung). Mit dem Verfahren können auch die Wirksamkeit und Effizienz des Geschäftsprozessmanagements beurteilt werden.

5.6.6 Beurteilung des Prozessassessments

Die Vorteile des Prozessassessments sind:

- es gibt schnell Aufschluss über den Reifegrad des Geschäftsprozessmanagements in einem spezifischen Anwendungsfall,
- es lässt sich mit relative geringem Aufwand durchführen,
- es zeigt Schwachstellen auf und unterstützt die Festlegung und Priorisierung von Verbesserungen,
- es lässt sich flexibel an die Erfordernissen der Organisation anpassen.

Die Wirkung von Prozessassessments hängt nicht so sehr von dem gewählten Verfahren, sondern von folgenden Faktoren ab:

- Professionalität und Objektivität der Assessoren,
- Qualität der Checklisten,
- Häufigkeit bzw. Regelmäßigkeit der Durchführung,

- Kommunikation der Ergebnisse und
- Konsequenzen, die die Geschäftsleitung und die Geschäftsprozessverantwortlichen aus den Ergebnissen ziehen.

Selbstbewertungen bleiben ohne Wirkung, wenn aus den Assessmentergebnissen keine Verbesserungsmaßnahmen abgeleitet und diese nicht kontrolliert umgesetzt werden.

Prozessassessments sind ein geeignetes Instrument, den Fortschritt und die Qualität des Geschäftsprozessmanagements zu beurteilen. Sie können jedoch nicht Planung, Messung und Kontrolle der Leistungsparameter ersetzen, die sehr viel aussagefähigere Ergebnisse liefern. Prozessassessments zeigen z. B. auf, ob ein systematisches Prozesscontrolling durchgeführt wird. Sie sagen aber nicht, inwieweit die gesetzten Prozess- und Produktivitätsziele erreicht werden. Prozessassessments sind in der Anlaufphase des Geschäftsprozessmanagements zu empfehlen. Differenziertere Aussagen liefert ein auf Ziel- und Messgrößen sowie Prozessberichten basierendes Prozesscontrolling. Dieses ist auch Voraussetzung, um gezielt Geschäftsprozesse optimieren zu können.

5.7 Das Wichtigste in Kürze

- Die Steuerung von Geschäftsprozessen setzt Planung, Kontrolle, Koordination und eine ausreichende Informationsversorgung (Berichtswesen) voraus. Diese Aufgaben nimmt das Prozesscontrolling wahr.

- Wichtige Instrumente des Prozesscontrolling sind Leistungsparameter und Prozessberichte. Leistungsparameter geben Auskunft über den Leistungsstand und die Leistungsentwicklung der Geschäftsprozesse. Von der richtigen Auswahl und Anwendung der Leistungsparameter hängt der Erfolg der Prozesssteuerung und damit die Wirkung des Geschäftsprozessmanagements ab.

- Geschäftsprozesse werden über fünf Standard-Leistungsparameter gesteuert:
  – Kundenzufriedenheit,
  – Prozesszeit,
  – Termintreue,
  – Prozessqualität und
  – Prozesskosten.

- Prozessqualität, Prozesszeit und Prozesstermine lassen sich unmittelbar aus dem Prozessgeschehen ableiten. Sie besitzen hohe Aktualität und Aussagekraft, weil sie ereignisnah erfasst und von jedem Mitarbeiter ohne Schwierigkeiten verstanden werden.

- Vorteilhaft ist, die Kundenzufriedenheit periodisch und ereignisgesteuert zu messen. Positive Erfahrungen wurden z. B. mit folgendem Messkonzept gemacht:
  - Periodische Messungen der generellen Kundenzufriedenheit in den Vertriebsregionen,
  - Messung der Zufriedenheit von Kunden nach der Installation von Produkten bzw. Systemen,
  - Messung der Zufriedenheit von Kunden mit Neuprodukten nach einer bestimmten Nutzungszeit.

- Die Prozesszeit kann als Durchlaufzeit oder Zykluszeit gemessen werden. Die Zykluszeit gibt Auskunft über die Prozessgeschwindigkeit und die Prozessbelastung. Sie liefert Hinweise auf die Prozesseffizienz und ermöglicht Trendaussagen über den Zeitaufwand des noch nicht bearbeiteten Arbeitsvolumens.

- Prozesstermine werden in Geschäftsprozessen über die Termintreue gemessen. Sie wird definiert als Anteil der Prozessergebnisse, die ohne Terminverzug in einer Messperiode fertiggestellt wurden.

- Als Messgröße der Prozessqualität hat sich in Geschäftsprozessen der First Pass Yield (FPY) bewährt. Unter FPY wird der Prozentsatz an Ergebnissen verstanden, die bereits im ersten Prozessdurchlauf korrekt sind und keine Nacharbeit erfordern. Der FPY steht in direkter Beziehung zu den Fehlleistungs- oder Mehrkosten. Wird der FPY gesenkt, so reduzieren sich auch die Fehlleistungskosten.

- Prozesskosten sind eine wichtige Ergänzung der übrigen Leistungsparameter, da sie die wirtschaftlichen Auswirkungen von Leistungsveränderungen und Prozessverbesserungen sichtbar machen. Ferner liefern sie bessere Informationen als traditionelle Kostendaten für eine Vielzahl unternehmerischer Entscheidungen, wie z. B.:
  - Projektabbruchentscheidungen,
  - Produktprogrammentscheidungen,
  - Variantenentscheidungen,
  - Typen- und Teileentscheidungen.

- Die Prozesskostenrechnung stellt verursachungsgerechtere Kostendaten als die traditionelle Zuschlagsrechnung zur Verfügung. Zudem unterstützt sie das prozessuale Vorgehen, indem sie die Verbindung zwischen Prozessleistungen, Ressourcenverbrauch und wirtschaftlichem Ergebnis herstellt. Die Prozesskostenrechnung kann auf der bestehenden Kostenstellen- und Kostenartenrechnung aufbauen.

- Das Geschäftsprozessmanagement bietet günstige Voraussetzungen für die Einführung der Prozesskostenrechnung. Das Kosten-Nutzen-Verhältnis ist hier wesentlich günstiger als wenn Geschäftsprozesse nur für die Anwendung der Prozesskostenrechnung eingeführt werden. Trotz ihrer Nachteile ist die isolierte Einführung der Prozesskostenrechnung weit verbreitet.

- Die Ziele für die Leistungsparameter können bottom-up (Kundenbefragungen, Prozess-Benchmarking, Problemanalysen, Zeitvergleiche) oder top-down aus der Geschäftsstrategie festgelegt werden. Der bessere Weg ist, Prozessziele aus der Geschäftsstrategie abzuleiten. Damit wird sichergestellt, dass die Geschäftsprozesse die Erreichung der Geschäftsziele unterstützen. Voraussetzung dafür ist, dass die Geschäftsstrategie mindestens einmal jährlich geplant bzw. aktualisiert wird.

- Die Steuerung von Geschäftsprozessen setzt eine mit der Prozessplanung abgestimmte Prozesskontrolle voraus. Die Aufgaben der Prozesskontrolle sind:
  - Erfassung der Messgrößen,
  - Soll-Ist-Vergleich zur Feststellung von Zielabweichungen,
  - Ermittlung der Ursachen von Zielabweichungen und
  - Erarbeiten von Maßnahmenvorschlägen bei Zielabweichungen.

- Je kürzer die Messintervalle sind, umso schneller kann auf Abweichungen reagiert werden und umso intensiver sind die Lerneffekte. Deshalb sollte angestrebt werden, möglichst häufig zu messen und Abweichungskontrollen durchzuführen. Setzt die Kontrolle zu spät an, so besteht die Gefahr, dass keine ausreichende Zeit mehr für korrigierende Maßnahmen zur Verfügung steht.

- Den Schwerpunkt der Informationsversorgung bilden in Geschäftsprozessen die Prozessberichte, die für jeden Geschäftsprozess erstellt werden. Sie geben Auskunft über das aktuelle Leistungsniveau der Geschäftsprozesse und die Entwicklung der Leistungsdaten. Die Prozessberichte bilden die Grundlage für die Prozesssteuerung.

- Prozessassessments ermöglichen es, die Zweckmäßigkeit und Wirksamkeit des Geschäftsprozessmanagements umfassend und mit geringem Aufwand zu beurteilen. Anhand der ermittelten Reifegrade können schnell Schwachstellen aufgedeckt und überprüfbare Vorgaben für das weitere Vorgehen festgelegt werden. Sie sind besonders in der Einführungsphase des Geschäftsprozessmanagements zu empfehlen.

5.8 Literatur zum Kapitel 5

Bagdasarjanz, F.; Hochreutener, K. (1995): Prozeßmanagement als Voraussetzung für Kundenzufriedenheit – Das Customer Focus-Programm bei ABB, in: Simon, H.; Homburg, Ch. (Hrsg.): Kundenzufriedenheit, Konzepte-Methoden-Erfahrungen, Wiesbaden 1995, S. 207–227.

Behnke, C. W. F.; Niemand, S. (1998): Prozeßkostenmanagement auf der Grundlage einer vorhandenen Prozeßorganisation bei Siemens Med CT, in: Horváth & Partner GmbH (Hrsg.): Prozesskostenmanagement. Methodik und Anwendungsfelder, 2. Aufl., München 1998, S. 97–113.

Berkau, C.; Hirschmann, P. (Hrsg.) (1996): Kostenorientiertes Geschäftsprozeßmanagement. Methoden, Werkzeuge, Erfahrungen, München 1996.

Brede, H. (1996): Prozeßorientiertes Controlling wandelbarer Organisationsstrukturen, in: Zeitschrift Führung+Organisation (zfo), 65 (1996) 3, S. 154–158.

Coenenberg A. G.; Fischer, T. M. (1991): Prozeßkostenrechnung: Strategische Neuorientierung in der Kostenrechnung, in: Die Betriebswirtschaft (DBW), 51 (1991) 1, S. 21–38.

Coopers & Lybrand (1995): Process Management. Rethinking the Fundamentals, Workshop Siemens 15.–18.01.1995.

Corsten, H. (Hrsg.) (1997): Management von Geschäftsprozessen, Stuttgart et al. 1997.

Dette, W.; Schweikert, B. (1999): Prozeßqualität – mit einem Blick erfaßt. Der Prozeß-Vitalitäts-Index (PVI) als wirksames Instrument im prozeßorientierten Unternehmen, in: Qualität und Zuverlässigkeit (QZ), 44 (1999) 1, S. 70–74.

DIN EN ISO 9001:2000 (2000): Deutsches Institut für Normung e. V. (Hrsg.): DIN EN ISO 9001:2000, Qualitätsmanagementsysteme – Anforderungen, Berlin 2000.

DIN EN ISO 9004:2000 (2000): Deutsches Institut für Normung e. V. (Hrsg.): DIN EN ISO 9001:2000, Qualitätsmanagementsysteme – Leitfaden zur Leistungsverbesserung, Berlin 2000.

DIN ISO 10011-1 (1990): Deutsches Institut für Normung e. V. (Hrsg.): DIN ISO 10011-1, Leitfaden für das Audit von Qualitätssicherungssystemen – Teil 1: Auditdurchführung, Berlin 1990.

EFQM (1999b): Business Process Management, „How to embrace Process Management", EFQM Good Practice and Benchmarking Services, Brüssel 1999.

Eversheim, W. (Hrsg.) (1995): Prozeßorientierte Unternehmensorganisation, Berlin et al. 1995.

Fischer, J. (1996): Prozeßorientiertes Controlling: ein notwendiger Paradigmenwechsel!?, in: Controlling, 8 (1996) 4, S. 222–231.

Ferk, H. (1996): Geschäfts-Prozessmanagement: ganzheitliche Prozessoptimierung durch Cost-driver-Analyse; Methodik Implementierung, Erfahrungen, München 1996.

Fries, S.; Seghezzi, H. D. (1994): Entwicklung von Meßgrößen für Geschäftsprozesse, in: CONTROLLING, 6 (1994) 6, S. 338–345.

Gaitanides, M.; Scholz, R.; Vrohlings, A.; Raster, M. (1994): Prozeßmanagement: Konzepte, Umsetzungen und Erfahrungen des Reengineering, München 1994.

Gierhake, O. (1998): Integriertes Geschäftsprozeßmanagement. Effektive Organisationsgestaltung mit Workflow-, Workgroup- und Dokumentenmanagement-Systemen, Wiesbaden 1998.

Griese, J.; Sieber, P. (1999): Betriebliche Geschäftsprozesse: Grundlagen, Beispiele, Konzepte, Bern et al. 1999.

Haist, F.; Fromm, H. (1989): Qualität im Unternehmen: Prinzipien-Methoden-Techniken, München 1989.

Heilmann, M. L. (1996): Geschäftsprozess-Controlling, Bern et al. 1996.

Hinterhuber, H. H.; Handlbauer, G.; Matzler, K. (1997): Kundenzufriedenheit durch Kernkompetenzen: eigene Potentiale erkennen – entwickeln – umsetzen, München/Wien 1997.

Hirsch, B.; Wall, F.; Attorps, J. (2001): Controlling-Schwerpunkte prozessorientierter Unternehmen, in: Kostenrechnungspraxis (krp), 45 (2001) 2, S. 73–79.

Homburg, Ch.; Rudolph, B. (1995): Wie zufrieden sind Ihre Kunden tatsächlich? in: Harvard Business Manager, (1995) 1, S. 43–50.

Horváth, P. (1998): Controlling, 7. Aufl., München 1998

Horváth, P.; Gaiser, B. (2000): Implementierungserfahrungen mit der Balanced Scorecard im deutschen Sprachraum – Anstöße zur konzeptionellen Weiterentwicklung, in: Betriebswirtschaftliche Forschung und Praxis (BFuP), (2000) 1, S. 17–35.

Horváth, P.; Gleich, R. (1998): Prozeß-Benchmarking in der Maschinenbaubranche, in: Zeitschrift für wirtschaftliche Fertigung (ZWF), 93 (1998) 7–8, S. 325–329.

Horváth, P.; Mayer, R. (1989): Prozeßkostenrechnung. Der neue Weg zu mehr Kostentransparenz und wirkungsvolleren Unternehmensstrategien, in: CONTROLLING, 1 (1989) 4, S. 214–219.

Horváth & Partner GmbH (Hrsg.) (1998): Prozesskostenmanagement. Methodik und Anwendungsfelder, 2. Aufl., München 1998.

Hummel, T.; Malorny, C. (1996): Total Quality Management. Tips für die Einführung, München 1996.

Kano, N.; Seraku, N.; Takahasi, F.; Tsuji, S. (1994): Attractive Quality and Must-Be-Quality, in: Hinshitsu, Vol. 14 (1994) No. 2, S. 39–48.

Kaplan, R. S.; Norton, D. P. (1997): Balanced Scorecard – Strategien erfolgreich umsetzen, Stuttgart 1997.

Kreuz, W. (1996): Transforming the Enterprise. Die nächste Generation des Business Process Engineering (A. T. Kearny), in: Nippa, M.; Picot, A. (Hrsg.): Prozeßmanagement und Reengineering. Die Praxis im deutschsprachigen Raum, 2. Aufl., Frankfurt am Main/New York 1996, S. 93–107.

Krubasik, E. G. (1999): Qualität zahlt sich aus, in: Siemens Welt, (1999) 6, S.10–12.

Küting, K.; Lorson, P. (1996): Benchmarking von Geschäftsprozessen als Instrument der Geschäftsprozeßanalyse, in: Berkau, C.; Hirschmann, P. (Hrsg.): Kostenorientiertes Geschäftsprozeßmanagement, München 1996, S. 121–140.

Masing, W. (1993): Nachdenken über qualitätsbezogene Kosten, in: Qualität und Zuverlässigkeit (QZ), 38 (1993) 3, S. 149–153.

Mayer, R. (1996): Prozeßkostenrechnung und Prozeß(kosten)optimierung als integrierter Ansatz – Methodik und Anwendungsempfehlungen, in: Berkau, C.; Hirschmann, P. (Hrsg.): Kostenorientiertes Geschäftsprozeßmanagement, München 1996, S. 43–67.

Mayer, R. (1998): Prozeßkostenrechnung – State of the Art, in: Horváth & Partner GmbH (Hrsg.): Prozesskostenmanagement. Methodik und Anwendungsfelder, 2. Aufl., München 1998, S. 3–27.

Niemand, St.; Stoi, R. (1996): Die Verbindung von Prozeßkostenrechnung und Workflow-Management zu einem integrativen Prozeßmanagementsystem, in: Zeitschrift Führung+Organisation (zfo), 65 (1996) 3, S. 159–164.

Österle, H. (1995): Business Engineering: Prozeß- und Systementwicklung, Band 1. Entwurfstechniken, 2. Aufl., Berlin et al. 1995.

Osterloh, M.; Frost, J. (1994): Business Reengineering: Modeerscheinung oder „Business Revolution"?, in: Zeitschrift Führung+Organisation (zfo), 63 (1994) 6, S. 356–363.

Pfitzinger, E. (1997): Geschäftsprozeß-Management – Steuerung und Optimierung von Geschäftsprozessen, Berlin et a. 1997.

Picot, A.; Böhme, M. (1996): Zum Stand der prozeßorientierten Unternehmensgestaltung in Deutschland, in: Nippa, M.; Picot, A. (Hrsg.): Prozeßmanagement und Reengineering. Die Praxis im deutschsprachigen Raum, 2. Aufl., Frankfurt am Main/New York 1996, S. 227–247.

Pieske, R. (1997): Kundenzufriedenheit im Fokus von Reengineering und lernender Organisation, in: Riekhof, H.-Ch. (Hrsg.): Beschleunigung von Geschäftsprozessen. Wettbewerbsfähigkeit durch Lernfähigkeit, Stuttgart 1997, S. 63–84.

Schmelzer, H. J. (1990): Steigerung der Effektivität und Effizienz durch Verkürzung der Entwicklungszeiten, in: Reichwald, R.; Schmelzer, H.J. : Durchlaufzeiten in der Entwicklung: Praxis des industriellen F&E-Managements, München 1990, S. 27–63.

Schmelzer, H. J. (1999b): Kennzahlen in der Produktentwicklung, in: Boutellier, R.; Völker, R.; Voit, E: Innovationscontrolling, München 1999, S. 172–190.

Schmelzer, H. J.; Friedrich, W. (1997): Integriertes Prozeß-, Produkt- und Projektcontrolling, in: CONTROLLING, 9 (1997) 5, S. 334–344.

Schmelzer, H. J.; Sesselmann, W. (1998): Assessment von Geschäftsprozessen, in: Qualität und Zuverlässigkeit (QZ), 43 (1998) 1, S. 39–42.

Scholz, R.; Vrohlings, A. (1994c): Prozeß-Leistungs-Transparenz, in: Gaitanides, M.; Scholz, R.; Vrohlings, A.; Raster, M.: Prozeßmanagement: Konzepte, Umsetzungen und Erfahrungen des Reengineering, München 1994, S. 57–98.

Scholz, R.; Vrohlings, A. (1994d): Prozeß-Redesign und kontinuierliche Verbesserung, in: Gaitanides, M.; Scholz, R.; Vrohlings, A.; Raster, M.: Prozeßmanagement: Konzepte, Umsetzungen und Erfahrungen des Reengineering, München 1994, S. 99–122.

Seidenschwarz, W. (1994): Das Controlling der Markt- und Prozeßkette, in: Horváth P. (Hrsg.): Kunden und Prozesse im Fokus – Controlling und Reengineering, Stuttgart 1994, S. 161–183.

Siebert, G. (1998): Prozeß-Benchmarking. Methode zum branchenunabhängigen Vergleich von Prozessen, Dissertation TU Berlin, Berlin 1998.

Simon, H.; Homburg, Ch. (Hrsg.) (1995): Kundenzufriedenheit, Konzepte-Methoden-Erfahrungen, Wiesbaden 1995.

Stalk, G.; Hout, Th. M. (1990): Zeitwettbewerb, Frankfurt am Main/New York 1990.

Stoi, R. (1999): Prozeßmanagement in Deutschland. Ergebnisse einer empirischen Untersuchung, in: CONTROLLING, 11 (1999) 2, S. 53–59.

Striening, H.-D. (1988): Prozess-Management, Frankfurt am Main 1988.

Stückl, R. (1998): Prozeßorientierung und Zielabstimmung. Organisation und Kennzahlensystem zum systematischen Prozeßmanagement und zur kontinuierlichen Prozeßverbesserung, in: Qualität und Zuverlässigkeit (QZ), 43 (1989) 11, S. 1294–1298.

Thomas, Ph. R. (1990): Competitiveness through Total Cycle Time. An Overview for CEOs, New York et al. 1990.

Thomas, Ph. R. (1991): Getting Competitive. Middle Managers and the Cycle Time Ethic, New York et al. 1991.

Töpfer, A. (1996b): Pozeßkettenanalyse und -optimierung: State of the Art. Ansatzpunkte und Anforderungen, in: Töpfer, A. (Hrsg.): Geschäftsprozesse analysiert & optimiert, Neuwied 1996, S. 23–51.

Töpfer, A. (Hrsg.) (1999): Kundenzufriedenheit messen und steigern, 2. Aufl., Neuwied 1999.

Vogt, W.; Junker, G. (2001): Den Wandel im Griff. Mit geeigneten Führungsinstrumenten eine Veränderungskultur schaffen, in: Qualität und Zuverlässigkeit (QZ), 46 (2001) 1, S. 41–45.

Wall, F.; Hirsch, B.; Attorps, J. (2000): Umsetzung eines prozessbezogenen Controlling. Ergebnisse einer empirischen Umfrage, in: Controlling 12 (2000) 4/5, S. 243–250.

Weber, J.; Schäffer, U. (2000): Balanced Scorecard und Controlling, 2. Aufl., Wiesbaden 2000.

Wildemann, H. (1993): Unternehmensqualität: Einführung einer kontinuierlichen Qualitätsverbesserung, Forschungsbericht, München 1993.

Wildemann, H. (1995): Controlling von Geschäftsprozessen reorganisierter Industrieunternehmen, in: Kostenrechnungspraxis (krp), 39 (1995) 6, S. 305–312.

6 Wie wird die Leistung in Geschäfts-prozessen gesteigert?

In diesem Kapitel werden folgende Fragen beantwortet:

* Mit welchen Methoden können die Leistungen in Geschäftsprozessen gesteigert werden?
* Wann und wo kommen welche Methoden zum Einsatz?
* Wie ist bei einem integrierten Einsatz der Methoden vorzugehen?
* Welche Merkmale, Vor- und Nachteile charakterisieren das Business Process Reengineering?
* Worin unterscheiden sich die Methoden Total Cycle Time (TCT) und KAIZEN?

6.1 Methoden der Leistungssteigerung

Es gibt zwei Wege, die Leistung von Geschäftsprozessen zu steigern:

* Prozesserneuerung und
* Prozessverbesserung.

Die Prozesserneuerung, auch als Redesign, Reengineering, Neukonstruktion oder Rekonfiguration von Geschäftsprozessen bezeichnet, ist ein sporadisches Ereignis, während die Verbesserung ein Kontinuum darstellt.

Beide Vorgehensweisen ergänzen sich (siehe Abb. 6-1). „Neben der in kleinen Schritten oder kontinuierlich verlaufenden Verbesserung sollte die oberste Leitung auch sprunghafte Änderungen in Prozessen als Weg zur Leistungsverbesserung der Organisation in Betracht ziehen." (DIN EN ISO 9004:2000, S. 21) Die durch Prozesserneuerung erreichten Leistungssprünge sind über kontinuierliche Verbesserungen zu konsolidieren, zu stabilisieren und auszubauen. Stabilität allein bedeutet Rückschritt, wenn nicht das Erreichte laufend verbessert wird.

Die Zeitabstände von Erneuerungen hängen von externen und internen Faktoren ab. Ausschlaggebend sind dafür Geschwindigkeit und Intensität des Wandels, wie z. B. Änderungen der Wettbewerbsbedingungen, der Kundenwünsche oder der Technologien. Unternehmensintern wird die Zeitfolge von der Leistungsentwicklung der Geschäftsprozesse bestimmt, auf die die Lernfähigkeit der Organisation erheblichen Einfluss hat.

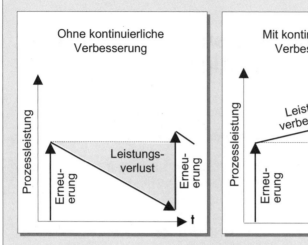

Abbildung 6-1: Zusammenspiel von Prozesserneuerung und -verbesserung
(Quelle: Imai 1992)

Merkmal	Erneuerung (Revolution)	Verbesserung (Evolution)
• Ausgangspunkt	• neuer Prozess	• bestehender Prozess
• Ziele der Veränderung	• Kundenzufriedenheit, Effizienz	• Effizienz, Kundenzufriedenheit
• Umfang der Veränderung	• radikal	• inkrementell
• Häufigkeit der Veränderung	• diskontinuierlich	• kontinuierlich
• Durchführung der Veränderung	• als Projekt	• als permanente Aufgabe
• Anstoß/Träger der Veränderung	• von oben, Management, Projektteam	• von oben und unten, alle Mitarbeiter
• Wirkung der Veränderung	• breit, funktionsübergreifend	• innerhalb des Prozesses
• Art der Veränderung	• kulturell, prozessual, strukturell	• kulturell, prozessual, organisationales Lernen
• Risiko	• hoch	• gering

Abbildung 6-2: Merkmale von Prozesserneuerung und -verbesserung

Zu häufige Prozesserneuerungen schaffen Turbulenz und Orientierungslosigkeit. Zu wenige Erneuerungen führen zu Trägheit und Rückstand. Prozesserneuerungen erfordern zumeist erheblichen Druck bzw. große Schubkraft, um das Beharrungsvermögen und die Widerstände zu überwinden.

Die Unterschiede zwischen Prozesserneuerung und Prozessverbesserung sind in Abbildung 6-2 gegenübergestellt. Sie werden anhand der Kriterien Ausgangspunkt, Ausmaß, Häufigkeit, Durchführung, Wirkung und Art der Veränderung beschrieben. Der Erneuerungsansatz beinhaltet einen radikalen Umbruch, hat prozessübergreifende Wirkung, birgt erhebliche Chancen, aber auch Risiken in sich, ist von begrenzter Zeitdauer und wird als Projekt durchgeführt. Prozessverbesserungen gehen von der bestehenden Grundstruktur der Geschäftsprozesse aus, zeichnen sich durch viele kleine Schritte und nachhaltiges Lernen aus, beziehen alle Mitarbeiter ein, bergen ein geringes Risiko in sich und werden als permanente Aufgabe durchgeführt. Unterscheidungsmerkmale sind ferner Ausmaß und Häufigkeit der Veränderungen. Erneuerungen sind durch große und seltene Veränderungen, Verbesserungen durch kleine und häufige Veränderungen charakterisiert.

DIN EN ISO 9001:2000 fordert von Qualitätsmanagementsystemen, dass die Prozesse ständig verbessert werden. Dies kann erreicht werden durch:

• Festlegung von Leistungszielen für Geschäftsprozesse,
• Überwachung und Messung der Zielerreichung und ggf. Ergreifung von Korrekturmaßnahmen bei Abweichungen,
• Erfassung und Analyse von Daten zur Beurteilung der Eignung und Wirksamkeit der Geschäftsprozesse sowie ggf. Ergreifung von Vorbeugemaßnahmen bei Abweichungen,
• Durchführung von Prozessaudits oder Prozessassessments.

Korrekturmaßnahmen dienen dazu, die Ursachen aufgetretener Fehler zu beseitigen, um deren erneutes Auftreten zu verhindern. Vorbeugemaßnahmen haben den Zweck, die Ursachen möglicher Fehler zu beseitigen, um deren erneutes Auftreten zu verhindern (vgl. DIN EN ISO 9001:2000, S. 33 f.).

Die bekannteste Methode der Prozesserneuerung ist das Business Process Reengineering (BPR). Die in der Praxis angewandten Methoden der Prozessverbesserung sind „Total Cycle Time" (TCT)[1] sowie „KAIZEN". BPR wird angewandt, um sprunghaft die Leistung zu steigern. Nach der Prozesserneuerung ist das höhere Leistungsniveau zu stabilisieren und weiter auszubauen. Stabilisierung und Ausbau des Leistungsniveaus werden durch die Methoden TCT und KAIZEN unterstützt. BPR, TCT und KAIZEN schließen sich also nicht aus, sondern ergänzen sich.

---

[1] TCT = Total Cycle Time ist ein geschützter Begriff der Thomas Group Inc.

Erneuerung und Verbesserung von Geschäftsprozessen werden durch verschiedene Methoden und Vorgehensweisen unterstützt (siehe Abb. 6-3).

Vorgehen	Objekte	Methode
Erneuerung (Revolution)	Prozesse	Business Process Reengineering (BPR)
Verbesserung (Evolution)	Prozesse	Total Cycle Time (TCT)
	Prozess- und Arbeitsschritte	KAIZEN bzw. Kontinuierlicher Verbesserungs-Prozess (KVP)

Abbildung 6-3: Methoden der Leistungssteigerung in Geschäftsprozessen

BPR geht auf Thomas H. Davenport, Michael Hammer und James Champy zurück (vgl. Davenport 1993; Hammer/Champy 1993 bzw. 1994). Die TCT-Methode wurde von Philip R. Thomas entwickelt und hat sich in vielen Projekten bewährt (vgl. Thomas 1990 und 1991). KAIZEN ist durch Masaaki Imai bekannt geworden und hat weltweite Verbreitung gefunden (vgl. Imai 1992 und 1997). In Deutschland wird KAIZEN häufig auch als KVP (Kontinuierlicher Verbesserungs-Prozess) bezeichnet.

6.2 Business Process Reengineering (BPR)

6.2.1 Ziele und Grundlagen

Veränderungen des unternehmerischen Umfeldes (z. B. Märkte, Wettbewerber, Kundenanforderungen, Technologien) oder Änderungen der strategischen Zielsetzungen (z. B. Geschäftsfelder, Kernkompetenzen, Erfolgsfaktoren) können dazu führen, dass bisherige Geschäftsprozesse nicht mehr wettbewerbsfähig sind. Auch kann der Fall eintreten, dass die Struktur eines vorhandenen Geschäftsprozesses weitere Leistungssteigerungen blockiert oder Leistungssteigerungen einen unangemessen hohen Zeitaufwand erfordern. In solchen Fällen ist darüber zu entscheiden, ob Geschäftsprozesse mit Hilfe von BPR grundlegend erneuert werden sollen.

„Business Reengineering bedeutet, altbekannte Vorgehensweisen aufzugeben und die Arbeit, die in den Produkten oder Dienstleistungen steckt, aus einem neuen Blickwinkel zu betrachten sowie dem Kunden einen neuen Wert zu bieten." (Hammer/Champy 1994, S. 47)

Die Hauptmerkmale von BPR sind:

- Kunden- und Prozessfokussierung,
- fundamentales Überdenken aller Aufgaben und Abläufe,
- radikales Redesign aller Strukturen und Verfahrensweisen,
- Nutzung der Möglichkeiten der modernen IuK-Technologie,
- Quantensprünge der Prozessleistung (Kundenzufriedenheit, Zeit, Qualität, Kosten).

Für BPR werden in Literatur und Praxis zahlreiche Synonyme verwendet: Reengineering, Re-Engineering, Business Reengineering, Business Process Redesign, Process Innovation.

BPR verlangt große Anstrengungen, bindet erhebliche Personalressourcen, erfordert intensive Koordination und unterliegt einem hohen Erfolgsrisiko.

Deshalb ist BPR auf Geschäftsprozesse zu beschränken, die hohe strategische Bedeutung besitzen und gleichzeitig gravierende Leistungsdefizite aufweisen. Treffen die beiden Voraussetzungen nicht zu, sind die Methoden der kontinuierlichen Prozessverbesserung vorzuziehen.

Hohe strategische Bedeutung haben Geschäftsprozesse, die maßgeblich den Aufbau und Ausbau von Kernkompetenzen beeinflussen. Sie werden oft auch Kernprozesse genannt. Kernprozesse schaffen neue Erfolgspotentiale, die die Wettbewerbsfähigkeit dauerhaft sichern. Gravierende Leistungsdefizite sind gegeben, wenn das angestrebte Leistungsniveau deutlich über dem vorhandenen Leistungsniveau liegt und nicht oder nur über längere Zeiträume auf der Basis von Prozessverbesserungen erreicht werden kann.

Die Auswahlentscheidung für BPR setzt voraus, dass Klarheit über die Wettbewerbssituation und Geschäftsstrategie besteht und das Leistungsniveau der Geschäftsprozesse bekannt ist. Zur Klärung der Entscheidungssituation kann die Beantwortung folgender Fragen beitragen:

- Welche Geschäftsprozesse haben den größten Einfluss auf Kernkompetenzen, zukünftige Wettbewerbsvorteile und zukünftigen Unternehmenserfolg?
- Welche strategisch wichtigen Geschäftsprozesse müssen aufgrund einer veränderten Geschäftsstrategie oder veränderten Wettbewerbsbedingungen überdacht werden?
- Welche strategisch wichtigen Geschäftsprozesse haben die Grenze ihrer Leistungsfähigkeit erreicht und weisen gravierende Leistungsdefizite auf?

- In welchen strategisch wichtigen Geschäftsprozessen sind die Wettbewerber erfolgreicher und leistungsstärker?
- Wie hoch sind bei strategisch wichtigsten Geschäftsprozessen die Erfolgschancen einer Prozesserneuerung?
- Wie hoch ist bei strategisch wichtigsten Geschäftsprozessen der Aufwand einer Prozesserneuerung?

Bei der Beantwortung dieser Fragen sind die in Kapitel 2 vorgestellten Methoden der Prozessgewichtung (siehe Abbildungen 2-11 bis 2-13), die aktuellen Leistungsdaten aus den Prozessberichten sowie die Ergebnisse eines Prozess-Benchmarking hilfreich.

Die Auswahlentscheidung trifft die Geschäftsleitung. Bei der Entscheidung sind folgende Aspekte zu berücksichtigen:

- Strategierelevanz und Gewichtung des Geschäftsprozesses,
- Leistungsniveau und Leistungsdefizite des Geschäftsprozesses,
- Zielsetzung des BPR-Projektes,
- Inhalte und Abgrenzung des BPR-Projektes,
- Projektleiter des BPR-Projektes,
- personelle und finanzielle Ressourcen des BPR-Projektes,
- Zeitdauer des BPR-Projektes,
- Risiko des BPR-Projektes und
- Widerstände gegen die Einführung.

Die Prozesserneuerung bezieht sich auf alle Komponenten eines Geschäftsprozesses:

- Prozessstruktur,
- Ablaufstruktur,
- Prozessoutputs und Leistungsempfänger,
- Prozessinputs und Zulieferer,
- Prozessverantwortung,
- finanzielle Prozessressourcen,
- personelle Prozessressourcen (Qualifikation, Quantität),
- technischen Prozessressourcen (insbesondere IuK-Technik),
- Zusammenarbeit mit Prozesskunden und Prozesszulieferern,
- Prozesscontrolling (Planung, Kontrolle, Berichtswesen),
- Training, Ausbildung
- Entgelt- und Anreizsysteme.

BPR schließt auch das organisatorische Umfeld mit ein. Ein wichtiger Punkt ist dabei die Umstellung der Funktionsorganisation auf eine prozessorientierte Aufbauorganisation bei gleichzeitiger Reduktion der organisatorischen Schnittstellen und hierarchischen Ebenen.

6.2.2   Kritische Beurteilung des BPR

Nicht alle BPR-Projekte sind erfolgreich. Die Gründe für gescheiterte Projekte gehen aus Abbildung 6-4 hervor. Auffallend ist, dass Widerstände, falsches Verhalten und unzureichendes Engagement des Managements besonders häufig den Misserfolg verursachen.

Viele BPR-Projekte scheitern, weil weder Management noch Mitarbeiter
bereit sind, vorhandene Besitzstände, Strukturen und Abläufe grundsätzlich in Frage zu stellen. Die Abwehrhaltung ist besonders ausgeprägt, wenn
der eigene Arbeitsplatz, die eigene Position oder der eigene Einfluss- und
Machtbereich gefährdet sind. Indikatoren dieser Abwehrhaltungen sind
z. B.:

* Es wird höchste Priorität auf kurzfristige Profitabilität gelegt.
* Es wird auf die Erfolge und richtigen Entscheidungen der Vergangenheit
  verwiesen.
* Es wird der einzigartige Wert bisheriger Erfahrungen herausgestellt.
* Es wird die notwendige Kontinuität in der Stellenbesetzung betont.
* Es wird der hohe Nutzen eingespielter Kommunikationswege hervorgeho-
  ben.
* Es wird auf das Scheitern ähnlicher Ansätze in der Vergangenheit oder
  bei anderen Unternehmen verwiesen.

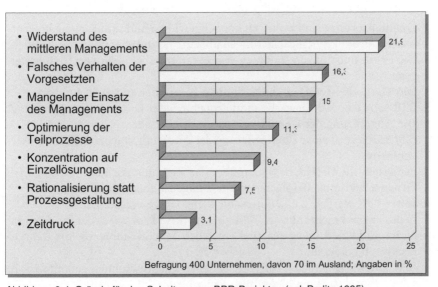

Abbildung 6-4: Gründe für das Scheitern von BPR-Projekten (vgl. Perlitz 1995)

Für den Erfolg von BPR ist es wichtig, innovative Lösungen zu finden. Sachkennern der vorhandenen Prozesse sollten keine einflussreichen Rollen in BPR-Projekten eingeräumt werden. Bei ihnen besteht die Gefahr, dass sie zu stark das Bestehende rechtfertigen und zu kritisch dem Neuen gegenüberstehen. Wichtig ist, kreative Köpfe und Ideenlieferanten zu gewinnen. Besonders hilfreich sind Mitarbeiter, die bereits in anderen Unternehmen an wegweisenden Lösungen beteiligt waren oder derartige Lösungen gut kennen. Sie haben keine bzw. geringere Schwierigkeiten, sich gedanklich von bisherigen Abläufen zu lösen und neue Wege zu gehen.

BPR hat in der Praxis bemerkenswerte Resonanz gefunden. Es hat das Bewusstsein für die Bedeutung von Geschäftsprozessen geschärft und viele Veränderungsprozesse angestoßen (vgl. Gaitanides 1998, S. 369 ff.). An BPR wird allerdings auch Kritik geübt.

In Deutschland kommen kritische Äußerungen weniger von Praktikern und Beratern, sondern mehr von Hochschullehrern (vgl. Kieser 1996; S. 182 ff.; Bogaschewsky/Rollberg 1998, S. 252 ff.; Homburg/Hocke 1998, S. 297 ff.). Prof. P. Horváth stimmt den „wissenschaftlichen Bedenkenträgern" nicht zu, da sie mit Aussagen wie „Modeerscheinung" oder „Nichts Neues" die real existierenden Probleme der Praxis ignorieren (vgl. Horváth 1997, S. 114; vgl. auch Theuvsen 1996, S. 80 f.). Nach einer Studie des Fraunhofer Instituts für Arbeitswirtschaft und Organisation (IAO) hielten 88 % der befragten Unternehmen BPR für ein zukunftsweisendes Managementkonzept und nur 5 % für eine Modeerscheinung (vgl. Bullinger et al. 1995, S. 11).

Die Kritik an BPR bezieht sich u. a. auf folgende Punkte:

• Quantensprünge sind bisher nicht nachgewiesen und sind auch nicht zu erwarten. Produktivitätssteigerungen über 20 % sind eher unwahrscheinlich.
• Die Erfolgsmeldungen stammen von Beratern, aber nicht von Unabhängigen.
• Die Methode ist wissenschaftlich nicht begründet und nicht fundiert.
• BPR setzt eine Wettbewerbsspirale zunehmender Differenzierung in Gang.
• Die Abgrenzung der Geschäftsprozesse ist kritisch.
• BPR tendiert zu einer Überforderung der Änderungskapazitäten des Unternehmens.
• Es besteht die Gefahr, dass man über das Ziel hinausschießt.
• Ein unreflektiertes Befolgen der Vorschläge ist eher gefährlich.
• Unter BPR werden völlig unterschiedliche Dinge verstanden.
• In der Praxis beschränkt sich BPR auf repetitive Prozesse in der Produktion.
• Durch radikale Umorganisation entstehen Machtkämpfe, die die Reorganisation blockieren.
• BPR hat starke Anleihe bei verschiedenen Fachdisziplinen genommen. In seinen Einzelaspekten bietet BPR wenig Neues.
• BPR ist eher eine Modeerscheinung.

Die Kritik hat in vielen Punkten akademischen Charakter. Eine Reihe der Kritikpunkte gilt nicht nur für BPR, sondern auch für andere Managementkonzepte und -methoden. Zum Teil sind die Kritikpunkte theoretisch interessant, aber aus praktischer Sicht nicht sehr relevant. Für die Praxis ist entscheidend, ob BPR neue Orientierungen und Lösungswege vermittelt, Änderungsprozesse anstößt und richtig angewendet zu positiven Ergebnissen führt. Dies ist zu bejahen. Ein falsches Verständnis und eine falsche Anwendung von BPR können nicht der Methode angelastet werden.

Einige der vorgebrachten Kritikpunkte sind aus Praxissicht berechtigt. Dazu zählt der Hinweis, dass ein zu radikales Vorgehen hohe Risiken des Scheiterns in sich birgt. Besonders problematisch ist, wenn Organisation und Mitarbeiter nicht ausreichend auf BPR vorbereitet werden. Dann entstehen:

* Akzeptanzprobleme,
* Widerstände,
* Reibungsverluste und
* Instabilitäten in der Umsetzungsphase.

Ein viel diskutierter Streitpunkt ist das von BPR propagierte Vorgehen, Geschäftsprozesse ohne tief greifende Analyse der Istprozesse zu erneuern.

Wir empfehlen, Istanalysen durchzuführen. Eine Neugestaltung muss die gegenwärtigen Schwachstellen kennen, um diese ausmerzen zu können. Die Analyseergebnisse liefern zudem Argumente, warum eine Prozesserneuerung erforderlich ist. Auch für eine Migrationsstrategie vom Ist- zum Sollzustand ist es wichtig, die Istsituation zu kennen. Der Analyseaufwand sollte jedoch in engen Grenzen gehalten werden. Auch sollten die Analyseergebnisse nicht zu stark die Neugestaltung beeinflussen, um innovative Lösungen nicht zu blockieren.

Neben den aus Praxissicht teils berechtigten, teils unberechtigten Kritikpunkten sind die Vorteile von BPR hervorzuheben. BPR:

* unterstützt ganzheitliche und innovative Lösungen,
* führt zu einer schnellen Konzeptfindung,
* bietet ein überprüfbares Vorgehen an und
* beinhaltet eine schnelle Umsetzung.

In Krisensituationen ist BPR oft der einzige Weg, um verhängnisvolle Traditionen, Strukturen und Machtpositionen aufzubrechen, die die Wettbewerbsfähigkeit und das Überleben eines Unternehmens gefährden. Viele, kleine Änderungen dauern in derartigen Situationen zu lange und haben keine vergleichbare Wirkung.

BPR hat dem Beratergeschäft zusätzlichen Aufschwung gebracht. Viele BPR-Bücher und -Artikel wurden von Beratern geschrieben und viele Berater bieten BPR als Produkt an. Dabei wird teilweise großzügig mit dem Begriff BPR umgegangen. Problematisch ist, wenn Berater BPR nur als Verpackung oder neues Etikett für alte Produkte benutzen. Bei der Auswahl von Beratern sollten deshalb Kenntnisse und Erfahrungen in den Bereichen Geschäftsprozesse, Organisation und IuK-Technik kritisch hinterfragt werden.

Was beim BPR und auch beim Geschäftsprozessmanagement zählt, sind nicht Beraterkonzepte, sondern situationsgerechte Lösungen und Umsetzungen. Dabei können Methodenkenntnisse und unternehmensübergreifende Projekterfahrungen der Berater sehr hilfreich sein. Die Veränderungen müssen jedoch Management und Mitarbeiter aus eigener Kraft bewältigen. In Kapitel 8.5.5 wird ein praxiserprobtes Vorgehen vorgestellt, das eine situationsgerechte Umsetzung von BPR unterstützt.

6.3 Methoden der Prozessverbesserung

6.3.1 Total Cycle Time (TCT) und KAIZEN im Vergleich

Sowohl TCT als auch KAIZEN legen den Schwerpunkt auf die Ermittlung und Beseitigung von Fehlern, Problemen und Schwachstellen, die die Effektivität und Effizienz der Geschäftsprozesse mindern. Die Fehler, Probleme und Schwachstellen können sich auf Inhalt, Ablauf oder Umfeld aller Prozessebenen beziehen. Ziel ist es, die jeweiligen Ursachen zu beseitigen. Dabei gehen beide Methoden nach dem Problemlösungskreislauf in Abbildung 6-5 vor.

Die Gemeinsamkeiten und Unterschiede von TCT und KAIZEN zeigt Abbildung 6-6 auf. Da die Methoden aus verschiedenen Kulturkreisen kommen (USA, Japan), ist ihre Terminologie nicht aufeinander abgestimmt.

Die Hauptunterschiede zwischen TCT und KAIZEN liegen im Anwendungsfeld und in den Akteuren. TCT betrachtet den gesamten Geschäftsprozess oder Teilprozesse, während sich KAIZEN auf einzelne Prozess- und Arbeitsschritte konzentriert (siehe Abbildung 6-7).

Bei TCT steht die Beseitigung von Prozessbarrieren und die Eliminierung nicht wertschöpfender Prozesse (= Ersatzprozesse) im Vordergrund. KAIZEN verfolgt die Ausmerzung von Verschwendungen, d. h. von Aktivitäten, die keinen Wertzuwachs erzeugen. Beide Ansätze verwenden zum Teil identische Methoden wie z. B: das Ursache-Wirkungs-Diagramm (Ishikawa) oder die Pareto-Analyse, mit deren Hilfe die Ursachen und Wirkungen von Schwachstellen (Barrieren bzw. Verschwendungen) festgestellt und analysiert werden.

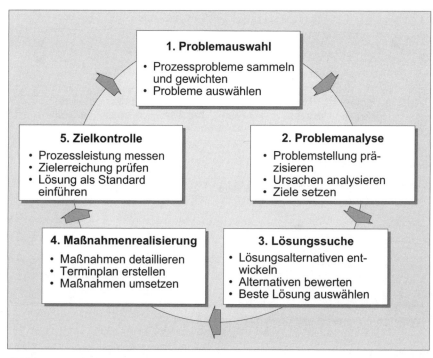

Abbildung 6-5: Kreislauf der Prozessverbesserung

TCT

- Verbesserungsfeld: Geschäftsprozess, Teilprozesse
- Ziel: Beseitigung von „Barrieren", Reduzierung der Zykluszeit
- Werkzeuge/Methoden: Baseline/Entitlement, Action in Process (AIP)-Reduction
- Organisation: Management-Team, Prozess-Team, Barrieren-Beseitigungs-Team
- Voraussetzungen: Training und Empowerment der Mitarbeiter

KAIZEN/KVP

- Verbesserungsfeld: Prozessschritte, Arbeitsschritte
- Ziel: Beseitigung von „Verschwendungen"
- Werkzeuge/Methoden: Policy Deployment, 7 alte und neue Tools, Visualisierung
- Organisation: Management-Team, Prozess-Team, KAIZEN-Team
- Voraussetzungen: Training und Empowerment der Mitarbeiter, Anpassung Verbesserungs-Vorschlags-Wesen und Entgeltsystem

Abbildung 6-6: Vergleich von TCT und KAIZEN

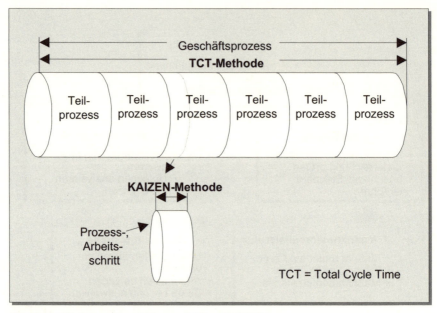

Abbildung 6-7: Anwendungsfelder von TCT und KAIZEN

In beiden Vorgehensweisen spielen die Partizipation der Prozessmitarbeiter sowie Gruppen- und Teamarbeit eine zentrale Rolle. Mit der Partizipation und Selbststeuerung sind folgende Vorteile verbunden:

• der Koordinationsaufwand sinkt,
• die Flexibilität steigt,
• die Ergebnisqualität steigt,
• die Durchlaufzeiten und Kosten sinken und
• die Motivation der Mitarbeiter steigt.

Auf die Notwendigkeit, Mitarbeiter in die ständige Verbesserung einzubeziehen, weist auch DIN EN ISO 9004:2000 hin: „Um die Zukunft der Organisation und die Zufriedenheit interessierter Parteien zu unterstützen, sollte die Leitung eine Kultur schaffen, die die Personen aktiv in die Suche nach Möglichkeiten für die Leistungsverbesserung von Prozessen, Tätigkeiten und Produkten einbezieht." (DIN EN ISO 9004:2000, S. 79) Die aktive Beteiligung der Mitarbeiter an der Gestaltung und Optimierung von Geschäftsprozessen findet in der Praxis trotz der hohen Publizität des Themas jedoch „nur sehr selten statt" (vgl. Lullies et al. 1999, S. 151 ff.).

Die Optimierung der Geschäftsprozesse ist eine Aufgabe aller Mitarbeiter und keine Domäne von Organisationsspezialisten, Controllern oder Beratern. Die Mitarbeiter identifizieren, analysieren und beseitigen die

Schwachstellen selbst. Sie erhalten die Planungs-, Kontroll- und Entschei-
dungsbefugnisse, die sie für die eigenständige Umsetzung von Prozessverbesserungen benötigen (Empowerment).

Die Verantwortungsübertragung erfordert hohe fachliche und soziale Kompetenz der Mitarbeiter. Besonders die sozialen Anforderungen steigen. Die
Mitarbeiter müssen lernen, Entscheidungen in der Gruppe zu fällen, Konflikte zu lösen, Kompromisse zu schließen und sich gegenseitig zu unterstützen. Den höheren Anforderungen ist durch richtige Personalauswahl und gezielte Personalentwicklung Rechnung zu tragen. Die Fragen, die die Personalentwicklung beantworten muss, sind:

• Welche Qualifikationsanforderungen werden gestellt?
• Welches Potenzial an Mitarbeitern steht zur Verfügung?
• Wie erfüllen die Mitarbeiter die Anforderungen?
• Welche Qualifikationsmaßnahmen sind erforderlich?
• Wie, durch wen, für wen und bis wann werden die Qualifikationsmaß-
  nahmen durchgeführt?
• Besteht ein zusätzlicher Personalbedarf?

Aber nicht nur die Mitarbeiter werden mit neuen Anforderungen konfrontiert. Auch die Rolle des Managements ändert sich. Die Führungskräfte sind nicht mehr Anweiser, Antreiber und Kontrolleure, sondern
Zielgeber, Wegbereiter und Motivatoren. Sie sagen den Mitarbeitern, worauf es ankommt und nicht mehr, wie es gemacht wird.

In beiden Vorgehensweisen sollen die Leistungsverbesserungen das Erreichen
der Prozessziele unterstützen. Deshalb sind die Maßnahmen auszurichten auf:

• Erhöhung der Kundenzufriedenheit (intern/extern),
• Verringerung der Prozesszeit,
• Erhöhung der Termintreue,
• Steigerung der Prozessqualität und
• Senkung der Prozesskosten.

Die Zielvorgaben werden aus den Prozesszielen abgeleitet. Damit wird sichergestellt, dass die Erfüllung der TCT- und KAIZEN-Ziele den gewünschten Beitrag zur Erreichung der Geschäftsziele und zur Stärkung der Wettbewerbsfähigkeit leistet.

Das permanente Lernen ist eine weitere Zielsetzung von TCT und KAI-
ZEN. Es wird dadurch gefördert, dass die Mitarbeiter selbst die Schwachstellen aufspüren und eliminieren. Viele der Schwachstellen sind den Mitarbeitern schon lange bekannt. TCT und KAIZEN versetzen sie in die Lage, die Schwachstellen selbst zu beseitigen.

Dabei wird großer Wert auf Schnelligkeit gelegt. Werden die Schwachstellen schnell beseitigt, so liegen bereits nach kurzer Zeit Erfahrungen über den Erfolg der umgesetzten Maßnahmen vor. Jede dieser Rückkopplungen erzeugt Lerneffekte. Das Durchlaufen vieler Lernzyklen bedeutet, schnell Erfahrungen zu sammeln und das Wissen zu vermehren.

Wenn es gelingt, Anpassungen schneller und erfolgreicher als Wettbewerber durchzuführen, kann sich daraus eine Kernkompetenz entwickeln. Änderungen und Verbesserungen werden zu einer Normalität, die die Mitarbeiter als Chance und nicht als Bedrohung betrachten. Die lernende Organisation wird damit gelebte Praxis. Sie zeichnet sich durch die Fähigkeit aus, Probleme und Fehler schnell zu entdecken, systematisch zu lösen, aus Erfahrungen zu lernen und Wissen schnell sowie effizient in der Organisation zu verbreiten.

6.3.2 Total Cycle Time (TCT)

6.3.2.1 Ziele und Grundlagen

Ziel von TCT ist es, die Prozessleistung auf der Ebene der Geschäftsprozesse permanent zu steigern. Das Hauptaugenmerk wird dabei auf die Prozesszeit (Zykluszeit) gelegt. Prozesszeiten werden so verkürzt, dass damit zugleich Steigerungen der Qualität, Erhöhungen der Termintreue und Senkungen der Prozesskosten verbunden sind. Das Vorgehen der zeitorientierten Effizienzsteigerung wird häufig auch als Time Based Management bezeichnet. Dabei wird die Prozesszeit nicht isoliert betrachtet, sondern immer in Beziehung zu den anderen Leistungsparametern Kundenzufriedenheit, Prozessqualität, Termintreue und Prozesskosten gesetzt.

Wesentliche Merkmale der TCT-Methode sind:

- Ermitteln von Barrieren, die den Prozessablauf behindern,
- Beseitigen von Barrieren und Ersatzprozessen durch Prozess-Teams und Barrieren-Beseitigungs-Teams,
- Messen der Wirkungen der Barrierenbeseitigung über die Leistungsparameter Prozesszeit, Termintreue und Prozessqualität,
- Vergleich der Messgrößen mit den Zielvorgaben für Prozesszeit, Termintreue und Prozessqualität.

Unter Ersatzprozessen wird eine Bündelung von Aktivitäten verstanden, deren Aufgabe es ist, vorhandene Probleme zu umgehen (siehe Abb. 6-8). Ersatzprozesse lösen keine Probleme, sondern verdecken und stabilisieren sie. Ein Ersatzprozess ist z. B. das Fehlermeldewesen. Gäbe es keine Fehler, könnte auf das Fehlermeldewesen verzichtet werden. Auch das Lagerwesen stellt in vielen Fällen einen Ersatzprozess dar. Würden die Lagerbestände abgesenkt, so kämen viele Prozessprobleme ans Tageslicht. Bei einer Lösung die-

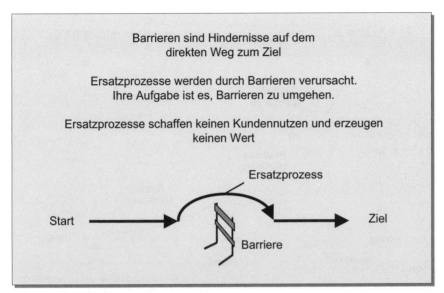

Barrieren sind Hindernisse auf dem
direkten Weg zum Ziel

Ersatzprozesse werden durch Barrieren verursacht.
Ihre Aufgabe ist es, Barrieren zu umgehen.

Ersatzprozesse schaffen keinen Kundennutzen und erzeugen
keinen Wert

Ersatzprozess

Start → → Ziel

Barriere

Abbildung 6-8: Barrieren und Ersatzprozesse

ser Prozessprobleme könnten die Lagerhaltung minimiert und die damit verbundenen Kosten u. U. erheblich reduziert werden.

TCT unterscheidet zwischen Sach-, Prozess- und Kulturbarrieren (Thomas
1991, S. 11 ff.). Beispiele sind:

- Sachbarrieren:
  - fehlende Teile,
  - fehlende Informationen,
  - fehlerhaftes Material,
- Prozessbarrieren:
  - Doppelarbeiten,
  - komplexe Abläufe,
  - Wartezeiten,
- Kulturbarrieren:
  - unklare Ziele,
  - wechselnde Prioritäten,
  - mangelhafte Kundenorientierung,
  - Probleme in der Zusammenarbeit.

Zahl, Schwierigkeiten der Beseitigung und Hebelwirkung der Barrieren sind
unterschiedlich (siehe Abb. 6-9).

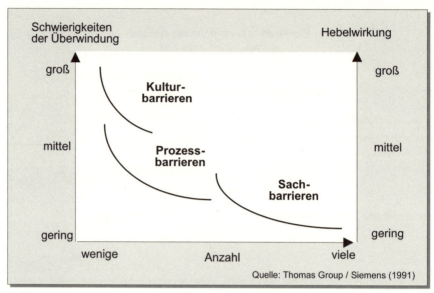

Abbildung 6-9: Hebelwirkung von Barrieren in Geschäftsprozessen

Sachbarrieren treten in großer Zahl auf. Sie können durch Fachexperten beseitigt werden. Ihre Wirkung auf die Erhöhung der Prozessleistung ist relativ gering. Bei Prozessbarrieren ist die Anzahl geringer, die Hebelwirkung aber größer. Sie werden durch das Prozess-Team und Barrieren-Beseitigungs-Teams eliminiert. Die Wirkung von Prozessbarrieren auf die Leistung ist höher als bei den Sachbarrieren. Die größte Wirkung geht von Kulturbarrieren aus. Ihre Eliminierung ist in der Regel mit Schwierigkeiten verbunden. In vielen Fällen gelingt ihre Beseitigung nur, wenn sich das Management aktiv einschaltet.

Die Barrieren werden von dem Prozess-Team und den Barrieren-Beseitigungs-Teams gesammelt und bewertet (siehe Abb. 6-10). Das Prozess-Team priorisiert die Barrieren und entscheidet, welche Barrieren wann zu beseitigen sind. Vor der Beseitigung werden die Ursachen der Barrieren analysiert und Maßnahmen zu ihrer Beseitigung erarbeitet. Anschließend werden die Maßnahmen umgesetzt und ihre Wirkung anhand der Prozessmessgrößen gemessen. Das Vorgehen wird in Kapitel 8.5.2 näher beschrieben.

Ein weiteres wirksames Instrument von TCT ist die AIP-Steuerung (AIP = Action in Process). Darunter wird die gezielte Einsteuerung der Bearbeitungsobjekte in die Geschäftsprozesse verstanden. Die AIP-Steuerung verhindert eine Überlastung der Geschäftsprozesse und gewährleistet einen weitgehend reibungslosen Fluss der Bearbeitungsobjekte. Die Einsteuerung

Nr.	Beschreibung der Barriere
1.	Montage- und Prüfflächen des ausgelaufenen Produktes sind nicht abgemietet
2.	Überstunden müssen geleistet werden, obwohl Mitarbeiter in der Nachbargruppe nicht ausgelastet sind
3.	Zubehör wird von verschiedenen Lagerstandorten bezogen
4.	Aufgrund von Fehlteilen kann die Montage nicht termingerecht ausgeführt werden
5.	Prüfeinrichtungen fallen aus
6.	Alles, was keinen richtigen Platz hat, wird auf freien Flächen abgestellt
7.	Es kommt immer wieder in der Prüfung zu Personalengpässen
8.	In dem Softwaresystem können keine Teile reserviert werden
9.	Lieferanten sind nicht termintreu, aber es fehlt Statistik, um dies nachzuweisen
10.	Fehlendes Zubehör verhindert termintreue Auslieferung des Systems

Abbildung 6-10: Barrieren-Liste

wird nicht dem Zufall überlassen, sondern in Abhängigkeit von der Prozessgeschwindigkeit vorgenommen. Die Prozessgeschwindigkeit hängt u. a. von der Dimensionierung des jeweiligen Geschäftsprozesses, wie z. B. von den verfügbaren technischen und personellen Ressourcen sowie der Prozesseffizienz ab.

Neue und bisher noch nicht eingesteuerte Bearbeitungsobjekte werden in einem AIP-Speicher gesammelt und gewichtet. Gewichtungskriterien sind z. B.:

• Bearbeitungsdauer des Objektes,
• Beanspruchung von Engpassressourcen durch das Objekt,
• Empfänger des Ergebnisses (A-, B- oder C-Kunde),
• Auswirkung des Ergebnisses auf Zufriedenheit und Loyalität der Kunden,
• Zieltermin des Ergebnisses,
• Erfüllung der Startvoraussetzungen (Eindeutigkeit des Ergebnisses, Klarheit des Zieltermins, Verfügbarkeit der notwendige Inputs...),
• Termin-, Qualitäts-, Kosten- und Ergebnisrisiko.

Die Gewichtungskriterien dienen dazu, die Bearbeitungsobjekte zu priorisieren. Bei der Einsteuerung werden zunächst die Objekte berücksichtigt, die eine hohe Priorität aufweisen. Die Einsteuerung kann auch nach Regeln erfolgen, die bei der Auftrags- und Fertigungssteuerung Anwendung finden, wie z. B.:

• FIFO-Regel: first in first out,
• KOZ-Regel: kürzeste Operationszeit,
• BoA-Regel: belastungsorientierte Auftragsfreigabe.

Die Vorteile der AIP-Steuerung sind:

- Prioritätskonflikte werden reduziert,
- Verzögerungen und Unterbrechungen der Bearbeitung werden minimiert,
- Bearbeitungsobjekte können wegen kürzerer Durchlaufzeiten später gestartet werden,
- Fehlleistungen (z. B. Ausschuss, Nacharbeit, Störungen) und Blindleistungen (z. B. Koordinationsaufwand, Feuerwehraktionen, Zwischenlager) werden abgebaut,
- Zeit- und Kostenplanungen haben eine höhere Genauigkeit,
- Termintreue und Qualität der Prozessergebnisse steigen.

6.3.2.2 Wirkungen und Ergebnisse

Die Wirkungen von TCT sind:

- zielorientierte Steigerung der Prozessleistung auf der Prozessebene,
- Nutzung des Problemlösungspotenzials der Mitarbeiter,
- Steigerung der Motivation und Identifikation der Mitarbeiter,
- Verbesserung der Teamarbeit und Zusammenarbeit,
- Stärkung der (externen und internen) Kundenorientierung,
- aktives Lernen der Organisation.

Die mit TCT erreichbaren Leistungssteigerungen gehen aus Abb. 6-11 hervor. Sie zeigen, dass die systematische Verbesserung der Geschäftsprozesse unerwartet hohe Ergebniswerte liefert. Der Vorteil dieser Leistungssteige-

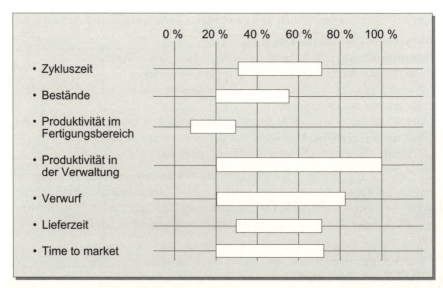

Abbildung 6-11: Leistungssteigerungen durch TCT (vgl. Thomas 1991, S. 13)

rungen ist, dass sie bei einer kontinuierlichen Anwendung von TCT dauerhaft verankert werden. Die Gefahr des Rückfalls ist deutlich geringer als bei der isolierten Anwendung von BPR. Dieser Vorteil trifft auch für KAIZEN zu.

6.3.3 KAIZEN

6.3.3.1 Ziele und Grundlagen

Das japanische Wort KAIZEN setzt sich aus „KAI = Veränderung, Wandel" und „ZEN = zum Besseren" zusammen und bedeutet kontinuierliche Verbesserung in kleinen Schritten als Ergebnis laufender Bemühungen. Ziel von KAIZEN ist es, die Leistung in Geschäftsprozessen durch Lösen der Probleme auf der Arbeitsebene (Arbeits-, Prozessschritte) permanent zu steigern. Probleme werden als „Schätze" betrachtet. Wo keine Probleme wahrgenommen werden, kann es auch keine Verbesserungen geben.

Im Mittelpunkt von KAIZEN stehen Kunden, Prozesse und Mitarbeiter:

• Kunden (interne und externe) sind die Zielgruppe der Verbesserung. Nur was dem Kunden nutzt hat Wert.
• Prozesse sind die Objekte der Verbesserung.
• Mitarbeiter sind die Akteure der Verbesserung.

KAIZEN geht von den Anforderungen und Erwartungen der Kunden aus. Die Verbesserungen haben zum Ziel, die externe und interne Kundenzufriedenheit zu erhöhen. KAIZEN betrachtet den nächsten Prozess- und Arbeitsschritt als Kunden und den vorgelagerten als Lieferanten. Jeder Mitarbeiter versteht sich zugleich als interner Lieferant und Kunde. Er verpflichtet sich gegenüber seinen Kunden, seine Leistungen qualitäts-, mengen- und termingerecht zu erbringen.

Im Blickpunkt von KAIZEN stehen nicht primär die Ergebnisse, sondern die Prozesse. Die Kernfrage lautet: Wie lassen sich die Prozesse verbessern, um optimale Ergebnisse zu erreichen? In der KAIZEN-Studie von Schwager nennen 77 % der befragten deutschen Unternehmen als Hauptmerkmal von KAIZEN die Verbesserung und Optimierung der Geschäftsprozesse (vgl. Schwager 1997, S. 19). Dies zeigt, dass sich die Praxis der engen Verbindung zwischen KAIZEN und Geschäftsprozessen bewusst ist

Für den Erfolg von KAIZEN ist entscheidend, dass die Mitarbeiter ihr Wissen und ihre Fähigkeiten einbringen. KAIZEN ertüchtigt, bevollmächtigt und motiviert die Mitarbeiter, selbstständig die Ursachen von Fehlern und Problemen zu erkennen und zu beseitigen. Die Mitarbeiter sollen „mitwissen, mitdenken, mitgestalten und mitverantworten". Dies erfordert in vielen Fällen eine Veränderung der Denk- und Verhaltensweisen des Managements und der Mitarbeiter.

KAIZEN stützt sich sehr stark auf Teamarbeit ab. In Teams werden nicht nur bessere Ergebnisse erzielt, sondern auch die individuellen Bedürfnisse wie z. B. Sicherheitsgefühl und sozialer Kontakt stärker erfüllt als bei isolierten Tätigkeiten. Die Teamarbeit fördert zudem die Kommunikation, die Zusammenarbeit, die Verantwortung für das Arbeitsergebnis sowie die Motivation und das organisationale Lernen.

Fehler, Probleme und Schwachstellen werden in KAIZEN als Verschwendungen bezeichnet (siehe Abb. 6-12). Verschwendung ist alles, was für die Kunden keinen Nutzen hat und wofür sie nicht bereit sind, zu zahlen. Dazu zählen vor allem Fehl- und Blindleistungen, wie z. B. Bestände, Fehler, Wartezeiten, mangelhafte Information, zu viele Informationen, Doppelarbeiten, Nacharbeiten, unklare Ziele, Demotivation, mangelhafte Koordination. Aber auch falsches Führungsverhalten, fehlendes Problembewusstsein und eingefahrene Denkweisen stellen Verschwendungen dar.

Nr.	Verschwendungen
1.	Zu viele produktbezogene Vorschriften
2.	Protokolle: manches wird bis zu dreimal abgefragt
3.	Unzureichender Kontakt von oben nach unten
4.	Logistik der Linie zuordnen
5.	„Wir" Gefühl ist gestorben
6.	Unzuverlässiger Zulieferer
7.	Zu lange Zeitstrecke von Abruf bis zur Anlieferung der Verpackung
8.	Falsch geklärte Bestellungen
9.	Zu wenig Prüfmittel
10.	Zu lange Wege
11.	Teile nicht komplett bei Anlieferung
12.	Unpünktliche und unvollständige technische Unterlagen
13.	Viele Nachfragen
14.	Zu wenig Fachschulungen

Abbildung 6-12: Problemsammlung eines KAIZEN-Teams

KAIZEN-Verbesserungen wirken sich nur dann positiv auf den Unternehmenserfolg aus, wenn sich die KAIZEN-Ziele an den Unternehmenszielen ausrichten.

Im Rahmen des Geschäftsprozessmanagements werden die KAIZEN-Ziele unmittelbar aus den Zielen für Geschäftsprozesse und Teilprozesse abgeleitet. Über diese Verbindung wird gewährleistet, dass die KAIZEN-Maßnahmen die Geschäftsziele unterstützen. Damit wird auch dem Policy Deployment Rechnung getragen (vgl. Kapitel 5.2.2.2).

KAIZEN macht es erforderlich, das betriebliche Vorschlagswesen und Entgeltsystem anzupassen.

In vielen deutschen Unternehmen hat das betriebliche Vorschlagswesen Schwächen, wie z. B.:

* es ist nicht in die Unternehmenspolitik integriert,
* die Umsetzung der Vorschläge dauert zu lange,
* es verursacht einen zu hohen Verwaltungsaufwand,
* die Honorierung ist nicht transparent
* es wird keine Unterstützung bei der Formulierung und Umsetzung der Verbesserungsvorschläge gegeben,
* Verbesserungsvorschläge werden als Kritik empfunden und negativ beurteilt.

Die Bereitschaft der Mitarbeiter, Probleme anzusprechen und Verbesserungen vorzuschlagen, hängt stark von der Unternehmenskultur, dem Verhalten der direkten Vorgesetzten sowie der Organisation des betrieblichen Vorschlagswesens ab. Japanische Verbesserungssysteme zeichnen sich gegenüber deutschen durch wesentlich mehr Vorschläge und durch wesentlich kürzere Umsetzungszeiten aus (vgl. Schwager 1997, S. 198 ff.).

Im Rahmen von KAIZEN spielen Verbesserungsvorschläge eine wichtige Rolle. Sie sollen sich primär auf das eigene Arbeitsfeld (Prozess- und Arbeitsschritte) und nicht auf andere Stellen beziehen. Das Verbesserungssystem wird so organisiert, dass die Vorschläge schnell umgesetzt, geprüft, bewertet und prämiert werden. Dies wird durch die Verlagerung der Entscheidungs- und Umsetzungskompetenz in die Geschäftsprozesse erreicht. Für die Bewertung und Prämierung der Vorschläge sind die Teilprozessverantwortlichen vor Ort verantwortlich. Die KAIZEN-Verbesserungsprojekte werden jährlich zu einem Verbesserungsprogramm zusammengeführt, dessen Einsparungseffekte in das Budget überführt werden.

An das Entgeltsystem stellt KAIZEN die Forderung, dass von ihm leistungsfördernde Anreize ausgehen und sich Leistungssteigerungen signifikant auf die Vergütung auswirken. Bewertungsmaßstab für Leistungssteigerungen sind die in den Zielvereinbarungen festgelegten Ziele. Günstig ist es, das Vergütungssystem in zwei Blöcke aufzuteilen:

* fixer Teil: Grundlohn bzw. Grundgehalt entsprechend den tarifvertraglichen Vereinbarungen bzw. entsprechend der Qualifikation und den Anforderungen,
* variabler Teil: leistungsbezogene bzw. erfolgsorientierte Prämien, Flexibilitätszulagen, KAIZEN-Prämien.

Wie bei der Einführung von KAIZEN vorzugehen ist, wird in Kapitel 8.5.3 beschrieben.

6.3.3.2 KAIZEN-Werkzeuge

Den KAIZEN-Teams steht eine Reihe von Methoden und Werkzeugen zur Verfügung, die die Lokalisierung, Beschreibung, Kommunikation, Bewertung und Beseitigung von Verschwendungen unterstützen (vgl. Imai 1992 und 1997; Ebeling 2000, S. 277 ff.; Gogoll/Theden 2000, S. 308 ff.; Gogoll 2000, S. 346 ff.):

- „sieben alte Werkzeuge",
- „sieben neue Werkzeuge",
- 5A-Vorgehen,
- 8V-Regel,
- PDCA (Planen/Tun/Check/Aktion)-Verbesserungszyklus (Deming-Rad),
- Visualisierung.

Die „sieben alten Werkzeuge" kommen zum Einsatz, wenn Probleme anhand statistischer Daten analysiert werden können. Zu diesen Werkzeugen zählen:

- ABC-Analyse (Pareto-Diagramm),
- Ursachen-Wirkungs-Diagramm (Ishikawa-Diagramm),
- Histogramm,
- Kontrollkarten,
- Streuungsdiagramm,
- Balken-, Kreis- und Liniendiagramme,
- Prüfformulare.

Stehen keine ausreichenden statistischen Daten zur Verfügung, sind Entscheidungsdaten mit Hilfe der „sieben neue Werkzeuge" zu generieren und aufzubereiten. Dieser Gruppe werden folgende Werkzeuge zugeordnet:

- Beziehungsdiagramm,
- Affinitätsdiagramm in Verbindung mit Brainstorming,
- Baumdiagramm,
- Matrixdiagramm,
- Matrixdiagramm zur Datenanalyse,
- Diagramm zur Entscheidungsfindung,
- Pfeildiagramm (Netzplan).

Das 5 A-Vorgehen ist ein einfacher Ansatz, schnell Verbesserungen zu erreichen. Die 5 A bedeuten:

- Aussortieren unnötiger Dinge,
- Aufräumen, Ordnung halten,
- Arbeitsplatz sauber halten,
- Anordnungen zur Regel machen,
- Alle Punkte einhalten und ständig verbessern.

Das Vorgehen ist nicht nur in der Produktion, sondern in allen Aufgabenbereichen bzw. Geschäftsprozessen anwendbar.

> KAIZEN-Teams sollten immer mit dem 5 A-Vorgehen beginnen. Damit
> werden am sichersten und schnellsten Erfolge erzielt. Zudem motiviert das
> Vorgehen, größere Probleme anzupacken.

Die 8 V-Regel weist auf weit verbreitete Verschwendungen hin:

- Überproduktion,
- Bestände,
- Transport,
- Wartezeit,
- Verschwendung innerhalb der Tätigkeit,
- unnötige Bewegungen,
- Fehler und deren Reparatur,
- nicht genutzte menschliche Kreativität.

Auch die 8 V-Regel ist generell anwendbar und nicht auf die Produktion beschränkt. Beispiele für Verschwendungen außerhalb der Produktion sind:

- zu umfangreiche Verteiler,
- zu viele Berichte,
- komplizierte Genehmigungsverfahren,
- Informationsüberflutung (z. B. E-Mail),
- Besprechungen ohne Vorbereitung,
- Unpünktlichkeit der Besprechungsteilnehmer,
- Papierablagen,
- nicht ausgelastete Betriebsmittel: Besprechungszimmer, IuK-Geräte,
- aufwendige Abstimmungsprozesse wegen unzureichender Entscheidungs-
  kompetenz,
- lange Wege durch getrennte Räumlichkeiten,
- Weitergabe unvollständiger und fehlerhafter Arbeitsergebnisse,
- Nacharbeiten jeder Art,
- unnötige Kontrollen,
- unklare Ziele und Aufgabenstellungen,
- Missverständnisse,
- fehlende Informationen,
- unzureichende Kommunikation,
- Unterforderung,
- Demotivation,
- zu geringe Förderung und Schulung.

Der PDCA-Verbesserungszyklus, häufig nach dem Erfinder W. E. Deming
auch Deming-Rad genannt, ist eine methodische Anleitung, um Verbesserungen zu planen (P = Planen), zu realisieren (D = Durchführen), die Wirkungen
zu prüfen (C = Checken) und so lange zu optimieren (A = Agieren/Anpassen),
bis die Verbesserungsziele erreicht sind (vgl. Deming 1994). Er ist weitgehend

deckungsgleich mit dem Problemlösungszyklus in Abb. 6-5. Nach dem erfolgreichen Durchlauf des PDCA-Zyklusses ist die Verbesserung als Standard einzuführen, um Wiederholungen des ursprünglichen Problems auszuschließen. Wird die Standardisierung bzw. das Festschreiben der Verbesserung unterlassen, so werden sich schnell wieder die alten Fehler und Missstände einstellen. Standards sind Handlungsleitfäden, die aus Handlungsanweisungen, Regeln, Direktiven und Richtlinien bestehen können. Von Standards wird nur gesprochen, wenn sie umgesetzt sind. Der PDCA-Zyklus endet nie. Sobald eine Verbesserung bzw. ein Standard erreicht ist, werden darauf aufbauend neue Ziele gesetzt und weitere Verbesserungen in Angriff genommen.

Trotz seiner theoretischen Färbung kommt dem PDCA-Zyklus in der Praxis große Bedeutung zu. Er zwingt dazu, systematisch vorzugehen. Systematik stößt in der Praxis oft auf wenig Gegenliebe. Auf die Einhaltung des PDCA-Vorgehens ist großer Wert zu legen, damit die positiven Effekte durchgeführter Verbesserungen von Dauer sind. Auch DIN EN ISO 9001:2000 empfiehlt die Anwendung von PDCA auf Prozesse (vgl. DIN EN ISO 9001:2000, S. 12).

Die Visualisierung ist eine wichtige Methode, um über Ziele, Probleme, Maßnahmen, Lösungen, Standards und Ergebnisse zu kommunizieren. Als Hilfsmittel dienen insbesondere Wandtafeln vor Ort. Sie bieten jedem die Möglichkeit, sich „mit einem Blick" über die Arbeit und die Ergebnisse von KAIZEN-Teams zu informieren. Die Visualisierung dokumentiert Erfolge und begründet Erfolgserlebnisse. Sie bildet zudem eine ausgezeichnete Basis für die Selbstkontrolle der Teams.

Die Visualisierung ermöglicht es, sich schnell ein Bild über die Arbeit und Erfolge eines KAIZEN-Teams zu machen. Sind keine Ziele, Probleme, Maßnahmen, Lösungen, Standards und Ergebnisse sichtbar dargestellt oder sind die visualisierten Daten veraltet, so kann auf eine schwache KAIZEN-Aktivität geschlossen werden.

In deutschen Unternehmen werden von den KAIZEN-Werkzeugen am häufigsten Checklisten, Ursache-Wirkungs-Diagramm, 5A-Vorgehen und Pareto-Diagramm angewandt. Weniger verbreitet sind die „sieben neuen Werkzeuge" (vgl. Schwager 1997, S. 193).

6.3.3.3 Wirkungen und Ergebnisse

Die Wirkungen von KAIZEN sind mit denen von TCT vergleichbar:

- Steigerung der Prozessleistung (Qualität, Zeiten, Kosten) auf der Arbeitsebene,
- Nutzung des Problemlösungspotenzials der Mitarbeiter,

- Steigerung der Motivation und Identifikation der Mitarbeiter,
- Verbesserung der Teamarbeit und Zusammenarbeit,
- Stärkung der (internen) Kundenorientierung,
- aktives Lernen der Organisation.

> Die kontinuierliche Steigerung der Prozesseffizienz übt positiven Einfluss auf das Verhalten der Mitarbeiter und die Weiterentwicklung der Unternehmenskultur aus.

Diesen Einfluss verdeutlichen auch die Ziele, die z. B. die Firma Bosch mit KAIZEN verbindet (vgl. Steinbeck 1994):

- stärkere Identifikation des Einzelnen mit seiner Aufgabe,
- höheres Engagement,
- Übernahme zusätzlicher Verantwortung,
- bessere Zusammenarbeit mit anderen,
- höhere Bereitschaft, Leistungsreserven zu mobilisieren.

Die Motivation, die von KAIZEN ausgeht, bekunden Aussagen von Mitarbeitern, die wir in KAIZEN-Projekten betreut haben (siehe auch Abb. 6-13):

- „KAIZEN macht Spaß."
- „Mit KAIZEN kann man seine Arbeit vereinfachen und verbessern."
- „Auf einmal funktioniert es; früher gab es auch Absprachen, da hat es dann ein oder zweimal geklappt und dann nicht mehr. Jetzt hält sich jeder daran."
- „Merkwürdigerweise wird jetzt auf vieles Acht gegeben, z. B. werden die Werkzeuge nach dem Gebrauch aufgeräumt."

- Zielsetzung:

„Das KVP-Team soll selbständig Verbesserungspotentiale erkennen, Lösungen erarbeiten und umsetzen. Die Zielrichtung der Verbesserungen ist die Optimierung der Abläufe und der Zusammenarbeit. Zudem sollen Verschwendungen innerhalb der Prozess- und Arbeitsschritte erkannt und vermieden werden."

- Erfahrung

„Viele der von den KVP-Teams angegangenen Probleme waren seit längerem bekannt und konnten nun gelöst werden. Dies lässt sich dadurch begründen, dass die Teams die Probleme ausführlich analysiert und beschrieben haben. Die Problemlösung wurde nicht delegiert, sondern von den Teams selbst erarbeitet, die Umsetzbarkeit geprüft und soweit möglich, sofort selbst umgesetzt."

Quelle: Siemens 1997

Abbildung 6-13: Ziele und Erfahrungen eines KAIZEN (KVP)-Teams in der Praxis

- „Der erste Workshop, bei dem auf Worte Taten folgten."
- „Die Ideen hatten wir auch früher schon, die Systematik zwingt uns jetzt dazu, sie auch umzusetzen."

Nachfolgend sind Beispiele aus der Siemens AG aufgeführt, die die finanziellen Wirkungen von KAIZEN im Rahmen des Geschäftsprozessmanagements verdeutlichen. Diese Einzelbeispiele stehen stellvertretend für viele KAIZEN-Anwendungen (vgl. Kapitel 10).

- Nach drei Monaten wurden Bestände in Höhe von 2 Mio. DM identifiziert und mit deren Beseitigung begonnen, 900 Stunden Arbeitszeit pro Jahr reduziert und 17 qm Fläche eingespart. Die Einsparungen betrugen 600 000 DM, denen 50 000 DM Kosten gegenüberstanden.

- Durch grundlegende Verbesserung des Layouts und den Übergang zur Fließfertigung wurden die Fertigungslinien von vier auf zwei reduziert. Dadurch wurden 50 % der Fläche und des Investments eingespart und die Durchlaufzeit von 13 auf sechs Tage reduziert. Ergänzend wurde ein Team-Bonus-System basierend auf Zielvereinbarungen eingeführt und eine Flexibilität in der Fertigungskapazität von 35 % erzielt.

- In einem Logistikprozess wurde innerhalb von drei Monaten ein Einsparungspotential von 28 % der Kosten identifiziert und mit Maßnahmen hinterlegt. Ein Großteil der Maßnahmen konnte von den Teams selbst realisiert werden.

- Durch Senkung der Herstellkosten um 26 % und der Instandhaltungskosten um 32 % wurden innerhalb von 14 Monaten 3,1 Mio. DM bei einem finanziellen Aufwand von nur 0,8 Mio. DM eingespart.

Auch die Firma Vaillant weist auf sehr positive Erfahrungen mit KAIZEN in Verbindung mit Geschäftsprozessen hin: „Ein weiterer wichtiger Beitrag zur Einbeziehung der Mitarbeiter ist die Neueinführung unseres betrieblichen Vorschlagswesens „Kaizen". Wir stellen jetzt sicher, daß die Ideen unserer Mitarbeiter spätestens vier Wochen nach Einreichen des Vorschlags bewertet und belohnt werden. Bereits in den ersten Monaten nach Einführung dieses Systems haben wir die Beteiligungsquote in unserem Remscheider Werk von ca. 20% auf 57% aller Mitarbeiter gesteigert. Durch die Vorschläge unserer Mitarbeiter konnten wir die Effizienz zahlreicher Prozesse wesentlich erhöhen und erhebliche Kosten einsparen. Der Sprung ist enorm: Waren es im gesamten Jahr 1998 rund 600 000 DM, haben wir bereits im ersten Quartal 1999 Einsparungen in Höhe von rund 1 Mio DM erzielt." (M. Ahle, Jahres-Pressekonferenz 1999 der Vaillant GmbH u. Co.).

Über die wohl umfangreichsten Erfahrungen mit KAIZEN verfügt das KAI-ZEN-Institut. Hierbei handelt es sich um eine Beratungsgesellschaft, die sich auf die Einführung von KAIZEN spezialisiert hat. Das KAIZEN-Institut hat die Leistungssteigerungen von KAIZEN-Anwendern gemessen und dabei

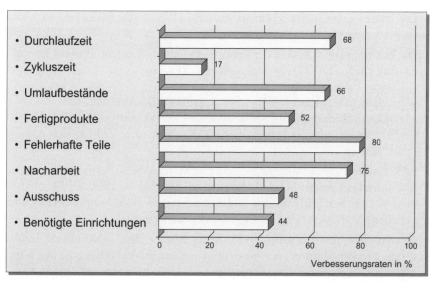

Abbildung 6-14: Durchschnittliche Verbesserungsraten amerikanischer Firmen mit KAIZEN in den Jahren 1993 bis 1995

Verbesserungsraten bis 80 % bei wichtigen Betriebsparametern ermittelt (siehe Abb. 6-14; vgl. Imai 1997, S. 175). Die angegebenen Verbesserungsraten sind aus unserer Sicht mit Ausnahme der Zykluszeit sehr hoch. Sie zeigen, welch beachtliches Verbesserungspotenzial mit Hilfe von KAIZEN ausgeschöpft werden kann.

Haupteinsatzfelder von KAIZEN waren Anfang der 90er Jahre die Fertigungs- und Logistikprozesse. Ein Grund dafür war und ist der höhere Reifegrad dieser Prozesse im Vergleich zu anderen Geschäftsprozessen. Inzwischen wird KAIZEN auch in den indirekten Bereichen (Entwicklung, Verwaltung, Vertrieb) mit Erfolg angewendet (vgl. Schwager 1997, S. 64).

Mit der Einführung von Geschäftsprozessen wird der Boden bereitet, KAIZEN in allen Bereichen des Unternehmens anzuwenden und die enormen Leistungsreserven, die in den indirekten Bereichen verborgen sind, freizusetzen.

6.4 Das Wichtigste in Kürze

* Es gibt zwei unterschiedliche Wege, die Leistung in Geschäftsprozessen zu steigern:
  – Prozesserneuerung (Process Redesign) und
  – Prozessverbesserung (Continuous Improvement).

Die Prozesserneuerung ist ein sporadisches Ereignis, während die Prozessverbesserung ein Kontinuum darstellt.

- Die bekannteste Methode der Erneuerung ist das Business Process Reengineering (BPR). Die Hauptmerkmale von BPR sind:
  - Kundenfokussierung,
  - fundamentales Überdenken aller Aufgaben und Abläufe,
  - radikales Redesign aller Strukturen und Verfahrensweisen,
  - Quantensprünge der Prozessleistung (Kundenzufriedenheit, Zeit, Qualität, Kosten).

- BPR verlangt große Anstrengungen, bindet erhebliche Personalressourcen und unterliegt einem hohen Erfolgsrisiko. Deshalb ist BPR auf Geschäftsprozesse zu beschränken, die hohe strategische Bedeutung besitzen und gleichzeitig gravierende Leistungsdefizite aufweisen.

- In kritischen Situationen ist BPR oft der einzige Weg, um tradierte Strukturen, Machtpositionen und Verhaltensweisen aufzubrechen, die die Wettbewerbsfähigkeit und das Überleben eines Unternehmens gefährden. Kontinuierliche Verbesserungen dauern in kritischen Situationen zu lange und haben keine vergleichbare Wirkung.

- BPR hat in der Praxis bemerkenswerte Resonanz gefunden. Es hat das Bewusstsein für die Bedeutung von Geschäftsprozessen geschärft und viele Veränderungsprozesse angestoßen. Seitens der Wissenschaft wird an BPR Kritik geübt, die aus Praxissicht nur teilweise berechtigt ist.

- Die Stabilisierung und die kontinuierliche Steigerung der Prozessleistungen sind Aufgaben der Prozessverbesserung. Die in der Praxis angewandten Methoden der Prozessverbesserung sind „Total Cycle Time" (TCT) sowie „KAIZEN".

- Bei TCT steht die Beseitigung von Prozessbarrieren und die Eliminierung nicht wertschöpfender Prozesse (= Ersatzprozesse) im Vordergrund. KAIZEN verfolgt die Ausmerzung von Verschwendungen, d. h. von Aktivitäten, die keinen Wertzuwachs erzeugen. TCT betrachtet den gesamten Geschäftsprozess oder gesamte Teilprozesse, während sich KAIZEN auf einzelne Prozess- und Arbeitsschritte konzentriert. In beiden Vorgehensweisen spielen Gruppen- und Teamarbeit eine zentrale Rolle.

- Wesentliche Merkmale der TCT-Methode sind:
  - Ausräumen von Barrieren, die den Prozessablauf behindern,
  - Beseitigen der Barrieren durch Prozess-Teams oder Barrieren-Beseitigungs-Teams,
  - Messen der Wirkungen der Barrierenbeseitigung über die Prozesskennzahlen Zykluszeit, Termintreue und First Pass Yield,
  - Vergleichen der Messgrößen mit den Zielvorgaben,
  - Gezieltes Einsteuern der Bearbeitungsobjekte in die Geschäftsprozesse (AIP-Steuerung).

- Die Wirkungen von TCT sind:
  - zielorientierte Steigerung der Prozessleistung auf der Prozessebene,
  - Nutzung des Problemlösungspotenzials der Mitarbeiter,
  - Steigerung der Motivation und Identifikation der Mitarbeiter,
  - Verbesserung der Teamarbeit und Zusammenarbeit,
  - Stärkung der (externen und internen) Kundenorientierung,
  - aktives Lernen der Organisation.

- Ziel von KAIZEN ist es, die Leistung von Geschäftsprozessen durch Lösen der Probleme auf der Arbeitsebene (Arbeits-, Prozessschritte) permanent zu steigern.

- Kernorientierungen von KAIZEN sind:
  - Kundenorientierung: Kunden (intern und extern) sind die Zielgruppe der Verbesserung. Nur was dem Kunden nutzt hat Wert.
  - Prozessorientierung: Prozess- und Arbeitsschritte sind die Objekte der Verbesserung.
  - Mitarbeiterorientierung: Mitarbeiter sind die Akteure der Verbesserung.

- Die Wirkungen von KAIZEN entsprechen denen von TCT:
  - Steigerung der Prozessleistung (Qualität, Zeiten, Kosten) auf der Arbeitsebene,
  - Nutzung des Problemlösungspotenzials der Mitarbeiter,
  - Steigerung der Motivation und Identifikation der Mitarbeiter,
  - Verbesserung der Teamarbeit und Zusammenarbeit,
  - Stärkung der (internen) Kundenorientierung,
  - aktives Lernen der Organisation.

6.5 Literatur zum Kapitel 6

Al-Ani, A. (1996): Continuous Improvement als Egänzung des Business Reengineering, in: Zeitschrift Führung+Organisation (zfo), 65 (1996) 3, S. 142–148.

Arbeitskreis „Organisation", Deutsche Gesellschaft für Betriebswirtschaft e. V. (1996): Organisation im Umbruch. (Was) Kann man aus den bisherigen Erfahrungen lernen?, in: Zeitschrift für betriebswirtschaftliche Forschung (ZfB), 48 (1996) 6, S. 621–665.

Bagdasarjanz, F.; Hochreutener, K. (1995): Prozeßmanagement als Voraussetzung für Kundenzufriedenheit – Das Customer Focus-Programm bei ABB, in: Simon, H.; Homburg, Ch. (Hrsg.): Kundenzufriedenheit, Konzepte-Methoden-Erfahrungen, Wiesbaden 1995, S. 207–227.

Bogaschewsky, R.; Rollberg, R. (1998): Prozeßorientiertes Management, Berlin et al. 1998.

Bullinger, H.-J.; Wiedmann, G.; Niemeier, J. (1995): Business Reengineering. Aktuelle Managementkonzepte in Deutschland: Zukunftsperspektiven und Stand der Umsetzung, Fraunhofer-Institut für Arbeitswirtschaft und Organisation (IAO), Stuttgart 1995.

Demmer, C.; Gloger, A.; Hoerner, R. (1996): Erfolgreiche Reengineering-Praxis in Deutschland, München 1996.

DIN EN ISO 9001:2000 (2000): Deutsches Institut für Normung e. V. (Hrsg.): DIN EN ISO 9001:2000, Qualitätsmanagementsysteme – Anforderungen, Berlin 2000.

Ebeling, J. (2000): Die sieben elementaren Werkzeuge der Qualität, in: Kamiske, G. F. (Hrsg.): Unternehmenserfolg durch Excellence, München 2000, S. 277–307.

Engelmann, Th. (1995): Business Process Reengineering: Grundlagen- Gestaltungs-empfehlungen-Vorgehensmodell, Wiesbaden 1995.

Gaitanides, M. (1998): Business Reengineering. Prozeßmanagement – von der Managementtechnik zur Theorie der Unternehmung? in: Die Betriebswirtschaft (DBW), 58 (1998) 3, S. 369–381.

Gaitanides, M.; Scholz, R.; Vrohlings, A.; Raster, M. (1994): Prozeßmanagement: Konzepte, Umsetzungen und Erfahrungen des Reengineering, München 1994.

Gausemeier, J.; Fink, A. (1999): Führung im Wandel. Ein ganzheitliches Modell zur zukunftsorientierten Unternehmensgestaltung, München 1999.

Gogoll, A. (2000): Management-Werkzeuge der Qualität, in: Kamiske, G. F. (Hrsg.): Unternehmenserfolg durch Excellence, München 2000, S. 346–358.

Gogoll, A.; Theden, P. (2000): Techniken des Quality Engineering, in: Kamiske, G. F. (Hrsg.): Unternehmenserfolg durch Excellence, München 2000, S. 308–345.

Hammer, M.; Champy, J. (1993): Reengineering the Corporation, New York 1993.

Hammer, M.; Champy, J. (1994): Business Reengineering, Frankfurt am Main/ New York 1994.

Homburg, Ch.; Hocke, G. (1998): Change Management durch Reengineering? Eine Bestandsaufnahme, in: Zeitschrift Führung + Organisation (zfo), 67 (1998) 5, S. 294–299.

Horváth, P. (Hrsg.) (1997): Die „Vorderseite" der Prozeßorientierung, in: CONTROLLING, 9 (1997) 2, S. 114.

Imai, M. (1992): Der Schlüssel zum Erfolg der Japaner im Wettbewerb, 5. Aufl., München 1992.

Imai, M. (1997): Gemba KAIZEN, München 1997.

Kamiske, G. F. (Hrsg.) (2000): Unternehmenserfolg durch Excellence, München 2000.

Kieser, A. (1996): Business Process Reengineering – neue Kleider für den Kaiser?, in: Zeitschrift Führung+Organisation (zfo), 65 (1996) 3, S. 179–185.

Lullies, V.; Hartmann, H.; Pastowsky, M. (1999): Partizipation: Der Schlüssel zu einer erfolgreichen Geschäftsprozeßgestaltung – Ein Handbuch für Praktiker, in: Hofer-Alfeis, J. (Hrsg.): Geschäftsprozeßmanagement: innovative Ansätze für das wandlungsfähige Unternehmen, München 1999, S. 151–153.

Nippa, M. (1996b): Bestandsaufnahme des Reengineering-Konzepts, in: Nippa, M.; Picot, A. (Hrsg.): Prozeßmanagement und Reengineering. Die Praxis im deutschsprachigen Raum, 2. Aufl., Frankfurt am Main/New York 1996, S. 61–77.

Osterloh, M.; Frost, J. (1996): Prozessmanagement als Kernkompetenz. Wie Sie Business Reengineering strategisch nutzen können, Wiesbaden 1996.

Osterloh, M.; Frost, J. (1997): So wird Reengineering zum Erfolg. Optimierung von Geschäftsprozessen, in: Gablers Magazin, (1997) 4, S. 39–41.

Perlitz, M. (1995): Weit mehr möglich, in: WirtschaftsWoche, Nr. 22 vom 22. 5. 1995, S. 79–81.

Perlitz, M.; Offinger, A.; Reinhardt, M.; Schug, K.; Bufka, J. (1995): Business Process Reengineering, Ergebnisse einer empirischen Untersuchung, Universität Mannheim, Fakultät für Betriebswirtschaftslehre, Mannheim 1995.

Rohm, Ch. (1998): Prozeßmanagement als Fokus im Unternehmungswandel, Gießen 1998.

Schmitt, P.; Besler, S.; Hentschel, W.; Emmerich, H. (1999): Partizipation und Barrieren bei der Umsetzung von GPO-Vorhaben. Humanzentrierte Erfolgsfaktoren, in: Hofer-Alfeis, J. (Hrsg.): Geschäftsprozeßmanagement: innovative Ansätze für das wandlungsfähige Unternehmen, München 1999, S. 369–382.

Schnetzer, R. (1995): Business Process Reengineering (BPR) in der Schweiz – Stand der Praxis, Projektabsichten, Probleme und Potentiale unter spezieller Berücksichtigung der Rolle der Informations-Technologie aus Anwendersicht, Studie, IDC (Schweiz), Schaffhausen 1995.

Schnetzer, R. (1999): Business Process Reengineering: kompakt und verständlich, Braunschweig 1999.

Schwager, M. (1997): KaiZen – Der sanfte Weg des Reengineering: eine Studie zum Entwicklungsstand in deutschen Unternehmen, Freiburg 1997.

Seghezzi, H. D. (1996): Integriertes Qualitätsmanagement. Das St. Galler Konzept, München 1996.

Servatius, H.-G. (1994): Reengineering-Programme umsetzen, Stuttgart 1994.

Steinbeck, H.-H. (1994) (Hrsg.): CIP – Kaizen – KVP. Die kontinuierliche Verbesserung von Produkt und Prozeß, Landsberg am Lech 1994.

Theuvsen, L. (1996): Business Reengineering. Möglichkeiten und Grenzen einer prozeßorientierten Organisationsgestaltung, in: Zeitschrift für betriebswirtschaftliche Forschung (zfbf), 48 (1996) 1, S. 65–82.

Thomas, Ph. R. (1990): Competitiveness through Total Cycle Time. An Overview for CEOs, New York et al. 1990.

Thomas, Ph. R. (1991): Getting Competitive. Middle Managers and the Cycle Time Ethic, New York et al. 1991.

Wirtz, B. W. (1996): Business Process Reengineering – Erfolgsdeterminanten, Probleme und Auswirkungen eines neuen Reorganisationsansatzes, in: Zeitschrift für betriebswirtschaftliche Forschung (zfbf), 48 (1996) 11, S. 1023–1036.

7 Wie wird Geschäftsprozess-management eingeführt?

In diesem Kapitel werden folgende Fragen beantwortet:

- Von welchen Faktoren hängt die erfolgreiche Einführung des Geschäftsprozessmanagements ab?
- Welche Widerstände sind bei der Einführung zu erwarten?
- Wie können die Widerstände überwunden werden?
- Worauf sollte bei der Einführung besonders geachtet werden?
- Welche Vorgehensweisen werden in der Praxis angewandt?

7.1 Erfolgs- und Misserfolgsfaktoren

Bevor Geschäftsprozessmanagement eingeführt wird, sind die Erfolgsvoraussetzungen kritisch zu überprüfen. Dabei ist besonders die Geschäftsleitung gefordert. Sie hat die Anwendungsbreite und -tiefe des Geschäftsprozessmanagements festzulegen, die Voraussetzungen für eine erfolgreiche Implementierung zu schaffen und bei der Umsetzung Durchsetzungswillen und -fähigkeit zu beweisen.

Vor bzw. während der Einführung des Geschäftsprozessmanagements sind folgende Fragen zu beantworten bzw. Entscheidungen zu treffen:

- In welchen Teilen des Unternehmens soll Geschäftsprozessmanagement eingeführt werden?
- Welche Ziele sollen mit Geschäftsprozessmanagement erreicht werden?
- Welche Kernkompetenzen sollen mit dem Geschäftsprozessmanagement ausgebaut werden?
- In welchem Zeitrahmen soll die Einführung durchgeführt werden?
- Welches Mitglied des Leitungskreises ist für die Einführung verantwortlich?
- Welche Ressourcen werden für die Einführung des Geschäftsprozessmanagements bereitgestellt?
- Welche Personen sollen die Geschäftsprozessverantwortung übernehmen?
- In welchem Umfang und bis wann soll die funktionale Aufbauorganisation an Geschäftsprozesse angepasst werden?
- Welche Rollen übernehmen in Zukunft die Funktionsleiter und welche die Geschäftsprozessverantwortlichen?

* Welches Gewicht ist den einzelnen Geschäftsprozessen beizumessen?
* Welche Geschäftsprozesse sollen erneuert und welche verbessert werden?

Konsequenz, flexibles Reagieren und Augenmaß sind gefordert, wenn es um die Einführung des Geschäftsprozessmanagements geht. In vielen Fällen behindern Halbherzigkeit, fehlende Priorisierung und abwartende Haltung des Managements die Einführung. Ist die Geschäftsleitung nicht von der Notwendigkeit des Geschäftsprozessmanagements überzeugt, sollte sie besser auf die Einführung verzichten.

Aber auch von den Mitarbeitern hängt es ab, ob die Einführung gelingt. Sie sind deshalb so früh wie möglich über die geplanten Veränderungen zu informieren. Gründe, Ziele, Inhalte und Konsequenzen des Geschäftsprozessmanagements sollten intensiv mit ihnen diskutiert werden.

Ein reines top-down Vorgehen, das sich auf Organisationsspezialisten und externe Berater abstützt, erzeugt große Widerstände. Eine Revolution von oben kann starke Gegenwehr von unten auslösen. Die erfolgreiche Einführung des Geschäftsprozessmanagements erfordert die aktive Einbindung der Mitarbeiter in dem Reorganisations- und Wandlungsprozess.

Mit der Einbeziehung der Mitarbeiter sind folgende positiven Effekte verbunden:

* Betroffene werden zu Beteiligten:
  Die Mitarbeiter sind nicht Objekte, sondern Gestalter der Veränderung. Die Mitgestaltung ist ein wichtiger Motivationsfaktor.

* Akzeptanz statt Widerstand:
  Durch die inhaltliche Mitgestaltung der organisatorischen Veränderungen wird die Akzeptanz der Betroffenen erhöht.

* Lernen durch Erfahrung:
  Die Ideen und Erfahrungen der Mitarbeiter werden in die Organisationsentwicklung eingebracht. Auf der anderen Seite lernen die Mitarbeiter die Widerstände der Umsetzung kennen und bringen diese als Erfahrungen in spätere Umsetzungen ein.

Aus dem Stand heraus sind die Mitarbeiter nicht in der Lage, ihre neuen Rollen auszufüllen. Ihre Kenntnisse und Verhaltensweisen sind sorgfältig auf die neue Situation vorzubereiten. Besonders wichtig sind deshalb gezielte Informations- und Qualifizierungsoffensiven.

Die Führungskräfte übernehmen bei der Einführung des Geschäftsprozessmanagements eine Schlüsselrolle. Als Problemfälle stellen sich oft Führungskräfte heraus, die eine „Kaminkarriere" durchlaufen und über viele Jahre hinweg nur einen begrenzten Funktionsbereich kennen gelernt haben. Sie zeigen geringe Aufgeschlossenheit gegenüber Neuerungen und zeichnen sich durch

„Arroganz des Spezialisten" aus. Der begrenzte Erfahrungsraum und die mangelhafte Kenntnis der gesamten Wertschöpfungskette machen sie zu professionellen Bedenkenträgern, die die Prozessorientierung offen oder verdeckt bekämpfen.

Häufig ist das mittlere Management ein Hemmschuh bei der Einführung von Geschäftsprozessen. Es befürchtet, Position, Ansehen und Einfluss zu verlieren oder mit der zugedachten neuen Rolle nicht klar zu kommen. In der Tat sind die Veränderungen auf dieser Ebene am stärksten. Aus diesem Grunde ist das mittlere Management frühzeitig auf die Veränderungen vorzubereiten, um Ängste und Befürchtungen abzubauen.

Perlitz hat die Erfolgs- und Misserfolgsfaktoren von BPR-Projekten untersucht (vgl. Perlitz et al. 1995). Die Untersuchungsergebnisse sind auf das Geschäftsprozessmanagement übertragbar (vgl. dazu auch EFQM 1999b, S. 70 ff. und 87 ff.). Danach haben folgende Faktoren einen starken Einfluss auf die Einführung des Geschäftsprozessmanagements:

• Die Einführung muss von der Geschäftsleitung gewollt und initiiert sein sowie aktiv vorangetrieben werden. Das Management sollte „sicht- und spürbar" sein und sich bei der Initiierung und Implementierung der Geschäftsprozesse stark engagieren. Wichtig ist, dass die Geschäftsleitung den Dialog mit den Betroffenen sucht.

• Die Geschäftsleitung sollte überzeugt sein, dass Geschäftsprozessmanagement der richtige Weg ist, die Wettbewerbsfähigkeit zu steigern und die Zukunft des Unternehmens dauerhaft zu sichern.

• Das Geschäftsprozessmanagement sollte sich nicht auf Teilbereiche beziehen, sondern die gesamte Geschäftseinheit umfassen.

• Großer Wert ist auf Training und Kommunikation (Informationsveranstaltungen, Seminare, Workshops, Prozess-Teams, Mentor, persönliche Gespräche, Führungskräfteseminare) zu legen. Die Kommunikation sollte „offen, ehrlich, direkt, umfassend und konsistent" sein. Die Herausforderungen des Marktes und die Notwendigkeit des Geschäftsprozessmanagements sind ständig und nachhaltig zu verdeutlichen. Besonders ist auf die Kontinuität der Aussagen zu achten.

• Geschäftsprozessmanagement setzt das Überdenken der Wettbewerbssituation voraus, wobei Portfolioanalysen und Benchmarking wertvolle Hilfestellung geben können. Kritisch zu analysieren sind die Wertschöpfungsbeiträge der Geschäftsprozesse. Nicht wertschöpfende Aktivitäten sind zu eliminieren und wertschöpfende Beiträge zu intensivieren.

• Die Einführung sollte in ein richtungsweisendes Rahmenprogramm eingebettet und mit der Systematik des Projektmanagements abgewickelt werden.

- Es sind Pilotprojekte durchzuführen, von denen Signalwirkungen ausgehen.

- Betroffene sollten aktiv in die Einführung eingebunden werden. Neben den Mitarbeitern sind externe Kunden und Lieferanten einzubeziehen.

- Die Einführung ist aus eigener Kraft zu stemmen. Sie sollte nicht von Beratern gesteuert werden.

- Kundenorientiertes Denken und Handeln sowie Aufgabenintegration (siehe Gestaltung der Geschäftsprozesse) haben in der Implementierungsphase eine stärkere Erfolgswirkung als Führungsgrundsätze wie Mitarbeiterorientierung, Aufbau einer Vertrauensorganisation oder Coaching.

- Die Einführung ist durch eine aktive Personalpolitik zu unterstützen, wobei auf Managementunterstützung bei der Überwindung von Barrieren, Kommunikation eines Leitbildes und neue Anreizsysteme besonderes Gewicht zu legen ist.

- Es ist eine hohe Motivation und Veränderungsbereitschaft auf allen Hierarchieebenen zu erreichen. Nicht der gefährdete Status quo, sondern die Chance zum Besseren sollte das Handeln bestimmen.

- Geschäftsprozessmanagement erschließt neue Möglichkeiten der IuK-Technik. Eine umgekehrte Wirkung besteht nicht.

- Eine wichtige Komponente ist das oft vernachlässigte Prozesscontrolling. Es macht Nutzen und Erfolg des Geschäftsprozessmanagements sichtbar, gibt Feedback über interne und externe Veränderungen und bietet die Möglichkeit, den Änderungsprozess gezielt zu steuern. Besonderer Wert ist auf multidimensionale Messgrößen (Kundennutzen, Kundenzufriedenheit, Zeit, Prozesskosten, Qualität) zu legen.

- Das Konzept der internen Kundenorientierung ist eine starke Triebfeder der externen Kundenorientierung.

- Bei der Auswahl der Geschäftsprozess- und Teilprozessverantwortlichen ist besonders auf soziale Kompetenz, bereichsübergreifendes Prozessverständnis, Veränderungsbereitschaft, Mut zum Risiko und Kundenbewusstsein zu legen.

Nicht Konzept und Methode, sondern schlechte Vorbereitung und halbherzige Umsetzung sind zumeist die Gründe, wenn Geschäftsprozessmanagement nicht die Erwartungen erfüllt. Geschäftsprozessmanagement lässt sich nicht nebenbei einführen, sondern verlangt höchsten Einsatz.

Für schnelle Kostensenkungen ist Geschäftsprozessmanagement nicht die geeignete Methode. Es vergehen ein bis zwei Jahre, bis sich die positiven Effekte des Geschäftsprozessmanagements flächendeckend ausbreiten und die kulturellen Veränderungen greifen. Punktuelle Verbesserungen lassen sich von Anfang an durch Ernten der „low hanging fruits" erzielen (siehe Abb. 5-23). Von diesen „quick hits" geht eine starke Signalwirkung aus. Sie sollten deshalb gezielt geplant und kommuniziert werden.

Abbildung 7-1 fasst wichtige Erfolgs- und Misserfolgsfaktoren zusammen.

Erfolgsfaktoren	Misserfolgsfaktoren
+ Kommunikation von Strategie, Zielen und Vorgehen	- unrealistische Ziele und Erwartungen
+ Einbeziehung aller Geschäftsaktivitäten einer Geschäftseinheit	- reine Kostenreduzierungsziele
	- saturiertes Unternehmen
+ Abwendung vom Status quo	- Erhaltung des Status quo
+ Konzentration auf die wettbewerbskritischen primären Geschäftsprozesse	- mangelnde (Top-)Management-Beteiligung, keine „sichtbare" Führung
+ Reorganisation der sekundären Geschäftsprozesse	- pessimistische Grundhaltung, Angst, Vernachlässigung der Mitarbeiterbefürchtungen
+ multidimensionale Steuerung (Kundenzufriedenheit, Zeit, Qualität, Kosten)	- umfassende Widerstände in der Organisation
+ permanente Sensibilisierung und Integration der betroffenen Mitarbeiter	- unkoordinierte parallele Programme (Produktivität, Qualität ...)
+ kompetente, kooperative und verantwortliche Mitarbeiter	- kein übergreifender Prozessansatz
+ ausreichendes Budget für Umsetzung	- unzureichende Mittel für Umsetzung
+ Einbindung von Kunden	- technologische anstelle strategischer und organisatorischer Ausrichtung
+ Umsetzung mit Projektmanagement	- fehlende bzw. unzureichende Methode

Abbildung 7-1: Erfolgs- und Misserfolgsfaktoren des Geschäftsprozessmanagements (vgl. Nippa 1996b)

Den Erfolgs- und Misserfolgsfaktoren von BPR-Projekten bzw. des Geschäftsprozessmanagements wird in der Literatur breiter Raum geschenkt. Zumindest theoretisch ist dieses Feld gut aufbereitet. Für den Praktiker ist es wichtig, sich vor der Einführung des Geschäftsprozessmanagements Klarheit darüber zu verschaffen, welche Faktoren Erfolg und Misserfolg beeinflussen. Nur mit Kenntnis dieser Faktoren können die Weichen richtig gestellt werden.

7.2   Veränderungen und Widerstände

> It must be considered that there is nothing
> more difficult to carry out, nor more doubtful
> of success, nor dangerous to handle, than
> to initiate a new order of things. For the
> reformer has enemies in all those who profit
> by the old order.
>
> Machiavelli

> Wenn der Wind des Wandels weht, bauen die
> einen Mauern und die anderen Windmühlen.
>
> Chinesisches Sprichwort

Die Einführung des Geschäftsprozessmanagements ist mit tiefgreifenden Änderungen verbunden:

- Nicht mehr Funktionen und Abteilungen, sondern Geschäftsprozesse stehen im Mittelpunkt der Organisation.
  → Die Organisation ändert sich.
- Nicht mehr Funktionsleiter, sondern Prozessverantwortliche sind die Träger des Geschäftes.
  → Die Positionen und Spielregeln ändern sich.
- Nur das, was dem Kunden nutzt, hat Wert; alles andere ist Verschwendung.
  → Die Abläufe und Arbeitsinhalte ändern sich.
- Die Mitarbeiter steuern und verbessern die Geschäftsprozesse selbst.
  → Die Rollen von Management und Mitarbeitern ändern sich.
- Nicht mehr Kosten, sondern Zeiten, Qualität und Kosten der Geschäftsprozesse sind die wesentlichen operativen Steuerungsgrößen.
  → Das Controlling und die Führungsgrößen ändern sich.

Diese Änderungen erfordern eine Neuorientierung des Geschäfts-, Kunden-, Mitarbeiter-, Führungs- und Organisationsverständnisses.

Die Veränderungsbereitschaft und -fähigkeit ist von Unternehmen zu Unternehmen unterschiedlich. Eine Untersuchung von Arthur D. Little in den USA ergab folgendes Bild (vgl. Scott-Morgan 1995, S. 16 f.):

- fast jedes Unternehmen durchlief ein großangelegtes Veränderungsprogramm:
  - Restrukturierung der Organisation,
  - Umsatzsteigerung,
  - Reduzierung Gemeinkosten.
- nur 17 % der Unternehmen waren mit den Ergebnissen zufrieden,

- fast 70 % der Unternehmen räumten unvorhergesehene Probleme und Nebeneffekte ein,
- bei 65 % der Unternehmen stießen die Initiativen auf unzureichende Resonanz bei Managern und Mitarbeitern,
- die Vorstandsvorsitzenden wussten nicht, was schief lief.

In deutschen Unternehmen ist die Veränderungsbereitschaft und -fähigkeit gegenüber amerikanischen Unternehmen eher schwächer ausgeprägt. Die Gründe dafür liegen in den Barrieren der Veränderung (siehe Abb.7-2).

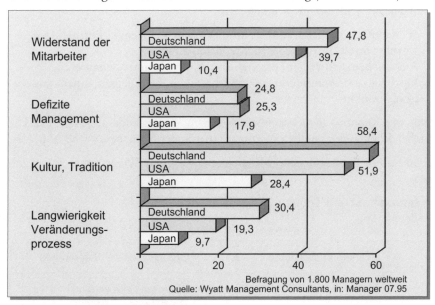

Abbildung 7-2: Barrieren der Veränderung

Auslöser von Veränderungen können sein:

- aktuelle Krise,
- absehbare Krise,
- Notwendigkeit der Zukunftssicherung.

Nichts ist schwieriger und unangenehmer als sich zu ändern. Dies gilt für Organisationen in noch stärkerem Maße als für Individuen. Deshalb stoßen Veränderungen auf Widerstände.

In Notsituationen ist eine hohe Bereitschaft vorhanden, gravierende Veränderungen zu akzeptieren und zu unterstützen. Bei nachlassendem Leidensdruck ist die Gefahr gegeben, dass sich die alten Verhaltensmuster wieder durchsetzen. Schwieriger ist es, Akzeptanz für Veränderungen zu finden, wenn es dem Unternehmen gut geht. Die Mitarbeiter müssen dann sehr viel stärker überzeugt und motiviert werden.

Um Widerstände richtig zu beurteilen, sind folgende Grundsätze zu beachten (vgl. Doppler/Lauterburg 1994, S. 212 f.):

- Es gibt keine Veränderungen ohne Widerstand!
- Widerstand enthält immer eine „verschlüsselte Botschaft"!
- Nichtbeachtung von Widerstand führt zu Blockaden!
- Mit dem Widerstand, nicht gegen ihn gehen!

Indizien für Widerstände können sein:

- Widerspruch: Gegenargumentation, Vorwürfe, Polemik, Formalismus,
- Unruhe: Streit, Intrigen, Gerüchte, Cliquenbildung,
- Ausweichen: Schweigen, Bagatellisieren, Unwichtiges debattieren,
- Lustlosigkeit: Unaufmerksamkeit, Müdigkeit, Fernbleiben, innere Emigration, Krankheit.

Nur mit Kenntnis der Ursachen lassen sich Widerstände abbauen. Die Ursachen können personeller oder organisatorischer Natur sein (siehe Abb.7-3).

Es bieten sich verschiedene Möglichkeiten an, auf Widerstände zu reagieren:

- Information und Training,
- Beteiligung,

Personale Widerstände	Organisationale Widerstände
• Notwendigkeit der Veränderung wird nicht erkannt	• Anreizsystem verstärkt bestehende Zustände
• Ziele, Vorgehen und Ergebnisse der Veränderung werden missverstanden	• Bedrohung des bestehenden Machtgleichgewichtes
• Angst vor dem Unbekannten	• Konflikte zwischen Gruppen verhindern Zusammenarbeit
• Angst vor Statusverlust	• Unvereinbarkeit von Veränderungsprozess und Organisationskultur
• Bedrohung bestehender Beziehungen	• Ressourcenbindung an frühere Entscheidungen und Aktionen
• Bedrohung bestehender Arbeitsabläufe und Gewohnheiten	

Abbildung 7-3: Ursachen von Widerständen gegenüber Veränderungen (vgl. Smither/Houston/McIntire 1996)

- Entlastung und Unterstützung,
- Verhandlung und Kompromissbildung,
- Zwang und Druck.

In vielen Fällen lassen sich Widerstände über Information, Training, Beteiligung, Entlastung und Unterstützung abbauen. Diese Ansätze sind zwar zeitaufwendig und kostenintensiv, haben sich aber bei der Einführung des Geschäftsprozessmanagements gut bewährt. Ob Verhandeln und Kompromissbildung geeignete Wege sind, hängt von den Beteiligten ab. Bedenken sind angebracht, wenn die Einführung selbst oder die Inhalte des Geschäftsprozessmanagements zum Verhandlungsgegenstand gemacht werden. Positiv zu werten ist, wenn Verhandlungen dazu beitragen, einen abgestimmten Weg zu finden. Dabei sollte Kritik konstruktiv aufgenommen werden und eine Auseinandersetzung mit der Kritik stattfinden. Zwang und Druck scheiden als Alternative aus. Sie sind nicht geeignet, Widerstände abzubauen, sondern erzeugen eher verdeckten Widerstand.

Sensibilisierung	Information und Schulung

• Vision entwerfen
• Leitbild entwickeln
• Problembewusstsein schaffen
• Klare Ziele vorgeben
	• Information der Betroffenen
	  - Notwendigkeit der Änderung
	  - Vorgehen, angestrebte Ergebnisse
	• Training

Beeinflussung	**Betreuung und Beratung**
• Einstellungen der Betroffenen analysieren • Akzeptanzbarrieren identifizieren • Promotoren finden/stärken • Opponenten einbinden	• Hotline • Berater vor Ort • Anwender Service Zentrum • Erfahrungsaustausch
Motivation	**Dokumentation**
• Überzeugungsarbeit leisten • Änderungsmotivation erzeugen • Betroffene einbeziehen • Anreize schaffen	• Dokumentation des Konzepts, Systems • Dokumentation der Einführung • Dokumentation der Beratung • Dokumentation der Betreuung

Abbildung 7-4: Überwindung von Widerständen (Quelle: Krüger 1994)

Bei der Einführung des Geschäftsprozessmanagements ist besonders auf die in Abbildung 7-4 aufgezeigten Aspekte zu achten. Sie tragen dazu bei, die mit dem Organisationswandel verbundenen Widerstände zu überwinden und den Einführungserfolg zu sichern.

Ein Beispiel für die erfolgreiche Einführung einer prozessorientierten Organisation war 1995 die Siemens Nixdorf AG. Die Geschäftseinheit Personalcomputer ging dabei wie folgt vor (vgl. Rössler in VDI 24. 11. 95/17):

• Zunächst wurde anhand von Benchmark-Zahlen eine Schlankheitskur durchgeführt.
• Die klassische Organisationsstruktur stellte sich als Hindernis heraus. Deshalb wurde im nächsten Schritt eine Prozessorganisation mit zusammengefassten Funktionen und geringeren Reibungsverlusten geschaffen. „Wir arbeiten nicht in Säulen, sondern quer zu ihnen."
• Ergänzend dazu wurde segmentiert. Innerhalb der Geschäftseinheit wurden vier eigenständige Firmen gegründet, die nach Produktgruppen ausgerichtet wurden.
• Größtes Hindernis bei der Umsetzung des Programms waren mentale Probleme der Führung. Am schwierigsten war es, „in die Köpfe der Führungsebene hineinzubekommen, dass wir das richtige tun".
• Der Umschwung gelang mit neuen Leuten auf den Chefposten und ausführlicher Diskussion.

7.3   Vorgehenskonzepte

7.3.1   Generelles Vorgehenskonzept

Bei der Einführung und Anwendung des Geschäftsprozessmanagements können die in Abb. 7-5 dargestellten Ablaufphasen unterschieden werden.

In Phase 1 ist die Ausgangssituation zu klären, der Handlungsbedarf für das Geschäftsprozessmanagement aufzuzeigen und eine Vision der zukünftigen Organisation zu entwickeln. Die Vision enthält eine längerfristig gültige Aussage über den angestrebten Zustand. Sie zeigt die Richtung der Veränderung an. Ergänzend sind dazu in Phase 1 die strategischen Ziele und Rahmenbedingungen zu überprüfen sowie die Ziele des Geschäftsprozessmanagements festzulegen. Gleichzeitig ist eine für die Mitarbeiter nachvollziehbare Begründung des Geschäftsprozessmanagements zu erarbeiten. Mit der Vision, strategischen Zielsetzung und Begründung des Geschäftsprozessmanagements ist den Mitarbeitern eine Orientierungs- und Identifikationsbasis zu vermitteln.

In Phase 2 folgt die Identifizierung der Geschäftsprozesse. Hier ist die Frage zu beantworten, welche Geschäftsprozesse zur Erfüllung der Kundenanforderungen und Geschäftsziele erforderlich sind. In Phase 3 werden die Ge-

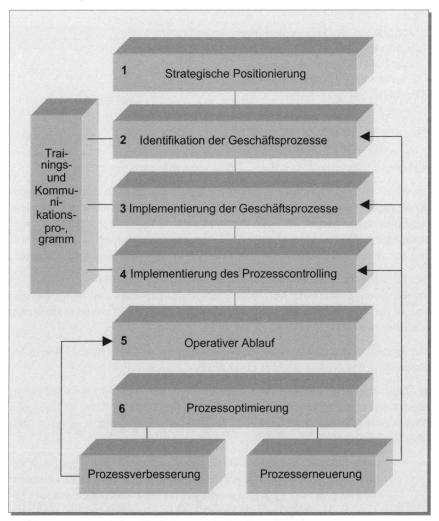

Abbildung 7-5: Ablaufphasen des Geschäftsprozessmanagements

schäftsprozesse implementiert. Schwerpunkte sind dabei die Festlegung von Prozessstruktur, Prozessverantwortlichen und Prozessgremien sowie die Anpassung der Aufbauorganisation an die Geschäftsprozesse. Phase 4 beinhaltet den Entwurf und die Implementierung des Controllingsystems. In diesem Schritt werden die Prozesskennzahlen mit Ziel- und Messgrößen definiert sowie das Berichtssystem eingeführt.

Parallel zu den Phasen 2 bis 4 finden Trainingsprogramme statt, in denen den Mitarbeitern das prozessrelevante Wissen vermittelt wird und sie auf die Veränderungen vorbereitet werden. Folgende Themen sind dabei wichtig:

- Kundenorientierung,
- Grundlagen des Geschäftsprozessmanagements,
- Methoden der Leistungssteigerung in Prozessen,
- neue Führungsprinzipien,
- Teamarbeit und Moderationstechnik,
- Problemlösungstechniken,
- Konflikthandhabungstechniken.

Über das „Train-the-trainer" Prinzip sind möglichst viele Führungskräfte und Mitarbeiter in das aktive Training einzubeziehen, um eine breite und intensive Auseinandersetzung mit dem Thema Geschäftsprozesse zu erreichen.

Ein weiterer Schwerpunkt während der Einführungsphasen 2 bis 4 ist, bestehende Anreizsysteme auf prozessorientierte Leistungsparameter umzustellen. Die Einkommensstrukturen sind den veränderten Verantwortungsstrukturen anzupassen. Die höhere Eigenverantwortung, Selbststeuerung, Flexibilität und Lernbereitschaft der Mitarbeiter sind finanziell ausreichend zu würdigen.

Die Einführung wird von einem Kommunikationsprogramm begleitet. Dieses soll durch eine aktive und offene Informationspolitik den Informationsbedarf der Mitarbeiter decken, um Ängsten und Befürchtungen frühzeitig vorzubeugen.

Mit Abschluss der Phase 4 ist die Infrastruktur für den operativen Einsatz des Geschäftsprozessmanagements geschaffen.

In Phase 5 folgt der operative Ablauf und die Steuerung der Geschäftsprozesse. Kernelemente sind dabei die Festlegung und laufende Überwachung der Prozessziele (Kundenzufriedenheit, Prozesszeit, Termintreue, Prozessqualität, Prozesskosten).

In Phase 6 schließt sich die Optimierung der Geschäftsprozesse an. Diese erfolgt auf zwei Wegen. Zum einen wird über kontinuierliche Verbesserungen die Leistungsfähigkeit der Geschäftsprozesse in kleinen Schritten erhöht (Total Cycle Time, KAIZEN). Die kontinuierliche Leistungssteigerung läuft zeitlich synchron zum operativen Ablauf in Phase 5. Der zweite Weg ist grundsätzlicher Natur und besteht in einer umfassenden Neugestaltung ausgewählter Geschäftsprozesse (Business Process Reengineering). Dieser Weg wird bei strategisch wichtigen Geschäftsprozessen beschritten, wenn kontinuierliche Leistungssteigerungen nicht mehr ausreichen, um die Geschäftsziele zu erreichen und die Wettbewerbsposition zu halten bzw. zu verbessern.

7.3.2 Vorgehenskonzepte von Unternehmensberatern

Die Abbildungen 7-6 und 7-7 enthalten Vorgehenskonzepte, die Unternehmensberater bei der Einführung des Geschäftsprozessmanagements bzw. in

Booz · Allen & Hamilton	BPU	Diebold Deutschland	Roland Berger & Partner
1. Kernfähigkeiten und Erfolgsvision erarbeiten 2. Verbesserungsverständnis entwickeln 3. Verbesserungsziele für Unternehmen setzen 4. Erfolgskritische Geschäftsprozesse identifizieren und auswählen 5. Hauptprozesse abbilden, Verbesserungsziele je Hauptprozess formulieren, Soll-Prozesse entwickeln 6. Umsetzungsprioritäten ableiten 7. Veränderungen realisieren 8. Prozesse kontinuierlich verbessern	1. Pre Check - Problembeschreibung - Analysebedarf - Zielsetzung 2. Modul 1 - Prozessidentifikation - Prozesssystematisierung - Prozessselektion 3. Modul 2 - Prozessdetaillierung - Konzeption und Maßnahmengenerierung 4. Modul 3 - Implementierung - Institutionalisierung	1. Strukturierung der Leistungen gegenüber Kunden - Ableitung von Leistungszielen - Differenzierung nach Geschäftsfeldern und -ebenen - Neugestaltung der Geschäftsprozesse - Festlegung von Verantwortlichkeiten 2. Implementierung der Veränderungsprozesse bezogen auf: - Geschäftsabwicklung - Organisation - Strategie 3. Sicherstellung permanenter Verbesserungen	1. Bestimmung der Issues - Identifikation der Schlüsselprozesse - Prozessauswahl 2. Prozessanalyse - Dokumentation - Prozessprobleme 3. Prozess-Redesign - Definition Verbesserungsziele - Design-Alternativen - Simulation 4. Implementierung - Maßnahmenplan - Festlegung Verantwortlichkeiten - Einführungscontrolling 5. Kontinuierliches Verbesserungsprogramm - Verbesserungsmaßnahmen - Fortschrittskontrolle

Abbildung 7-6: Vorgehenskonzepte BPR/Geschäftsprozessmanagement (1)

Arthur D. Little	A. T. Kearney	Bain & Company	Boston Consulting Group

1. Definition, Erfolgsfaktoren
  - Prozesse definieren
  - Grobstruktur festlegen
2. Bewertung, Ziele
  - Ist-Zustand verstehen
  - Ziele konkretisieren
3. Gestaltung Prozesse, Ressourcen, Organisation
  - Redesign, Rethink
  - Detaillierung
  - Betriebsmittel, DV, Organisation
4. Maßnahmenplan
  - Maßnahmen
  - Milestones
  - Verantwortlichkeiten
5. Realisierung
	1. Strategie, Unternehmensvisionen
	  - zukünftige Kundenanforderungen
	  - proaktive Unternehmensausrichtung
	2. Prozesse
	  - kundenorientierte Geschäftsprozesse
	  - optimale Ressourcenzuordnung
	3. Mitarbeiter, Change Management
	  - kundenorientierte Geschäftsprozesse
	  - kontinuierliche Verbesserung als Handlungsmaxime
	  - neue teamorientierte Unternehmenskultur
		1. Abgrenzung und Priorisierung der Kernprozesse
		  - Ableitung aus Gesamtstrategie und Kundenanforderungen
		  - Abschätzung der Verbesserungspotentiale
		2. Diagnose der Kernprozesse
		  - Analyse und Dokumentation der Prozessschritte
		  - Benchmarking und Festlegung der Prozessziele
		3. Neudesign der Kernprozesse
		4. Pilotierung und Implementierung
			1. Richtung vorgeben
			  - Leitmotiv der Veränderung
			  - Gemeinsames Verständnis des Top-Managements
			  - Auswahl der entscheidenden Prozesse
			2. Übergang managen
			  - Ist-Prozesse
			  - Kunden-, Wettbewerbsperspektive
			  - Soll-Prozesse
			  - Konsistenz Systeme, Messgrößen, Anreize
			  - Infrastruktur
			3. Vorteile verankern
			  - Steigerung Leistung, Marktüberlegenheit, Unternehmenswert

Abbildung 7-7: Vorgehenskonzepte BPR/Geschäftsprozessmanagement (2)

BPR-Projekten anwenden (vgl. Hess/Brecht 1995; Nippa/Picot 1996, S. 59 ff.; Perlitz 1996, S. 275 ff.; Koenigsmarck/Trenz 1996, S. 39 ff.). Leider wird in den Konzepten nur vage zwischen Geschäftsprozessmanagement und BPR unterschieden. Inhaltlich liegen die Schwerpunkte zumeist auf BPR-Projekten. Teilweise gehen die Konzepte auch über Geschäftsprozessmanagement und BPR hinaus und schließen Felder der strategischen Planung mit ein.

Da sich Herkunft, Ziele, Anwendungstiefe und -breite sowie methodische Unterstützung der Konzepte erheblich unterscheiden, ist es schwierig, die Konzepte zu klassifizieren, um daraus Anwendungsempfehlungen abzuleiten.

Die Vorgehenskonzepte zeigen, wie unterschiedlich in der Praxis bei der Einführung des Geschäftsprozessmanagements vorgegangen wird. Notwendig ist, dass sich jedes Unternehmen sein eigenes Einführungskonzept erarbeitet, um seinen spezifischen Zielen und Gegebenheiten gerecht zu werden.

In Kapitel 8 wird ausführlich beschrieben, welches Einführungskonzept die Autoren in der Praxis mit Erfolg angewandt haben. Die Beschreibung gibt detaillierte Hinweise, wie bei der Einführung vorgegangen werden kann.

7.4   Das Wichtigste in Kürze

* Vor der Einführung des Geschäftsprozessmanagements hat das Management die Anwendungsbreite und -tiefe festzulegen, die finanziellen und personellen Voraussetzungen für eine erfolgreiche Implementierung zu schaffen und bei der Umsetzung Durchsetzungswillen und -fähigkeit zu beweisen.

* Die Mitarbeiter sind so früh wie möglich auf die geplanten Veränderungen hinzuweisen. Gründe, Ziele, Inhalte und Konsequenzen des Geschäftsprozessmanagements sollten intensiv mit ihnen diskutiert werden.

* Ein reines top-down Vorgehen bei der Einführung, das sich auf Organisationsspezialisten und externe Berater abstützt, erzeugt große Widerstände. Eine Revolution von oben kann starke Gegenwehr von unten auslösen. Ohne aktive Einbindung der Mitarbeiter in den Reorganisations- und Wandlungsprozess gelingt die Einführung des Geschäftsprozessmanagements nicht. Über gezielte Informations- und Qualifizierungsoffensiven sind sie Mitarbeiter auf ihre neuen Rollen vorzubereiten.

* Häufig ist das mittlere Management der Hemmschuh bei der Einführung von Geschäftsprozessen. Es befürchtet, Position, Ansehen und Einfluss zu verlieren oder mit der zugedachten neuen Rolle nicht klar zu kommen.

* Für schnelle Kostensenkungen ist Geschäftsprozessmanagement nicht die geeignete Methode. Dieser Zielsetzung dienen andere Methoden, wie z. B. die Restrukturierung. Es vergehen ca. zwei Jahre bis sich die positiven Ef-

fekte des Geschäftsprozessmanagements flächendeckend ausbreiten und die kulturellen Veränderungen greifen. Punktuelle Verbesserungen lassen sich von Anfang an durch Ernten der „low hanging fruits" erzielen. Von diesen „quick hits" geht eine hohe Signalwirkung aus. Sie sollten deshalb gezielt geplant und kommuniziert werden.

• Die Einführung des Geschäftsprozessmanagements ist mit tief greifenden Änderungen verbunden. Diese Änderungen erfordern eine Neuorientierung des Geschäfts-, Kunden-, Mitarbeiter-, Führungs- und Organisationsverständnisses. Änderungen stoßen auf Widerstände. Nur mit Kenntnis der Ursachen, lassen sich die Widerstände abbauen. Die Ursachen können personeller oder organisatorischer Natur sein.

• Es bieten sich verschiedene Möglichkeiten an, auf Widerstände zu reagieren:
  – Information und Training,
  – Beteiligung,
  – Entlastung und Unterstützung,
  – Verhandlung und Kompromissbildung,
  – Zwang und Druck.

Die ersten beiden Möglichkeiten sollten bevorzugt eingesetzt, die letzten beiden vermieden werden.

• Bei der Einführung und Anwendung des Geschäftsprozessmanagements sind folgende Ablaufphasen zu unterscheiden:
  – Strategische Positionierung,
  – Identifizierung der Geschäftsprozesse,
  – Implementierung der Geschäftsprozesse,
  – Implementierung des Prozesscontrolling,
  – operativer Ablauf mit Prozessoptimierung.

• Da sich Herkunft, Ziele, Anwendungstiefe und -breite sowie methodische Unterstützung der Berater-Konzepte für die Einführung des Geschäftsprozessmanagements erheblich unterscheiden, ist es schwierig, die Konzepte zu klassifizieren, um daraus Anwendungsempfehlungen abzuleiten. In jedem Fall ist es notwendig, dass ein Unternehmen sein eigenes Vorgehenskonzept entwickelt. Die Beraterkonzepte und -erfahrungen können dabei eine wichtige Hilfe sein.

7.5 Literatur zum Kapitel 7

Bock, F. (1996): Der Hochleistungsansatz von Arthur D. Little, in: Nippa, M.; Picot, A. (Hrsg.): Prozeßmanagement und Reengineering. Die Praxis im deutschsprachigen Raum, 2. Aufl., Frankfurt am Main/New York 1996, S. 78–92.

Brandstätt, Zh.; Zink, K. J.; Olesen, J.-P. (1996): In Schritten zur Prozeßorientierung … am Beispiel eines mittelständischen Unternehmens, in: Qualität und Zuverlässigkeit (QZ), 41 (1996) 5, S. 518–523.

Bungard, W. (1996): Zur Implementierungsproblematik bei Business-Reengineering Projekten, in: Perlitz, M.; Offinger, A.; Reinhardt, M.; Schug, K. (Hrsg.): Reengineering zwischen Anspruch und Wirklichkeit. Ein Managementansatz auf dem Prüfstand, Wiesbaden 1996, S. 253–273.

Crux, A.; Schwilling, A. (1996): Business Reengineering. Ein Ansatz der Roland Berger & Partner GmbH, in: Nippa, M.; Picot, A. (Hrsg.): Prozeßmanagement und Reengineering. Die Praxis im deutschsprachigen Raum, 2. Aufl., Frankfurt am Main/New York 1996, S. 206–223.

CSC Index (1994): State of Reengineering Report: North America, Europe. Executive Summary, Cambridge, MA 1994.

Demmer, C.; Gloger, A.; Hoerner, R. (1996): Erfolgreiche Reengineering-Praxis in Deutschland, München 1996.

Doppler, K.; Lauterburg, Ch. (1994): Change Management. Den Unternehmenswandel gestalten, Frankfurt am Main 1994.

EFQM (1999b): Business Process Management, „How to embrace Process Management", EFQM Good Practice and Benchmarking Services, Brüssel 1999.

Englert, N.; Dielacher, M. (1996): Re-Engineering – Kommunikation als Schlüssel zum Erfolg. Strategien zur effektiven Management- und Mitarbeiterbeteiligung am Beispiel eines Re-Engineeringprojektes der Shell Austria AG, in: Perlitz, M.; Offinger, A.; Reinhardt, M.; Schug, K. (Hrsg.): Reengineering zwischen Anspruch und Wirklichkeit. Ein Managementansatz auf dem Prüfstand, Wiesbaden 1996, S. 277–287.

Gartner Group (1994): Business Process Reengineering, Market Research Note, auszugsweise wiedergegeben in: Handelsblatt vom 21.06.1994.

Guba, S.; Kettinger, W. J.; Teng, T. C. (1993): Business Process Reengineering, in: Information Systems Management, Summer Issue, 1994, S. 1–22.

Hall, G.; Rosenthal, J.; Wade, J. (1993): How to Make Reengineering Really Work, in: Harvard Business Review, (1993) 11/12, S. 119–131.

Hammer, M. (1994): „Vergeudung ist Sünde", in: WirtschaftsWoche, (1994) Nr. 8, S. 68–72.

Herp, Th.; Brand, St. (1996): Reengineering aus Management-Sicht (Boston Consulting Group), in: Nippa, M.; Picot, A. (Hrsg.): Prozeßmanagement und Reengineering. Die Praxis im deutschsprachigen Raum, 2. Aufl., Frankfurt am Main/New York 1996, S. 126–143.

Hess, T.; Brecht, L. (1995): State of the Art des Business Process Redesign – Darstellung und Vergleich bestehender Methoden, Wiesbaden 1995.

Hess, T.; Brecht, L.; Österle, H. (1995): Stand und Defizite der Methoden des Business Process Redesign, in: 37 Wirtschaftsinformatik, (1995) 5, S. 480–486.

v. Koenigsmark, O.; Trenz, C. (1996): Einführung von Business Reengieering – Methoden und Praxisbeispiele für den Mittelstand, Frankfurt am Main 1996.

Krüger, W. (1994): Organisation der Unternehmung, 3. Aufl., Stuttgart 1994.

Nagel, P. (1996): Durch Reengineering die Fitneß wiedergewinnen. Das Beispiel der Grammer AG, in: Nippa, M.; Picot, A. (Hrsg.): Prozeßmanagement und Reengineering. Die Praxis im deutschsprachigen Raum, 2. Aufl., Frankfurt am Main/New York 1996, S. 286–292.

Nippa, M. (1996b): Bestandsaufnahme des Reengineering-Konzepts, in: Nippa, M.; Picot, A. (Hrsg.): Prozeßmanagement und Reengineering. Die Praxis im deutschsprachigen Raum, 2. Aufl., Frankfurt am Main/New York 1996, S. 61–77.

Nippa, M.; Klemmer, J. (1996): Zur Praxis prozeßorientierter Unternehmensgestaltung. Von der Analyse bis zur Umsetzung (BPU), in: Nippa, M.; Picot, A. (Hrsg.): Prozeßmanagement und Reengineering. Die Praxis im deutschsprachigen Raum, 2. Aufl., Frankfurt am Main/New York 1996, S.165–186.

Nippa, M.; Picot, A. (Hrsg.) (1996): Prozeßmanagement und Reengineering. Die Praxis im deutschsprachigen Raum, 2. Aufl., Frankfurt am Main/New York 1996.

Osterloh, M.; Frost, J. (1996): Prozessmanagement als Kernkompetenz. Wie Sie Business Reengineering strategisch nutzen können, Wiesbaden 1996.

Perlitz, M.; Offinger, A.; Reinhardt, M.; Schug, K.; Bufka, J. (1995): Business Process Reengineering, Ergebnisse einer empirischen Untersuchung, Universität Mannheim, Fakultät für Betriebswirtschaftslehre, Mannheim 1995.

Perlitz, M.; Offinger, A.; Reinhardt, M.; Schug, K. (Hrsg.) (1996): Reengineering zwischen Anspruch und Wirklichkeit. Ein Managementansatz auf dem Prüfstand, Wiesbaden 1996.

Picot, A.; Böhme, M. (1996): Zum Stand der prozeßorientierten Unternehmensgestaltung in Deutschland, in: Nippa, M.; Picot, A. (Hrsg.): Prozeßmanagement und Reengineering. Die Praxis im deutschsprachigen Raum, 2. Aufl., Frankfurt am Main/New York 1996, S. 227–247.

Sattelberger, T. (1996): Unternehmerisches Personalmanagement als Revitalisierungs- und Wettbewerbsfaktor bei tief greifenden Veränderungsprozessen, in: Perlitz, M.; Offinger, A.; Reinhardt, M.; Schug, K. (Hrsg.): Reengineering zwischen Anspruch und Wirklichkeit. Ein Managementansatz auf dem Prüfstand, Wiesbaden 1996, S. 61–88.

Scheff, J. (1994): Business Redesign. Implikationen für das Human-Ressourcen-Management, in: Krickel, O. Ch.: Business Redesign, Wiesbaden 1995, S. 55–78.

Schmalenbach-Gesellschaft, Deutsche Gesellschaft für Betriebswirtschaft e. V. (Hrsg.) (1995): Reengineering. Konzepte und Umsetzung innovativer Strategien und Strukturen, Tagungsband des 48. Deutschen Betriebswirtschafter-Tags 1994, Stuttgart 1995.

Schmitt, P.; Besler, S.; Hentschel, W.; Emmerich, H. (1999): Partizipation und Barrieren bei der Umsetzung von GPO-Vorhaben. Humanzentrierte Erfolgsfaktoren, in: Hofer-Alfeis, J. (Hrsg.): Geschäftsprozeßmanagement: innovative Ansätze für das wandlungsfähige Unternehmen, München 1999, S. 369–382.

Scholz, R.; Vrohlings, A. (1994a): Realisierung von Prozeßmanagement, in: Gaitanides, M.; Scholz, R.; Vrohlings, A.; Raster, M.: Prozeßmanagement: Konzepte, Umsetzungen und Erfahrungen des Reengineering, München 1994, S. 21–36.

Scott-Morgan, P. (1995): Die heimlichen Spielregeln, 2. Aufl., Frankfurt am Main 1995.

Smither, R. D.; Houston, J. M.; McIntire, S. D. (1996): Organization Development: Strategies for Changing Environments, New York 1996.

Striening, H.-D. (1995): Möglichkeiten und Grenzen des Prozeßmanagements, in: Corsten, H.; Will, T. (Hrsg.): Unternehmungsführung im Wandel, Stuttgart/Berlin/Köln 1995, S. 161–178.

Wickert, S.; Mayer, Ch. F. (1996): Deutz-Fahr Traktor. Prozeßorientierte Reorganisation zur nachhaltigen Verbesserung der Wettbewerbsfähigkeit, in: Nippa, M.; Picot, A. (Hrsg.): Prozeßmanagement und Reengineering. Die Praxis im deutschsprachigen Raum, 2. Aufl., Frankfurt am Main/New York 1996, S. 308–322.

Wilckens, H.; Pasquale, Th. (1996): Geschäftsoptimierung in den Servicebereichen. Das Beispiel der HT Troplast AG, in: Nippa, M.; Picot, A. Hrsg.): Prozeßmanagement und Reengineering. Die Praxis im deutschsprachigen Raum, 2. Aufl., Frankfurt am Main/New York 1996, S. 293–307.

Zeller, R. (1996): Maßgeschneidertes Reengineering. Ein pragmatischer Ansatz von Bain & Company, in: Nippa, M.; Picot, A. (Hrsg.): Prozeßmanagement und Reengineering. Die Praxis im deutschsprachigen Raum, 2. Aufl., Frankfurt am Main/New York 1996, S. 108–125.

8 Praxiserprobter Vorschlag zur Einführung des Geschäftsprozessmanagements

In diesem Kapitel werden folgende Fragen beantwortet:

- Wie wird die Einführung des Geschäftsprozessmanagements organisiert und kontrolliert?
- Welche praktischen Erfahrungen liegen dazu vor?
- Welche Methoden und Hilfsmittel werden dabei eingesetzt?
- Welche Veranstaltungen und Workshops sind notwendig?
- Welcher Personenkreis ist in den einzelnen Phasen anzusprechen?
- Welche Ergebnisse müssen in den einzelnen Phasen erzielt werden, um eine erfolgreiche Realisierung zu gewährleisten?

8.1 Vorgehensphasen

Das nachfolgend beschriebene Vorgehen zur Einführung des Geschäftsprozessmanagements hat sich in der Praxis bewährt. Es besteht aus den Phasen (siehe Abb. 8-1):

- Positionierung,
- Identifizierung,
- Implementierung,
- Optimierung.

In der Phase der Positionierung werden die Geschäftssituation analysiert, die Geschäftsstrategie überprüft und die Entscheidung über die Einführung des Geschäftsprozessmanagements getroffen. Die Phase Identifizierung umfasst die Definition, Abgrenzung und Gewichtung der Geschäftsprozesse, die Bestimmung der Messgrößen und die Ernennung der Prozessverantwortlichen. In der Implementierungsphase werden die Geschäftsprozesse im Detail festgelegt und in der Organisation verankert. Aufgabe der Optimierung ist es, die Geschäftsprozesse laufend zu verbessern und ggf. zu erneuern.

Die angegebene Dauer der Phasen beruht auf durchschnittlichen Erfahrungswerten. Sie hängt von verschiedenen Faktoren ab:

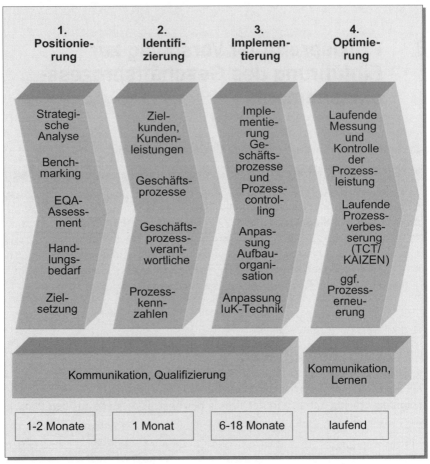

1. Positionie-rung	2. Identifi-zierung	3. Implemen-tierung	4. Optimie-rung
Strategische Analyse Bench-marking EQA-Assess-ment Hand-lungs-bedarf Ziel-setzung	Ziel-kunden, Kunden-leistungen Geschäfts-prozesse Geschäfts-prozess-verant-wortliche Prozess-kenn-zahlen	Imple-mentie-rung Ge-schäfts-prozesse und Prozess-control-ling Anpas-sung Aufbau-organi-sation Anpassung IuK-Technik	Laufende Messung und Kontrolle der Prozess-leistung Laufende Prozess-verbes-serung (TCT/KAIZEN) ggf. Prozess-erneu-erung

Kommunikation, Qualifizierung — Kommunikation, Lernen

| 1-2 Monate | 1 Monat | 6-18 Monate | laufend |

Abbildung 8-1: Phasen der Einführung des Geschäftsprozessmanagements

- Größe des Unternehmens bzw. der Geschäftseinheit,
- Engagement der Geschäftsleitung und der Führungskräfte,
- Priorität des Themas Geschäftsprozesse im Unternehmen,
- Kompetenz des für die Einführung verantwortlichen Projektleiters,
- verfügbare finanzielle und personelle Ressourcen,
- Einführungskonzept,
- Systematik des Vorgehens.

Obwohl Geschäftsprozesse mittlerweile zu einem festen Managementbegriff geworden sind, ist die Bandbreite des Verständnisses von Geschäftsprozessen und vom Geschäftsprozessmanagement immer noch groß. Dies zeigen die unterschiedlichen Antworten auf die Frage: „Wie viele Geschäftsprozesse sollte es in einem Unternehmen bzw. in einer Geschäftseinheit geben?" Drei, fünf, zehn, 20 – fast alle Antworten sind in Theorie und Praxis anzutreffen.

Deshalb ist nach der grundsätzlichen Entscheidung über die Einführung des Geschäftsprozessmanagements eine Informations- und Trainingskampagne zu starten, um eine möglichst einheitliche Wissens-, Verständigungs- und Identifikationsbasis herzustellen.

Die Kommunikationskampagne besteht aus einer Kette von Trainingseinheiten, Informationsveranstaltungen, Workshops, Assessments und Teamarbeiten, die die vier Phasen der Einführung begleiten (siehe Abb. 8-2).

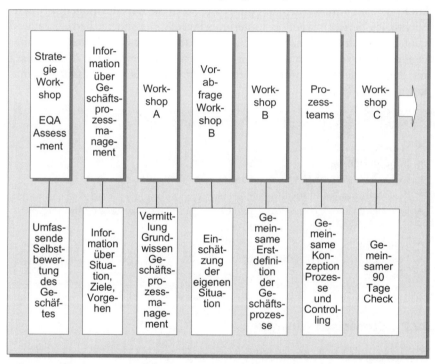

Abbildung 8-2: Beispiel eines Trainings-, Kommunikations- und Qualifizierungskonzeptes

Unterstützend werden unterschiedliche Medien eingesetzt, wie Hauszeitschrift, Videos, persönliche E-Mails, Anschreiben der Leitung, Intranet-Informationsseiten, Informationsschriften, Plakate und persönliche Gespräche, um die Informationswünsche der Mitarbeiter zu erfüllen sowie Unsicherheiten und Ängste abzubauen. Von der Kommunikation hängt wesentlich der Erfolg der Einführung ab.

8.2   Positionierung

8.2.1   Vorgehen

In der Phase Positionierung werden die Ausgangssituation analysiert, die Entscheidung über die Einführung des Geschäftsprozessmanagements getroffen sowie die Ziele festgelegt, die mit dem Geschäftsprozessmanagement verfolgt werden. Die Entscheidung über die Einführung wird nach Auswertung der Strategischen Analyse, des Benchmarkings und des EQA-Assessments gefällt. Am Ende der Phase werden die Mitarbeiter über die Entscheidung informiert. Wichtig ist, bereits in der Positionierungsphase Management, Betriebsrat und Mitarbeiter mit Inhalten, Vorgehen und Methoden des Geschäftsprozessmanagements vertraut zu machen. Großer Wert ist auf eine enge Abstimmung mit dem Betriebsrat in allen Einführungsphasen des Geschäftsprozessmanagements zu legen.

Wesentliche Schritte der Phase Positionierung sind:

* Strategische Analyse,
* Benchmarking,
* EQA-Assessment (EQA = European Quality Award),
* Feststellung des Handlungsbedarfs,
* Erarbeiten der Vision und Ziele des Geschäftsprozessmanagements,
* Entscheidung über die Einführung,
* Trainings-Workshops (Workshop A),
* Festlegung der Vorgehensschritte für die nachfolgenden Einführungsphasen.

8.2.2   Strategische Analyse

Geschäftsprozesse sind – um effektiv zu sein – auf die strategischen und operativen Ziele des Unternehmens bzw. der Geschäftseinheit auszurichten. Um dies sicherzustellen, ist zunächst die strategische Zielsetzung des Unternehmens zu überprüfen und falls notwendig zu klären. Dazu eignet sich am besten ein Strategie-Workshop. Teilnehmer sollte der gesamte Leitungskreis sein. In dem Strategie-Workshop sind folgende Festlegungen zu überprüfen bzw. zu treffen:

* Geschäftsfelder,
* wettbewerbsentscheidende Erfolgsfaktoren,
* Kernkompetenzen,
* Wettbewerbssituation,
* Wettbewerbsstrategie,
* Stärken und Schwächen gegenüber den Hauptwettbewerbern,

- Geschäftsziele,
- Hauptkunden,
- Kundenanforderungen,
- kaufentscheidende Faktoren,
- Hauptleistungen.

Der Aufwand für die Bereitstellung der Ausgangsdaten ist gering, wenn halbjährlich oder jährlich eine strategische Planung durchgeführt wird und damit ein strategisch abgesicherter Geschäftsplan vorliegt. Ist das nicht der Fall, müssen die Ausgangsdaten über spezifische Planungen bereitgestellt werden, was kosten- und zeitaufwendig ist. Die Klärung bzw. Festlegung der Geschäftsstrategie ist eine unabdingbare Voraussetzung für die Identifizierung, Gestaltung und spätere Steuerung der Geschäftsprozesse.

Am Ende des Strategie-Workshops sollten folgende Punkte geklärt sein:

- Wer sind unsere Kunden?
- Welche Leistungen erwarten unsere Kunden?
- Welches sind die Erfolgsfaktoren des Geschäftes?
- Welche Kernkompetenzen sind auf- oder auszubauen?
- Wo stehen wir heute (Stärken, Schwächen, Verbesserungspotenziale)?
- Welche Wettbewerbsstrategie verfolgen wir?
- Welche strategischen Ziele haben wir?

Zur Klärung der Frage „Wo stehen wir heute?" liefern Benchmarking-Studien wertvolle Beiträge (vgl. Kapitel 1.4).

8.2.3 EQA-Assessment

Neben der Strategie ist vor Einführung des Geschäftsprozessmanagements die Gesamtsituation des Unternehmens bzw. der Geschäftseinheit zu klären. Als Methode hat sich dafür in vielen Unternehmen das EQA-Assessment bewährt.

Dem EQA-Assessment liegen die Kriterien und Maßstäbe des European Quality Awards (EQA) zugrunde. Es basiert auf dem Modell für Excellence, das die European Foundation for Quality Management (EFQM) entwickelt hat (EFQM-Modell) und auf das bereits in Kapitel 1.4 hingewiesen wurde. Das Modell besteht aus neun Bewertungskriterien (siehe Abb. 1-5; vgl. EFQM 1999). Im Rahmen des EQA-Assessments wird der Ist-Zustand des Unternehmens bzw. der Geschäftseinheit anhand dieser neun Kriterien bewertet. Besondere Aufmerksamkeit ist dabei auf die Bewertung des Kriteriums „Prozesse" zu legen.

Das EQA-Assessment zeigt Stärken und Schwächen der für das Geschäft entscheidenden Faktoren auf und gibt u. a. Auskunft über die Stellung und Wirksamkeit der Geschäftsprozesse. Vor Einführung des Geschäftsprozessmanagements ist deshalb die Durchführung eines EQA-Assessments von Vorteil.

Texas Instruments Europe berichtet über folgende Erfahrungen mit der EQA-Selbstbewertung: „Our twelve-month assessment using the EFQM criteria showed us clearly the radical changes needed in our processes and structure. … Adopting the EFQM model has not only changed the way we are structured and operate – more importantly, it has helped us to turn the company around significantly." (Texas Instruments Europe 1995, S. 3)

Es empfiehlt sich, EQA-Assessments in folgenden Schritten durchzuführen:

- Beschluss des Managements,
- Teambildung,
- Schulung der Teams,
- Erarbeiten der Bewertung,
- Präsentation und Konsolidierung der Bewertung,
- Umsetzung der Maßnahmen.

Die Entscheidung über die Durchführung des EQA-Assessments ist allen Mitarbeitern bekannt zu geben. Zur Durchführung des Assessments sollten ausgebildete EQA-Assessoren zur Verfügung stehen, welche die Schulung der Teams und die Teammoderation übernehmen.

Für jedes der neun Kriterien wird ein Team gebildet. Möglich ist, die Kriterien auch so zusammenzufassen, dass nur fünf Teams benötigt werden. Dabei bietet sich an, die „Befähiger"-Kriterien mit den korrespondierenden „Ergebnis"-Kriterien zu kombinieren. Jedes Team wird von einem Paten aus dem Leitungskreis betreut, der zusammen mit dem Team für die Bewertungsergebnisse verantwortlich ist. Dadurch werden Akzeptanz und Qualität der Assessment-Ergebnisse gefördert.

Im nächsten Schritt sind die Teams mit den Inhalten und der Methodik des EQA-Assessments vertraut zu machen. Dazu reicht bei entsprechender Vorbereitung zumeist eine ein- bis zweitägige Schulung durch einen erfahrenen EQA-Assessor aus. Grundlage des Trainings sind die Unterlagen, die die EFQM zur Verfügung stellt:

- Beschreibung des EFQM-Modells für Excellence,
- Fallstudie, möglichst aus der Branche des Unternehmens,
- Assessoren-Bewertungsbuch,
- Modellbewertungsbuch zur jeweiligen Fallstudie.

Im Anschluss an die Schulung beginnen die Teams mit der Bewertung. Grundlage und Arbeitsmittel ist das Assessoren-Bewertungsbuch der EFQM. Die erste Aktion besteht darin, Stärken und Schwächen bezogen auf das jeweilige Kriterium zu sammeln und nach den EQA-Bewertungsmaßstäben „Vorgehen" und „Umsetzung" zu beurteilen. Anhand der Hinweise der EFQM zu den einzelnen Teilkriterien werden die gefundenen Stärken und Schwächen auf Vollständigkeit überprüft und gegebenenfalls ergänzt. Dann kann die quantitative Bewertung mit dem EFQM-Bewertungsschema erfolgen. Die Bewertung ist erst abgeschlossen, wenn zur Behebung der Schwächen geeignete Maßnahmen definiert worden sind.

Für die Auswahl der Maßnahmen ist es hilfreich, sie zu klassifizieren und zu priorisieren (siehe Abb. 8-3). Die höchste Priorität haben Maßnahmen, deren Wirkung auf die Produktivität oder ein anderes Leitziel hoch und die Schwierigkeit der Umsetzung niedrig ist. In dem Beispiel der Abbildung 8-3 sind die Maßnahmen 1, 2 und 6 Kandidaten für eine schnelle Umsetzung.

Die erste Phase des EQA-Assessments wird mit einem Workshop abgeschlossen, an dem alle Teammitglieder und der obere Führungskreis teilnehmen. In dem Workshop stellen die Teams ihre Bewertungsergebnisse vor, die dann von allen Workshopteilnehmern diskutiert werden. Ein wichtiges Ziel ist dabei, die Ergebnisse abzugleichen. Ferner werden Maßnahmen beschlossen, die eine hohe Priorität haben. Die Ergebnisse des Workshops sind:

• abgestimmte quantitative Bewertung des Unternehmens bzw. Geschäftes nach dem EFQM-Modell,

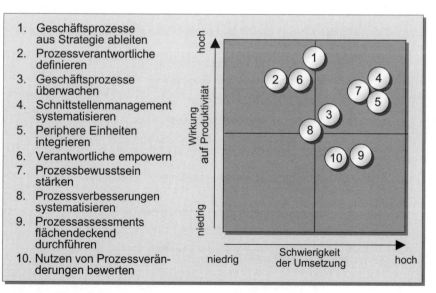

Abbildung 8-3: EQA-Assessment: Maßnahmen zum Kriterium „Prozesse"

- Katalog von vereinbarten Maßnahmen,
- Verantwortliche für die Maßnahmenumsetzung,
- Zeitplan für die Umsetzung mit Meilensteinen und Kontrollpunkten.

Die Workshop-Ergebnisse werden in geeigneter Form im gesamten Unternehmen bekannt gemacht.

Ziele und Vorgehen des EQA-Assessments sind in Abbildung 8-4 nochmals zusammengefasst.

Die Ergebnisse des EQA-Assessments verdeutlichen u. a. vorhandene Defizite der Geschäftsprozesse und geben Auskunft über die Dringlichkeit des Geschäftsprozessmanagements. Die regelmäßige Durchführung des EQA-Assessments liefert Informationen über den Nutzen des Geschäftsprozessmanagements und zeigt dessen Auswirkungen auf die anderen Kriterien des EFQM-Modells und damit auf das gesamte Unternehmen.

Voraussetzung für den Erfolg des EQA-Assessments ist, dass das Management dessen Nutzen erkennt, an einer umfassenden und transparenten Bewertung interessiert ist sowie die Durchführung des Assessments tatkräftig unterstützt. Wichtig ist ferner, dass die gesamte Organisation in die Durchführung einbezogen wird und konkrete Verbesserungsmaßnahmen definiert und umgesetzt werden. Erfolg und Nutzen des Assessments können über regelmäßige, am besten jährliche Wiederholungen festgestellt werden.

- Ziel: Selbstbeurteilung des Unternehmens bzw. Geschäftsgebietes auf Basis des EFQM-Modells
    - Reflexion der Ziele und Zielerreichung
    - Erkennen von Stärken und Schwächen
    - Aufzeigen des Handlungsbedarfs
    - Einschätzen der Geschäftsprozesse
- Teilnehmer: Mitarbeiter, mittleres Management, oberes Management
- Methode:
    - Teamarbeit: maximal 9 Teams, für jedes EQA-Kriterium ein Team
    - EFQM-Fallstudie und EFQM-Bewertungsmethodik
- Dauer: je nach Intensität der Teamarbeit 1 bis 6 Wochen
- Voraussetzung: erfahrener Moderator je Team, der das EFQM-Modell und die Methodik der Selbstbewertung gut kennt

Abbildung 8-4: Ziele und Vorgehen des EQA-Assessments

8.2.4 Feststellung des Handlungsbedarfs und Festlegung der Ziele

Strategische Analyse, Benchmarking und EQA-Assessment liefern eine brei-te Informationsbasis, um den Handlungsbedarf für das Geschäftsprozess-management zu erkennen und dessen Ziele festzulegen. Es ist Aufgabe der Geschäftsleitung, daraus die Entscheidung für die Einführung des Geschäfts-prozessmanagements abzuleiten. Die Einführung setzt voraus, dass Konsens zwischen Geschäftsleitung, den maßgeblichen Führungskräften und dem Betriebsrat über Ziele, Inhalte und Notwendigkeit des Geschäftsprozess-managements besteht.

Bei einer Entscheidung für die Einführung des Geschäftsprozessmanage-ments sind der Handlungsbedarf, die Ziele des Geschäftsprozessmanage-ments allen Führungskräften und Mitarbeitern mitzuteilen. Dabei sollten nicht nur kurzfristige Produktivitätsziele vorgegeben werden. Wichtiger ist es, die langfristigen strategischen Ziele zu nennen, die mit Hilfe des Ge-schäftsprozessmanagements erreicht werden sollen.

Die Information über die mit dem Geschäftsprozessmanagement verfolgten Ziele ist keine einmalige Aktion, sondern ein permanenter Prozess. Bei jeder sich bietenden Gelegenheit sollten die Mitarbeiter auf die Notwendigkeit und Ziele des Geschäftsprozessmanagements hingewiesen werden.

8.2.5 Geschäftsprozess-Training (Workshop A)

Nach der Entscheidung über die Einführung des Geschäftsprozessmanage-ments sind Trainings- und Qualifizierungsmaßnahmen einzuleiten. Sie haben den Zweck, allen Mitarbeitern das notwendige Wissen über das Geschäfts-prozessmanagement zu vermitteln. Ein geeigneter Weg ist, eintägige Trai-nings-Workshops (Workshop A) in den von der Einführung tangierten Or-ganisationsbereichen durchzuführen (siehe Abb. 8-5).

Der Trainings-Workshop deckt die Schwerpunkte des Geschäftsprozessma-nagements ab, wie sie in Kapitel 1 bis 7 dieses Buches beschrieben sind. Der Workshop soll Antwort auf folgende Fragen geben:

• Was wird unter Geschäftsprozessmanagement verstanden?
• Wann und warum wird Geschäftsprozessmanagement angewendet?
• Welche Wirkungen hat das Geschäftsprozessmanagement?
• Was sind Geschäftsprozesse?
• Wie werden Geschäftsprozesse identifiziert und beschrieben?
• Wie werden Geschäftsprozesse organisiert?
• Welche Aufgaben und Verantwortung haben Prozessverantwortliche?

- • Die Teilnehmer sollen
  - Prozesse und Geschäftsprozesse besser verstehen
  - die Notwendigkeit des Geschäftsprozessmanagements erkennen
  - Methoden der Prozesserneuerung und der Prozessverbesserung näher kennenlernen
  - sich intensiver mit der Anwendung des Geschäftsprozessmanagements in ihrem Bereich auseinandersetzen
  - sich über eine gemeinsame Sprache zum Themenfeld Geschäftsprozessmanagement besser verständigen
  - sich ihrer Verantwortung und Führungsrolle im Rahmen des Geschäftsprozessmanagements bewusst werden
- • Teilnehmer: oberes und mittleres Management sowie möglichst viele Mitarbeiter eines Organisationsbereiches
- • Methode: Referate und Diskussion
- • Dauer: 1 Tag
- • Voraussetzungen: zwei Referenten, die über profunde Erfahrungen im Geschäftsprozessmanagement verfügen und das Thema gut vermitteln können

Abbildung 8-5: Ziele und Teilnehmer des Trainings-Workshops zum Geschäftsprozessmanagement (Workshop A)

- • Mit welchen Größen wird die Leistung in Geschäftsprozessen gemessen?
- • Welchen Inhalt haben Prozessberichte?
- • Wie werden Geschäftsprozesse gesteuert?
- • Mit welchen Methoden wird die Leistung von Geschäftsprozessen gesteigert?
- • Wann kommt Business Process Reengineering zur Anwendung?
- • Wann kommen Total Cycle Time und KAIZEN in Geschäftsprozessen zur Anwendung?
- • Auf welche Hindernisse stößt die Einführung des Geschäftsprozessmanagements?
- • Welche Verbindung besteht zwischen Geschäftsprozessmanagement und Qualitätsmanagement?
- • Welche Verbindung besteht zwischen Geschäftsprozessmanagement und anderen Konzepten, Methoden und Vorgehensweisen?

Die inhaltliche Gliederung des Workshops A zeigt Abbildung 8-6.

Am Ende des Workshops wird mit den Beteiligten das terminliche Vorgehen zur Identifizierung und Implementierung der Geschäftsprozesse abgestimmt.

1.	Begrüßung und Zielsetzung des Workshops	Leitung
2.	Geschäftliche Situation, Ziele und Handlungsbedarf	Leitung
3.	Identifikation und Gestaltung von Geschäftsprozessen	GE-Manager/ Prozessberater
4.	Geschäftsprozessmanagement: Organisation und Controlling von Geschäftsprozessen	GE-Manager/ Prozessberater
5.	Prozesserneuerung durch Business Process Reengineering	GE-Manager/ Prozessberater
6.	Prozessverbesserung durch Total Cycle Time	GE-Manager/ Prozessberater
7.	Prozessverbesserung durch KAIZEN	GE-Manager/ Prozessberater
8.	Vorgehen zur Einführung des Geschäftsprozessmanagements	GE-Manager

Abbildung 8-6: Inhalte des Trainings-Workshops zum Geschäftsprozessmanagement (Workshop A)

8.3 Identifizierung

8.3.1 Vorgehen

In der Phase Identifizierung werden die Geschäftsprozesse mit ihren Teil-prozessen festgelegt sowie die Rahmenentscheidungen für die Phase Implementierung getroffen.

Schwerpunkte dieser Phase sind:

• Festlegung der geschäftspolitischen Ausgangsdaten,
• Identifizierung der Geschäftsprozesse,
• Strukturierung, Beschreibung und Gewichtung der Geschäftsprozesse,
• Festlegung der Messgrößen und des Berichtswesens für die Geschäfts-prozesse,
• Ernennung der Geschäftsprozessverantwortlichen.

8.3.2 Management-Workshop (Workshop B)

Bewährt hat sich, Geschäftsprozesse, Prozessstruktur, Prozessverantwortli-che, Prozessmessgrößen und Prozessberichtswesen in einem Management-Workshop (Workshop B) gemeinsam zu erarbeiten (siehe Abb. 8-7). Der

- Die Teilnehmer sollen
    - sich ihrer geschäftlichen Situation und der geschäftspolitischen Ziele bewusst werden
    - die für das Geschäft notwendigen Geschäftsprozesse gemeinsam identifizieren und gewichten
    - Basisentscheidungen für die Einführung des Geschäftsprozessmanagements treffen
    - sich Klarheit über vorhandene Widerstände gegen das Geschäftsprozessmanagement verschaffen
    - das Vorgehen zur Einführung des Geschäftsprozessmanagements festlegen
- Teilnehmer: 21-24 Mitarbeiter (3 Gruppen); oberes und mittleres Management und ausgewählte Fachkenner
- Methode: Kurzreferate und intensive Gruppenarbeit
- Dauer: 1,5 bis 2 Tage
- Voraussetzung: drei erfahrene Moderatoren, die die Methoden des Geschäftsprozessmanagements gut kennen

Abbildung 8-7: Ziele und Teilnehmer des Management-Workshops (Workshop B)

Management-Workshop schließt mit einem 90-Tage-Aktionsplan ab, in dem u. a. die Ergebnisse, Termine und Verantwortlichen der Implementierungsphase vereinbart werden.

Teilnehmer des Management-Workshops sind der obere Führungskreis, Vertreter des mittleren Führungskreises sowie Fachkenner aus den einzelnen Funktionen. Es empfiehlt sich, die Anzahl der Teilnehmer auf maximal 24 und die Anzahl der Teams auf maximal drei zu begrenzen. Mehr als drei parallel arbeitende Teams mit jeweils ca. acht Mitgliedern erhöhen den Workshopaufwand erheblich. Notwendig ist, dass die Geschäftsleitung und der oberste Führungskreis eine aktive Rolle in dem Workshop spielen. Die in dem Workshop getroffenen Entscheidungen haben erheblichen Einfluss auf die Struktur der zukünftigen Organisation. Der Ablauf des Management-Workshops ist in Abb. 8-8 wiedergegeben.

Organisator des Management-Workshops ist der Projektleiter, der für die Einführung des Geschäftsprozessmanagements verantwortlich ist. In den weiteren Ausführungen wird der Projektleiter GE-Manager (Geschäftsprozess-Einführungs-Manager) genannt. Der GE-Manager sollte eine angesehene und tatkräftige Führungskraft sein, die auf den Gebieten des Geschäftsprozessmanagements und Projektmanagements kompetent ist. Er organisiert, plant, überwacht, kommuniziert, koordiniert und steuert die gesamte Einführung.

1. Begrüßung und Zielsetzung des Workshops	Leitung
2. Ablauf des Workshops	GE-Manager
3. Kundengruppen, Leistungen, Geschäfts-merkmale, Gechäftsziele, Erfolgsfaktoren	Plenum
4. Identifikation der Geschäftsprozesse	1. und 2. Teamarbeit
5. Darstellung der Geschäftsprozesse in Teilprozessen	3. Teamarbeit
6. Festlegen der Leistungsparameter und Messgrößen in den Teilprozessen	4. Teamarbeit
7. Ernennung der Geschäftsprozessverantwortlichen	Leitung
8. 90-Tage-Aktionsplan	Plenum
9. Zusammenfassung und Ausblick	GE-Manager, Leitung

Abbildung 8-8: Ablauf Management-Workshop (Workshop B)

Die Aufgaben des GE-Managers umfassen:

- Erarbeitung des Einführungsplanes:
  - Zielsetzung des Geschäftsprozessmanagements,
  - Anwendungsbreite und -tiefe,
  - Einführungsphasen: Positionierung, Identifizierung, Implementierung, Optimierung,
  - Meilensteine, Termine,
  - Projektorganisation,
  - Projektressourcen,
  - Berater,
  - Projektbudget,
  - Projektnutzen,
  - Projektkommunikation.
- Steuerung des Gesamtprojektes: Planung, Kontrolle, Berichtswesen.
- Laufende Information des Managements und aller Mitarbeiter über den Projektfortschritt (Kommunikationskampagne).
- Beratung der Geschäftsprozess- und Teilprozessverantwortlichen.
- Organisation von Trainings über Methoden des Geschäftsprozessmanagements für Mitarbeiter, KAIZEN-Teams, Prozess-Teams, Prozessverantwortliche und Manager.
- Organisation und Moderation von Management-Workshops.

Der GE-Manager fungiert als Fachpromotor, der auf die Unterstützung eines Machtpromotors angewiesen ist. Der Machtpromotor sollte dem obersten Leitungskreis angehören. Er ist Meinungsführer und stellt seinen persönlichen Einfluss in den Dienst des Geschäftsprozessmanagements. Der GE-Manager kann nicht die treibende Kraft und Vorbildfunktion der Geschäftsleitung ersetzen.

Im Management-Workshop (Workshop B) fallen Entscheidungen, die richtungsweisend sind und den Erfolg des Geschäftsprozessmanagements bestimmen. Deshalb ist auf die richtige Zusammensetzung, Gestaltung und Durchführung des Management-Workshops großer Wert zu legen.

8.3.3   Klärung der geschäftspolitischen Ausgangsdaten

Im ersten Teil des Workshops B werden die Geschäftsprozesse anhand folgender Daten identifiziert:

* Kundengruppen,
* Kundenanforderungen,
* wettbewerbsentscheidende Erfolgsfaktoren,
* Stärken/Schwächen des Geschäftes.

Wichtig für die Identifizierung und Gestaltung der Geschäftsprozesse ist es, dass die geschäftspolitischen Ausgangsdaten zur Verfügung stehen, den Teilnehmern des Management-Workshops ausreichend bekannt sind und einheitlich interpretiert werden (siehe Abb. 8-9).

Um dies sicherzustellen, wird vor dem Management-Workshop mit den Teilnehmern ein kurzer Start-Workshop ("Kick-off") von ca. 30 Minuten Dauer durchgeführt. Dieser Workshop hat zwei Funktionen:

* Die Teilnehmer werden mit Ablauf und Zielsetzung des Management-Workshops, eventuell auch nochmals mit dem Sinn und Zweck des Geschäftsprozessmanagements vertraut gemacht.
* Die Teilnehmer erhalten die Aufgabe, aus ihrer Sicht die wesentlichen geschäftspolitischen Daten (Kundengruppen, Leistungen, Geschäftsmerkmale, geschäftspolitische Ziele, Erfolgsfaktoren und Wettbewerbsstrategie) der Geschäftseinheit anzugeben. Dabei ist neben dem Ist- möglichst auch der Sollzustand aufzuzeigen.

Die Teilnehmer tragen die gewünschten Angaben in vorbereitete Formblätter ein. Diese erleichtern die Zusammenfassung und Auswertung der Vorabfrage. Die Beispiele in den Abbildungen 8-10 und 8-11 zeigen Erfassungs-

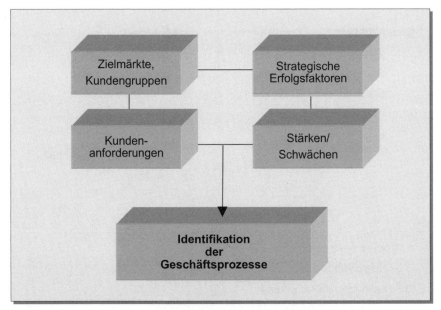

Abbildung 8-9: Ausgangsdaten zur Identifizierung der Geschäftsprozesse

formulare für Geschäftsmerkmale (Geschäftstyp, Geschäftsart, Wettbewerbsstrategie) und Erfolgsfaktoren.

Um den Teilnehmern Zeit für das Ausfüllen der Formblätter zu geben, sollte
der Start-Workshop etwa zwei Wochen vor dem Management-Workshop
stattfinden. Dieser relativ kurze Zeitraum setzt voraus, dass das Unternehmen und die Geschäftseinheit über aktuelle strategische Planungen verfügen
und eine strategische Analyse durchgeführt worden ist. Ist dies nicht der Fall,
muss erheblich mehr Zeit investiert werden, um die notwendigen strategischen Daten bereitzustellen.

Bei der Zusammenfassung und Auswertung der ausgefüllten Formblätter ist
besonders auf folgende Punkte zu achten:

• Die Zusammenfassung sollte das Finden gemeinsamer Festlegungen in dem
  Management-Workshop unterstützen.
• Die zusammenfassenden Ergebnissen müssen aus den Originalantworten
  ableitbar sein.

Die Abbildung 8-12 zeigt ein Beispiel einer zusammenfassenden Auswertung
der Vorabfrage bezogen auf Kundengruppen und Kundenleistungen.

Geschäftstyp:

O   Volumengeschäft

O   Spezialisierungsgeschäft

O   Fragmentiertes Geschäft

O   Pattgeschäft

O   weitere

....

....

Geschäftsart:

O   Systemgeschäft

O   Anlagengeschäft

O   Produktgeschäft

O   Komponentengeschäft

O   Handelsgeschäft

O   Dienstleistungsgeschäft

O   weitere

....

....

Wettbewerbsstrategie:

O   Kostenführerschaft

O   Leistungsdifferenzierung

O   weitere?

Abbildung 8-10: Erfassungsblatt für Geschäftsmerkmale

Erfolgsfaktor	Gewichtung aus Kundensicht 10 = sehr hoch 1 = sehr niedrig	Trend	Hauptwettbewerber (HW)	Vergleich mit Hauptwettbewerber + = besser als HW - = schlechter als HW					Erfüllungsgrad Soll
				- -	-	0	+	++	

Abbildung 8-11: Erfassungsblatt für Erfolgsfaktoren

Leistun-gen / Kunden-gruppen	Produkte	Komponenten	Dienstleistung	Service	Auftragsentwicklung	Lizenzfertigung
Endverbrau-cher	X					X
Ärzte	X		X	X		
Kliniken	X		X	X		
Großhänd-ler	X		X		X	X
OEM-Partner		X			X	X
Einzel-handel	X	X	X	X		

Abbildung 8-12: Zuordnung von Kundengruppen und Leistungen

Die Erfahrungen zeigen, dass die Ergebnisse der Vorabfrage über die ge-schäftspolitischen Daten weitgehend (zu etwa 80 %) mit den im Work-shop verabschiedeten Festlegungen übereinstimmen. Allerdings gibt es bei Einzelaussagen immer wieder erhebliche Abweichungen. Besonders bei Zielen, Erfolgsfaktoren und Wettbewerbsstrategie treten häufig große Meinungs- und Auffassungsunterschiede auf, die im Workshop auszuräu-men sind.

Das beschriebene Vorgehen trägt dazu bei, im gesamten Führungskreis Klar-heit und gemeinsames Verständnis über Kundengruppen, Leistungen, Ge-schäftsmerkmale, Geschäftsziele, Erfolgsfaktoren und Wettbewerbsstrategie zu erzielen. Eine wichtige Aufgabe der begleitenden Kommunikationskam-pagne ist es, alle Mitarbeiter über diese gemeinsamen Grundlagen des Ge-schäftes zu informieren.

8.3.4   Identifizierung der Geschäftsprozesse

Im nächsten Schritt werden Geschäftsprozesse in gemeinsamer Teamarbeit identifiziert. Die Aufgabenstellung der Teams lautet:

> „Identifizieren Sie Ihre Geschäftsprozesse so, dass Sie die Leistungen für Ihre Kunden optimal erbringen können. Identifizieren Sie auch das Bearbeitungsobjekt für jeden Geschäftsprozess."

Vorteilhaft ist, vor Beginn der Teamarbeit nochmals auf die Gestaltungsregeln für Geschäftsprozesse (siehe Kapitel 3.2) einzugehen und Beispiele für Geschäftsprozesse (siehe Kapitel 4) vorzustellen. Diese thematische Einführung sollte der GE-Manager übernehmen.

Ausgangspunkt der Teamarbeit zur Identifizierung der Geschäftsprozesse sind die in der vorhergehenden Phase gemeinsam verabschiedeten Kundengruppen und Leistungen. Für diese sind die Geschäftsprozesse festzulegen. Dabei sind folgende Gestaltungsregeln anzuwenden:

• Jeder Geschäftsprozess beginnt und endet bei (externen) Kunden.
• Jeder Geschäftsprozess bearbeitet ein Objekt.

Die Ableitung der Geschäftsprozesse sollte in zwei Durchläufen vorgenommen werden. Im ersten Durchlauf ist den (z. B. drei) Teams dieselbe Aufgabenstellung zu geben, die sie parallel bearbeiten. Die Teams des ersten Durchlaufs sollten möglichst funktionsübergreifend zusammengesetzt sein. Am günstigsten ist es, wenn in jedem Team alle Funktionen vertreten sind, damit die Gesamtheit der für die Geschäftseinheit relevanten Geschäftsprozesse erfasst wird. Am Ende des ersten Durchlaufs legt jedes der drei Teams einen Vorschlag für Geschäftsprozesse der betrachteten Geschäftseinheit vor (siehe Abb. 8-13).

Im zweiten Durchlauf werden die drei Vorschläge des ersten Durchlaufs auf Relevanz und Praktikabilität überprüft und daraus ein gemeinsamer Vorschlag für die Geschäftsprozesse der Geschäftseinheit abgeleitet. Dies wird dadurch erreicht, dass die Geschäftsprozessvorschläge der Teams aus dem ersten Durchlauf Themengruppen zugeordnet werden. Themengruppen können sein: Innovations-/Produktentwicklungsprozess, Auftragsabwicklungsprozess, Vertriebs-/Serviceprozess, sekundäre Geschäftsprozesse. Die Teams des zweiten Durchlaufs werden neu zusammengestellt und bearbeiten jeweils eine Themengruppe. Jedes der neuen Teams prüft nur für seine Themengruppe, welche der im ersten Durchlauf vorgeschlagenen Geschäftsprozesse am besten den geschäftlichen Anforderungen gerecht wird. Gegebenenfalls werden die Vorschläge aus dem ersten Durchlauf modifiziert. Die Ergebnisse der zweiten Teamarbeit stellen die identifizierten Geschäftsprozesse der betrachteten Geschäftseinheit dar (siehe Abbildung 8-14 und 8-15).

Geschäftsprozessbezeichnung			Leistung/ Ergebnis	Objekt
von ...	Prozess- name	... bis		
1.1 Markt- analyse (incl. Innovation)	Innova- tions- prozess	Lasten- heft/ Angebot	freigegebenes Lastenheft	Innovations- projekt
1.2 Lasten- heft/ Angebot	Entwick- lungs- prozess	Liefer- freigabe	verkaufs- fähiges Produkt	Entwicklungs- projekt
1.3 Kunden- information	Vertriebs- prozess	Kunden- auftrag	unterschrie- bener Kunden- auftrag	Akquisition
1.4 Kunden- auftrag	Auftragsab- wicklungs- prozess	bezahlte Rechnung	vom Kunden abgenom- menes Produkt	Kundenauftrag

Abbildung 8-13: Ergebnisse eines Teams im ersten Durchlauf

Zu den identifizierten Geschäftsprozessen in den Abbildungen 8-14 und 8-15 sind folgende Anmerkungen wichtig:

- Wie bereits in Kapitel 2.4 ausgeführt, werden Geschäftsprozesse in primäre und sekundäre (Unterstützungsprozesse) unterteilt. Bis auf den Managementprozess sind in dem Beispiel der Abbildungen 8-14 und 8-15 alle Geschäftsprozesse primäre Geschäftsprozesse. In dem Managementprozess sind mehrere sekundäre Geschäftsprozesse bzw. zentrale Dienstleistungen zusammengefasst. Günstiger als dieses Konglomerat ist es, die sekundären Geschäftsprozesse einzeln aufzuführen.

- In dem Beispiel 8-15 sind mehrere unterschiedliche Auftragsabwicklungsprozesse (Produkte, Dienstleistungen, Reparatur, Rückwaren, Ersatzteile, Komponenten) zu je einem Auftragsabwicklungsprozess für Produkte und Dienstleistungen zusammengefasst. Ausschlaggebend hierfür ist das Prinzip der einheitlichen Verantwortung „vom Kunden zum Kunden".

- Im Hinblick auf die einheitliche Verantwortung „vom Kunden zum Kunden" wird die Produktion/Fertigung als Teilprozess des Auftragsabwicklungsprozesses betrachtet. Dem Serviceprozess werden das Beschwerdemanagement sowie die Durchführung von Änderungen und Verbesserungen an Produkten zugeschlagen, da hier enge inhaltliche und kapazitive Abhängigkeiten bestehen.

Geschäftsprozessbezeichnung			Leistung/ Ergebnis	Objekt
von ...	Prozess-name	... bis		
Markt-analyse/ Kundenan-forderung	Produkt-innovations-prozess	Entwick-lungs-auftrag	Angebot	Innovations-projekt
Entwick-lungs-auftrag	Produkt-entwicklungs-prozess	1. Serien-produkt	verkaufs-fähiges Produkt	Entwicklungs-projekt
Dienst-leistungs-idee	Dienstleistungs-innovations-prozess	vermarkt-bare Dienst-leistung	neue Dienst-leistung	Dienst-leistungs-projekt
Vermark-tungs-strategie	Vertriebs-prozess	Kunden-auftrag	Vertrag	Kundenbedarf

Abbildung 8-14: Identifizierte Geschäftsprozesse (1), zweiter Durchlauf

Geschäftsprozessbezeichnung			Leistung/ Ergebnis	Objekt
von ...	Prozess-name	... bis		
Kunden-auftrag Produkt	Auftragsabwick-lungsprozess Produkt	bezahltes Produkt	vom Kunden ange-nommenes Produkt	Kunden-auftrag
Kunden-auftrag Dienst-leistung	Auftragsabwick-lungsprozess Dienstleistung	bezahlte Dienst-leistung	erbrachte, angenommene Dienst-leistung	Kunden-auftrag
Kunden-wunsch/ Kunden-problem	Serviceprozess	erfüllter Kunden-wunsch	zufriedener Kunde/ behobenes Problem	Kunden-wunsch/ Kunden-reklamation
	Management-prozess			

Abbildung 8-15: Identifizierte Geschäftsprozesse (2), zweiter Durchlauf

• In dem Beispiel wird bewusst zwischen Produktentwicklungsprozess und Serviceprozess unterschieden. Zwar benötigen beide Prozesse Entwicklungs-Know-how, jedoch werden unterschiedliche Objekte mit unterschiedlichen Aufgabenstellungen, Arbeitsinhalten, Zeittakten und Arbeitsabläufen bearbeitet. Produktentwicklungsprozesse beinhalten Neuentwicklungen und geplante Versionsentwicklungen. Serviceprozesse bearbeiten Kundenreklamationen sowie Fehler und Änderungen von hoher Dringlichkeit. Kundenreklamationen stoßen in vielen Fällen ungeplante Änderungen an, deren Realisierung hohe Priorität hat. Werden Produktentwicklungs- und Serviceprozess zusammengefasst, ist es nahezu unvermeidlich, dass Kundenreklamationen wegen ihrer hohen Priorität auf die Ressourcen von Neu- und Versionsentwicklungen zugreifen. Die Folge sind längere Entwicklungszeiten und Terminverschiebungen in der Produktentwicklung. Diese Gefahr lässt sich bei einer Trennung der beiden Geschäftsprozesse verringern. Die Trennung erfordert eine klare Zuordnung der personellen Ressourcen, eine genauere Kapazitätsplanung im Serviceprozess und eine schärfere Selektion sowie Priorisierung der Kundenwünsche und Änderungen.

Für jeden identifizierten Geschäftsprozess wird eine formale Beschreibung erstellt (siehe Abb. 8-16). Das Formblatt enthält folgende Angaben:

• Name des Geschäftsprozesses,
• Name des Geschäftsprozessverantwortlichen (wird am Ende des Management-Workshops ausgefüllt),

Prozessname: Produktentwicklungsprozess	**Prozessverant-** **wortlicher:**
von: Pflichtenheft **bis:** Lieferfreigabe	Name

Objekt: Entwicklungsprojekt	

Prozessinputs: Lastenheft, Pflichtenheft, Projektplan, Wirtschaftlicher Produktplan, Prototypen, Basislösungen	**Lieferanten:** Produktplanungsprozess, Innovationsprozess
Prozessergebnisse: integriertes, getestetes und fertigungsreifes Produkt mit vollständiger Dokumentation	**Kunden:** Auftragsabwicklungsprozess, Vertriebsprozess, Serviceprozess

Abbildung 8-16: Formblatt „Beschreibung Geschäftsprozess"

- Bearbeitungsobjekt des Geschäftsprozesses,
- Inputs mit zugehörigen Lieferanten,
- Ergebnisse mit den zugehörigen Kunden.

Erfolgsentscheidend für die Teamarbeiten des ersten und zweiten Durchlaufs ist, dass jedes Team von einem unabhängigen und fachkompetenten Moderator gelenkt wird. Wichtig ist ferner, dass die Teams nach einem einheitlichen Schema vorgehen, um vergleichbare Ergebnisse zu erzielen.

8.3.5   Beispiele für identifizierte Geschäftsprozesse

Im Folgenden werden einige Praxisbeispiele erläutert. Den Beispielen liegt das Prozessmodell in Abbildung 8-17 zugrunde, das sich als generelles Modell für Unternehmen mit Serienprodukten bewährt hat. Die Beispiele in Abbildung 8-18 zeigen, dass in einigen Fällen bestimmte Geschäftsprozesse nicht relevant sind und in anderen Fällen zusätzliche Geschäftsprozesse auftreten. Zudem weichen Inhalte und Namengebung der Geschäftsprozesse voneinander ab. Die Variabilität reflektiert die jeweils spezifische Situation eines Unternehmens bzw. einer Geschäftseinheit.

1. Innovations- prozess	• Vom Kundenbedürfnis bis zur Produktidee
2. Produktplanungs- prozess	• Von der Produktidee bis zum Lastenheft
3. Produktentwicklungs- prozess	• Vom Lastenheft bis zum fertigungsreifen Produkt
4. Vertriebs- prozess	• Von der Kundenakquisition bis zum Kundenauftrag
5. Auftragsbearbeitungs- prozess	• Vom Kundenauftrag bis zur bezahlten Rechnung
6. Service- prozess	• Vom Kundenproblem bis zur Problemlösung

Abbildung 8-17: Generelles Geschäftsprozessmodell für Industrieunternehmen mit Serienprodukten

Beispiel 1: Geschäftsprozesse einer Geschäftseinheit mit einem Produktgeschäft (siehe Abb. 8-18)

In diesem Beispiel sind der Innovationsprozess und der Produktplanungsprozess zu einem Produktfindungsprozess zusammengefasst. Der Marktbetreuungsprozess stellt einen Vertriebssupportprozess dar, der der zentralen Organisationseinheit zugeordnet ist. Der eigentliche Vertriebsprozess läuft

Beispiel 1	Beispiel 2	Beispiel 3	Beispiel 4	Beispiel 5
1. Produkt-findungs-prozess	1. Produkt-enste-hungs-prozess	1. Findung von Produkt- und Ge-schäfts-ideen	1. Innova-tions-prozess	1. Innova-tions-prozess
2. Produkt-entwick-lungs-prozess	2. Vertriebs-prozess	2. Produkt-entwick-lungs-prozesse (A,B,C)	2. Produkt-findungs-prozess	2. Dienst-leistungs-entwick-lungs-prozess
3. Vertriebs-prozess	3. Auftrags-abwick-lungs-prozess	3. Auftrags-abwick-lungs-prozesse (A,B,C)	3. Produkt-entwick-lungs-prozess	3. Vermark-tungs-prozess
4. Marktbe-treuungs-prozess	4. Be-schwer-depro-zess	4. Ver-triebs-prozess	4. Auftrags-abwick-lungs-prozess	4. Logistik-prozess
5. Auftrags-abwick-lungs-prozess	5. Ferti-gungs-prozesse (A,B,C,D)	5. Service-prozess	5. Vertriebs-support-prozess	5. Service-prozess
6. Produkt-betreu-ungs-prozess	6. Manage-ment-prozess	6. Teilefer-tigung	6. Produkt-betreu-ungs-prozess	6. Trai-nings-prozess
7. Reparatur-prozess		7. Rückwa-ren-prozess	7. War-tungs- und Service-support-prozess	7. Be-schwer-dema-nage-ment-prozess
8. Manage-ment-prozess		8. Manage-ment-prozess	8. Manage-ment-prozess	8. Manage-ment-prozess

Abbildung 8-18: Praxisbeispiele für Geschäftsprozesse

dezentral über lokale Vertreter ab. Der Fertigungsprozess ist wie im Standardmodell ein Teilprozess des Auftragsabwicklungsprozesses, da aus Kundensicht die Auftragserfüllung entscheidend ist und nicht, ob das Produkt eigengefertigt oder von einem Lieferanten bezogen wird. Aus diesem Grunde ist auch die Beschaffung ein Teilprozess des Auftragsabwicklungsprozesses. Der Produktbetreuungs- und Reparaturprozess sind zwei spezifische Ausprägungen des generellen Serviceprozesses. Als sekundärer Geschäftsprozess tritt wie in den anderen Praxisbeispielen der Managementprozess hinzu, der unterschiedliche Supportprozesse umfasst.

Beispiel 2: Geschäftsprozesse einer Geschäftseinheit mit zentraler Fertigung und hoher Fertigungstiefe (siehe Abb. 8-18)

Bei einer hohen Fertigungstiefe, die beispielsweise die gesamte Teilefertigung einschließt, kann es sinnvoll sein, die anonymen Fertigungsprozesse zu trennen und als eigene sekundäre Geschäftsprozesse zu definieren. Die Systemmontage ist im vorliegenden Fall Teil des Auftragsabwicklungsprozesses. Der Produktentstehungsprozess umfasst den Innovations-, Produktplanungs- und Produktentwicklungsprozess aus dem generellen Geschäftsprozessmodell in Abbildung 8-17.

Beispiel 3: Geschäftseinheit mit mehreren Geschäftszweigen (siehe Abb. 8-18)

Die Geschäftseinheit ist in unterschiedliche Geschäftszweige mit eigenen Produktlinien segmentiert. Jeder Geschäftszweig verfügt über einen eigenen Auftragsabwicklungsprozess und ebenso über einen eigenen Produktentwicklungsprozess. Die Teilefertigung wird als sekundärer Geschäftsprozess ausgewiesen. In der Geschäftseinheit ist die Aufarbeitung von Rückwaren eine wichtige Aufgabe. Daher ist ein eigener Rückwarenprozess als sekundärer Geschäftsprozess definiert, der seine Leistungen allen Geschäftszweigen bereitstellt.

Beispiel 4: Eine Geschäftseinheit eines Unternehmens (siehe Abb. 8-18)

In diesem Beispiel ist kein Vertriebsprozess vorhanden, da der Vertrieb in dem Unternehmen zentralisiert und für alle Geschäftseinheiten zuständig ist. In jeder Geschäftseinheit existiert ein Vertriebssupportprozess, der als Lieferant dem zentralen Vertriebsprozess und den Vertriebsprozessen in der Peripherie geschäftseinheitsspezifische Supportleistungen bereitstellt. Ähnlich ist die Situation bei Wartung und Service. Der Serviceprozess ist im vorliegenden Unternehmen ebenfalls zentralisiert. In den einzelnen Geschäftseinheiten sind deshalb Produktbetreuungs-, Wartungs- und Servicesupportprozesse ausgewiesen, die wie die Vertriebssupportprozesse keine primären, sondern sekundäre Geschäftsprozesse darstellen. Der Innovationsprozess und der Produktfindungsprozess der einzelnen Geschäftseinheiten sind dem zentralen Prozess „Finden von Produkt- und Geschäftsideen" zugeordnet.

Beispiel 5: Geschäftseinheit mit Dienstleistungen (siehe Abb. 8-18)

Ebenso wie im Produktgeschäft gibt es auch im Dienstleistungsgeschäft einen Innovations- und Entwicklungsprozess, die die Entstehung und Weiterentwicklung vermarktungsfähiger Dienstleistungen sicherstellen. Der Vermarktungsprozess entspricht dem Vertriebsprozess im Produktgeschäft. In dem Beispiel handelt es sich um ein Wartungs- und Servicegeschäft, das Ersatzteillieferungen und -management, Service und Schulungen vermarktet. Diese Dienstleistungen werden in spezifischen Geschäftsprozessen erzeugt. Der Logistikprozess deckt Ersatzteillieferungen und -management ab, der Serviceprozess das Servicegeschäft und der Trainingsprozess die Schulungen.

Die Beispiele aus verschiedenen Branchen und Geschäftstypen zeigen, dass die Geschäftsprozesse trotz eines gemeinsamen Grundrasters unterschiedlich ausgeprägt sind. Das Leistungs- und Produktprogramm, die Produktstruktur, die Aufbauorganisation, die Fertigungstiefe und geschäftspolitischen Schwerpunkte haben wesentlichen Einfluss auf die Identifizierung und Abgrenzung der Geschäftsprozesse. Auch hier zeigt sich wieder, dass Geschäftsprozesse auf die jeweilige Situation eines Unternehmens zugeschnitten werden müssen.

Die Identifizierung der Geschäftsprozesse hat erhebliche Auswirkungen auf die Effektivität und Effizienz des Geschäftes. Aus diesem Grunde ist es notwendig, dass sich die Geschäftsleitung und der Führungskreis intensiv mit dem Geschäftsprozessmanagement auseinander setzen und eine aktive Rolle bei der Erarbeitung und Verabschiedung der Geschäftsprozesse spielen.

8.3.6 Strukturierung der Geschäftsprozesse

Nach der Identifizierung werden die Geschäftsprozesse im nächsten Schritt weiter unterteilt und beschrieben. Die Teams haben folgende Frage zu beantworten:

„Aus welchen Teilprozessen setzen sich die Geschäftsprozesse zusammen?"

Es ist näher zu spezifizieren, in welchen Schritten die Leistungen für die Kunden in den jeweiligen Geschäftsprozessen erstellt werden sollen. Die Ergebnisse bilden die Ausgangsbasis für die Festlegung der Sollzustände der Geschäftsprozesse. Die Aufgabenstellung der Teams enthält Abbildung 8-19.

Bei der Ableitung der Teilprozesse setzen die Teams konventionelle Methoden wie Metaplan-Technik, Packpapier und Filzstifte ein. Wie bereits erwähnt, sind Software-Tools, wie sie die Informatik für die Erfassung, Darstellung, Modellierung, Simulation und Visualisierung anbietet, in dieser Phase ungeeignet, da sie die gemeinsame Diskussion, Festlegung und Visualisierung der Geschäftsprozesse zu wenig unterstützen.

Zusammen mit den Teilprozessen sind auch deren Bearbeitungsobjekte festzulegen (vgl. Kapitel 3.2.1). Sie bilden die Bezugsbasis für die Messung der Prozessleistungen in den Teilprozessen. Ferner erstellen die Teams für jeden Geschäftsprozess ein Prozess-Organisations-Diagramm (PO-Diagramm), das in Kapitel 3.2.2 näher beschrieben wurde. Die PO-Diagramme geben Hinweise auf den Handlungsbedarf zur Optimierung der Organisation und der Geschäftsprozesse. Abbildung 8-20 zeigt das bei der Erstellung des PO-Diagramms verwendete Formular.

- Aufgabenstellung
  - Legen Sie die Teilprozesse fest, aus denen sich die Geschäftsprozesse zusammensetzen
  - Stellen Sie den Ist-Zustand dar! Falls kein Ist-Zustand existiert oder dieser gravierende Lücken aufweist, kennzeichnen Sie den Soll-Zustand (z. B. mit roter Farbe)

- Vorgehen
  - Bleiben Sie auf der noch relativ groben Ebene der Teilprozesse
  - Definieren Sie zuerst den ersten und letzten Teilprozess
  - Sie sollten zwischen 5 und 10 Teilprozesse unterscheiden
  - Ordnen Sie die Teilprozesse in der logischen Reihenfolge des Ablaufs an
  - Weisen Sie auf Verknüpfungspunkte zu anderen Geschäftsprozessen hin
  - Legen Sie die Objekte der Teilprozesse fest
  - Tragen Sie die verantwortlichen (ausgefüllter Punkt) und die mitwirkenden Funktionen/Dienststellen (leerer Punkt) ein
  - Nehmen Sie Probleme des Ist-Zustandes und den Änderungsbedarf in den Barrierenspeicher auf (Flipchart)

- Methode: Pinnwand und Kartentechnik

- Dauer: ca. 2 Stunden

Abbildung 8-19: Aufgabenstellung der Teamarbeit „Festlegung der Teilprozesse"

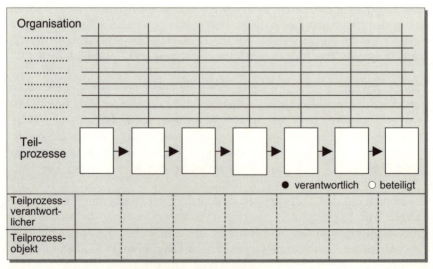

Abbildung 8-20: Formular zur Erstellung des PO-Diagramms

Im Management-Workshop werden die Geschäftsprozesse nur grob strukturiert. Die weitere Detaillierung (Prozessschritte, Arbeitsschritte) wird in der
Implementierungsphase von den Prozess-Teams vorgenommen. Auch werden
die Geschäfts- und Teilprozesse während der Implementierung nochmals
überprüft, weiter vereinfacht und in ihrer Anzahl zumeist noch verringert.

> Das aufgezeigte Vorgehen zur Identifizierung und Strukturierung der Ge-
> schäftsprozesse hat sich in der Praxis bewährt. Die Vorteile sind:
>
> • Über das top-down Vorgehen werden Lösungen gefunden, die den je-
>   weiligen Geschäftszielen und der spezifischen Geschäftssituation gerecht
>   werden.
> • Mit der Kundenorientierung als Gestaltungsschwerpunkt wird die Or-
>   ganisation auf Kunden ausgerichtet.
> • Das Vorgehen deckt Aktivitäten ohne Wertschöpfung auf und zeigt, wo
>   Potenziale zur Produktivitätssteigerung liegen.
> • Die schrittweise Überprüfung und Verfeinerung der Geschäftsprozesse
>   bezieht das Management und viele Mitarbeiter ein. Die Ergebnisse wer-
>   den durch breite Kompetenz abgesichert und finden hohe Akzeptanz.
> • Die Ableitung der Geschäftsprozesse aus den Kundenanforderungen
>   und -erwartungen erfordert einen relativ geringen zeitlichen und perso-
>   nellen Aufwand.

Mit der Identifizierung der Geschäftsprozesse und ihrer Unterteilung in Teilprozesse werden die Weichen für das Geschäftsprozessmanagement und die
zukünftige Organisation der Geschäftseinheit gestellt. Darauf aufbauend sind
in weiteren Schritten die Verantwortungen für die Geschäftsprozesse sowie
die Leistungsparameter mit Zielwerten und Messgrößen festzulegen.

8.3.7   Festlegung der Prozessmessgrößen

In der nächsten Phase des Management-Workshops werden die Messgrößen
für die Geschäftsprozesse festgelegt. Das laufende Messen der Geschäftsprozesse ist Voraussetzung für die kontinuierliche Steigerung der Prozessleistung.

In Kapitel 5 wurde das Messen der Geschäftsprozesse und die Bedeutung der
Prozessmessgrößen ausführlich behandelt. Im Management-Workshop ist diese Thematik zusammenfassend darzustellen, um alle Teilnehmer auf den gleichen Wissensstand zu bringen. Insbesondere ist dabei auf die Bedeutung und Definition der Standard-Leistungsparameter einzugehen (siehe Abb. 8-21).

> Die fünf Standard-Leistungsparameter stellen ein in sich geschlossenes
> System dar, das in seiner Gesamtheit zu optimieren ist, um eine hohe Effek-
> tivität (Kundenzufriedenheit) und Effizienz (Produktivität) in den Ge-
> schäftsprozessen zu erzielen.

290 8 Praxiserprobter Vorschlag zur Einführung des Geschäftsprozessmanagements

- Kundenzufriedenheit
    » Zufriedenheit der Kunden mit den Prozessleistungen/
      Prozessergebnissen

- Prozesszeit
    » Zeit für die Bearbeitung der Prozessobjekte
- Termintreue
    » Anteil der Prozessergebnisse ohne Terminverzug
- Prozessqualität
    » Anteil der Prozessergebnisse ohne Nacharbeit
- Prozesskosten
    » Kosten für die Bearbeitung der Prozessobjekte

Abbildung 8-21: Standard-Leistungsparameter in Geschäftsprozessen

- Aufgabenstellung :
    - Legen Sie die Messgrößen fest, die für die Leistungsmessung und
      Steuerung des Geschäftsprozesses geeignet sind

- Vorgehen:
    - Gehen Sie von den festgelegten Geschäfts- und Teilprozessen aus
    - Berücksichtigen Sie die fünf Standard-Leistungsparameter:
      Kundenzufriedenheit, Prozesszeit, Termintreue, Prozessqualität
      und Prozesskosten
    - Pro Leistungsparameter ist mindestens eine Messgröße zu
      definieren
    - Legen Sie die Datenbasis und Verantwortlichen für die Erfassung
      der Messgrößen fest

- Methode: Formblätter, Flipchart

- Dauer: ca. 2 Stunden

Abbildung 8-22: Aufgabenstellung der Teamarbeit „Definition der Leistungsparameter und
-messgrößen"

Im Rahmen des Workshops spezifizieren die Teams für jeden Geschäftsprozess die Messgrößen. Die Aufgabenstellung der Teamarbeit ist in Abbildung
8-22 zusammengefasst. Die Teams arbeiten in derselben Zusammensetzung
wie bei der Definition der Teilprozesse. Abbildung 8-23 enthält Beispiele für
Prozessmessgrößen und zeigt das in der Teamarbeit verwendete Formblatt.

Im Management-Workshop werden in der Regel nur Messgrößen für die primären Geschäftsprozesse abgeleitet. Die Messgrößen für die sekundären Geschäftsprozesse sowie für die Teilprozesse legen die Prozess-Teams am Anfang der Implementierungsphase fest. Auf das Messsystem wird in Kapitel 8.4.3.1 noch näher eingegangen.

Geschäftsprozesse \ Messgrößen	Kunden-zufriedenheit Messgrößen	Zykluszeit (ZZ) Messgrößen	Termintreue (TT) Messgrößen	Prozess-qualität (FPY) Messgrößen	Prozess-kosten Messgrößen
Auftrags-abwicklungs-prozess	Kurzbe-fragung und Termintreue	Zeit von Bestelleingang bis Übergabe	TT Kunden-übergabe	Anteil Prozess-ergebnisse ohne Nacharbeit	Kosten je Auftrags-abwicklung
Service-prozess	Kundenzu-friedenheits-index Service	Zeit von Ser-vicecall bis funktionsfä-hige Anlage	Einhaltung zugesag-ter Termine	first time fixed rate	Kosten pro Servicecall
Vertriebs-support-prozess	Kundenzu-friedenheits-index Vertrieb	Zeit von Be-darfsanfall bis Bedarfs-deckung	TT Bedarfs-erfüllung	Vollständig-keit der Information	Kosten je Bedarfs-anfall
Entwicklungs-prozess	Erfüllungs-grad Lastenheft	Pflichtenheft bis Fertigungs-freigabe	Kummulierte TT Arbeits-pakete	Anteil Arbeits-pakete ohne Nacharbeit	Kosten je Entwick-lungsprojekt

Abbildung 8-23: Beispiele für Messgrößen in Geschäftsprozessen

8.3.8 Ernennung der Geschäftsprozessverantwortlichen

Eine schwierige und weitreichende Entscheidung bei der Einführung des Geschäftsprozessmanagements ist die Ernennung der Geschäftsprozessverantwortlichen. Der Geschäftsprozessverantwortliche trägt die Verantwortung für die Implementierung und den operativen Ablauf seines Geschäftsprozesses. Er nimmt diese Aufgabe auf Dauer wahr (vgl. Kapitel 3.3.2).

Die Ernennung der Geschäftsprozessverantwortlichen zählt zu den kritischsten Abschnitten im Management-Workshop. Bei mangelhafter Vorbereitung und Moderation besteht die Gefahr, dass an dieser Stelle unreflektiert über Positionen, Karrieren und die Zukunft von Führungskräften diskutiert wird. Um dem vorzubeugen, sollte der GE-Manager den Leiter der Geschäftseinheit rechtzeitig vor Beginn des Management-Workshops auf dieses sensible Thema hinweisen und ihn auf die Entscheidungssituation vorbereiten.

Bei der Entscheidung ist zu berücksichtigen, dass ein Geschäftsprozessverantwortlicher wegen der Komplexität seiner Aufgaben und möglicher Interessenkonflikte nur die Verantwortung für einen Geschäftsprozess tragen kann. Der GE-Manager sollte sein Veto einlegen, wenn Geschäftsprozessverantwortliche nur pro forma ernannt und ihre Aufgaben de facto von anderen Personen wahrgenommen werden. Auch sollte der GE-Manager Einspruch erheben, wenn die Ernennung der Geschäftsprozessverantwortlichen hinausgezögert wird. Die Entscheidung ist möglichst im Management-Workshop oder kurze Zeit später zu treffen. Mit dieser Entscheidung steht oder fällt die Einführung des Geschäftsprozessmanagements, da die Geschäftsprozessverantwortlichen u. a. für die spätere Implementierung „ihres" Geschäftsprozesses verantwortlich sind. Oft befindet sich der GE-Manager in einer schwierigen Lage, da er direkt auf die Geschäftsleitung einwirken muss, die notwendigen Personalentscheidungen zu treffen. In dieser Situation werden vom ihm Geschick, Standfestigkeit und Überzeugungskraft verlangt.

- Der Geschäftsprozessverantwortliche ist verantwortlich für die Effektivität (Zielsetzung) und Effizienz (Zielerreichung) des Geschäftsprozesses

- Der Geschäftsprozessverantwortliche nimmt seine Aufgaben auf Dauer wahr

- Aufgaben
  - » Definition von Output, Input, Struktur und Ablauf des Geschäftsprozesses
  - » Festlegung von Ziel- und Messgrößen des Geschäftsprozesses
  - » Steuerung des Geschäftsprozesses anhand der Ziel- und Messgrößen
  - » Beschaffung und Disposition der personellen, finanziellen und technischen Prozessressourcen
  - » Einleiten von Korrekturmaßnahmen bei Zielabweichungen
  - » Kontinuierliche Steigerung der Prozesseffektivität und -effizienz
  - » Berichterstattung

- Pflichten
  - » Kontrollpflicht (Ziel- und Durchführungskontrolle)
  - » Berichtspflicht
  - » Frühwarnung bei Problemen und Risiken

- Befugnisse
  - » prozessbezogene fachliche und disziplinarische Weisungsbefugnis
  - » Dispositionsrecht über Prozessressourcen
  - » Vertretung der Interessen des Geschäftsprozesses nach außen
  - » Mitglied im Management-Team bzw. im Leitungskreis
  - » Recht auf Eskalation bei besonderen Schwierigkeiten

Abbildung 8-24: Aufgaben, Pflichten und Befugnisse des Geschäftsprozessverantwortlichen

Vor der Ernennung sind die Aufgaben und Pflichten der Geschäftsprozessverantwortlichen nochmals im Management-Workshop vorzustellen und zu verabschieden (siehe Abb. 8-24). Ein wichtiger Punkt ist dabei das Dispositionsrecht über die Prozessressourcen. Ohne dieses Recht haben Geschäftsprozessverantwortliche geringe Chancen, anspruchsvolle Prozessziele zu erreichen.

8.3.9 Aktionsplan zur Implementierung des Geschäftsprozessmanagements

In der letzten Phase des Management-Workshops wird ein Aktionsplan zur Implementierung der Geschäftsprozesse und des Geschäftsprozessmanagements erarbeitet. Die Eckpunkte des Planes werden im Plenum diskutiert, so dass die Meinungen und Vorschläge aller Teilnehmer zur Sprache kommen. In der Diskussion sind besonders die Geschäftsprozessverantwortlichen angesprochen, da sie die Verantwortung für die Implementierung des Geschäftsprozessmanagements tragen.

In dem Aktionsplan wird der Weg der Implementierung festgelegt (siehe Abb. 8-25).

	Maßnahmen	Verantwortlicher	Termin
1	• Alle Mitarbeiter informieren	Geschäftsleitung	
2	• Prozess-Teams (Geschäftsprozess- und Teilprozessverantwortliche) gründen	Geschäftsprozess- verantwortlicher	
3	• Teilprozesse (von ... bis ... Objekt, Input, Output) abstimmen	Geschäftsprozess- verantwortlicher	
4	• Messgrößen und Messpunkte festlegen	Geschäftsprozess- verantwortlicher	
5	• Prozesse messen und Projektberichte (Prozess-Cockpit-Chart) erstellen	Geschäftsprozess- verantwortlicher	
6	• Ziele für Messgrößen festlegen	Geschäftsprozess- verantwortlicher	
7	• Prozessbarrieren ermitteln und bzgl. Zeit, Qualität, Kosten, Umsatz bewerten	Geschäftsprozess- verantwortlicher	
8	• Messergebnisse und Maßnahmen im Management-Team diskutieren	Geschäftsprozess- verantwortlicher	
9	• Workshop C durchführen	GE-Manager	

Abbildung 8-25: Aktionsplan einer Geschäftsprozessimplementierung

Als besonders wichtiger Punkt des Aktionsplanes ist die Information aller Mitarbeiter über die Ergebnisse und Beschlüsse des Management-Workshops zu betrachten. Die Information sollte unmittelbar nach Beendigung des Workshops erfolgen. Verantwortlich dafür ist die Geschäftsleitung. In den Informationsveranstaltungen stellen u. a. die ernannten Geschäftsprozessverantwortlichen ihre Geschäftsprozesse sowie den Aktionsplan zur Implementierung vor.

Die Meilensteine 2 bis 7 des Aktionsplans in Abbildung 8-25 sind Voraussetzung für Meilenstein 8. Mit Meilenstein 8 liegen zum ersten Male Messergebnisse vor. Ab diesem Zeitpunkt trifft sich das Prozess-Team wöchentlich, um die Messergebnisse mit den Zielwerten zu vergleichen und Maßnahmen zur Prozessverbesserung und Leistungssteigerung zu beschließen.

Der Meilenstein 8 stellt den Übergang von der Implementierung zur Optimierung der Geschäftsprozesse dar. Es ist anzustreben, dass diesen Meilenstein alle Geschäftsprozesse einer Geschäftseinheit zum etwa gleichen Termin erreichen. Dies erleichtert das übergreifende Geschäfts- und Prozesscontrolling. Wegen der unterschiedlichen Komplexität und Ausgangssituation der Geschäftsprozesse ist dieses Ziel allerdings nicht immer realisierbar.

Mit der Erstellung des Aktionsplans sind alle Aufgaben des Management-Workshops erfüllt.

8.4 Implementierung

8.4.1 Vorgehen

Das Vorgehen in der Implementierungsphase folgt den Meilensteinen des im Management-Workshop verabschiedeten Aktionsplanes.

Die Schwerpunkte der Implementierung liegen auf:

- Implementierung der Geschäftsprozesse,
- Implementierung des Prozesscontrolling,
- Anpassung der Aufbauorganisation,
- Zuordnung von Prozessressourcen,
- Anpassung der IuK-Technik,
- Durchführung Workshop C.

8.4.2 Implementierung der Geschäftsprozesse

8.4.2.1 Gründung des Prozess- und Management-Teams

Eine der ersten Aktivitäten des Geschäftsprozessverantwortlichen nach dem Management-Workshop ist es, die Teilprozessverantwortlichen zu ernennen und das Prozess-Team ins Leben zu rufen. Bei der Ernennung der Teilprozessverantwortlichen ist darauf zu achten, dass eine Person möglichst nur für einen Teilprozess die Verantwortung übernimmt. Aufgaben, Verantwortung, Pflichten und Befugnisse eines Teilprozessverantwortlichen entsprechen bis auf den Verantwortungsbereich denen des Geschäftsprozessverantwortlichen (siehe Abb. 8-26).

- Der Teilprozessverantwortliche ist verantwortlich für die Effektivität (Zielsetzung) und Effizienz (Zielerreichung) seines Teilprozesses

- Der Teilprozessverantwortliche nimmt seine Aufgaben auf Dauer wahr

- Aufgaben
  - » Definition von Output, Input, Struktur und Ablauf des Teilprozesses
  - » Festlegung von Ziel- und Messgrößen des Teilprozesses
  - » Steuerung des Teilprozesses anhand der Ziel- und Messgrößen
  - » Beschaffung und Disposition der personellen, finanziellen und technischen Ressourcen für den Teilprozess
  - » Einleiten von Korrekturmaßnahmen bei Zielabweichungen
  - » Kontinuierliche Steigerung der Effektivität und Effizienz des Teilprozesses
  - » Berichterstattung

- Pflichten
  - » Kontrollpflicht (Ziel- und Durchführungskontrolle)
  - » Berichtspflicht
  - » Frühwarnung bei Problemen und Risiken

- Befugnisse
  - » prozessbezogene fachliche und disziplinarische Weisungsbefugnis
  - » Dispositionsrecht über Prozessressourcen
  - » Vertretung der Interessen des Teilprozesses
  - » Mitglied im Prozess-Team
  - » Recht auf Eskalation bei besonderen Schwierigkeiten

Abbildung 8-26: Aufgaben, Pflichten und Befugnisse des Teilprozessverantwortlichen

Aufgabe des Prozess-Teams ist es, den Geschäftsprozess mit seinen Teilprozessen zu implementieren und später das Prozesscontrolling und die Prozessoptimierung durchzuführen (vgl. Kapitel 3.3.2). Die Aufgaben des Prozess-Teams sind in Abbildung 8-27 nochmals zusammengefasst.

Das Prozess-Team trifft sich in der Anfangsphase der Implementierung jeden zweiten Tag und ab Beginn der Prozessmessungen wöchentlich oder zweiwöchentlich.

Mit dem Start der Prozess-Teams sollte auch das Management-Team seine Tätigkeit aufnehmen. Aufgabe des Management-Teams ist es, die Gesamtheit der Geschäftsprozesse einer Geschäftseinheit während der Implementierungsphase und später während der laufenden Optimierung zu steuern (vgl. Kapitel 3.3.2.1; siehe Abb. 8-28).

- • Zusammensetzung: Geschäftsprozess- und Teilprozessverantwortliche
- • Aufgaben
  - » Strukturierung, Dokumentation und Anpassung des Geschäftsprozesses
  - » Ableiten von Teilprozesszielen aus den Geschäftsprozesszielen
  - » Vereinbaren von Teilprozesszielen
  - » Festlegung des Prozesscontrolling: Messgrößen, Messbasis, Messzeitpunkte, Messverantwortung, Tools, Prozessbericht
  - » Kontrolle der Teilprozessziele anhand der Prozessberichte
  - » Ermitteln, Bewerten und Beseitigen von Prozessbarrieren
  - » Einsetzen von Barrieren-Beseitigungsteams
  - » Koordination und Kontrolle der Barrierenbeseitigung

Abbildung 8-27: Aufgaben des Prozess-Teams

- • Zusammensetzung: Geschäftsleitung und Geschäftsprozessverantwortliche
- • Aufgaben:
  - » Abstimmung und Vereinbarung von Geschäftsprozesszielen
  - » Ausstattung der Geschäftsprozesse mit den erforderlichen personellen, finanziellen und technischen Ressourcen
  - » Kontrolle der Prozessziele anhand der Prozessberichte
  - » Entscheidung über außerordentliche Prozessmaßnahmen, wie z. B. Business Process Reengineering
  - » Kontrolle außerordentlicher Prozessmaßnahmen
  - » Beseitigung schwerwiegender prozessübergreifender Probleme

Abbildung 8-28: Aufgaben und Verantwortung des Management-Teams

8.4.2.2 Überprüfung und Beschreibung der Teilprozesse

Als eine der ersten Aufgaben überprüft, verfeinert, verbessert und dokumentiert das Prozess-Team die Struktur seines vom Management-Workshop vorgeschlagenen Geschäftsprozesses. Dabei sind möglichst viele Mitarbeiter einzubeziehen.

Teil- prozesse								
Verantwortlicher								
Objekt								
Prozessschritte								
Inputs								
Lieferanten								
Ergebnisse								
Kunden								
Einrichtungen, Hilfsmittel								
Methoden, Tools								
Vorschriften, Regeln								
Dokumen- tation								

Abbildung 8-29: Formblatt zur Beschreibung von Teilprozessen

Zunächst wird das PO-Diagramm aus dem Management-Workshop über-prüft und anschließend jeder Teilprozess anhand des Formblattes in Abbil-dung 8-29 beschrieben. Angegeben werden neben dem Teilprozessverant-wortlichen das Teilprozessobjekt, die Inputs mit den Lieferanten sowie die Outputs mit den Kunden. Mit der Angabe „Vorschriften und Regeln" wird der Bezug zum Qualitäts- und Umweltmanagement sowie zu Organisations-richtlinien und Arbeitsvorschriften hergestellt. Im Zuge dieser Festlegung sind Relevanz, Vollständigkeit und Konsistenz der Vorschriften zu überprü-fen. Die Angabe „Einrichtungen und Hilfsmittel" bezieht sich u. a. auf Hard-ware und Software des Informations- und Kommunikationssystems sowie auf Maschinen und Anlagen. Unter der Rubrik „Dokumentation" werden die Aufzeichnungen, die in diesem Prozessschritt entstehen, aufgeführt. Dabei soll-te kritisch überprüft werden, welche Dokumente wirklich notwendig sind.

Die nächste Detaillierungsstufe umfasst die Aufteilung der Teilprozesse in Prozessschritte. Der Aufwand für die Erstellung und laufende Aktualisierung der Prozessschritt-Beschreibungen ist hoch.

Wie Praxiserfahrungen zeigen, reicht für Prozessverbesserungen und die Steigerung der Prozessleistungen zumeist die Beschreibung der Geschäfts- und Teilprozesse aus. Eine weitere Detaillierung ist notwendig, wenn die Prozess- und Arbeitsschritte über Workflow-Management-Systeme ge-steuert werden sollen. Die Einführung derartiger Systeme ist sorgfältig ab-zuwägen, da der Aufwand erheblich ist.

Die Detaillierung und Beschreibung des Geschäftsprozesses bzw. der Teilprozesse sollen sich auf den Sollzustand beziehen. Der Sollzustand ist dabei auf einen überschaubaren Realisierungszeitraum, z. B. ein Jahr, zu projizieren. Die Phase der Überprüfung, Detaillierung und Dokumentation der Geschäftsprozesse ist zügig durchzuführen, um möglichst schnell die Phase der Prozessmessung und Prozessverbesserung zu erreichen. Denn erst mit der Prozessverbesserung kommt der Nutzen des Geschäftsprozessmanagements zum Tragen.

In Fällen, in denen große Skepsis gegenüber dem Geschäftsprozessmanagement besteht, kann es nützlich sein, ausgewählte Geschäftsprozesse pilotierend einzuführen. Dazu eignen sich besonders gut sequenzielle Geschäftsprozesse. In diese Kategorie fallen der Auftragsabwicklungs- und Vertriebsprozess. Abzuraten ist, als Piloten den Innovations- oder Produktentwicklungsprozess zu wählen, da diese schwieriger zu implementieren sind.

8.4.2.3 Prozessdokumentation

Die Prozessdokumentation setzt sich aus den in der Abbildung 8-30 aufgeführten Unterlagen zusammen (vgl. Kapitel 3.2.4). Zuständig für ihre Erstellung und Aktualisierung sind die Geschäftsprozessverantwortlichen, die diese Aufgabe weitgehend an ihre Teilprozessverantwortlichen delegieren. Eine wichtige Aufgabe ist das Treffen von Leistungsvereinbarungen mit Lieferanten und soweit relevant mit Kunden (vgl. 3.2.2). Die Leistungsvereinbarungen beziehen sich nicht nur auf externe, sondern auch auf interne Lieferanten.

Die komplette Dokumentation wird vom Geschäftsprozessverantwortlichen freigegeben.

1. Beschreibung Geschäftsprozess
2. Prozess-Aufbaustruktur
3. Prozess-Ablaufstruktur
4. Beschreibung der Teilprozesse
5. PO-Diagramm (Prozess-Organisations-Diagramm)
6. Leistungsvereinbarungen mit Lieferanten/Kunden
7. Prozess-Landkarte
8. Beschreibung Aufgaben, Verantwortung, Befugnisse

   - Geschäftsprozessverantwortlicher,
   - Teilprozessverantwortliche,
   - Management-Team,
   - Prozess-Teams,
   - KAIZEN-Teams

Abbildung 8-30: Prozessdokumentation

8.4.2.4 Unterstützung durch Prozessberater

Projekterfahrungen zeigen, dass bei einer intensiven Arbeit des Prozess-Teams die Überprüfung, Detaillierung und Dokumentation bis auf Teilprozessebene in zwei bis drei Wochen abgeschlossen werden können. Um dieses anspruchsvolle Ziel zu erreichen, sind die Prozess-Teams auf die Unterstützung von Prozessberatern angewiesen.

Bei der Auswahl der Prozessberater ist zwischen unternehmensinternen und -externen Beratern abzuwägen (siehe Abb. 8-31).

	Vorteile	Nachteile
Externe Prozess-berater	• Expertenstatus • Unvoreingenommenheit • Unabhängigkeit • Erfahrungen mit anderen Unternehmen	• Außenseiterstatus • Informationsmängel • fehlende Verfügbarkeit • Zeitbegrenzung • Know-how Abfluss • Kosten
Interne Prozess-berater	• Vertrautheit mit Kultur/ Personen • Vertrautheit mit Tools (IuK) • Vertrautheit mir Vorschriften • persönliche Beziehungen • permanente Verfügbarkeit • Erfahrungssammlung für das eigene Unternehmen	• fehlender Expertenstatus • fehlende Objektivität • eventuell fehlende Prozesserfahrung • fehlende Erfahrung mit anderen Unternehmen

Abbildung 8-31: Vor- und Nachteile unternehmensinterner und -externer Berater

Besonders positive Erfahrungen haben wir mit unternehmensinternen Prozessberatern gemacht. Der Vorteil ist, dass interne Prozessberater ihre gesammelten Prozesserfahrungen in späteren Führungspositionen nutzen können und die Erfahrungen im Unternehmen bleiben. Allerdings können sich nur größere Unternehmen interne Berater leisten. Für kleinere Unternehmen scheidet diese Möglichkeit wegen der hohen Kosten und der zu geringen Auslastung zumeist aus.

Interne Prozessberater sollten diese Aufgabe nicht länger als zwei bis drei Jahre wahrnehmen. Ausschlaggebend für ihre Auswahl sind:

• Entwicklungspotenzial des Kandidaten (fachliche und soziale Kompetenz),
• Akzeptanz der Person im Unternehmen,
• Eignung als Berater,
• Unternehmenszugehörigkeit von mindestens drei Jahren,
• Praxiserfahrungen in möglichst zwei Funktionen.

Der Einsatz als interner Berater stellt eine Qualifizierungsmaßnahme für jüngere Mitarbeiter mit hohem Entwicklungspotenzial dar.

Günstig ist, wenn Mitarbeiter aus verschiedenen Funktionen in das Beraterteam abgeordnet werden. Ein Prozessberater kann erfahrungsgemäß zwei Geschäftsprozesse betreuen, so dass eine Geschäftseinheit etwa drei bis vier Prozessberater für einen Zeitraum von 1,5 bis 2 Jahren benötigt.

Interne Prozessberater sind noch vor Beginn der Phase Positionierung in den Methoden und Vorgehensweisen des Geschäftsprozessmanagements intensiv zu schulen. Sie sollten danach in der Lage sein, den GE-Manager bereits bei der Durchführung des Trainingsworkshops (Workshop A) aktiv zu unterstützen. Im Management-Workshop (Workshop B) übernehmen sie die Moderation der Teams. Danach betreuen sie die Prozess-Teams während der Implementierung und in der Anfangsphase der Optimierung. Hier ist ihre Aufgabe neben der Moderation, methodische und technische Unterstützung zu geben.

8.4.3   Implementierung des Prozesscontrolling

8.4.3.1 Messsystem

Sobald die Geschäfts- und Teilprozesse festgelegt und dokumentiert sind, kann mit der Implementierung des Prozesscontrolling begonnen werden.

Im Rahmen des Prozesscontrolling werden folgende Aufgaben durchgeführt:

- Festlegen der Prozessmessgrößen für Geschäftsprozesse und Teilprozesse,
- Ableiten von Zielwerten für die einzelnen Leistungsparameter,
- regelmäßiges Messen der Prozessleistung,
- Visualisieren der Messergebnisse in Prozessberichten,
- regelmäßige Abweichungsanalyse der Messergebnisse auf Basis der Prozessberichte,
- Vorschlagen und Überwachen von Korrekturmaßnahmen zur Zielerreichung,
- Durchführen von Prozessassessments zur Kontrolle der Einführung des Geschäftsprozessmanagements.

Um Prozessleistungen messen zu können, sind folgende Festlegungen zu treffen:

- Messgrößen,
- Messpunkte,
- Messstrecke,
- Messzeitpunkt,
- Messvorschriften,

- Messmethoden,
- Messverantwortliche.

In der Implementierungsphase werden die zuvor festgelegten Messgrößen für die einzelnen Geschäftsprozesse nochmals überprüft und auf die Ebene der Teilprozesse heruntergebrochen.

Als Messgrößen kommen in den Teilprozessen ebenfalls Zykluszeit, Termintreue, First Pass Yield, Prozesskosten, Kundenzufriedenheit und ggf. weitere prozessspezifische Parameter zur Anwendung.

Die Messpunkte liegen in der Regel am Ende eines jeden Teilprozesses und beziehen sich auf die Bearbeitungsobjekte des Teilprozesses. Die jeweilige Messstrecke wird durch zwei aufeinander folgende Messpunkte definiert, so dass der gesamte Geschäftsprozess lückenlos erfasst wird.

Die Messwerte des Geschäftsprozesses setzen sich aus den Messwerten der einzelnen Teilstrecken zusammen. Sie werden wie folgt ermittelt:

- Zykluszeit (ZZ):
  $ZZ_{Gesamtprozess}$ = Summe der ZZ der Messstrecken (Teilprozesse)

- First Pass Yield (FPY):
  $FPY_{Gesamtprozess}$ = Multiplikation der FPY der Messstrecken

- Termintreue (TT):
  $TT_{Gesamtprozess}$ = Multiplikation der TT der Messstrecken

- Prozesskosten (PK):
  $PK_{Gesamtprozess}$ = Summe der PK der Messstrecken

- Kundenzufriedenheit (KZ):
  $KZ_{Gesamtprozess}$ = gewichteter Durchschnitt der Einzelmessungen oder Ergebnis der Kundenzufriedenheitsmessung.

Die Messung der Kundenzufriedenheit bezieht sich entweder auf den Gesamtprozess oder auf ausgewählte Teilprozesse. Da es weder sinnvoll noch wirtschaftlich ist, in allen Teilprozessen die Kundenzufriedenheit zu messen, findet hier keine Akkumulation bzw. Multiplikation der Teilprozessmessungen statt. Auch wird die Kundenzufriedenheit in größeren Zeitabständen als die übrigen Prozessmessgrößen gemessen.

Nicht selten werden zu Beginn der Leistungsmessungen auf einzelnen Messstrecken Werte von 0 % für First Pass Yield und Termintreue ermittelt. Eine Multiplikation der Einzelwerte führt hier nicht weiter. Deshalb sollten am Anfang der Leistungsmessung die Werte für First Pass Yield und Termintreue aus den Mittelwerten der Einzelmessungen der Messstrecken errechnet werden. Die „schärfere" Regel ist die Multiplikation. Ihre Anwendung ist jedoch erst sinnvoll, wenn das Termin- und Qualitätsniveau aller Messstrecken auf einem Niveau von größer 50% liegt. Bis zu diesem Zeitpunkt sind die Messergebnisse auf einem speziellen Berichtsblatt auszuweisen, um Transparenz über die jeweilige Situation und die erreichten Verbesserungen in den einzelnen Teilprozessen herzustellen.

> Eine wichtige Festlegung des Prozess-Teams ist, wann und wie oft die Messung der einzelnen Messgrößen erfolgen soll. Es hat sich bewährt, die Messgrößen für Zykluszeit, First Pass Yield und Termintreue wöchentlich, die für Prozesskosten monatlich zu erfassen.

Die Messung sollte zu einem festen Zeitpunkt, z. B. Freitag jeder Woche 16.00 Uhr bzw. am letzten Arbeitstag im Monat, vorgenommen werden. Dieses Vorgehen gewährleistet die Vergleichbarkeit der Messergebnisse und unterstützt die Regelmäßigkeit der Messungen.

> Die Messung der Kundenzufriedenheit hängt von der Art der angewandten Methode ab. Werden indirekte Messgrößen herangezogen, wie z. B. Anzahl von Kundenreklamationen, Liefertreue, Anteil von „dead-on-arrival" Lieferungen oder Anzahl von Gewährleistungsfällen, sind monatliche Messungen zu empfehlen. Bei direkten Kundenbefragungen liegt die Anzahl der Messungen bei ein oder zwei pro Jahr. Die Frequenz ist höher, wenn die Kundenbefragungen an bestimmte Ereignisse wie z. B. Produktauslieferungen, Installationen oder Projektabschlüsse gekoppelt werden.

Zuständig für die Messung ist der Teilprozessverantwortliche. Die Durchführung der Messungen sollte er einem Messverantwortlichen übertragen. Dieser überwacht die Regelmäßigkeit der Messungen, führt die Messergebnisse der Teilprozesse zusammen und überführt sie in die Prozessberichte.

Nach drei bis vier Messperioden liegt eine ausreichende Datenbasis vor, um die Ausgangswerte für die einzelnen Leistungsparameter zu bestimmen. Sie können z. B. durch das arithmetische Mittel der Messwerte aus den vergangenen drei Messperioden ermittelt werden. Die Ausgangswerte korrespondieren mit den Zielwerten. Wie in Kapitel 5.2.2 beschrieben gibt es unterschiedliche Ansätze, die Zielwerte festzulegen. Sie können auf die Ausgangswerte bezogen, aus dem prognostizierten Verbesserungspotenzial abgeleitet oder unmittelbar aus den Geschäftszielen ermittelt werden. Die Zielwerte sind Gegenstand von Zielvereinbarungen, die der Geschäftsleiter mit den Geschäftsprozessverantwortlichen trifft. In der Regel beziehen sich die Zielwerte und -vereinbarungen auf ein Geschäftsjahr.

Die Implementierung des Messsystems ist ein wichtiger Meilenstein bei der Einführung des Geschäftsprozessmanagements. Ohne Messungen sind keine zielgerichteten Verbesserungen möglich.

Bei der Einführung von Pozessmessungen können folgende Praxiserfahrungen helfen, Fehler zu vermeiden:

- Die Messung von Zykluszeit, First Pass Yield und Termintreue ist einfacher und weniger aufwendig als die von Prozesskosten und Kundenzufriedenheit. Deshalb sollte zunächst mit der Messung der ersten drei Prozessmessgrößen begonnen werden.
- Die Einführung der Prozessmessung sollte nicht durch fehlende oder unzureichende Software-Unterstützung blockiert werden. Zykluszeit, First Pass Yield und Termintreue können zunächst auch ohne Software gemessen werden.
- Großer Wert ist auf die Regelmäßigkeit der Prozessmessungen und deren grafische Auswertung in Prozessberichten zu legen.
- Durch die Beschreibung des Messsystems (Messgrößen, Messobjekte, Messpunkte, Messstrecke, Messzyklen, Prozessbericht) und die Ernennung von Messverantwortlichen werden Konsistenz und Kontinuität der Prozessmessungen gewährleistet.
- Prozessmessungen erfüllen nur dann ihren Zweck, wenn ihre Ergebnisse in den Prozess- und Management-Teams analysiert und als Basis für Prozessverbesserungen genutzt werden.
- Messen ist kein Selbstzweck, sondern notwendige Voraussetzung zur Steuerung und Verbesserung der Geschäftsprozesse.

8.4.3.2 Prozessbericht

Ein wichtiger Schritt ist die grafische Aufbereitung der Leistungskennzahlen in Prozessberichten, die häufig auch Prozess-Cockpit-Charts genannt werden. In dem Prozessbericht werden je Prozesskennzahl der Zielwert, der Ausgangswert sowie der zeitliche Verlauf der Messergebnisse visualisiert (siehe Abb. 8-32). Seine Daten geben Auskunft über den Leistungsstand und die Leistungsentwicklung eines Geschäftsprozesses oder Teilprozesses. Sie zeigen, inwieweit die vereinbarten Ziele erreicht worden sind bzw. welche Defizite noch behoben werden müssen.

> Prozessberichte sind ein wichtiges Instrument der Kommunikation und Motivation. Sie sollten z. B. über das Intranet veröffentlicht werden, damit sich alle Mitarbeiter im Unternehmen über Leistungsziele, Leistungsstand und Leistungsverbesserungen der Geschäftsprozesse informieren können.

Prozessberichte sind unentbehrlich für die Steuerungsaufgaben des Prozess- und Management-Teams (vgl. Kapitel 5.4). In den Prozess-Teams dienen sie als Basis für die Bewertung abgeschlossener Maßnahmen und die Vereinbarung neuer Maßnahmen zur Steigerung der Prozessleistungen. Das Management-Team setzt sich anhand der Prozessberichte übergreifend mit der Zielerreichung aller Geschäftsprozesse auseinander. In ihrer Summe spiegeln die

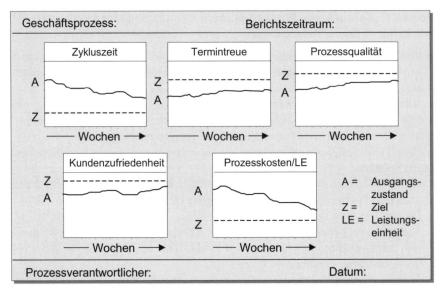

Abbildung 8-32: Prozessbericht zur Messung und Steuerung von Geschäftsprozessen bzw. Teilprozessen

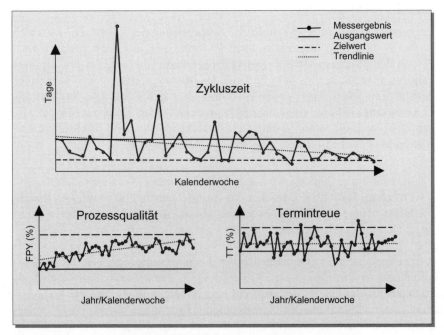

Abbildung 8-33: Prozess-Cockpit-Chart eines Auftragsabwicklungsprozesses

Prozessberichte den Leistungsstand und die Leistungsentwicklung einer Geschäftseinheit wider.

Abbildung 8-33 zeigt ein Prozess-Cockpit-Chart für den Geschäftsprozess Auftragsabwicklung, in dem die Messergebnisse für Zykluszeit, First Pass Yield und Termintreue mit ihren Ausgangs- und Zielwerten ausgewiesen sind. Die Messperiode beträgt in dem Beispiel eine Kalenderwoche. Die Ergebnisse zeigen, dass bei Zykluszeit und First Pass Yield deutliche Verbesserungen erzielt wurden. Die Zykluszeit hat den Zielwert erreicht und der First Pass Yield nähert sich dem Zielwert. Die Reduzierung der Schwankungsbreite der Messergebnisse lässt auf eine zunehmende Prozessbeherrschung schließen. Unbefriedigend ist der Trend bei der Termintreue. Hier sind noch deutliche Verbesserungen notwendig.

8.4.4   Anpassung der Aufbauorganisation

Ergänzend zur Ernennung der Geschäftsprozess- und Teilprozessverantwortlichen hat die Geschäftsleitung bzw. das Management-Team eine Reihe organisatorischer Fragen zu klären:

* Wem unterstehen die Geschäftsprozessverantwortlichen?
* Wem unterstehen die Teilprozessverantwortlichen?
* Wem sind die Mitarbeiter in den Geschäftsprozessen disziplinarisch zugeordnet?
* Wer beurteilt die Mitarbeiter in den Geschäftsprozessen?
* Welche Funktionen werden aufgelöst?
* Welche Funktionen sind in Zukunft Dienstleister bzw. Lieferanten der Geschäftsprozesse?
* Welche Rolle haben in Zukunft die Funktionsverantwortlichen?
* Wie und durch wen werden Konflikte zwischen Funktionen und Geschäftsprozessen gelöst?
* Aus welchen Teilnehmern setzt sich in Zukunft der Leitungskreis zusammen?
* Wer berichtet in Zukunft wem?

Die Einführung von Geschäftsprozessen erfordert nicht zwangsläufig eine Aufhebung der funktionalen Organisation (vgl. Kapitel 3.4). Die Geschäftsprozesse tangieren jedoch Aufgaben und Stellung der Funktionen. Praxiserfahrungen zeigen, dass sich mit Einführung von Geschäftsprozessen die Gewichte automatisch von der Funktionsorganisation zur Prozessorganisation verschieben. Auch bei einer vorübergehenden Beibehaltung der funktionalen Aufbauorganisation, sind organisatorische Anpassungen der Funktionen unvermeidlich.

Die Frage der Anpassung der Aufbauorganisation stellt sich spätestens dann, wenn den Geschäfts- und Teilprozessen Ressourcen zugeordnet werden. Dabei werden sich, wie in Kapitel 3.4 diskutiert, zunächst Mischformen zwischen Funktions- und Prozessorganisation herausbilden.

Bei „einfachen" Geschäftsprozessen, wie dem Auftragsabwicklungs- und dem Serviceprozess, erfolgt der Übergang auf die Prozessorganisation relativ schnell. In mehreren Anwendungsfällen fand der Übergang bereits ein halbes Jahr nach der Geschäftsprozessimplementierung statt. In Geschäftsprozessen, deren Objekte Projekte sind (z. B. Innovationsprozess und Produktentwicklungsprozess), dauert der Übergang länger, da hier die Projektorganisation auf die Prozessorganisation abgestimmt werden muss.

8.4.5 Zuordnung von Prozessressourcen

Zusammen mit der Klärung der Aufbauorganisation ist die Entscheidung über die Zuteilung von Ressourcen zu den Geschäftsprozessen zu treffen. Den Geschäftsprozessen sind direkt oder indirekt (siehe Ressourcen- oder Leistungsmodell in Kapitel 3.4.2.2) die Ressourcen bereitzustellen, die sie zur Erreichung ihrer Prozessziele benötigen. Die Zuordnung der Ressourcen ist Voraussetzung für den operativen Ablauf der Geschäftsprozesse. Eine Verzögerung dieser Entscheidung blockiert den Start des Geschäftsprozessmanagements. Dabei ist besondere Sensibilität bei personellen Veränderungen erforderlich. Betriebsrat und Mitarbeiter sind frühzeitig über geplante Wechsel von Personen, Aufgaben und Organisation zu informieren.

8.4.6 Anpassung der IuK-Technik

Die IuK-Technik kann Geschäftsprozesse auf vielfältige Weise unterstützen:

* Dokumentation von Geschäftsprozessen,
* Modellierung und Analyse von Ist-Prozessen,
* Simulation von Soll-Prozessen,
* Erfassung von Prozessmessgrößen,
* Erstellung von Prozessberichten,
* Bereitstellung von Prozessberichten,
* Steuerung von sequenziellen Prozessen auf der Arbeitsebene (Workflow-Management-Systeme).

IuK-Tools für Geschäftsprozessmanagement wurden in den letzten Jahren in ihrer Leistungsfähigkeit deutlich verbessert. Gleichzeitig ist die Zahl der angebotenen Produkte stark angestiegen. Zunehmende Verbreitung finden Workflow-Management-Systeme (vgl. u. a. Gierhake 1998). Es handelt sich dabei um Softwaresysteme, die Vorgänge in Geschäftsprozessen koordinieren und steuern. Die Systeme stoßen Aktivitäten an, stellen die notwendigen Daten bereit, prüfen die Ergebnisse und überwachen Termine. Sie kommen in Routineprozessen zur Anwendung, die nach einem festen Muster ablaufen, einen hohen Strukturierungsgrad aufweisen und an denen viele Mitarbeiter beteiligt sind. Die Einsatzvorteile sind:

- höhere Leistungstransparenz,
- höhere Prozessqualität,
- kürzere Prozesszeiten,
- „automatisches" Prozesscontrolling,
- „automatische" Prozessanalyse,
- weniger Medienbrüche,
- höhere Datenkonsistenz.

Unstrukturierte Prozesse sind das Anwendungsfeld von Groupware-Systemen. Sie unterstützen die Teamkommunikation und Kooperation.

Bei dem vielfältigen und schwer überschaubaren Softwareangebot ist es für Anwender schwierig, das richtige Tool auszuwählen (vgl. u. a. Fank 1998; Beck/Landvogt 1999, S. 360 ff.). Das gilt besonders für kleinere und mittlere Unternehmen, die über die dafür erforderlichen Fachkenner nicht verfügen. Auswahlkriterien sind z. B.:

- Anwendungsbereiche
  - Aufgabenanalyse,
  - Darstellungen (Prozesse, Organigramme),
  - Prozessmodellierung,
  - Prozessanalyse (Zeit, Qualität, Mengen, Kosten ...),
  - Prozesssimulation,
  - Prozessdokumentation,
  - Prozesskostenrechnung.
- Musterprozesse,
- Verständlichkeit der Theorie und der Symbolik,
- Benutzeroberfläche, Bedienerführung,
- Datenmanagement,
- Netzwerkfähigkeit,
- Schnittstellen/Kompatibilität,
- Hardware und Software,
- Zeit- und Kostenaufwand für Einarbeitung,
- Anschaffungs- und Update-Kosten,
- Installationskosten.

Nicht selten wird der Einsatz prozessunterstützender Systeme durch die bestehende DV-Landschaft behindert. Die Mängel vorhandener IuK-Konzepte und -Lösungen sind häufig:

- ungenügend modular, flexibel und parametrisierbar,
- technikzentriert und nicht anwendungsorientiert,
- auf die funktionale Organisation ausgerichtet,
- teuer in Wartung und Weiterentwicklung, da sie umfangreiche Individual-entwicklungen enthalten,
- inkompatibel, da sie Standards für Rechner- und Prozesskommunikation nicht berücksichtigen.

Positive Erfahrungen wurden mit der kombinierten Einführung des hier beschriebenen Geschäftsprozessmanagements und des integrierten Anwendungssystems SAP/R3 gemacht. Zunächst wurden die Geschäftsprozesse nach dem hier vorgestellten Konzept identifiziert und implementiert. Anschließend folgte die mit den Geschäftsprozessen abgestimmte Einführung von SAP/R3.

Wichtig dabei ist, zunächst die Geschäftsprozesse und das Prozesscontrolling zu implementieren und darauf SAP/R3 auszurichten. Von einer Umkehrung der Reihenfolge oder zeitlichen Parallelisierung ist abzuraten. Die von SAP/R3 empfohlene Vorgehensweise zur Einführung von Geschäftsprozessen hat aus unserer Sicht Schwächen und weicht in wesentlichen Punkten von dem in diesem Buch beschriebenen Konzept ab.

8.4.7   Workshop C

Zu empfehlen ist, 90 Tage nach dem Management-Workshop (Workshop B) einen Workshop C durchzuführen.

Ziele und Aufgaben des Workshops C sind:

- den Stand der Implementierung darzustellen,
- Aktivitäten und Ergebnisse der Prozess-Teams abzugleichen,
- Implementierungsbarrieren und Problembereiche aufzuzeigen,
- Verbesserungsmaßnahmen und Verbesserungsprojekte zu beschließen,
- die Prozess-Landkarte zu überprüfen und ggf. zu überarbeiten,
- Erfahrungen zwischen den Prozess-Teams auszutauschen.

Teilnehmer sind die Geschäftsleitung, der GE-Manager, die Geschäftsprozessverantwortlichen mit ihren Prozess-Teams. Abbildung 8-34 zeigt einen Vorschlag für die Tagesordnung des Workshops C.

In Punkt 3 berichten die Prozess-Teams über ihre bisher erreichten Ergebnisse und gehen dabei auf die Erledigung des im Management-Workshop (Workshop B) verabschiedeten Aktionsplanes ein. Die Punkte 4 bis 6 um-

1. Begrüßung und Zielsetzung des Workshops	Geschäftsleitung
2. Ablauf des Workshops	GE-Manager
3. Präsentation der bisherigen Ergebnisse der Implementierung der Geschäftsprozesse	Prozess-Teams
4. Überarbeitung der Prozess-Landkarte	Teamarbeit und Plenum
5. Neue Maßnahmen und Projekte zur Prozessverbesserung	Teamarbeit und Plenum
6. Aufgaben und weiteres Vorgehen der Prozess-Teams	Teamarbeit der Prozess-Teams und Plenum
7. Entlastung des GE-Managers	Leitung
8. Zusammenfassung und Ausblick	Leitung, GE-Manager

Abbildung 8-34: Tagesordnung des Workshops C

fassen Teamarbeiten. Bei den Punkten 4 und 5 handelt es sich um prozess-übergreifende Themen. Die Teams sollten sich dabei aus Mitgliedern verschiedener Prozess-Teams zusammensetzen. Die Aufgabenstellungen der Teamarbeiten gehen aus Abbildung 8-35 hervor.

Den Abschluss des Workshops bildet eine Zusammenfassung des weiteren Vorgehens. Dabei sollte die Geschäftsleitung die Teilnehmer des Workshops motivieren, den eingeschlagenen Weg fortzusetzen.

Workshop C ist ein wichtiger Meilenstein in der Phase der Implementierung der Geschäftsprozesse. Ab diesem Zeitpunkt ist es sinnvoll, den weiteren Implementierungsfortschritt über Prozessassessments (vgl. Kapitel 5.6) zu kontrollieren. Anfangs sollte das Prozessassessment alle vier Wochen durchgeführt werden. Die Ergebnisse werden im Prozess- und Management-Team vorgestellt und diskutiert. Bei einem unzureichenden Fortschritt sind vom Prozess-Team und ggf. vom Management-Team Maßnahmen zur Beschleunigung und Stabilisierung der Implementierung einzuleiten.

- Teamarbeit Punkt 4:
    - Stellen Sie die Verbindungen zwischen den Geschäftsprozessen dar und überprüfen Sie die Schnittstellen der Geschäftsprozesse

- Teamarbeit Punkt 5:
    - Ermitteln Sie die grundlegenden Probleme und Barrieren, die die Implementierung und Verbesserung der Geschäftsprozesse behindern
    - Erarbeiten Sie Lösungsvorschläge und Maßnahmen zur Lösung der Probleme
    - Bilden Sie Verbesserungsteams und schlagen Sie Termine für die Maßnahmenumsetzung vor

- Teamarbeit Punkt 6:
    - Erarbeiten Sie das weitere Vorgehen Ihres Prozess-Teams:
      - Aufgaben
      - Termine
      - Verbesserungsmaßnahmen mit Terminen

Abbildung 8-35: Teamarbeiten im Workshop C

8.5   Optimierung

8.5.1   Bedeutung

In den Phasen Positionierung, Identifizierung und Implementierung wird die Basis für die Optimierung der Geschäftsprozesse gelegt. Die Optimierung ist das eigentliche Ziel des Geschäftsprozessmanagements.

Geschäftsprozesse optimieren heißt, ihre Leistungen kontinuierlich zu verbessern oder/und über radikale Erneuerungen sprunghaft zu steigern.

Von der Optimierung der Geschäftsprozesse hängt maßgeblich der Geschäftserfolg ab. Der Erfolg muss permanent gegenüber den Wettbewerbern verteidigt werden, da diese ebenfalls versuchen, ihre Position kontinuierlich zu stärken. Die Erfolgsaussichten sind günstig, wenn alle Mitarbeiter aktiviert werden, an der Optimierung der Geschäftsprozesse mitzuwirken.

Wie bereits in Kapitel 6 ausgeführt, findet die Verbesserung der Prozessleistung auf zwei Ebenen statt:

- auf der Ebene der Geschäftsprozesse und Teilprozesse mit Hilfe der Total-Cycle-Time (TCT)-Methode und

- auf der Ebene der Prozessschritte und Arbeitsschritte mit Hilfe der KAI-ZEN-Methode

Für die radikale Erneuerung wird das BPR-Vorgehen angewandt.

8.5.2 Kontinuierliche Steigerung der Prozessleistung durch TCT

8.5.2.1 Vorgehen

Die Grundlagen von TCT wurden bereits in Kapitel 6.3 behandelt. In diesem Kapitel konzentrieren sich die Ausführungen auf die Einführung von TCT.

Das TCT-Vorgehen besteht aus sechs Schritten (siehe Abb. 8-36). Die Schritte 1 bis 3 schaffen die Voraussetzungen, um Geschäftsprozesse messen und verbessern zu können. Diese Voraussetzungen sind:

- Geschäftsprozesse müssen vorhanden und dokumentiert sein (Schritt 1).
- Es müssen Messgrößen eingeführt sein (Schritt 2).
- Der Ausgangszustand und die Wirkung der Verbesserungen müssen gemessen werden (Schritt 3 und 6).
- Es müssen Zielwerte vereinbart werden (Schritt 3).

Die Schritte 1, 2, 3 und 6 stellen wichtige Komponenten des Geschäftsprozessmanagements dar. Werden Geschäftsprozesse nach dem in diesem Buch beschriebenen Vorgehen eingeführt, so sind alle Voraussetzungen erfüllt, um TCT anwenden zu können.

1. Prozesse darstellen und analysieren

2. Messgrößen festlegen

3. Ausgangszustand und Zielsetzung ermitteln

4. Barrieren ermitteln und bewerten

5. Barrieren beseitigen

6. Verbesserungen messen

Abbildung 8-36: TCT-Vorgehensschritte

In Schritt 2 „Messgrößen festlegen" konzentriert sich TCT auf die drei Messgrößen Zykluszeit, First Pass Yield und Termintreue. Der Schwerpunkt liegt auf der Zykluszeit. Gleichzeitig werden aber die Abhängigkeiten zu den beiden anderen Messgrößen aufgezeigt.

Die TCT-Ziele werden in Schritt 3 in Abhängigkeit von der Ausgangssituation definiert. Dabei ist von realistischen Annahmen auszugehen. Der Zielbestimmung geht eine Bewertung der Prozessbarrieren und eine Abschätzung der Verbesserungspotenziale in den einzelnen Geschäftsprozessen voraus.

Die Prozessverbesserungen und Leistungssteigerungen sind Gegenstand der Schritte 4 und 5. Sie werden durch die Ermittlung und Beseitigung von Barrieren erreicht.

In Schritt 6 wird die Wirkung der Verbesserung gemessen. Die TCT-Messungen sind identisch mit den (wöchentlichen) Prozessmessungen des Prozesscontrolling. Die Ergebnisse finden Eingang in die Prozessberichte und sind Gegenstand der (wöchentlichen) Status-Besprechungen des Management-Teams und der Prozess-Teams. In diesen Sitzungen werden pro Geschäftsprozess die Leistungsentwicklung diskutiert und Maßnahmen zur Leistungsverbesserung beschlossen.

8.5.2.2 Schwerpunkte des TCT-Vorgehens

Barrieren ermitteln und bewerten

Die Ermittlung und Bewertung von Barrieren ist eine der Hauptaufgaben des Prozess-Teams. Die Kernfrage lautet: „Was hindert uns daran, das gesetzte Ziel zu erreichen?" Prozessbarrieren sind auf allen Ebenen des Geschäftsprozesses anzutreffen.

Bereits im Vorfeld bei der Identifikation, Definition und Beschreibung der Geschäftsprozesse werden Barrieren erkannt. Deshalb sollte der Geschäftsprozessverantwortliche frühzeitig einen so genannten „Barrierenspeicher" einrichten. Darin werden alle erkannten Schwachstellen und Probleme hinterlegt, die Prozessverbesserungen im Wege stehen sowie alle Maßnahmen gesammelt, die nicht sofort umgesetzt werden können.

Der „Barrierenspeicher" ist eine wichtige Fundgrube für Maßnahmen zur Leistungssteigerung und zur Abschätzung des Verbesserungspotenzials. Er wird vom Prozess-Team laufend ergänzt und ausgewertet. Die Erfahrungen zeigen, dass ohne „Barrierenspeicher" Barrieren schnell wieder in Vergessenheit geraten.

Zum Auffinden von Barrieren werden folgende Methoden eingesetzt:

• Brainstorming im Prozess-Team,
• Interviews mit den Mitarbeitern des Geschäftsprozesses,
• Analyse der Prozessmessgrößen,
• Befragung der Kunden des Geschäftsprozesses,
• Prozess-Benchmarking.

Die gefundenen Barrieren werden zunächst bewertet. Kriterien der Bewertung sind die Wirkung auf die Zykluszeit sowie die Schwierigkeit der Barrierenbeseitigung. Bei der Wirkung auf die Zykluszeit wird die Frage beantwortet, wie stark sich die Beseitigung der Barriere auf die Verkürzung der Zykluszeit auswirkt. Bei dem Kriterium Schwierigkeit geht es um die Frage, welche Probleme und Aufwendungen mit der Eliminierung der Barriere verbunden sind. Für die Bewertung ist es nützlich, die Barrieren in Sach-, Prozess- und Kulturbarrieren einzuteilen (vgl. Kapitel 6.3.2). Bei einer Bewertungsskala von 0 (leicht) bis 10 (schwierig) für die Schwierigkeit der Beseitigung liegen die Sachbarrieren zumeist im Bereich 0 bis 4, die Prozessbarrieren im Bereich 4 bis 7 und die Kulturbarrieren im Bereich 7 bis 10. Die Bewertung wird durch das Prozess-Team vorgenommen.

Zu empfehlen ist, die Barrieren zusätzlich nach ihrer Wirkung auf Kosteneinsparungen zu bewerten. Aus den Angaben über die Verkürzung der Zykluszeit lässt sich die Frage nach den Kosteneinsparungen nur schwer beantworten. Die Information wir aber benötigt, um Produktivitätssteigerungen abschätzen und die finanzielle Wirkung von TCT beurteilen zu können.

In dem Praxisbeispiel in Abbildung 8-37 sind Barrieren nach ihrer Wirkung auf Zykluszeit und Kosten bewertet.

Ist die Bewertung abgeschlossen, werden die Barrieren in ein Barrieren-Portfolio eingetragen (siehe Abb. 8-38). Das Portfolio besteht aus den Bewertungsachsen Wirkung auf die Zykluszeit bzw. Kosten sowie Schwierigkeit der Beseitigung. Es vermittelt einen schnellen Überblick über die Barrieren und zeigt die mit der größten Wirkung und den geringsten Schwierigkeiten.

Nr.	Barrieren	Einsparungen pro Jahr	
		TDM	Zykluszeit
1	• ungeklärte Aufgabenstellungen	1.000	15 %
2	• unklare Lastenhefte	1.100	9 Wochen
3	• mangelhafte Dokumentation	600	5 Wochen
4	• mangelhafte Ablaufplanungen	600	6 Wochen
5	• mangelhafte techn. Schnittstellendefinitionen	600	4 Wochen
6	• nicht optimierte Testeinrichtungen, -abläufe	450	4 Wochen
7	• mangelhafte Abstimmungen Lasten-Pflichtenheft	400	4 Wochen
8	• unzureichende Wertgestaltung	400	4 Wochen
9	• zu viele Versuche statt Berechnungen	400	4 Wochen
10	• keine oder zu späte Kundenabstimmungen	350	5 Wochen
	Summe	5 .900	

Abbildung 8-37: Barrieren im Produktentwicklungsprozess

Als Hilfsmittel der Barrierenbewertung und -kontrolle dient das Barrieren-Bewertungs-Blatt (siehe Abb. 8-39). In ihm werden je Barriere die geplanten und realisierten Zeit- und Kosteneinsparungen sowie Maßnahmen zur Beseitigung, Termine und Verantwortliche eingetragen. Das Blatt ist auch die Basis für die Ableitung von TCT-Maßnahmenprogrammen und die Abschätzung von Verbesserungspotenzialen.

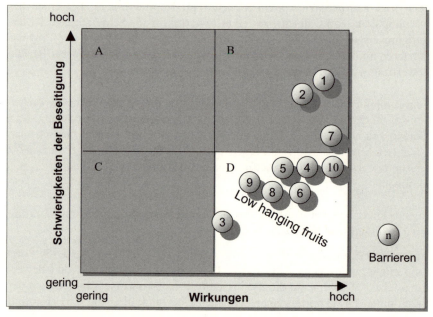

Abbildung 8-38: Barrieren-Portfolio

Nr.	Barrieren-bezeichnung	Verant-wort-licher	Maßnah-men-abge-schlos-sen bis	Poten-zial geho-ben bis (Plan)	Einspa-rung ZZ (Plan)	Einspa-rung TDM (Plan)	Bear-bei-tungs-status	reali-sierte Einspa-rung ZZ	reali-sierte Einspa-rung TDM

Abbildung 8-39: Barrieren-Bewertungs-Blatt

Barrieren beseitigen und Verbesserungen messen

Barrieren werden vom Prozess-Team und den Barrieren-Beseitigungs-Teams beseitigt. Das Prozess-Team priorisiert anhand des Barrieren-Portfolios die Barrieren und wählt die aus, die als erste eliminiert werden sollen. Hohe Priorität haben die Barrieren in Feld D der Abbildung 8-38, die so genannten „low hanging fruits". Sie haben eine starke Wirkung auf die Zykluszeit bzw. Kosten und bereiten keine großen Umsetzungsprobleme. Das Prozess-Team entscheidet, wer die Barriere beseitigen soll. Häufig werden damit Barrieren-Beseitigungs-Teams beauftragt.

Die Barrieren-Beseitigungs-Teams werden vom Prozess-Team eingesetzt und von Mitgliedern des Prozess-Teams betreut. In der Regel übernimmt der Teilprozessverantwortliche die Betreuung, in dessen Verantwortungsbereich die Barriere liegt, falls sich die Barriere eindeutig einem bestimmten Teilprozess zuordnen lässt.

Die Barrieren-Beseitigungs-Teams bestehen aus vier bis fünf Personen. Ihre personelle Zusammensetzung ist abhängig von der Art der Barriere. Zumeist handelt es sich um eine Kombination aus Fach- und Prozesskennern. Das Team wird aufgelöst, wenn es die Barriere oder das übertragene Barrierenfeld beseitigt hat. Ein Barrierenfeld besteht aus der Zusammenfassung abhängiger oder gleichartiger Barrieren.

Die Mitglieder des Barrieren-Beseitigungs-Teams müssen je nach Schwierigkeit der Barriere zwischen einer Stunde und 50 % ihrer wöchentlichen Arbeitszeit verfügbar sein. Die höchste Effizienz wird erreicht, wenn das Barrieren-Beseitigungs-Team zu Beginn seiner Arbeit in einer ein- bis zweitägigen Klausur Lösungswege diskutiert und das Vorgehen festlegt.

Bevor das Team seine Arbeit aufnimmt, sind die Mitglieder in der TCT-Methodik zu schulen. Zu empfehlen ist ein eintägiger Workshop, in dem Methode und Vorgehen der Barrierenbeseitigung trainiert werden. Günstig ist, wenn mehrere Barrieren-Beseitigungs-Teams eines Geschäftsprozesses und das Prozess-Team an dem Workshop teilnehmen. Das Training umfasst die in Abbildung 8-40 enthaltenen Themen.

In dem Training werden zunächst die Grundelemente des Geschäftsprozessmanagements kurz dargestellt. Wichtige Stichworte sind:

- Prozessdefinition,
- Prozessbeschreibung,
- Prozessmessgrößen,
- Methoden der Prozessverbesserung.

Die Inhalte werden anhand des aktuellen Geschäftsprozesses erläutert.

1. Einführung:	Prozess-Team
- Geschäftsprozessmanagement	
- TCT-Grundlagen .	
- TCT-Vorgehen	
2. Brainstorming: Ermittlung von Barrieren	Plenum
3. Analyse von Barrieren (Ursache-Wirkungs-Diagramm)	Teamarbeit
4. Definition von Maßnahmen zur Beseitigung der analysierten Barrieren	Teamarbeit
5. Bewertung der Barrieren (Barrieren-Bewertungs-Blatt)	Teamarbeit
6. Vorgehen zur Beseitigung der Barrieren	Teamarbeit
7. Festlegung des weiteren Vorgehens	Prozess-Team und Barrieren-Beseitigungs-Teams

Abbildung 8-40: Trainings-Workshop eines Barrieren-Beseitigungs-Teams

Im nächsten Schritt werden die TCT-Grundlagen, TCT-Methoden und das TCT-Vorgehen behandelt. Der Hebel zur Leistungssteigerung in Geschäftsprozessen ist die Beseitigung von Barrieren und Ersatzprozessen. Barrieren zu beseitigen bedeutet, deren Ursachen zu eliminieren. Deshalb ist es zunächst erforderlich, die Barrieren zu analysieren, um ihre Ursachen zu erkennen.

Vorteilhaft ist, in dem Workshop die vorhandene Barrierenliste im Detail durchzugehen und mit einem Brainstorming weitere Barrieren zu ermitteln. Anschließend werden den einzelnen Barrieren-Beseitigungs-Teams die Barrieren zugeteilt, die sie beseitigen sollen. Während ihrer Arbeit stoßen die Teams laufend auf neue Barrieren. Diese sind in die Barrierenliste einzutragen und in den Barrierenspeicher aufzunehmen.

Bei der Analyse der Prozessbarrieren gilt das Grundprinzip, nicht nach Schuldigen zu suchen, sondern die Ursachen festzustellen. Um die Ursachen zu ermitteln, werden Ursache-Wirkungs-Diagramme erstellt (siehe Abb. 8-41). In der oberen Hälfte der Diagramme sind die Ersatzprozesse, in der unteren die Haupt- und Detailursachen aufgeführt. Je detaillierter die Ursachen ermittelt werden, desto leichter lassen sich Lösungen und Maßnahmen zur Beseitigung der Barriere finden.

Auf der Basis dieser im Training sicherlich noch unvollständigen Barrierenanalyse werden im nächsten Schritt Maßnahmen und die zeitliche Vorgehensweise zur Umsetzung der Maßnahmen festgelegt.

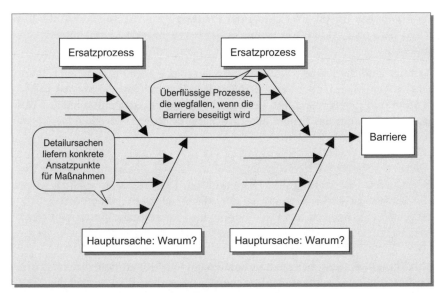

Abbildung 8-41: Ursache-Wirkungs-Diagramm

Bei der Barrierenbeseitigung sollte auf einen straffen Zeitplan Wert gelegt werden. Bei zu langen Umsetzungszeiten sinken die Motivation der Mitarbeiter und die Priorität der Prozessverbesserungen. Die Gefahr besteht, dass dann das Tagesgeschäft die TCT-Tätigkeiten überrollt und Prozessverbesserungen nicht oder nur zögerlich durchgeführt werden.

Der Workshop endet mit der Verabschiedung des weiteren Vorgehens. Die Barrieren-Beseitigungs-Teams vereinbaren Sprecher, Moderator, Ort und Zeitpunkt der Teamsitzungen. In diesen Sitzungen werden die begonnenen Arbeiten zur Analyse der Barrieren und Definition von Maßnahmen weitergeführt und die Beseitigung neuer Barrieren in Angriff genommen. Die Teams sind für die Definition, Umsetzung und Kontrolle der Maßnahmen selbst verantwortlich. Sie berichten wöchentlich dem Prozess-Team über Stand und Fortschritte der Barrierenbeseitigung.

Neben der Kontrolle der Barrierenbeseitigung ist die Wirkung der Prozessverbesserung zu messen. Die Messungen werden im Rahmen der wöchentlichen Prozessmessungen bzw. -kontrollen durchgeführt. Die Verantwortung dafür tragen die Geschäftsprozess- bzw. Teilprozessverantwortlichen. Das Prozess-Team koordiniert die Messungen und beurteilt anhand der Messergebnisse die summarische Wirkung der durchgeführten Prozessverbesserungen.

Der Stand der Barrierenbeseitigung und die Entwicklung der Prozessverbesserung werden im Prozess-Team und Management-Team analysiert. Reichen die Ergebnisse für die Erreichung der Prozessziele nicht aus, haben die Prozess-Teams und ggf. das Management-Team ergänzende Maßnahmen zu veranlassen.

Anfangs sind die Prozessmitarbeiter oft skeptisch gegenüber dem TCT-Vorgehen. Wenn sich jedoch erste Erfolge einstellen, schlägt die Skepsis in Motivation und Engagement um. Besonders wichtig sind deshalb schnelle Erfolge, die sich durch das Ernten der „low hanging fruits" erreichen lassen (siehe Abb. 8-42).

Werden zu viele Barrieren gleichzeitig in Angriff genommen, besteht die Gefahr der Überlastung und Demotivation. Deshalb ist es wichtig, klare Prioritäten zu setzen und wie bei der AIP-Steuerung selektiv vorzugehen. Die Informationen für die Priorisierung und Auswahl der Barrieren liefern das Barrieren-Portfolio und die Barrieren-Bewertungs-Blätter.

Abbildung 8-43 zeigt beispielhaft Barrieren und Maßnahmen, die von Barrieren-Beseitigungs-Teams umgesetzt wurden. Aus dem Blickwinkel des externen Betrachters handelt es sich dabei zumeist um selbstverständliche Dinge. Entscheidend ist jedoch nicht das Anspruchsniveau der Maßnahmen, sondern ob diese in messbare Erfolge umgesetzt werden.

Frage:	Was waren Ihre ersten Gedanken als Sie vom Einsatz der Barrieren-Beseitigungs-Teams hörten?
Antwort:	Keine Zeit; Wir Mitarbeiter können nichts ausrichten; Bringt wie viele andere Neuerungen doch nichts ...
Frage:	Wie denken Sie heute nach den praktischen Erfahrungen über die Notwendigkeit der Barrierenbeseitigung durch die betroffenen Mitarbeiter?
Antwort:	Ich halte das Vorgehen für sinnvoll und notwendig. Es sollte unbedingt fortgesetzt werden. Hier kann jeder einzelne etwas bewegen!
Frage:	Welche Auswirkungen haben Sie festgestellt?
Antwort:	Zeitersparnis und Überstundenabbau verbunden mit höherer Arbeitsqualität und alles in allem höherer Motivation.

Abbildung 8-42: TCT-Erfahrungen eines Mitarbeiters

Barriere	Hohe Teilekomplexität und Teilekosten	Niedrige Priorität von Kundenbeschwerden
Umgesetzte Maßnahmen	• mechanische Teile von 750 auf 10 reduziert • elektronische Bauteile von 40 auf 1 reduziert • Verkabelung von 10 auf 1 reduziert • insgesamt 2.100 Teile auf 900 reduziert • Anzahl Lieferanten halbiert	• zentrale Erfassung aller Kundenbeschwerden • Ziel: erste Antwort an Kunden innerhalb von 3 Arbeitstagen • Ziel: Zykluszeit für die Lösung des Kundenproblems in 10 Arbeitstagen • Ansprechpartner für Kundenbeschwerden in allen Geschäftsprozessen • wöchentlicher Statusbericht im Management-Team

Abbildung 8-43: Barrieren und Maßnahmen

8.5.2.3 TCT-Organisation

TCT erfordert keine eigene Organisation, sondern greift auf das Management-Team und Prozess-Team der Prozessorganisation zurück. Ergänzend dazu werden fallweise Barrieren-Beseitigungs-Teams eingesetzt (siehe Abb. 8-44).

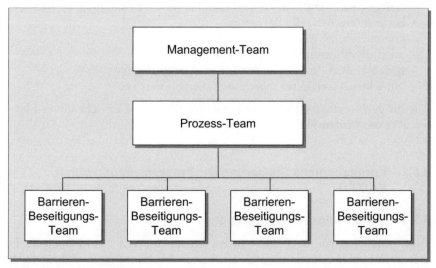

Abbildung 8-44: TCT-Organisation

Die Aufgaben der Gremien im Rahmen von TCT sind:

- Management-Team
  - veranlasst, TCT in den Geschäftsprozessen einzuführen,
  - baut die erforderliche TCT-Infrastruktur auf (Anpassung Entgeltsystem, TCT-Training, TCT-Beratung),
  - vereinbart TCT-Ziele mit den Prozess-Teams,
  - bewertet die Ergebnisse von TCT aus Geschäftssicht,
  - beseitigt schwerwiegende Barrieren (Kulturbarrieren) und prozessübergreifende Barrieren,
  - unterstützt und fördert die Prozess-Teams.

- Prozess-Team
  - stellt den Geschäftsprozess dar und analysiert ihn,
  - ermittelt, bewertet und priorisiert Barrieren im Geschäftsprozess (Sachbarrieren, Prozessbarrieren, kulturelle Barrieren),
  - beseitigt eigenständig Barrieren,
  - stößt die Beseitigung von Barrieren an,
  - initiiert, gründet und steuert Barrieren-Beseitigungs-Teams,
  - unterstützt und fördert die Barrieren-Beseitigungs-Teams,
  - adressiert schwerwiegende Barrieren (Kulturbarrieren) und prozessübergreifende Barrieren an das Management-Team,
  - misst die Ergebnisse der Barrierenbeseitigung,
  - berichtet dem Management-Team über TCT-Ergebnisse und die Erreichung der TCT-Ziele.

- Barrieren-Beseitigungs-Team
  - analysiert Barrieren und stellt deren Ursachen fest,
  - erstellt einen Maßnahmen- und Zeitplan für die Beseitigung der Barriere,
  - beseitigt eigenständig Barrieren,
  - kontrolliert die Maßnahmenumsetzung,
  - misst die Wirkung der Barrierenbeseitigung,
  - berichtet dem Prozess-Team über die Messergebnisse,
  - führt Prozessverbesserungen ein und stabilisiert sie.

Alle für den Geschäftsprozess wichtigen Aktionen und Entscheidungen laufen über das Prozess-Team.

8.5.3 Kontinuierliche Steigerung der Prozessleistung durch KAIZEN

8.5.3.1 Einführungsvoraussetzungen

Die Grundlagen von KAIZEN wurden bereits in Kapitel 6.3 behandelt. In diesem Kapitel konzentrieren sich die Ausführungen auf die Einführung von KAIZEN.

Die Einführung von KAIZEN ist an die Erfüllung folgender Voraussetzungen gebunden:

1. Unterstützung von KAIZEN durch Management-Team, Geschäftsprozessverantwortliche und Prozess-Team,
2. Teamarbeit als Arbeitsstruktur,
3. Training und Schulung der Mitarbeiter,
4. Zielvereinbarungen mit den Mitarbeitern,
5. ergebnisorientiertes Entgeltsystem,
6. auf KAIZEN abgestimmtes betriebliches Vorschlagswesen,
7. Durchführung von KAIZEN-Reviews.

Zu 1.: Notwendig ist, dass die Geschäftsleitung sowie Geschäftsprozess- und Teilprozessverantwortliche von KAIZEN überzeugt sind. Sie sollten der Prämisse folgen: „Wir haben verantwortliche Leute, die selbst entscheiden, wie sie optimal arbeiten."

Die Geschäftsprozess- und Teilprozessverantwortlichen haben im Rahmen von KAIZEN folgende Aufgaben wahrzunehmen:

• Coaching und Motivation der KAIZEN-Teams,
• Vereinbarung von KAIZEN-Zielen mit den KAIZEN-Teams,
• Schaffung von Freiräumen für die Arbeit der KAIZEN-Teams,
• Lösung von Problemen, die nicht von den KAIZEN-Teams bewältigt werden können,
• Anerkennung erreichter Ziele.

Zu 2.: KAIZEN setzt Teamarbeit voraus. Es wird im Rahmen bestehender Teams (teilautonome Arbeitsgruppen, Fertigungsgruppen, Entwicklungsgruppen, Qualitätszirkel, Projektteams) oder spezieller KAIZEN-Teams praktiziert. Den Schwerpunkt bildet die Optimierung des unmittelbaren Arbeitsbereiches. Die Teams erzielen höhere Effizienz, wenn sie für ganze Teilprozesse bzw. Prozessschritte eingesetzt werden. Die Verantwortung sollte auch Dispositions- und Kontrollaufgaben sowie den direkten Kontakt zu internen Kunden und Lieferanten umfassen. Dadurch werden Entscheidungsspielräume vergrößert und der Koordinationsaufwand reduziert.

Zu 3.: KAIZEN verlangt eine veränderte Arbeitseinstellung und bedient sich neuer Formen der Zusammenarbeit. Besonders gefordert ist die Kooperationsfähigkeit der Gruppenmitglieder. Teams ohne Gemeinschaftssinn scheitern. Notwendig ist, die Mitarbeiter ausreichend auf die neuen Herausforderungen vorzubereiten. Dazu dienen Schulungen und Trainings. Sie müssen die Mitarbeiter in die Lage versetzen, selbständig Probleme zu erkennen und zu lösen.

Zu 4.: Die von den KAIZEN-Teams durchgeführten Verbesserungen erzielen nur dann die erhoffte Wirkung, wenn sie mit den Geschäftszielen in Einklang stehen. Die Zielkonformität ist gewährleistet, wenn die KAIZEN-Ziele aus den Prozesszielen abgeleitet werden. Die Vereinbarung von Zielen zwischen

Teilprozessverantwortlichen und KAIZEN-Teams ist ein unverzichtbares Element des kontinuierlichen Verbesserungsprozesses.

Zu 5.: KAIZEN erfordert ein ergebnisorientiertes Entgeltsystem. Ein Teil des Entgeltes sollte vom Erreichen der vereinbarten Ziele abhängig gemacht werden. Akkord-Systeme widersprechen der Intention von KAIZEN, da sie den Mitarbeitern zu wenig Raum für Verbesserungsinitiativen lassen. Die Veränderung des Entgeltsystems ist sorgfältig zu planen und abzustimmen.

> Neben finanziellen Anreizen ist großer Wert auf andere Motivationsfaktoren zu legen, wie z. B.:
> - Handlungs- und Gestaltungsfreiraum,
> - Leistungs- und Erfolgsanerkennung,
> - Weiterqualifikation,
> - Information,
> - Zusammenarbeit und soziale Gemeinschaft.

Mit dem Entgeltsystem ist eng das Thema flexible Arbeitszeit verbunden. Die Effizienz der KAIZEN-Teams wird positiv beeinflusst durch:

- höhere zeitliche Dispositionsspielräume der Mitarbeiter,
- Anpassung des Kapazitätsangebots an den Bedarf,
- Flexibilität der Kapazität.

Zu 6.: Beinahe jedes Unternehmen verfügt über ein betriebliches Vorschlagswesen. Im Rahmen von KAIZEN hat dieses eine wichtige Motivations- und Kommunikationsfunktion. Es ist in folgenden Punkten an KAIZEN anzupassen:

- Verbesserungsvorschläge sind auf den Arbeitsplatz und die Arbeitsumgebung des KAIZEN-Teams zu beziehen.
- Gruppenvorschläge sind zugelassen.
- Prämiert wird die erfolgreiche Umsetzung von Vorschlägen.
- Die Prämie wird am wirtschaftlichen Erfolg gemessen.
- Jeder Geschäftsprozess- bzw. Teilprozessverantwortliche hat die Verantwortung und Befugnis, die Vorschläge seiner Mitarbeiter zu prüfen und zu prämieren.

> Wir empfehlen, in die Zielvereinbarung von Geschäftsprozess- und Teilprozessverantwortlichen die Anzahl und/oder den wirtschaftlichen Erfolg der von den KAIZEN-Teams durchgeführten Verbesserungen aufzunehmen.

Zu 7.: Ziel von KAIZEN-Reviews ist es, das Management und die Mitarbeiter über die KAIZEN-Fortschritte zu informieren und dabei auch die Unterstützung der KAIZEN-Teams durch das Management-Team und die Prozess-Teams sowie durch Geschäftsprozess- und Teilprozessverantwortliche aufzuzeigen. KAIZEN-Reviews sollten regelmäßig durchgeführt werden. Folgender Ablauf hat sich dabei bewährt:

- Prozess-Team und KAIZEN-Team treffen sich vor Ort.
- Das KAIZEN-Team präsentiert die Fortschritte und Ergebnisse seit dem letzten KAIZEN-Review.
- Probleme werden diskutiert, Erfolge anerkannt und prämiert.
- Probleme, für die das KAIZEN-Team Unterstützung des Managements benötigt, werden schriftlich festgehalten und an das Prozess-Team bzw. Management-Team adressiert.
- Falls derartige Probleme seit dem letzten KAIZEN-Review noch nicht gelöst wurden, berichtet der Geschäftsprozessverantwortliche über den Stand der Problemlösung.
- Falls notwendig, werden neue Ziele vereinbart.
- Der nächste Termin für ein KAIZEN-Review wird festgelegt.
- Das Prozess-Team berät und beschließt Maßnahmen zur Unterstützung und Förderung von KAIZEN. Bei prozessübergreifenden Vorschlägen werden diese an das Management-Team weitergegeben.

Die Ergebnisse der KAIZEN-Reviews geben Aufschluss darüber, wie ernsthaft und mit welchem Erfolg KAIZEN gelebt wird.

Die sieben Voraussetzungen müssen vor Beginn des ersten KAIZEN-Einführungsprojektes noch nicht vollständig erfüllt sein. Unabdingbar ist jedoch, dass die Punkte 1 und 2 gewährleistet sind. Für die Punkte 3 bis 7 sind Realisierungspläne vorzulegen.

8.5.3.2 Vorgehen

Die Einführung von KAIZEN gliedert sich in drei Stufen:

- Festlegen des Vorgehens,
- Start der KAIZEN-Teams,
- laufende Arbeit der KAIZEN-Teams.

Für die Einführung von KAIZEN in einem Geschäftsbereich ist ein Projektleiter zu ernennen. Dieser hat einen Vorgehensplan zu erstellen, der folgende Punkte enthält:

- Ziele von KAIZEN,
- Anwendungsbereich von KAIZEN,
- Aufgaben des Management-Teams, der Prozess-Teams, der KAIZEN-Teams sowie der Geschäftsprozess- und Teilprozessverantwortlichen in Verbindung mit KAIZEN,

- Vorgehen bei der Einführung,
- Konzeption von KAIZEN-Trainings und -Workshops,
- Termine für die Durchführung von:
  - KAIZEN-Informationen,
  - KAIZEN-Trainings,
  - KAIZEN-Startworkshops.

Nach der grundsätzlichen Entscheidung für KAIZEN sollte die Einführung zügig angegangen werden. Wenn den Worten keine Taten folgen, wird KAIZEN von den Mitarbeitern nicht ernst genommen.

Der KAIZEN-Start beginnt mit einer Information der KAIZEN-Teams und aller Mitarbeiter aus dem Umfeld der KAIZEN-Teams. Die Veranstaltung führt der Geschäftsprozessverantwortliche zusammen mit dem KAIZEN-Projektleiter durch. Sie dauert etwa eine Stunde.

Der Schwerpunkt der KAIZEN-Startphase liegt auf dem KAIZEN-Training. Es sollte kurzfristig nach der KAIZEN-Information durchgeführt werden. Dem Training folgt der KAIZEN-Startworkshop, an den sich die laufende KAIZEN-Teamarbeit anschließt.

8.5.3.3 Einführungsschwerpunkte

KAIZEN-Training

Das KAIZEN-Training dauert einen Tag (siehe Abb. 8-45).

1. Begrüßung und Einführung	Geschäftsprozess-verantwortlicher
2. Geschäftsprozessmanagement und KAIZEN	Geschäftsprozess-verantwortlicher
3. KAIZEN-Grundsätze und -Vorgehen	KAIZEN-Experte
4. Verschwendungssuche	Teamarbeit
5. KAIZEN-Werkzeuge	KAIZEN-Experte
6. Ursachensuche mit Ursache-Wirkungs-Diagramm	Teamarbeit
7. Erarbeitung von Maßnahmen	Teamarbeit
8. Einführungsstrategie und nächste Schritte	Geschäftsprozess-verantwortlicher

Abbildung 8-45: Ablauf eines KAIZEN-Trainings

Teilnehmer sind die KAIZEN-Teams, der Geschäftsprozessverantwortliche und die Teilprozessverantwortlichen. Bei dem Training sind folgende Punkte hervorzuheben:

- KAIZEN findet am Arbeitsplatz statt und ist Bestandteil der täglichen Arbeit.
- Probleme sind „Schätze", da sie Verbesserungen ermöglichen.
- Jeder Fehler darf auftreten, aber nur einmal.
- KAIZEN sucht und analysiert die Fehlerursachen und beseitigt sie.

In der Teamarbeit Verschwendungssuche zeigen die Teilnehmer aktuelle Probleme auf, die dann später im KAIZEN-Startworkshop weiter bearbeitet werden.

Im dritten Trainingsteil werden KAIZEN-Werkzeuge vorgestellt, die die Ursachenanalyse und Visualisierung von Problemen unterstützen (vgl. Kapitel 6.3.3.2).

Eines der wichtigsten Werkzeuge ist das Ursache-Wirkungs-Diagramm. Es kommt bei nahezu allen Problemen zur Anwendung, um Problemursachen festzustellen und geeignete Maßnahmen vorzuschlagen. Im KAIZEN-Training wird beispielhaft eines der gefundenen Probleme mit Hilfe des Ursache-Wirkungs-Diagramms analysiert.

Zum Abschluss des Trainings werden die nächsten Schritte vereinbart und der Termin für den KAIZEN-Startworkshop festgelegt.

KAIZEN-Startworkshop

Der KAIZEN-Startworkshop dauert zwei Tage. In ihm wird demonstriert, wie innerhalb kurzer Zeit Verschwendungen beseitigt und Verbesserungen erzielt werden können. Darüber hinaus werden in dem Workshop Teamarbeit geübt und erste Erfahrungen mit ausgewählten KAIZEN-Werkzeugen gesammelt.

Über den Ablauf des Workshops gibt Abbildung 8-46 Auskunft.

In dem KAIZEN-Startworkshop sollten möglichst viele Maßnahmen konkret angestoßen und auch realisiert werden. Die dafür erforderlichen Ressourcen hat das Management bereitzustellen. Die im Startworkshop erzielten Erfolge motivieren die Mitarbeiter, schnell und intensiv KAIZEN anzuwenden.

Zu Beginn des Workshops werden Verschwendungen unter Anwendung des 5A-Vorgehens und der 8 V-Regel gesammelt und in einem Problemspeicher gespeichert (vgl. Kapitel 6.3.3.2).

Im nächsten Schritt werden die Verschwendungen bzw. Probleme priorisiert nach:

1. Begrüßung, Einführung und Ziele	Geschäftsleitung
2. Ablauf des Workshops, Hilfsmittel und Tips	KAIZEN-Projektleiter zur Präsentation
3. KAIZEN-Teamarbeit vor Ort	KAIZEN-Teams
4. Präsentation und Diskussion der Ergebnisse	Plenum
5. Umsetzung der Maßnahmen	KAIZEN-Teams
6. Zwischenpräsentation	Plenum
7. Umsetzung der Maßnahmen und Stabilisierung der Arbeitsergebnisse	KAIZEN-Teams
8. Vorbereitung der Abschlusspräsentation	KAIZEN-Teams
9. Abschlusspräsentation vor Ort	KAIZEN-Teams
10. Nächste Schritte und Abschlussdiskussion	Plenum mit Geschäftsleitung

Abbildung 8-46: Ablauf des KAIZEN-Startworkshops

- A: kann sofort vom KAIZEN-Team gelöst werden,
- B: bedarf einer Abstimmung mit anderen Teilprozessen/KAIZEN-Teams oder Stellen,
- C: kann nur gemeinsam mit anderen Teilprozessen/KAIZEN-Teams oder Stellen gelöst werden.

Bis zur ersten Präsentation werden ein bis zwei Probleme der Kategorie (A) mit Hilfe von KAIZEN-Werkzeugen (z. B. Ursache-Wirkungs-Diagramm) analysiert. Für die Problemursachen sind Beseitigungsmaßnahmen vorzuschlagen. Inhalte der Präsentation sind:

- bisherige Situation,
- Probleme und Problemursachen,
- Ziele und Maßnahmen,
- Stand der Umsetzung,
- messbare Ergebnisse,
- die nächsten Schritte,
- „Was haben wir gelernt?".

An der Präsentation nehmen die KAIZEN-Teams, sonstige tangierte Mitarbeiter, deren Vorgesetzte, das Prozess-Team und der KAIZEN-Projektleiter teil. Das Prozess-Team gibt Feedback und unterstützt in den Punkten, in denen die KAIZEN-Teams keine Fortschritte mehr erzielen oder entscheiden können.

Am Ende des Startworkshops präsentieren die KAIZEN-Teams die Ergebnisse am Arbeitsplatz mit einer Bewertung der Einsparungen. An der Abschlusspräsentation sollte auch die Geschäftsleitung teilnehmen, um die Bedeutung von KAIZEN zu unterstreichen und die erzielten KAIZEN-Ergebnisse zu würdigen. Der Workshop schließt mit einer Vereinbarung über die KAIZEN-Teamarbeit ab. Die Vereinbarung sollte u. a. enthalten:

- KAIZEN-Ziele,
- Termin für die Aufbereitung der Ergebnisse des Startworkshops und zur Erstellung eines Maßnahmenplanes für die begonnenen Verbesserungsaktivitäten,
- wöchentlicher Fixtermin für die Durchführung der KAIZEN-Teamarbeit.

Die Aufbereitung der Workshopergebnisse ist spätestens in der Folgewoche zu veröffentlichen („schnell Erfolge realisieren").

Die Zielvereinbarungen sollten möglichst kurzfristige, mittelfristige und langfristige Ziele umfassen. Dabei müssen die kurzfristigen Ziele auch erreichbar sein, um eine hohe Motivation und Akzeptanz zu erreichen.

KAIZEN-Teamarbeit

Das KAIZEN-Team trifft sich wöchentlich zu einem festen Termin während der Arbeitszeit für jeweils ca. eine Stunde. Wichtig ist, dass die Zusammenkünfte regelmäßig stattfinden. Alle Aktionen, Ergebnisse, Analysen und Entscheidungen des Teams werden offen, am besten an einer Pinnwand am Arbeitsplatz „protokolliert" und visualisiert. Die Informationen sind allen Mitarbeitern und Besuchern zugänglich und geben Auskunft über:

- Ziele des KAIZEN-Teams,
- Probleme und Problemursachen,
- Verbesserungsvorschläge und Maßnahmen,
- Umsetzungsverantwortliche,
- Stand der Umsetzung,
- bisherige Ergebnisse,
- Zielerreichung.

Das Team wählt ein Mitglied als Teamsprecher, der Ansprechpartner nach außen ist. Wichtig ist, die Teamsitzungen zu moderieren. Günstig ist, wenn in jeder Sitzung ein anderes Mitglied die Moderation übernimmt. Dies setzt voraus, dass alle Teammitglieder in Moderationstechnik geschult werden. Für die Teamarbeit sind Spielregeln zu vereinbaren, die u. a. den Ablauf, die Protokollierung der Ergebnisse sowie den Umgang miteinander festlegen. Ziel dieser Regeln ist es, die Effizienz der Teamarbeit zu erhöhen.

Aufgabe der Geschäftsprozess- und Teilprozessverantwortlichen ist es, die KAIZEN-Teams so zu unterstützen, dass sie motiviert arbeiten. Hierzu zählen die zeitliche Freistellung, die Bereitstellung organisatorischer Hilfsmittel, die Vermittlung von Gesprächspartnern, die Koordination mit anderen KAIZEN-Teams, die Lösung teamübergreifender Probleme und die Anerkennung von Erfolgen.

Ist die Unterstützung durch die Geschäftsprozess- und Teilprozessverantwortlichen mangelhaft, kann kein besonderes Engagement der KAIZEN-Teams erwartet werden. Das Ende von KAIZEN ist dann nur noch eine Frage der Zeit.

Jedes KAIZEN-Team hat Phasen, in denen die Motivation abflaut, weil z. B. die Lösung von Problemen auf große Widerstände stößt oder das Engagement und die Ergebnisse des KAIZEN-Teams nicht entsprechend gewürdigt werden. In diesen Situationen kann ein erfahrener KAIZEN-Trainer wertvolle Hilfe geben. Er ist in der Lage, neue Ideen einzubringen, neue Lösungswege aufzuzeigen oder als neutraler Vermittler Hindernisse aus dem Weg zu räumen.

Ein wichtiger Indikator für die Verbreitung von KAIZEN und die aktive Verbesserung von Prozessen ist die Zahl der KAIZEN-Teams in den einzelnen Geschäftsprozessen sowie die Zahl der Mitarbeiter, die in diesen KAIZEN-Teams eingebunden sind. Liegt der Prozentsatz der eingebundenen Mitarbeiter unter 30, ist das Potenzial an Leistungssteigerungen bei weitem noch nicht ausgeschöpft.

8.5.3.4 KAIZEN-Organisation

KAIZEN erfordert in Geschäftsprozessen keine eigene Organisation, sondern bedient sich der Gremien und Verantwortlichen der Prozessorganisation. Diese sind (vgl. Kapitel 3.3.2):

- Management-Team,
- Prozess-Team,
- KAIZEN-Team,
- Geschäftsprozessverantwortlicher,
- Teilprozessverantwortlicher.

Die Aufgaben der Gremien und Verantwortlichen im Rahmen von KAIZEN sind:

- Management-Team
  - veranlasst, KAIZEN in den Geschäftsprozessen einzuführen,
  - baut die erforderliche KAIZEN-Infrastruktur auf (Anpassung Entgeltsystem, Anpassung des betrieblichen Vorschlagswesens, KAIZEN-Projektleiter, KAIZEN-Training, KAIZEN-Beratung),
  - bewertet die Ergebnisse von KAIZEN aus Geschäftssicht,
  - löst prozessübergreifende KAIZEN-Probleme.

- Prozess-Team
  - trifft Zielvereinbarungen mit den KAIZEN-Teams,
  - informiert sich regelmäßig vor Ort bei den KAIZEN-Teams (u. a. über KAIZEN-Reviews),
  - bewertet die Ergebnisse von KAIZEN aus Prozesssicht,
  - löst teamübergreifende KAIZEN-Probleme,
  - adressiert prozessübergreifende KAIZEN-Probleme an das Management-Team,
  - unterstützt und fördert die KAIZEN-Teams.

- KAIZEN-Team
  - erarbeitet und implementiert eigenverantwortlich Verbesserungen im Rahmen der Zielvereinbarungen,
  - visualisiert Probleme, Maßnahmen und Ergebnisse der Teamarbeit,
  - adressiert teamübergreifende KAIZEN-Probleme an das Prozess-Team.

- Geschäftsprozessverantwortlicher
  - stellt die Verbindung zwischen Management-Team und Prozess-Team her,
  - berichtet den KAIZEN-Teams über KAIZEN-relevante Entscheidungen und Maßnahmen des Management-Teams,
  - übermittelt prozessübergreifende KAIZEN-Probleme an das Management-Team.

- Teilprozessverantwortlicher
  - coacht das KAIZEN-Team,
  - stellt die Verbindung zwischen KAIZEN-Team und Prozess-Team her,
  - löst soweit wie möglich die an ihn herangetragenen Probleme des KAIZEN-Teams,
  - adressiert teamübergreifende KAIZEN-Probleme an das Prozess-Team,
  - sorgt für Anerkennung und Motivation des KAIZEN-Teams,
  - bewertet KAIZEN-Verbesserungsvorschläge,
  - prämiert realisierte Prozessverbesserungen,
  - veranlasst Weiterbildungsmaßnahmen.

8.5.4 Flankierende Maßnahmen zur kontinuierlichen Steigerung der Prozessleistung

Die Erfahrungen zeigen, dass Energie und Enthusiasmus der Führungskräfte und der Mitarbeiter im Laufe der Zeit abnehmen.

> Eine kritische Phase ist, wenn die leichteren Probleme gelöst sind und die Behebung schwieriger und arbeitsintensiver Probleme auf Hindernisse und Widerstände stößt. In einer derartigen Situation ist die Geschäftsleitung gefordert.

Ihr muss es gelingen, die Rückkehr zum „business as usual" zu verhindern. Die Mitarbeiter sind davon zu überzeugen, dass die Prozessoptimierung wesentlich dazu beiträgt, ihre berufliche Zukunft und die Zukunft des Unternehmens zu sichern. Bei offensichtlichen Widerständen sollte das Management auch nicht vor personalpolitischen Konsequenzen zurückschrecken. „Wer nicht mitzieht, manövriert sich ins Abseits." Personelle Maßnahmen lassen sich in der Regel vermeiden, wenn das Management rechtzeitig und ausreichend informiert, kommuniziert, motiviert und Leistungen honoriert. Dazu zählen:

- Geschäftsprozess- und Teilprozessziele mit Anreizsystemen zu verbinden,
- die Arbeit der Prozess- und KAIZEN-Teams sowie der Barrieren-Beseitigungs-Teams zu unterstützen,
- Erfolge bekannt zu machen und entsprechend zu würdigen,
- in ca. halbjährlichen Abständen Follow-up Workshops durchzuführen.

Die Follow-up Workshops laufen ähnlich wie der Workshop C ab. Teilnehmer sind die Geschäftsleitung, der Geschäftsprozessverantwortliche mit seinem Prozess-Team und alle Mitarbeiter des Geschäftsprozesses. Zentrale Themen sind die durchgeführten und geplanten Prozessverbesserungen sowie Hindernisse der Prozessoptimierung. Einen Vorschlag für die Tagesordnung des Follow-up Workshops zeigt Abbildung 8-47.

In dem Workshop ist die Eigenständigkeit der Teams zu betonen. Wenn die Teams erkennen, dass sie die notwendige Unterstützung vom Management

1.	Begrüßung, Geschäftssituation	Geschäftsleitung
2.	Ablauf des Workshops	Geschäftsprozess-verantwortlicher
3.	Beispiele für durchgeführte Prozess-verbesserungen	KAIZEN-Teams, Barrieren-Beseiti-gungs-Teams
4.	Ergebnisse der Leistungsmessungen in den Teilprozessen	Prozess-Team
5.	Probleme in der Teamarbeit und bei der Maßnahmenumsetzung	KAIZEN-Teams Barrieren-Beseitigungs-Teams
6.	Neue Maßnahmen	Prozess-Team
7.	Weiteres Vorgehen	Prozess-Team
8.	Zusammenfassung und Ausblick	Prozess-Team, Geschäftsprozess-verantwortlicher

Abbildung 8-47: Tagesordnung des Follow-up Workshops

erhalten, werden sie ihre Arbeit motiviert fortsetzen. Am Ende des Workshops sollte die Geschäftsleitung einen Ausblick geben, welche Ziele mittel- und langfristig verfolgt und welche Beiträge von der Prozessoptimierung zur Erreichung der Geschäftsziele erwartet werden.

Eine weitere Maßnahme, die die Motivation stärkt und Verbesserungsideen stimuliert, sind Erfahrungsaustausch mit anderen Firmen sowie die Durchführung von Prozess-Benchmarking-Projekten.

Die laufenden Prozessverbesserungen sollten durch folgende Aktivitäten abgesichert werden:

Laufend:

• Prozessleistung durch Umsetzung von Verbesserungsmaßnahmen mit TCT- und KAIZEN-Methodik steigern.

Wöchentlich (jeweils 1 Stunde):

• Treffen des Management-Teams,
• Treffen der Prozess-Teams,
• Treffen der KAIZEN-Teams,
• Treffen der Barrieren-Beseitigungs-Teams.

Halbjährlich:

• Follow-up Workshops.

8.5.5 Radikale Steigerung der Prozessleistung durch BPR

8.5.5.1 Vorgehen

Die BPR-Grundlagen wurden bereits in Kapitel 6.2 behandelt. In diesem Kapitel konzentrieren sich die Ausführungen auf die Durchführung von BPR-Projekten.

In der Phase der Optimierung ist periodisch (z. B. jährlich) zu überprüfen, ob Geschäftsprozesse grundlegend erneuert werden müssen. Die Notwendigkeit der Prozesserneuerung lässt sich nach den in Kapitel 6.2 aufgeführten Kriterien beurteilen. Für ein BPR-Projekt kommen nur Geschäftsprozesse in Frage, die von großer strategischer Bedeutung sind und deren Leistungsniveau im Vergleich zu Wettbewerbern erhebliche Defizite aufweist.

Das BPR-Vorgehen unterteilt sich in drei Phasen (siehe Abb. 8-48):

• Definition des BPR-Projektes,
• Redesign des Geschäftsprozesses,
• Implementierung des neuen Geschäftsprozesses.

Projekt-definition	Redesign des Geschäftsprozesses		Implementierung des neuen Geschäftsprozesses	
	Grobkonzept	Feinkonzept	Planung	Umsetzung
Kick-off	BPR-Workshop	Teamarbeit	Implemen-tierungs-Workshop	Teamarbeit
	2 Tage	ca. 1 Monat (2 Wochen full time)	2 Tage	ca. 3 Monate

◄───────────────── maximal 6 Monate ─────────────────►

Abbildung 8-48: Vorgehen in BPR-Projekten

In der Phase Projektdefinition werden Umfang, Zielsetzung, Organisation, Aufgaben und Termine des BPR-Projektes festgelegt. Die Zielsetzung des Projektes soll herausfordernd sein und Ergebnisverbesserungen bei Zeiten, Qualität und Kosten von über 40 % vorsehen. Wichtig ist, die Mitarbeiter von der Notwendigkeit einer radikalen Veränderung zu überzeugen. Dafür müssen die Ausgangssituation und die strategischen Ziele geklärt sowie die zukünftigen Herausforderungen des Marktes bekannt sein. Am Ende der Phase Projektdefinition liegt der offizielle Start des BPR-Projektes.

Im Mittelpunkt der Redesignphase steht der BPR-Workshop, in dem gemeinsam das Grobkonzept des neuen Prozesses erarbeitet wird. Anschließend wird dieser erste Entwurf verfeinert und auf seine Machbarkeit hin überprüft.

Die Phase der Implementierung unterteilt sich in die Schritte Planung und Umsetzung. Zunächst wird ein Implementierungsplan erstellt, der dann umgesetzt wird. Für die Planung und Kontrolle des BPR-Projektes werden die Methoden des Projektmanagements eingesetzt.

Die Zeitdauer eines BPR-Projektes sollte sechs Monate nicht überschreiten. Dann ist spätestens die Implementierung abzuschließen und mit der Stabilisierung und kontinuierlichen Verbesserung des neuen Geschäftsprozesses zu beginnen. Insbesondere sollte das Redesign schnell durchgeführt werden. Erfahrungsgemäß verhindern langwierige und detaillierte Analysen innovative Redesignlösungen.

8.5.5.2 Organisation des BPR-Projektes

Die Organisation eines BPR-Projektes setzt sich zusammen aus (siehe Abb. 8-49):

• Reengineering-Ausschuss,
• Projektleiter/Geschäftsprozessverantwortlicher,
• Reengineering-Team,
• Implementierungs-Teams.

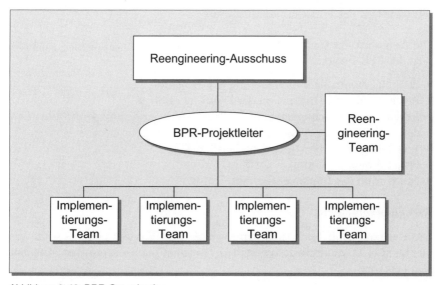

Abbildung 8-49: BPR Organisation

Reengineering-Ausschuss

Der Reengineering-Ausschuss wird von der Geschäftsleitung eingesetzt. Seine Mitglieder sind:

• Geschäftsleiter,
• Geschäftsprozessverantwortlicher,
• Projektleiter falls nicht mit Geschäftsprozessverantwortlichem identisch,
• BPR-Experte.

Der BPR-Experte kann z. B. ein externer Berater mit einschlägigen BPR-Erfahrungen sein. Er fungiert als Moderator in den BPR-Workshops und als Coach des Reengineering-Teams und der Implementierungs-Teams.

Die Aufgaben des Reengineering-Ausschusses sind:

• Bereitstellung der erforderlichen finanziellen, personellen und technischen Projektressourcen,

- Überprüfung der zielorientierten Projektplanung und -durchführung,
- Beseitigung projektübergreifender Probleme,
- Fällen bzw. Veranlassen von Entscheidungen, die nicht innerhalb der Projektorganisation getroffen werden können.

BPR-Projektleiter/Geschäftsprozessverantwortlicher

Dringend zu empfehlen ist, dem Geschäftsprozessverantwortlichen die Leitung des BPR-Projektes zu übertragen. Nur dann wird er sich mit den Ergebnissen des Projektes identifizieren.

Die Aufgaben des Geschäftsprozessverantwortlichen/Projektleiters im Rahmen des BPR-Projektes sind:

- Planung, Kontrolle und Steuerung des Projektes,
- Beschaffung und Disposition der Projektressourcen,
- Regelmäßige Berichterstattung des Projektfortschritts und der Probleme an den Reengineering-Ausschuss,
- Vertretung der Projektinteressen nach außen,
- Projektkommunikation,
- Motivation der Implementierungs-Teams.

Reengineering-Team

Das Reengineering-Team stellt den Kern des BPR-Projektes dar. Es sollte aus vier bis acht Teammitgliedern bestehen. Folgende Teamzusammensetzung hat sich bewährt:

- Geschäftsprozessverantwortlicher,
- Teilprozessverantwortliche,
- BPR-Experte,
- mindestens ein externer Kunde des Geschäftsprozesses.

Wichtig ist, externe Sachkenner in das Projekt einzubeziehen. Sie erweitern den Erfahrungshorizont, erhöhen die Problemlösungskompetenz und bringen zumeist Vergleichsdaten im Sinne von Benchmarks ein.

Für ein Reengineering-Projekt der Rückwarenabwicklung eines Geräteherstellers konnte z. B. der Leiter der Rückwarenabwicklung eines führenden PC-Herstellers als externer Sachkenner gewonnen werden. Dank seiner Erfahrungen und Denkanstöße wurde der Prozess grundlegend erneuert und mit Erfolg eingeführt.

Die Mitglieder des Reengineering-Teams sollten sich durch Kreativität auszeichnen und über spezifische Prozesskenntnisse verfügen.

Die Aufgaben des Reengineering-Teams sind:

- Unterstützung des Geschäftsprozessverantwortlichen bei Planung und Kontrolle des BPR-Projektes,
- Design des neuen Prozesses (Grob- und Feinkonzept),
- Aufzeigen und Beseitigen von Projektproblemen,
- Projektkommunikation.

Das Reengineering-Team benötigt die volle Rückendeckung der Geschäftsleitung. Entscheidungen im Team sind bindend für alle Führungskräfte und Funktionsbereiche.

Implementierungs-Team

Das BPR-Projekt wird in Teilprojekte aufgespalten. Für jedes Teilprojekt wird ein Implementierungs-Team gegründet, das für die Realisierung des Teilprojektes verantwortlich ist. Die Leiter der Implementierungs-Teams sind Mitglieder des Reengineering-Teams. Dadurch wird die Implementierung des vom Reengineering-Team entworfenen Prozessdesigns sichergestellt.

Jedes Implementierungs-Team besteht aus drei bis fünf Mitgliedern. Diese sollten teamfähig, offen für neue Ideen und durchsetzungsstark sein.

Die Aufgaben des Implementierungs-Teams sind:

- Mitarbeit am Feinkonzept des Prozessdesigns,
- Realisierung des Teilprojektes einschließlich Planung, Kontrolle und Steuerung,
- regelmäßige Berichterstattung des Projektfortschritts und der Probleme an das Reengineering-Team,
- laufende Projektkommunikation.

Die Implementierungs-Teams werden erst aufgelöst, wenn der erneuerte Geschäftsprozess vollständig eingeführt worden ist.

Die Implementierungs-Teams müssen die volle Rückendeckung des Reengineering-Teams haben. Entscheidungen, die die Teams im Rahmen ihrer Kompetenzen treffen, sind bindend. Alle Teammitglieder sind gleichberechtigt.

Für den Erfolg des BPR-Projektes ist ausschlaggebend, dass die Mitglieder des Reengineering-Ausschusses und der Implementierungs-Teams zeitlich ausreichend zur Verfügung stehen. Wenn die Verfügbarkeit einzelner Personen nicht gewährleistet ist, sollte auf deren Mitarbeit verzichtet werden.

Ein weiterer Problempunkt sind Bedenkenträger, Skeptiker und „Nein"-Sager. Sie können ein BPR-Projekt leicht zu Fall bringen, wenn sie nicht isoliert werden. Besser als Isolation ist jedoch, sie in das BPR-Projekt einzubinden und von der Notwendigkeit und Machbarkeit des BPR-Vorgehens zu überzeugen.

8.5.5.3 Schwerpunkte des BPR-Projektes

Kick-off

Der Kick-off bildet den offiziellen Start des BPR-Projektes. Teilnehmer an dieser Veranstaltung sind die Mitglieder des Reengineering-Ausschusses und des Reengineering-Teams sowie wichtige Entscheidungsträger, die direkt oder indirekt von dem BPR-Projekt tangiert sind. In dem Kick-off wird das BPR-Projekt mit Zielen, Vorgehen und Organisation vorgestellt (siehe Abb. 8-50). Einen Schwerpunkt bildet die Begründung, warum das BPR-Projekt notwendig ist. Die Begründung muss schlüssig, überzeugend und strategisch abgesichert sein.

1. Einleitung und Begrüßung	Geschäftsleitung
» Geschäftssituation	
» Notwendigkeit des BPR-Projektes	
2. Vorstellung des BPR-Projektes	Projektleiter
» Projektgegenstand und -umfang	
» Zielsetzung	
» Projektorganisation	
» Projektaufgaben	
» Terminplan	
3. Vorstellung der BPR-Vorgehensweise	BPR-Experte
» BPR-Grundlagen	
» BPR-Methodik	
4. Weiteres Vorgehen	Projektleiter
» Termin und Teilnehmer des BPR-Workshops	

Abbildung 8-50: Agenda des Kick-off

BPR-Workshop

Unmittelbar nach dem Kick-off ist der BPR-Workshop durchzuführen. In ihm erarbeitet das Reengineering-Team das Grobkonzept des neuen Prozesses. Der Workshop wird von BPR-Experten moderiert und sollte nicht länger als zwei Tage dauern.

In dem Workshop werden folgende Punkte bearbeitet:

- Verstehen des gegenwärtigen Prozesses (Ist),
- Definition der Kundengruppen und Hauptleistungen des zukünftigen Geschäftsprozesses,
- Abgrenzung des neuen Geschäftsprozesses (Soll),
- Strukturierung des neuen Geschäftsprozesses mit Definition der Teilprozesse (Soll),
- Festlegung der Messpunkte, Messgrößen und Verantwortlichen für die Teilprozesse,
- Überprüfen der Machbarkeit des neuen Prozesses,
- Durchführen einer Kosten-Nutzen-Analyse oder erweiterte Wirtschaftlichkeitsbewertung des BPR-Projektes (vgl. Reichwald et al. 1996).

Der Ablauf des BPR-Workshops geht aus Abbildung 8-51 hervor.

Zunächst sind die Teilnehmer über Ziele und Vorgehen des Workshops zu informieren. Anhand vorbereiteter Unterlagen werden anschließend die Kunden des Prozesses und deren Anforderungen analysiert, um daraus die Leistungen des Geschäftsprozesses abzuleiten. Darauf baut das Redesign des Geschäftsprozesses auf. Ziel des Redesigns ist es, einen Geschäftsprozess zu definieren, der mit minimalem Zeit- und Kostenaufwand die Anforderungen und Erwartungen der Kunden erfüllt.

1.	Zielsetzung und Ablauf des Workshops	BPR-Projektleiter
2.	Kundengruppen und Leistungsanforderungen	Plenum
3.	Verstehen des gegenwärtigen Prozesses	Teamarbeit
4.	Einführung BPR: Merkmale, Vorgehen	BPR-Experte
5a.	Entwurf des neuen Geschäftsprozesses	Teamarbeit
5b.	Präsentation und Diskussion der Teamergebnisse	Teamsprecher
5c.	Zusammenführung der Teamergebnisse	Plenum
6.	Einführung: Objekte, Zielgrößen, Messgrößen	BPR-Experte
7a.	Objekte, Verantwortliche und Beteiligte festlegen	Teamarbeit
7b.	Präsentation und Diskussion der Teamergebnisse	Teamsprecher
8a.	Messpunkte und Messgrößen festlegen	Teamarbeit
8b.	Präsentation und Diskussion der Teamergebnisse	Teamsprecher
9a.	Zielgrößen festlegen	Teamarbeit
9b.	Präsentation und Diskussion der Teamergebnisse	Teamsprecher
10a.	Machbarkeitsanalyse durchführen	Teamarbeit
10b.	Präsentation und Diskussion der Teamergebnisse	Teamsprecher
11.	Aufwand/Nutzen-Analyse erstellen	Plenum
12.	Abschlusspräsentation, weiteres Vorgehen	Teamsprecher

Abbildung 8-51: Ablauf des BPR-Workshops

Wichtig für das Redesign ist, den gegenwärtigen Geschäftsprozess zu verstehen. Dafür ist jedoch keine detaillierte Analyse erforderlich. Zum Verstehen genügt es, wenn der Geschäftsprozessverantwortliche folgende Punkte des derzeitigen Prozesses vorstellt:

- Struktur,
- Ablauf,
- Leistungsstand anhand der Messgrößen und des Prozessberichtes,
- bekannte Probleme und Schwächen,
- Schnittstellen zu anderen Prozessen,
- Benchmarks,
- bisherige (erfolgreiche und erfolglose) Projekte zur Leistungsverbesserung des Geschäftsprozesses.

Ergänzend dazu sollten sich die Mitglieder des Reengineering-Teams einen persönlichen Eindruck über den Prozess verschaffen. Am besten geeignet ist dafür eine Besichtigung vor Ort. Im Anschluss daran sammeln und bewerten die Teammitglieder ihre Eindrücke.

Neben dem gemeinsamen Verständnis des bestehenden Prozesses ist auch ein gemeinsames Verständnis von BPR notwendig. Deshalb werden in dem Workshop nochmals die Prinzipien und Vorgehensweise des BPR von einem BPR-Experten vorgetragen.

Für das Redesign des Geschäftsprozesses bilden die Anforderungen und Leistungen der Kunden den Ausgangspunkt. Ferner sind folgende Design-Regeln zu beachten:

- Tätigkeiten ohne Kundennutzen sind zu eliminieren.
- Der Prozess ist auf Arbeitsergebnisse und nicht auf Aufgaben auszurichten.
- Der Prozessablauf ist möglichst zu parallelisieren.
- Entscheidungen sind dort zu treffen und zu kontrollieren, wo die Arbeit getan wird.
- Die Möglichkeiten der modernen IuK-Technik sind zu nutzen.

Das Vorgehen beim Entwurf des neuen Geschäftsprozesses deckt sich mit dem Vorgehen im Workshop B, das in Kapitel 8.3.2 ausführlich beschrieben wurde.

Wichtig ist, im ersten Durchgang alle Ideen zuzulassen. Im weiteren Verlauf der Arbeit kristallisieren sich die tragfähigen Ideen von selbst heraus.

Nach Abschluss der Teamarbeiten werden die einzelnen Lösungsvorschläge im Plenum vorgestellt, diskutiert und zu einer Teamlösung zusammengeführt. Der gemeinsam entwickelte Ablauf stellt das Grobkonzept des neuen

Prozesses in der ersten Version dar. Im weiteren Verlauf des BPR-Workshops wird die erste Version weiter verfeinert, verbessert und auf Machbarkeit überprüft.

Am Ende des BPR-Workshops sollte eine Kosten-Nutzen-Analyse bzw. erweiterte Wirtschaftlichkeitsbewertung des neuen Prozesses durchgeführt oder diese zumindest angestoßen werden. Die Ergebnisse sind notwendig, um die Wirtschaftlichkeit des Projektes sicherzustellen sowie Zweifler und Gegner des Projektes zu überzeugen bzw. deren Argumente zu entkräften.

In der Abschlusspräsentation werden die erreichten Ergebnisse des BPR-Workshops und das weitere Vorgehen vorgetragen. Die teilnehmende Geschäftsleitung sollte die Gelegenheit nutzen, den Teilnehmern Anerkennung auszusprechen sowie weitere Unterstützung zuzusichern.

Design-Feinkonzept

Nach dem BPR-Workshop verfeinert das Reengineering-Team das Grobkonzept des Geschäftsprozesses. Das Feinkonzept umfasst:

- Detaillierung der Prozessstruktur und des Prozessablaufs,
- Detaillierung der Ziel- und Messgrößen und des Messsystems,
- Spezifizierung der Ressourcenanforderungen (Personal, Sachmittel, IuK-Technik).

Erfahrungsgemäß treten in dieser Phase viele Fragen, Probleme und Unzulänglichkeiten des neuen Prozessablaufs zu Tage. Diese sollten möglichst noch vor Beginn der Implementierung geklärt und behoben werden.

Für die Erarbeitung des Feinkonzeptes ist ein Zeitraum von maximal zwei Monaten vorzusehen. In der zweiten Hälfte der Feinkonzeptphase sollten Mitarbeiter, die später an der Implementierung beteiligt sind, hinzugezogen werden. Dadurch werden eine größere Bandbreite an Ideen und Erfahrungen eingebracht, die Reife und Akzeptanz der Lösung erhöht sowie Klärungen durchgeführt, die sonst die Implementierung verzögern können.

Implementierungs-Workshop

Ziel sollte sein, den neuen Geschäftsprozess schnell zu implementieren. Nicht langatmige Diskussionen des neuen Prozesskonzeptes führen weiter, sondern nur das praktische Erproben.

Die Planung der Implementierung wird in einem Implementierungs-Workshop durchgeführt. Teilnehmer an diesem Workshop sind das Reengineering-Team und die an der Erarbeitung des Feinkonzeptes beteiligten Mitarbeiter der zukünftigen Implementierungs-Teams. Die Dauer des Workshops beträgt zwei Tage. Der Ablauf geht aus Abbildung 8-52 hervor.

1. Zielsetzung der Implementierungsphase
2. Implementierungsvorgehen festlegen
   - » Phasen der Implementierung planen
   - » Pilotprozess planen
   - » Einführungsstrategie planen
   - » Zeitplan und Meilensteine definieren
3. Teilprojekte festlegen
   - » Teilprojekte definieren
   - » Teilprojekte den Implementierungs-Teams zuordnen
4. Organisation und Controlling der Implementierung festlegen
   - » Verantwortungen regeln
   - » Ressourcen der Implementierungs-Teams klären
   - » Controlling und Berichtswesen vereinbaren
   - » Kommunikationskonzept erarbeiten

Abbildung 8-52: Implementierungs-Workshop

Aufgabe des BPR-Implementierungs-Workshops ist es, eine Einführungsstrategie für den neuen Prozess festzulegen, aus dem Feinkonzept Projektaufträge für die Implementierungs-Teams zu definieren und den organisatorischen und zeitlichen Ablauf der Implementierung zu planen. Die Implementierungsprojekte orientieren sich an den Teilprozessen des neuen Geschäftsprozesses.

In kritischen Fällen ist es günstig, den Geschäftsprozess zunächst als Prototyp ablaufen zu lassen. Für die Testphase sind Ziele und Messkriterien festzulegen, die es erlauben, den Erfolg zu testen.

Ist der Test erfolgreich bestanden, stellt sich die Frage, wie der Übergang von dem alten auf den neuen Geschäftsprozess durchzuführen ist. Ein sofortiger Übergang auf den neuen Prozess ist die beste Lösung, da so Aufgaben- und Verantwortungsüberschneidungen sowie Übergangsfristen minimiert werden. Das Vorgehen setzt allerdings voraus, dass die Mitarbeiter vor dem Umstieg auf den neuen Geschäftsprozess ausreichend informiert und geschult werden.

Sorgfältig ausgearbeitete Implementierungspläne helfen zumeist nicht weiter. Wichtiger ist es, schnell Fehlentscheidungen und Fehlentwicklungen zu erkennen und zu korrigieren. Improvisationsgeschick ist mehr gefordert als Planungsgenauigkeit. Schnelle 70 % Lösungen sind mehr wert als 100 % Lösungen in zwei Jahren.

Die Projektaufträge an die Implementierungs-Teams sollten nur Rahmenvorgaben enthalten. Die Implementierungs-Teams legen das detaillierte Vorgehen in eigener Regie fest.

Implementierung des neuen Prozesses

Der neue Geschäftsprozess ist zügig zu implementieren. Die Umsetzung sollte nicht wesentlich länger als drei Monate dauern. Hohe Priorität hat dabei die Verfügbarkeit der Mitarbeiter in den Implementierungs-Teams. Wird den BPR-Aufgaben nur die zweite Priorität zugebilligt, ist das Scheitern des Projektes kaum zu verhindern.

Während der Implementierung arbeiten die Implementierungs-Teams parallel an ihren jeweiligen Teilprozessen. Die übergreifende Koordination liegt in der Hand des Geschäftsprozessverantwortlichen. Er wird dabei von dem Reengineering-Team unterstützt. Die detaillierte Planung und Kontrolle der Teilprojekte liegt in der Verantwortung der Implementierungs-Teams. Hierbei hat sich die Definition von Meilensteinen und eine wöchentliche Fortschrittskontrolle von Arbeitspaketen bewährt. Das projektübergreifende Controlling zählt zu den Aufgaben des Geschäftsprozessverantwortlichen. Er hat auch festzulegen, was, wie, wann und an wen zu berichten ist.

Die Implementierung ist abgeschlossen, wenn folgende Punkte erfüllt sind.

• Der Geschäftsprozess ist erprobt.
• Die Verantwortlichen für den Geschäftsprozess und die Teilprozesse sind ernannt.
• Die benötigten Personalressourcen und Sachmittel stehen zur Verfügung und sind den Teilprozessen und Prozessschritten zugeordnet.
• Die Mitarbeiter sind ausreichend geschult und in ihre neuen Aufgaben und Abläufe eingewiesen.
• Das IuK-Konzept ist erprobt.
• Für Geschäftsprozess und Teilprozesse sind Ziele vereinbart.
• Das Messsystem ist implementiert und erfolgreich erprobt.
• Das Prozessberichtswesen ist eingeführt.
• Die Einbettung des Geschäftsprozesses in die Aufbauorganisation des Geschäftsbereiches ist ausreichend geklärt.
• Die Dokumentation des neuen Geschäftsprozesses ist vollständig vorhanden.

Nach Abschluss der Implementierung läuft in den meisten Fällen der neue Geschäftsprozess noch nicht optimal. Um dies zu erreichen, ist unmittelbar nach Abschluss der Implementierung mit der kontinuierlichen Verbesserung (siehe TCT und KAIZEN) zu beginnen.

Projekt-Kommunikation

Erfolge eines BPR-Projektes werden nicht automatisch gewürdigt. Auch die Anerkennung muss „erarbeitet" werden. Sie setzt eine laufende Projektkommunikation voraus. Die Kommunikation spielt nicht nur am Ende, sondern über das gesamte BPR-Projekt hinweg eine wichtige Rolle. Sie muss eines der Hauptanliegen des Geschäftsprozessverantwortlichen sein.

Spätestens nach dem BPR-Workshop, wenn das Grobkonzept des neuen Geschäftsprozesses vorliegt, ist aktiv mit der Projektinformation zu beginnen. Adressaten sind Kunden, Lieferanten, andere Geschäftsprozesse, interne Dienstleister, Management und Projektmitarbeiter.

Ziel der Information und Kommunikation ist es, Transparenz über Anlass, Ziele, Umfang, Aufgaben, Fortschritt, Probleme und Ergebnisse des BPR-Projektes herzustellen. Kommunikation ist das beste Mittel, Gerüchten, Verunsicherungen, Ängsten und Widerständen entgegenzuwirken. Besonders wichtig ist es, die Ergebnisse und Erfolge des Projektes zu publizieren. Erfolge sind starke Motivatoren und überzeugen auch Skeptiker.

Die Kommunikation innerhalb des Projektes basiert auf dem Projektreporting. Bewährt haben sich regelmäßige Treffen zwischen Reengineering-Ausschuss und Reengineering-Team sowie zwischen Reengineering-Team und den Implementierungs-Teams. Themen dieser Treffen sind:

• Fortschritte des Projektes,
• Probleme,
• Abstimmung des weiteren Vorgehens.

Zusätzlich zu den regelmäßigen Treffen sind monatliche Fortschrittsberichte des Reengineering-Teams und der Implementierungs-Teams zu empfehlen.

8.6   Literatur zum Kapitel 8

Arbeitskreis „Organisation" der Gesellschaft, Deutsche Gesellschaft für Betriebswirtschaft e. V. (1996): Organisation im Umbruch. (Was) Kann man aus den bisherigen Erfahrungen lernen?, in: Zeitschrift für betriebswirtschaftliche Forschung (ZfB), 48 (1996) 6, S. 621–665.

Beck, V.; Landvogt, G. (1999): Vorgehensweisen und Erfahrungen bei der Geschäftsprozeßgestaltung in kleinen und mittleren Unternehmen, in: Hofer-Alfeis, J. (Hrsg.): Geschäftsprozeßmanagement: innovative Ansätze für das wandlungsfähige Unternehmen, München 1999, S. 360–368.

Chrobok, R.; Tiemeyer, E. (1996): Geschäftsprozeßorganisation, Vorgehensweise und unterstützende Tools, in: Zeitschrift Führung+Organisation (zfo), 65 (1996) 3, S. 165–172.

EFQM (1999a): Das EFQM Modell für Excellence 1999. European Foundation for Quality Management, Brüssel 1999.

Fank, M. (1998): Tools zur Geschäftsprozeßorganisation. Entscheidungskriterien, Fallstudienorientierung, Produktvergleiche, Braunschweig/Wiesbaden 1998.

Finkeißen, A.; Forschner, M.; Häge, M. (1996): Werkzeuge zur Prozeßanalyse und -optimierung, in: CONTROLLING, 8 (1996) 1, S. 58–67.

Gierhake, O. (1998): Integriertes Geschäftsprozeßmanagement. Effektive Organisationsgestaltung mit Workflow-, Workgroup- und Dokumentenmanagement-Systemen, Wiesbaden 1998.

Hofer-Alfeis, J. (Hrsg.) (1999): Geschäftsprozeßmanagement: innovative Ansätze für das wandlungsfähige Unternehmen, München 1999.

Imai, M. (1992): Der Schlüssel zum Erfolg der Japaner im Wettbewerb, 5. Aufl., München 1992.

Imai, M. (1997): Gemba KAIZEN, München 1997.

Kinner, R. (1999): Fallstudie zur Einführung teamorientierter Prozeßorganisationen (I), in: Hofer-Alfeis, J. (Hrsg.): Geschäftsprozeßmanagement: innovative Ansätze für das wandlungsfähige Unternehmen, München 1999, S. 168–180.

Picot, A.; Böhme, M. (1996): Zum Stand der prozeßorientierten Unternehmensgestaltung in Deutschland, in: Nippa, M.; Picot, A. (Hrsg.): Prozeßmanagement und Reengineering. Die Praxis im deutschsprachigen Raum, 2. Aufl., Frankfurt am Main/New York 1996, S. 227–247.

Reichwald, R.; Höfer, C.; Weichselbaumer, J. (1996): Erfolg von Reorganisationsprozessen: Leitfaden zur strategieorientierten Bewertung, Stuttgart 1996.

Scheer, A.-W.; Zimmermann, V. (1996): Geschäftsprozeßmanagement und integrierte Informationssysteme: Prozeßmodellierung, Referenzmodelle und Softwaretechnologien, in: Töpfer, A. (Hrsg.): Geschäftsprozesse analysiert & optimiert, Neuwied 1996, S. 267–286.

Schwager, M. (1997): KaiZen – Der sanfte Weg des Reengineering: eine Studie zum Entwicklungsstand in deutschen Unternehmen, Freiburg 1997.

9 Was sollte bei der Einführung des Geschäftsprozessmanagements beachtet werden?

Die nachfolgenden Ausführungen enthalten Erfahrungen und Empfehlungen, die in Praxisprojekten gewonnen bzw. erprobt wurden. Ihre Berücksichtigung garantiert zwar nicht den Erfolg des Geschäftsprozessmanagements, macht ihn aber wahrscheinlicher.

9.1 Management

Der wichtigste Erfolgsfaktor bei der Einführung des Geschäftsprozessmanagements ist das oberste Management bzw. die Geschäftsleitung. An sie werden folgende Anforderungen gestellt:

• Das Management muss überzeugt sein, mit Hilfe des Geschäftsprozessmanagements die heutigen und zukünftigen Herausforderungen zu bewältigen.

• Das Management muss Geschäftsprozessmanagement ausreichend kennen (Vorgehen, Methoden, Chancen, Risiken).

• Das Management muss aktiv mithelfen, Widerstände während der Einführung und bei der laufenden Anwendung des Geschäftsprozessmanagements zu überwinden. Ohne diese Unterstützung kommt das Geschäftsprozessmanagement zum Erliegen.

• Das Management muss sich durch Bereitschaft zum Wandel auszeichnen.

• Veränderungen lassen sich nicht verordnen, sondern müssen vom Management vorgelebt werden.

• Vom Management werden Entscheidungs- und Umsetzungsstärke erwartet und gefordert.

• Das Management muss ein offenes Ohr für Wünsche, Anregungen, Sorgen und Ängste der Mitarbeiter haben.

• Das Management muss durch Verständnis, Glaubwürdigkeit und Überzeugungskraft das Vertrauen der Mitarbeiter gewinnen.

• Das Management muss eine aktive Kommunikationsrolle spielen und dabei u. a. folgende Fragen beantworten:
   – Welche Vision hat das Unternehmen bzw. die Geschäftseinheit?
   – Wo steht das Unternehmen bzw. die Geschäftseinheit?

- Was will das Unternehmen bzw. die Geschäftseinheit bis wann erreichen?
- Warum sind Veränderungen notwendig?
- Warum ist Geschäftsprozessmanagement eine geeignete Vorgehensweise, um die Zukunft zu sichern?
- Was soll Geschäftsprozessmanagement bewirken?
- Was wurde bisher durch Geschäftsprozessmanagement erreicht?

9.2 Gesamtprojekt

- Vorbereitung und Implementierung des Geschäftsprozessmanagements sind als Projekt durchzuführen. Dabei sind die Methoden des Projektmanagements anzuwenden.

- Die Verantwortung für die Einführung ist einem Gesamtprojektleiter zu übertragen. Dieser hat die Funktion eines Fachpromotors.

- Mit der Einführung ist erst dann zu beginnen, wenn die Einführungsentscheidung sorgfältig getroffen und der Einführungsplan verabschiedet worden ist.

- Der Betriebsrat ist frühzeitig über Ziele, Inhalte und Vorgehen des Projektes zu informieren und in die Einführungsentscheidung einzubeziehen.

- Die Einführung des Geschäftsprozessmanagements sollte in folgende Phasen unterteilt werden:
  - Positionierung,
  - Identifizierung,
  - Implementierung,
  - Optimierung.

- In der Phase Positionierung werden die Geschäftssituation analysiert, die Geschäftsstrategie überprüft und die Entscheidung über die Einführung des Geschäftsprozessmanagements getroffen. Die Phase Identifizierung umfasst die Definition, Abgrenzung und Gewichtung der Geschäftsprozesse, die Bestimmung der Messgrößen und die Ernennung der Prozessverantwortlichen. In der Implementierungsphase werden die Geschäftsprozesse im Detail festgelegt, das Prozesscontrolling eingeführt und die Aufbauorganisation auf die Geschäftsprozesse abgestimmt. Aufgabe der Optimierung ist es, die Geschäftsprozesse laufend zu verbessern und ggf. zu erneuern.

- Auf Information, Kommunikation, Schulung und Training ist größtes Gewicht zu legen. Durch sie können Ängste, Unsicherheiten, Widerstände, Missverständnisse und Gerüchte am besten abgebaut werden.

- Es ist eine offene Informationspolitik zu betreiben. Ziele und Vorgehen des Geschäftsprozessmanagements sind glaubwürdig, realistisch und überzeugend zu kommunizieren.

- Die Erfolgsaussichten der Einführung des Geschäftsprozessmanagements sind umgekehrt proportional zur Anzahl weiterer gleichzeitig laufender Management-Projekte.

9.3 Phasen Positionierung und Identifizierung

- Vor der Identifizierung der Geschäftsprozesse sind zunächst die strategischen Ziele und die Geschäftssituation zu analysieren und zu klären.

- Geschäftsprozesse sind top-down abzuleiten. Kundengruppen, Kundenanforderungen, Erfolgsfaktoren und Leistungsprogramm stellen dabei wichtige Ausgangsdaten dar.

- Über das top-down Vorgehen werden Lösungen gefunden, die den jeweiligen Geschäftszielen und der spezifischen Geschäftssituation gerecht werden. Ferner ermöglicht der top-down Ansatz eine schrittweise Überprüfung und Verfeinerung. Schließlich erfordert er einen relativ geringen zeitlichen und personellen Aufwand.

- Zahl und Inhalt der Geschäftsprozesse sind zunächst in einem Management-Workshop zu erarbeiten, um eine hohe Akzeptanz der Ergebnisse auf allen Führungsebenen zu erreichen.

- Geschäftsprozesse sind auf die spezifische Situation des Unternehmens bzw. der Geschäftseinheit zuzuschneiden. Patentrezepte verhindern situationsgerechte Lösungen. Prozessmodelle können nur grobe Hilfestellung geben.

- Prozessziele sollten nicht von oben diktiert, sondern gemeinsam vereinbart werden.

- Geschäftsprozess- und Teilprozessverantwortliche sind frühzeitig zu benennen. Oft dauern diese Personalentscheidungen zu lange, was bei den Mitarbeitern als Unsicherheit und unzureichende Identifikation mit dem Geschäftsprozessmanagement gewertet wird.

- Das Geschäftsprozessmanagement verlangt erfahrene Erneuerer, aber keine erfahrenen Verhinderer.

9.4 Phase Implementierung

- Der Gesamtprojektleiter hat zusammen mit den Geschäftsprozessverantwortlichen die Implementierung voranzutreiben.

- Nur wenn ein aktiver Befürworter (Machtpromotor) in entscheidender Management-Position permanent die Umsetzung begleitet, ist mit Erfolg zu rechnen.

- Der Implementierungsfortschritt ist wöchentlich im Management-Team zu überwachen. Das Team setzt sich aus dem Geschäftsleiter, den Geschäftsprozessverantwortlichen und dem Gesamtprojektleiter zusammen.

- Für die Implementierung eines Geschäftsprozesses ist der Geschäftsprozessverantwortliche verantwortlich. Er arbeitet dabei eng mit seinen Teilprozessverantwortlichen zusammen, die gemeinsam das Prozess-Team bilden.

- Am Anfang der Implementierungsphase ist ein straffer Terminplan zu verabschieden, der alle Implementierungsschritte enthält („90-Tage-Aktionsplan").

- Wichtig sind schnelle Erfolgserlebnisse: möglichst schnell messen, die ersten Probleme beseitigen und Leistungssteigerungen nachweisen.

- Bei der Einführung von Prozessmessungen sollten folgende Hinweise beachtet werden:
  - Die Messung von Zykluszeit, Prozessqualität und Termintreue ist einfacher und weniger aufwendig als die von Prozesskosten und Kundenzufriedenheit.
  - Großer Wert ist auf die Regelmäßigkeit der Prozessmessungen und deren grafische Auswertung in Prozessberichten zu legen.
  - Durch Beschreibung des Messsystems (Messgrößen, Messpunkte, Messvorschriften, Messzeitpunkte, Prozessbericht) und Ernennung von Messverantwortlichen werden Konsistenz und Kontinuität der Prozessmessungen gewährleistet.
  - Messen ist kein Selbstzweck, sondern notwendige Voraussetzung zur Steuerung und Verbesserung der Geschäftsprozesse.

- Prozessberichte sind ein unentbehrliches Instrument für die Steuerungsaufgaben des Prozess- und Management-Teams bzw. der Geschäftsleitung, der Geschäftsprozess- und der Teilprozessverantwortlichen.

- An der Implementierung sind möglichst viele Mitarbeiter zu beteiligen.

- Die Unterstützung durch unabhängige Berater und Moderatoren ist dringend zu empfehlen.

- Veränderungen im Verhalten der Mitarbeiter sind langwierig und lassen sich nicht übers Knie brechen.

- Die Frage der Anpassung der Aufbauorganisation stellt sich spätestens bei der Zuordnung von Ressourcen zu Geschäftsprozessen. In der Praxis bilden sich zunächst Mischformen zwischen Funktions- und Prozessorganisation heraus. Die Erfahrungen zeigen, dass sich mit Einführung von Geschäftsprozessen die Gewichte automatisch von der Funktionsorganisation zur Prozessorganisation verschieben.

9.5 Phase Optimierung

• Die Optimierung ist das eigentliche Ziel des Geschäftsprozessmanagements. Alle übrigen Aktivitäten sind diesem Ziel unterzuordnen. In den Phasen Positionierung, Identifikation und Implementierung werden nur die Voraussetzungen für die Optimierung geschaffen.

• Zur Optimierung der Geschäftsprozesse sind die Methoden TCT (Total-Cycle-Time), KAIZEN und Business Process Reengineering anzuwenden.

• Die Anwendung von Business Process Reengineering bildet wegen der hohen Risiken und starken Widerständen eher die Ausnahme. Sie kommt nur für Geschäftsprozesse in Betracht, die eine hohe strategische Bedeutung haben und deren Leistungen gravierende Defizite aufweisen.

• Auch mit kontinuierlichen Leistungsverbesserungen (TCT, KAIZEN) lassen sich über längere Zeiträume erhebliche Verbesserungen erzielen.

• Die Wirkung kontinuierlicher Leistungsverbesserungen hängt maßgeblich von dem Engagement und der Kreativität der Prozess-Teams, Barrieren-Beseitigungs-Teams und KAIZEN-Teams ab.

• Die Mitglieder der Prozess-Teams, Barrieren-Beseitigungs-Teams und KAIZEN-Teams sind sorgfältig auf ihre neuen Aufgaben vorzubereiten.

• Den Barrieren-Beseitigungs-Teams und KAIZEN-Teams ist die notwendige Zeit für die Beseitigung von Problemen (Barrieren, Verschwendungen) zur Verfügung zu stellen.

• Alle Probleme sind offen anzusprechen. Bei gefundenen Problemen sind die Ursachen und nicht die Schuldigen zu suchen.

• Bei der Umsetzung von Maßnahmen ist zunächst mit den leichter lösbaren Problemen („low hanging fruits") zu beginnen.

• Die Ergebnisse der Prozessverbesserungen sind über das Prozesscontrolling zu messen. Die messbaren Erfolge sind intensiv zu kommunizieren. Nur Erfolge motivieren.

• Die Nachhaltigkeit des Geschäftsprozessmanagements hängt maßgeblich von der Regelmäßigkeit der Leistungsmessungen und der Ernsthaftigkeit der Auswertungen der Prozessberichte durch die Prozess-Teams und das Management-Team ab.

• Für den Gesamterfolg ist das Verhalten des Management-Teams als oberstes Steuerungsgremium entscheidend. Die Konsequenz seines Handelns prägt das Handeln in den Prozess-Teams, Barrieren-Beseitigungs-Teams und KAIZEN-Teams.

- Das eigenständige Handeln der Prozess-Teams, Barrieren-Beseitigungs-Teams und KAIZEN-Teams ist intensiv zu fördern.

- Zur Optimierung und Stabilisierung der Geschäftsprozesse ist die evolutionäre Weiterentwicklung der Organisation von der Funktions- zur Prozessorientierung unabdingbar.

10 Was bringt Geschäftsprozess-management?

10.1 Empirische Untersuchungen und Erfahrungs-werte

Mit der Einführung des Geschäftsprozessmanagements sind qualitative und quantitative Wirkungen verbunden. Zu den qualitativen Wirkungen zählen:

- Aufbau und Ausbau von Kernkompetenzen,
- Veränderung der Unternehmenskultur,
  - stärkere Kundenorientierung,
  - stärkere Wertschöpfungsorientierung,
  - stärkere Mitarbeiterorientierung,
- Erhöhung der Mitarbeitermotivation und -zufriedenheit,
- Erhöhung der Flexibilität,
- organisationales Lernen.

Wirkungen, die quantitativ gemessen werden können, sind:

- Erhöhung der Kundenzufriedenheit,
- Erhöhung der Kundenloyalität,
- Verkürzung der Durchlaufzeiten,
- Steigerung der Prozess- und Produktqualität,
- Senkung der Prozess- und Produktkosten,
- Steigerung des Umsatzes,
- Steigerung des wirtschaftlichen Ergebnisses,
- Steigerung des Unternehmenswertes.

Den Autoren sind keine umfassenden Untersuchungen bekannt, die sich speziell mit den Wirkungen des Geschäftsprozessmanagements in der Praxis auseinander setzen. Dagegen gibt es eine Reihe von Studien, die die quantitativen Ergebnisse von BPR-Projekten analysieren. (vgl. Guba/Kettinger/Teng 1993, S. 17; CSC Index 1994, S. 3 ff.; Perlitz et al. 1995, S. 1; Dernbach 1996, S. 190). Auch liegen Ergebnisuntersuchungen und -berichte zu den Themen TCT und KAIZEN vor, auf die bereits im Kapitel 6.3 hingewiesen wurde.

An oberster Stelle der positiven Ergebnisse steht in BPR-Projekten die Verkürzung der Durchlaufzeiten. Dann folgen etwa gleichauf Steigerung der Qualität sowie Erhöhung der Kundenzufriedenheit. Etwas abgeschlagen liegt die Senkung der Kosten. Deutschland weist bei Durchlaufzeiten, Qualität und Kosten im Durchschnitt bessere Ergebnisse als die USA auf. Demgegenüber wird in den USA eine höhere Kundenzufriedenheit in BPR-Projekten erreicht.

BPR-Projekte lohnen sich, wenn sie ehrgeizige Ziele verfolgen, wie z. B. Durchlaufzeitverkürzungen von über 50 %. Bei nicht-aggressiven Zielen besteht dagegen die Gefahr, die Ziele zu verfehlen (vgl. Bullinger et al. 1995, S. 13). Empirische Untersuchungen der Hochschule St. Gallen zeigen, dass 50 % der abgeschlossenen BPR-Projekte die erhofften Verbesserungen von mindestens 30 % bei Durchlaufzeiten, Kosten oder anderen Zielgrößen erreichten (vgl. Hess/Brecht/Österle 1995, S. 480).

Wie bereits ausgeführt stellt BPR nur eine Komponente des Geschäftsprozessmanagements dar, die eingesetzt wird, um kurzfristig „dramatische" Leistungssteigerungen zu erreichen. Die Leistungssprünge sind nicht von Dauer, wenn sie nicht durch TCT und KAIZEN stabilisiert und kontinuierlich ausgebaut werden. TCT und KAIZEN sind zwar nicht so spektakulär wie BPR, liefern aber trotzdem beachtliche Ergebnisse und sind deshalb für die Zukunftssicherung eines Unternehmens von größter Bedeutung.

Die quantitativen Ergebnisse von TCT liegen in folgenden Größenordnungen (vgl. Thomas 1991, S. 12 f.):

- Reduktion der Zykluszeit: 30 bis 70 %,
- Reduktion der Bestände: 20 bis 50 %,
- Produktivitätssteigerungen im Fertigungsbereich: 10 bis 30 %,
- Produktivitätssteigerungen im Verwaltungsbereich: 20 bis 100 %,
- Steigerung der Qualität (Reduktion von Ausschuss und Verwürfen): 20 bis 80 %,
- Verkürzung der Lieferzeit: 30 bis 70 %,
- Verkürzung time to market: 30 bis 70 %.

Auch KAIZEN setzt beachtliche Leistungsreserven frei (vgl. Agamus Consult 1996; o. V. 1996):

- 84 % der befragten Unternehmen senkten ihre Kosten um bis zu 15 %, 14 % der Unternehmen um mehr als 15 %,
- 45 % der befragten Unternehmen reduzierten ihre Lagerbestände um bis zu 20 %, 43 % der Unternehmen um mehr als 15 %,
- 96 % der befragten Unternehmen erzielten Produktivitätssteigerungen um bis zu 20 %,
- 75 % der befragten Unternehmen reduzierten ihre Durchlaufzeiten um bis zu 20 %,
- 71 % der befragten Unternehmen reduzierten ihren Ausschuss um bis zu 10 %, 26 % der Unternehmen um mehr als 10 %,
- bei 89 % der befragten Unternehmen ist der Brückenschlag zwischen Mitarbeitermotivation und Effizienzsteigerung gelungen,

- bei mehr als 40 % der befragten Unternehmen hat sich die Zusammenarbeit zwischen Top Management und Mitarbeitern deutlich verbessert.

Nach Angaben des KAIZEN-Instituts wurden in amerikanischen Firmen mit KAIZEN im Durchschnitt folgende Verbesserungsraten erzielt (vgl. Imai 1997, S. 175).

- Reduktion der Durchlaufzeit 68 %,
- Reduktion der Umlaufbestände 17 %,
- Reduktion der Zykluszeit 66 %,
- Reduktion der Fertigprodukte 52 %,
- Reduktion der fehlerhaften Teile 80 %,
- Reduktion des Ausschusses 48 %,
- Reduktion der benötigten Einrichtungen 44 %.

Diese Werte liegen deutlich höher als in deutschen Unternehmen.

Während sich die Wirkungen von BPR-Projekten bereits ein halbes bis ein Jahr nach Projektabschluss einstellen, kann mit flächendeckenden und nachhaltigen Wirkungen von TCT und KAIZEN ca. ein bis drei Jahre nach ihrer Einführung gerechnet werden (vgl. auch Schwager 1997, S. 218 ff.). Aufgrund unserer Erfahrungen ist der von der EFQM genannte Zeitraum von drei bis fünf Jahren zu lang (vgl. EFQM 1999b, S. 73). Eine so lange Anlaufphase dürfte das „Aus" für das Geschäftsprozessmanagement bedeuten. Die relativ langen Anlaufzeiten benötigen Management und Mitarbeiter, um die neuen Orientierungen und Verhaltensweisen zu verstehen, zu lernen und täglich zu praktizieren.

Die veröffentlichten Ergebnisdaten beziehen sich jeweils auf den isolierten Einsatz von BPR, TCT und KAIZEN. Im Rahmen des Geschäftsprozessmanagements werden BPR, TCT und KAIZEN integriert eingesetzt. Dies bedeutet jedoch nicht, dass die genannten Ergebnisdaten addiert werden können. Der integrierte Einsatz gewährleistet die zeitlich und inhaltlich abgestimmte sowie überschneidungsfreie Anwendung von BPR, TCT und KAIZEN. Nur über diese Integration ist eine nachhaltige Wirkung von Leistungssteigerungen zu erreichen. Die gemeinsame Basis, die das Geschäftsprozessmanagement bereitstellt, reduziert zudem deutlich den Einsatzaufwand der Methoden im Vergleich zu deren isolierter Anwendung.

10.2 Einzelbeispiele

10.2.1 BMW Group

BMW Group hat in einer Prozessoffensive den Time-to-Market-Prozess und den Time-to-Customer-Prozess erneuert, um schneller und besser auf Veränderungen von Märkten, Produkten und der Produktion reagieren zu können (vgl. Reithofer 2001, S. 535 ff.). Die Vision der BMW Group ist: Jeder Kunde erhält sein individuelles Fahrzeug zu einem verbindlichen Termin – im Idealfall zu seinem Wunschtermin. Aus dieser Vision wurden für den Time-to-Customer-Prozess fünf Zielsetzungen abgeleitet:

- höchste Flexibität bezogen auf Volumen, Fahrzeugausstattung und Arbeitszeit,
- stabile Prozesse,
- absolute Termintreue,
- schnelle und kurze Prozessdurchlaufzeiten im Ordering, in der Produktion, beim Lieferanten und in der Distribution,
- Produktionsausrichtung nach Build-to-Order.

Das Erreichen dieser Zielsetzungen setzte Veränderungen im gesamten Time-to-Customer-Process (Vertrieb, Planung, Ordering, Produktion, Lieferanten, Distribution) voraus, die in kurzer Zeit realisiert wurden. Die Fähigkeit der schnellen Umsetzung von Prozessveränderungen stellt für BMW ein entscheidendes Wettbewerbspotenzial dar. Die schnelle Umsetzung wurde erreicht durch:

- klare Zielvereinbarungen,
- Eskalationsmechanismen,
- „Streitkultur" in der Startphase,
- Commitment des Managements,
- kurze Entscheidungswege,
- konsequentes und durchgängiges Kommunikationskonzept,
- schlagkräftige Projektorganisation,
- qualifizierter Methodeneinsatz.

BMW hebt besonders die finanziellen Effekte der Prozessoffensive hervor, die sich positiv auf den Unternehmenswert auswirken (siehe Abb. 10-1). Dazu tragen bei:

- Gewinnung zusätzlicher Kunden wegen kurzer Lieferzeiten,
- Reduzierung der Verkaufsrabatte durch höhere Kundenbelegung,
- Verringerung der Bestände in der Produktion,
- Reduzierung der Lagerbestandskosten im Vertrieb,
- Einsparungen durch schnelle, stabile und effektive Abläufe,
- Vermeidung von Wertverlusten für in Zahlung genommene Gebrauchtwagen.

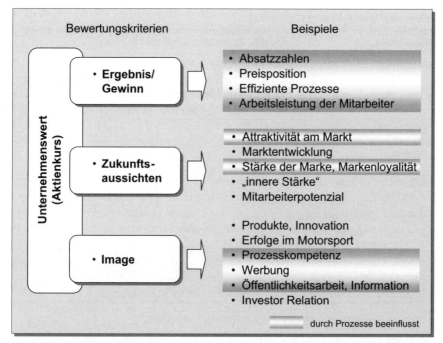

Abbildung 10-1: Beeinflussung des Unternehmenswertes durch Prozesse (BMW; vgl. Reithofer 2001, S. 554)

10.2.2 Brisa

Brisa ist ein Reifenhersteller in Izmit, Türkei. Die Firma fertigt und vertreibt
Reifen unter den Marken Lassa und Bridgestone. Seit 1988 kooperiert Brisa
mit der Bridgestone Corporation of Japan. Einen großen Anteil seiner Produkte exportiert Brisa in unterschiedliche Länder.

Brisa hat ein Prozessmanagementsystem eingeführt, das aus folgenden Stufen besteht (vgl. Brisa 1996):

- Definition der Kundenanforderungen,
- Definition der Prozesse,
- Festlegung der Prozessverantwortlichen,
- Festlegung der Kunden und Lieferanten der Prozesse,
- Definition und Steuerung der Leistungsparameter der Prozesse,
- Verbesserung der Prozesse.

Eine wichtige Rolle spielt bei Brisa das „Process Management Committee"
(siehe Abb. 10-2). Das Komitee trifft sich zweimal im Jahr für jeweils 2 Tage.
Es legt Prozesse und Prozessziele fest, ernennt Prozessverantwortliche, bewertet die Leistung der Prozesse, entscheidet über kritische Prozesse und veranlasst besondere Verbesserungsmaßnahmen.

Process Management Committee	
Chairman	Quality Assurance Director
Members	Marketing Director, Production & Engineering Director, Technology Manager, Industrial Engineering Manager, Human Resource Manager, Sales Planning Manager, Supply Manager
Meeting frequency	2/year

Agenda:
Planning, evaluation of results, review of effectiveness, target setting and discussion of improvement plans concerning:

- High and key processes
- Critical processes
- Process owners
- Interface issues
- Critical success factors
- Performance parameters
- Process improvement activities

Abbildung 10-2: Prozessmanagement-Komitee der Firma Brisa

Brisa hat sechs primäre Geschäftsprozesse (business processes) und sechs sekundäre Geschäftsprozesse (support processes) definiert. Die primären Geschäftsprozesse sind:

- Understand Customers and markets,
- Develop Products,
- Make Products,
- Produce Products,
- Sell Products,
- Serve Customers.

Die primären Geschäftsprozesse werden von folgenden sekundären Geschäftsprozessen unterstützt:

- Develop business strategy,
- Manage human resources,
- Manage Information technology,
- Manage financial resources,
- Manage Change,
- Manage external affairs.

Um die Notwendigkeit und Priorität von Prozessverbesserungen festzustellen, wendet Brisa folgende Vorgehensweisen an:

- Ermittlung der kritischen Prozesse,
- Messung von Leistungsparametern.

Zur Ermittlung der kritischen Prozesse werden die Geschäftsprozesse bzw. Teilprozesse in einer Matrix nach ihrer Wirkung auf die kritischen Erfolgs-faktoren und ihre Wettbewerbsstärke beurteilt. Kritische Erfolgsfaktoren sind bei Brisa Kundenzufriedenheit, Mitarbeiterzufriedenheit, Produkt-, Ser-vicequalität, Marktanteil und Kosten. Prozesse, die in den kritischen Bereich fallen (starker Einfluss auf Erfolgsfaktoren bei geringer Performance), wer-den als kritische Prozesse definiert. Sie sind mit hoher Priorität zu verbessern.

Bei dem zweiten Weg werden Leistungsziele vorgegeben, deren Erreichen ge-messen wird. Den Zielen liegen folgende Leistungsparameter zugrunde:

- Factors impacting critical success factors
  - Customer Claims & Complaints,
  - Employees Satisfaction Index,
  - Scrap ratio,
  - Market share %,
  - Product service cost.
- Process Performance
  - Cycle time,
  - Cycle cost,
  - Cycle productivity.
- Output Performance Parameter
  - Defect ratio,
  - On-time realization.

Prozessverantwortliche hat Brisa für Geschäfts- und Teilprozesse ernannt. Ihre Verantwortung umfasst:

- Set up process standards,
- Review process effectiveness,
- Determine process improvement opportunities,
- Implement refinements.

Die Leistungssteigerungen in den Prozessen werden durch kontinuierliche (incremental) oder bahnbrechende (breakthrough) Verbesserungen erreicht. Die Realisierung kontinuierlicher Verbesserungen liegt in der Hand einzelner Personen oder von KAIZEN-Zirkeln. Für bahnbrechende Verbesserungen werden zumeist spezielle teams (solution teams) eingesetzt.

Die Definition von Prozess- und Verbesserungszielen basiert auf folgenden Informationsquellen:

- Erfassung und Analyse der Kundenanforderungen und- bedürfnisse,
- Messung der Kundenzufriedenheit,

- Beanstandungen externer Kunden,
- Beanstandungen interner Kunden,
- Messung der Mitarbeiterzufriedenheit,
- Benchmarking,
- Konkurrenzanalysen,
- Lieferantenbefragungen,
- Prozessleistung in der Vergangenheit.

Aufgrund seiner herausragenden Leistungen hat Brisa 1993 den „National Quality Award" und 1996 den „European Quality Award" gewonnen. Brisa hat damit die höchste Auszeichnung für Business Excellence in Europa erhalten.

10.2.3 Rank Xerox

Xerox begann bereits 1984 im Rahmen eines Programms „Leadership Through Quality" Prozesse zu identifizieren und auf dieser Basis den „Quality Improvement Process (QIP) anzuwenden. Mit zunehmender Erfahrung wurden die Prozesse auf large scale-functional, cross-functional und cross-organisation processes ausgeweitet (vgl. Rank Xerox 1992).

1990 entwickelte Rank Xerox eine umfassende „Business Architecture". Diese enthält eine Prozessstruktur, die das gesamte Geschäft umfasst. Die oberste Ebene bilden drei primäre Geschäftsprozesse (Key Processes), die in Teilprozesse unterteilt sind:

- Customer Interface Process
  - Sales Prospect to Order,
  - Order to Installation,
  - Invoice to Collection,
  - Product Maintenance.

- Logistics Process
  - Configuration Management,
  - Inventory Planning,
  - Supply Chain Effectiveness,
  - Order Management.

- Product Delivery Process (PDP)
  - Engineering,
  - Manufacturing,
  - Marketing,
  - Launch,
  - Programm Management and Planning,
  - Maintenance.

Der Customer Interface Process" umfasst Aktivitäten, die eine direkte Verbindung zu Kunden haben. Ca. 65 % aller Mitarbeiter stehen über diesen Prozess im täglichen Kontakt mit den Kunden.

Der Logistics Process stellt die Verbindung zwischen den Fabriken und den operierenden Einheiten (operating units) her, liefert über eine integrierte Supply Chain Produkte an Kunden aus und versorgt den Service mit Ersatzteilen.

Der Product Delivery Process entwickelt und fertigt Produkte und führt Produktänderungen durch. Er umfasst u. a. Aktivitäten des Marketing, der Entwicklung, der Fertigung und der Produktbetreuung.

Die Key Processes werden durch folgende Sekundärprozesse unterstützt:

• Business Management,
• Human Resource Management,
• Financial Management,
• Information Management.

Die Geschäftsprozessverantwortlichen definieren Prozessstandards und -ziele. Zielabweichungen und -konflikte sind offenzulegen und zu beheben. Oberstes Ziel ist es, die Kundenanforderungen zu erfüllen und eine hohe Kundenzufriedenheit zu erreichen. Die Prozessstandards und -ziele werden aus folgender Kriterienliste abgeleitet:

• Verbal or written customer requests,
• Feedback from surveys,
• Benchmarking,
• Best practice sharing,
• Supplier feedback,
• The company priorities and objectives, expressed by Policy Deployment,
• Financial and marketing plans,
• Process improvement suggestions from employees.

Die Leistungsmessung ist der Schlüssel des wirksamen und effizienten Prozessmanagements bei Rank Xerox. Es werden Leistungskriterien in jedem Prozessschritt gemessen (in-process measurement), wie z. B. Zykluszeit und Termintreue. Ergänzend dazu wird die Leistung eines gesamten Geschäftsprozesses überwacht (complete process measurement), wie z. B. das Produktergebnis in einer Periode oder die Zufriedenheit der Kunden mit den Prozessergebnissen. Die Messungen bilden die Basis für die Steuerung des Geschäfts und die Verbesserung der Prozesse. Die Prozessverbesserungen sind für Rank Xerox ein wichtiger Hebel, um Wettbewerbsvorteile zu erreichen.

Ein herausragende Bedeutung hat für Rank Xerox die Messung der Kundenzufriedenheit. Dafür wird seit 1984 das Customer Satisfaction Measurement System (CSMS) eingesetzt (siehe Abb. 10-3). In jeder Operating Unit ist eine

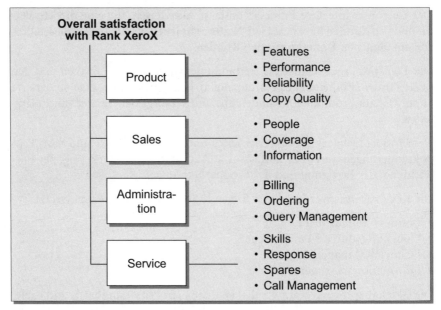

Abbildung 10-3: Customer Satisfaction Measurement System (Rank Xerox)

Customer Satisfaction Manager für den Einsatz von CSMS verantwortlich. Die Kundenzufriedenheit wird über drei Wege ermittelt:

- Befragung der Kunden durch Rank Xerox,
- anonyme Befragung,
- Befragung der Kunden 90 Tage nach Produktinstallation.

Die CSMS-Ergebnisse sind besonders wichtig für die Geschäftsprozessverantwortlichen, die daraus Prozessziele und Prozessverbesserungen ableiten.

Rank Xerox hat 1992 den European Quality Award gewonnen. In Europa ist dieser Preis die höchste Auszeichnung für Business Excellence.

10.2.4   Siemens Computertomographie

Das Geschäftsgebiet Computertomographie (CT) der Siemens AG entwickelt, fertigt und vertreibt Computertomographen, die weltweit in Hospitälern und bei Radiologen eingesetzt werden. Jährlich stellt CT über 1000 Systeme her. Computertomographen sind hochkomplexe Geräte, deren zahlreiche Varianten in Einzelfertigung produziert werden. Gefertigt wird nur, wenn ein Auftrag vorliegt. Es müssen monatliche Schwankungen von +/–50% um den Durchschnitt bewältigt werden. Von der Fertigung wird deshalb hohe Flexibilität gefordert, die durch flexible Arbeitszeiten, ein neues Entlohnungssystem mit Arbeitszeitkonten und ein Incentivesystem erreicht wird.

35 % der CT-Kunden kommen aus Europa, 25% aus USA, 25% aus Asien und 15 % aus der restlichen Welt. Siemens ist mit seiner Fertigung der einzige Produzent von Computertomographen in Europa. Herr Franz Grasser, Leiter des gesamten Auftragsabwicklungsprozesses (Logistik plus Fertigung) sieht darin einen Wettbewerbsvorteil: „Trotz Kostendämpfung im Gesundheitswesen, starkem Wettbewerbsdruck und höchsten Qualitätsanforderungen in der Medizintechnik ist unser Fertigungsstandort in Deutschland ein wesentlicher Faktor für unseren Geschäftserfolg." (VDI 1998)

CT hat 1996 Geschäftsprozessmanagement und eine prozessorientierte Organisation eingeführt. Das Prozesssystem besteht aus fünf primären und fünf sekundären Geschäftsprozessen. Die primären Geschäftsprozesse umfassen:

- Concepts
  - Ideas Management, Patents,
  - System Concepts, Feasibility,
  - Applications,
  - Workflow Development.
- Engineering
  - Project Management,
  - Software-Engineering,
  - Hardware-Engineering,
  - Test,
  - Engineering-Support.
- Marketing
  - Product Strategy,
  - Marketing-Research, Competition,
  - Product Management,
  - Sales Support Countries,
  - Preowned Systems,
  - World Care & Sales Programs.
- Order to Billing
  - Order Management,
  - Material Logistics,
  - Production,
  - Quality Approval,
  - Packing, Shipping,
  - Installation.
- Detector Center
  - Concepts, Engineering
  - Production.

Als sekundäre Geschäftsprozesse (Supportprozesse) wurden definiert:

- Business Administration,
- Business Processes,
- Quality Management,
- Information & Knowledge Management,
- Coordination Technical Service,
- Human Resources.

Insbesondere für den Auftragsabwicklungsprozess (order to billing) fand CT innovative Lösungen, die zu außerordentlichen Steigerungen der Prozessleistung führten (siehe Abb. 10-4). Der Geschäftsprozess enthält alle Funktionen die üblicherweise in einzelnen Fertigungs- und Logistik-, und Serviceabteilungen angesiedelt sind: globales Kundenauftragsmanagement, Materiallogistik, Produktion, Verpackung, Transport, Installation, Übergabe und Bezahlung. Die Verantwortung für die gesamte Auftragsabwicklung liegt in der Hand des Geschäftsprozessverantwortlichen. Der Vorteil für die Kunden ist, dass er nur noch einen Ansprechpartner hat (vgl. Grasser 2001, S. 404 f.).

Die Prozessorientierung löste erheblichen Veränderungen aus: „Zwei Fertigungslinien, das gesamte Lager, die hauseigene Transportflotte, die traditionelle Verpackungsflut sowie zwei Hierarchieebenen fielen dem Konzept zum Opfer." (Logistik 1999, S. 16). In allen Teilprozessen werden Zykluszeit, Fehlerhäufigkeit (First Pass Yield) und Pünktlichkeit (Termintreue) wöchentlich gemessen. Die Messungen bilden die Basis für kontinuierliche Verbesserungen des Geschäftsprozesses.

Die Lieferanten (90 % „single source") sind direkt in den Geschäftsprozess eingebunden. In ihrer Verantwortung liegt der Transport und die montagegerechte Bereitstellung der Teile direkt an die Fertigungslinien ohne Zwischenlagerung. Die Bestände in den sog. Bereitstelllägern gehören den Lieferanten (Konsignationsgeschäft). Liefertreue und Qualität der angelieferten Teile konnten dadurch erheblich gesteigert werden. „Wenn es Probleme gibt, wird das Teil einfach wieder ins Bereitstelllager gebracht und ein neues entnommen. Bezahlt wird immer nur, was in Ordnung ist. So sparen wir uns die Eingangs-Qualitätskontrolle." (Grasser 2001, S. 405) Das Materialmanagement wird papierlos über E-Kanban (Electronic Kanban) via Intranet/Internet abgewickelt. Bei über 80 % des Beschaffungsvolumens erfolgt die Feinsteuerung nach dem Kanban-Ziehprinzip.

Die montierten Systeme liefert die Fabrik in Forchheim direkt zu den Kunden weltweit ohne Zwischenlager aus. Die Installation der Systeme vor Ort führen Mitarbeitern aus der Produktion durch. Dank ihrer Detailkenntnisse gelang es, die Liefer- und Installationszeiten erheblich zu verkürzen. Aber noch wichtiger sind die Erfahrungen, die die Mitarbeiter bei den Kunden sammeln. Sie bilden eine wichtige Basis für schnelles organisationales Lernen und die Initiierung von Verbesserungsmaßnahmen.

• **Customer orientation**	⇨	• Quick installation by qualified factory personal • Significant delivery time reduction
• **Encouraging innovation**	⇨	• Visible Supply Chain • Vendor managed inventory
• **Continuous growth of our productivity**	⇨	• Gain of 20% additional customer orders • EVA contribution of .. Billion DM
• **First class working processes**	⇨	• Integration of the whole Supply Chain • Management (from PLAN to DELIVER)
• **Unleash our innovative potential**	⇨	• Feed back loops from customer installations

Abbildung 10-4: Merkmale des „Order to billing" Prozesses (Siemens CT)

CT ist es gelungen, innerhalb von zwei Jahren herausragende Leistungssteigerungen zu erzielen:

• Verkürzung der Lieferzeit von 22 Wochen auf zwei Wochen. Vom Auftragseingang bis zur Lieferung werden heute weltweit zwei Wochen benötigt.
• Erhöhung der Termintreue von 60 % auf 99,3 %.
• Steigerung der Lieferfähigkeit von 60 % auf 99,4 %.
• Reduzierung der Bestände um 40%.
• Reduzierung der C-Teile durch Outsourcing um 57%.
• Halbierung des Platzbedarfs in der Fertigung.
• Verkürzung der Prozeßdauer um 76%.
• Steigerung der Prozessqualität um 200%.
• Verkürzung des Zeitraums von Produktionsstart bis Zahlungseingang bei außereuropäischen Lieferungen um fast 70 %.
• Halbierung der Installationszeiten und Senkung der Installationskosten um 30%.
• Verbesserung des operativen Ergebnisses im Geschäftsjahr 1997/98 gegenüber dem Vorjahr um fast das Doppelte.

CT ist heute als Hersteller von Computertomographen die Nr. 1 in Europa und Nr. 2 in der Welt.

Diese Leistungen sind ganz besonders dem Engagement und der Kreativität der Mitarbeiter zu verdanken. Über Prämienentlohnung werden die Mitarbeiter finanziell an dem Erfolg beteiligt. Der Prämienlohn orientiert sich an Termintreue, Lieferqualität und Durchlaufzeit des Geschäftsprozesses.

Die Erfolge wurden durch mehrere Preisen anerkannt:

• 1998: Fabrik des Jahres (bester Einzel-/Kleinserienfertiger Deutschlands),
• 1998: Europäischer Logistikpreis,
• 2000: Global Excellence in Operations,
• 2001: Global Supply-Chain Award SCOR.

Neben diesen quantitativen Erfolgen wurden Fähigkeiten und Vorgehensweisen entwickelt, welche die Basis für einen langfristigen geschäftlichen Erfolg bilden.

10.2.5 Siemens Medical Solutions

Siemens „Medical Solutions" ist weltweit einer der größten Anbieter im Gesundheitswesen. Der Geschäftsbereich deckt ein breites Spektrum ab, das sich über bildgebende Systeme für Diagnose und Therapie, die Elektromedizin und die Audiologie bis hin zu umfassenden IT-Lösungen in Kliniken und Praxen erstreckt. „Medical Solutions" besteht aus 14 Geschäftsgebieten, die eigenständige unternehmerische Einheiten darstellen. Weltweit werden rund 28.000 Mitarbeiter beschäftigt, die im Geschäftsjahr 1999/2000 einen Umsatz von 5,1 Mrd. EUR erzielten.

In den Geschäftsjahren 1995/96 und 1996/97 steckte „Medical Solutions" in einer wirtschaftlichen Krise. Die Ursachen waren Qualitäts- und Produktivitätsprobleme. Die Krise konnte durch ein Sanierungsprogramm und die daran anschließende Einführung des Geschäftsprozessmanagements in zweieinhalb Jahren überwunden werden.

In einem Zeitraum von nur zehn Monaten verbesserten mehrere Geschäftsgebiete des Bereiches die Auftragsabwicklungsprozesse dramatisch. Die Zykluszeiten wurden zwischen 50 % und 95 % reduziert. Dies hatte große Einsparungen beim Personal und bei den Beständen zur Folge. Noch wichtiger waren aber eine deutliche Erhöhung der Kundenzufriedenheit und eine erhebliche Ausweitung des Geschäftes. Dazu trugen die signifikanten Verbesserungen der Prozessqualität und Termintreue bei.

Während das wirtschaftliche Ergebnis des Geschäftsbereiches im Geschäftsjahr 1996/97 noch minus 160 Mio DM betrug, wurde im Geschäftsjahr 1997/98 ein Ergebnis von plus 145 Mio. DM, im Geschäftsjahr 1998/99 von plus 337 Mio. DM und im Geschäftsjahr 1999/00 von plus 441 Mio. DM erzielt (vgl. Süddeutsche Zeitung, Nr. 255 vom 04. 11. 99 und Nr. 258 vom 09. 11. 2000). Dr. von Pierer, Vorstandsvorsitzender der Siemens AG, bezeichnete die Medizinische Technik „als Lehrbuchfall, wie man Probleme zu meistern hat" (Pierer 2000, S. 2). Seit 1999 zählt „Medical Solutions" zu den

„Ertragsperlen" der Siemens AG. Hätte die Siemens AG den Geschäftsbereich in den kritischen Jahren 1995 oder 1996 verkauft, so wären enorme
Unternehmenswerte vernichtet worden (Pierer, Süddeutsche Zeitung vom
26. 01. 2001, S. 25).

Medical Solutions hat sich von einem funktionalen zu einem prozessorientierten Unternehmen gewandelt. Im Mittelpunkt stehen heute die Kunden.
Diesen Wandel signalisiert auch die Änderung des Namens von „Medizintechnik" in „Medical Solutions". Es werden nicht mehr Produkte (Technik)
allein, sondern kundenorientierte Komplettlösungen angeboten, die sich aus
Produkte + Informationstechnologie + Dienstleistungen zusammensetzen.

10.2.6 Texas Instruments Europe

> „We are convinced that all continuous impro-
> vement must occur within the framework and
> context of our business processes."
>
> (Texas Instruments)

Texas Instruments Incorporated (TI) ist ein weltweit agierendes High-Tech-
Unternehmen, das Halbleiter sowie elektronische Systeme und Produkte
(z. B. Wehrtechniksysteme, Drucker, Notebooks) herstellt und vertreibt.
Texas Instruments Europe ist eine 100 % Tochtergesellschaft der TI Incorporated und für alle IT-Aktivitäten in Europa zuständig. Der Schwerpunkt
des Geschäftes liegt auf Halbleitern.

TI Europe hat 1993 eine umfassende Selbstbewertung auf Basis des EFQM-
Modells durchgeführt (vgl. Texas Instruments Europe 1995). Im Mittelpunkt
dieses Assessments und der daran anschließenden Verbesserungen standen
die Geschäftsprozesse. TI versteht unter einem Geschäftsprozess eine Reihe
von Aktivitäten, die beim Kunden startet und endet und ein vom Kunden
gewünschtes Ergebnis erzeugt. TI Europe hat folgende Geschäftsprozesse
(key business processes) in seiner Organisation eingeführt:

- Customer Communication
  - Stimulating,
  - Responding to customer inquiries.
- Product Development
  - Engagement and funding of proposals,
  - Resource allocation,
  - Schedule assignment,
  - Execution of design product support tools,
  - Productionization.
- Customer Design and Support
  - Qualifications of need,
  - Customer specific development,

- – Design execution,
- – Prototype supply,
- – Release to production.
- Order Fulfilment
  - – Quote and purchase agreement to order entry,
  - – Maintenance,
  - – Demand rationalization,
  - – Building and execution of plan,
  - – Product distribution.
- Manufacturing Capability Development
  - – Concept and feasibility,
  - – Productionization,
  - – Volume ramp-up,
  - – Fan-out,
  - – Continuous development,
  - – Capital requests,
  - – Plans and installation.
- Business Management and Strategy Development
  - – Setting the vision,
  - – Setting group, business, product and entity strategies,
  - – Understanding the market,
  - – Business and product planning,
  - – Strategic core competency.

Bis auf den Prozess „Business Management and Strategy Development" handelt es sich bei den vorgenannten Prozessen um primäre Geschäftsprozesse. Für jeden dieser Prozesse hat TI Europe Prozessgrenzen, Prozessinhalt, Inputs, Outputs und Prozessmetriken festgelegt und dokumentiert.

Die Geschäftsprozessverantwortlichen sind bei TI Europe Mitglieder des European Strategic Leadership Teams. Dadurch wird eine enge Beziehung zwischen Geschäftsprozessen und Geschäftszielen hergestellt. Durch die Verknüpfung der Geschäftsziele mit den Geschäftsprozesszielen und die Koordination der Geschäftsprozessziele mit den Teilprozesszielen ist gewährleistet, dass Prozessverbesserungen das Erreichen der Geschäftsziele unterstützen.

Die Prozessziele werden jährlich mit Hilfe des Policy Deployment festgelegt. Diese Methode stellt sicher, dass sich alle Ebenen der Organisation an den Geschäftszielen ausrichten. In dem Zielfindungsprozess ist eine Balance zwischen herausfordernden Geschäftszielen und realistisch erreichbaren Leistungssteigerungen in den Prozessen zu finden. In die Betrachtung werden die Leistungssteigerungen in der Vergangenheit und die letzte Steigerungsrate der Prozessperformance einbezogen. Das Policy Deployment wird quartalsweise einem Review unterzogen, um das Anspruchsniveau der Ziele zu überprüfen und ggf. Zielanpassungen zu vereinbaren. Im Mittelpunkt dieser Reviews steht die Analyse der bisherigen Ziele, der gemessenen Leistungen und der Informationen aus dem permanenten Feedback.

Policy Deployment ist bei TI Europe besonders für die Überwachung kritischer Geschäftsprozesse bedeutsam. Es handelt sich dabei um Prozesse, die starken Einfluss auf den Geschäftserfolg haben, aber Leistungsdefizite im Wettbewerbsvergleich aufweisen. Diese Prozesse sind Kandidaten für ein Business Process Re-Engineering, wenn ihr Leistungsrückstand nicht mehr durch inkrementelle Verbesserungen aufgeholt werden kann. TI Europe hat bereits 1990 ein Business Process Re-Engineering Centre of Excellence (COE) gegründet, das ein Vorgehens- und Methodenkonzept für unternehmensinterne BPR-Projekte entwickelt hat. Change Management ist ein integraler Bestandteil dieses Konzeptes.

Zur Steuerung der Zielerreichung werden Prozessmetriken eingesetzt. Sie basieren u. a. auf dem Feedback von:

• EQA Assessment,
• Joint Quality Improvement Teams (QITs) with customers,
• Customer satisfaction surveys,
• Customer champions,
• Key customer contact list,
• Market research analysis,
• Benchmarking,
• Suppliers,
• Audits,
• Internal customer satisfaction surveys,
• Supplier rating from customers.

Die Forderung der Kunden nach kürzerer Lieferzeit signalisiert z. B. die Notwendigkeit, die Zykluszeiten im Order-Fulfilment-Process zu verkürzen.

Die Überwachung der Prozessmetriken liegt in der Hand von Prozessteams (cross-functional teams). Ebenso wie die Ziele durch Policy Deployment kaskadenförmig nach unten heruntergebrochen werden, erfolgt die Überwachung der Zielerreichung kaskadenförmig nach oben. Auf den unteren Prozessebenen wird die Leistung täglich überwacht, auf der Prozessebene monatlich und auf der Geschäftsebene quartalsweise. Die Prozessleistungen werden also systematisch auf verschiedenen Managementebenen nach einem vorgegebenen Fahrplan gesteuert.

Neben den vorgenannten (primären) Geschäftsprozessen hat TI Europe folgende Supportprozesse definiert:

• Procurement,
• Human Resources,
• Facilities,

- Financial Control,
- Total Quality Control,
- Legal Services,
- Information Systems and Services.

Die Leistung der Supportprozesse wird von den internen Kunden bewertet. Für die Prozessverantwortlichen sind diese Bewertungen eine wichtige Informationsquelle, um Prozessziele festzulegen und die Prozesse zu verbessern.

Leistungssteigerungen erzielt TI Europe über die Stabilisierung, kontinuierliche Verbesserung oder über radikale Veränderungen der Geschäftsprozesse (siehe Abb. 10-5). Die tragende Säule der Leistungssteigerungen sind die Kreativität und Motivation der Mitarbeiter. Die Mitarbeiter werden intensiv in Verbesserungsmethoden trainiert. Bei allen größeren Veränderungen erhalten die involvierten Mitarbeiter vor der Implementierung eine spezielle Schulung.

Flankierend hat TI Europe eine Kultur geschaffen, die Kreativität, Initiative und Vertrauen fördert. Dazu tragen „open door policy", „management by walking around" sowie der einheitliche Status aller Mitarbeiter bei. Für Verbesserungen werden verschiedene Teams eingesetzt, die teilweise auf freiwilliger Basis operieren: Effectiveness Teams (ETs), Corrective Actions Teams

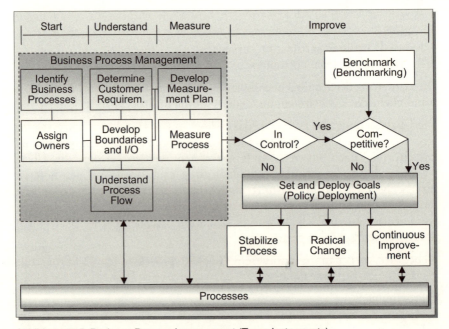

Abbildung 10-5: Business Process Improvement (Texas Instruments)

(CATs) und Quality Improvement Teams (QITs). 1996 waren in Europa 200 Teams aktiv, in denen über 900 Mitarbeiter involviert waren.

1996 hat TI Europe damit begonnen, die traditionelle Funktionsorganisation in eine „Process Management"-Organisation zu überführen.

TI Europe hat 1995 den European Quality Award gewonnen. Mit diesem herausragenden Preis hat die EFQM das Unternehmen für seine Leistungen und Erfolge u. a. auf dem Gebiet des Geschäftsprozessmanagements international ausgezeichnet.

10.2.7 Vaillant

Die Vaillant GmbH u. Co. mit Hauptsitz in Remscheid, Deutschland, ist einer der führenden Systemanbieter für Heiztechnik in Europa. Das Unternehmen hat in Anlehnung an das EFQM-Modell ein „Vaillant Exzellenz"-Modell entwickelt, in das auch die Balanced Scorecard integriert wurde (vgl. Wahlich 2001). Wie in dem EFQM-Modell spielen in dem Vaillant-Modell die Geschäftsprozesse eine zentrale Rolle. Durch die Implementierung und Optimierung der Geschäftsprozesse erzielte Vaillant bereits in einem Zeitraum von zwei Jahren nach Start des Geschäftsprozessmanagements beachtliche Leistungssteigerungen (Abbildung 10-6):

1. Erkenntnis	• Mit herkömmlichen Methoden ist die Zukunft nicht mehr zu bewältigen:
	   - zu langsam
	   - zu aufwendig
	   - für Mitarbeiter demotivierend
	• Notwendig ist die Reorganisation der funktionalen Strukturen in bereichsübergreifende Prozesse

2. Vorgehen	• Definition der Geschäftsprozesse • Analyse der Geschäftsprozesse • Definition von Soll-Prozessen • Implementierung und Neuorganisation
3. Ergebnisse (1.Jahr)	• Durchgängige Kundenorientierung in allen Prozessen • Umstellung des Entwicklungsprozesses auf prozessorientierte Teams • Reduktion der Entwicklungszeiten von ca. 5 Jahren auf ca. 2,5 Jahre • Kontinuierliche Verbesserung der Geschäftsprozesse durch die Prozessverantwortlichen

4. Ergebnisse (2. Jahr)	• Verkürzung der Entwicklungszeiten auf 1,5 bis 2 Jahre
	   - Kosteneinsparung
	   - Schnelles Reagieren auf Markterfordernisse
	   - Verbesserte Produktqualität

Abbildung 10-6: Geschäftsprozessmanagement bei Vaillant (Quelle: Blick durch die Wirtschaft, 1996, Nr. 34)

Vaillant hat drei Geschäftsprozesse identifiziert und implementiert, die einen direkten Bezug zu externen Kunden haben:

- Vaillant-Innovations-Prozess (VIP),
- Vaillant-Produkt-Bereitstellungs-Prozess (VPP),
- Vaillant-Vermarktungsprozes-Prozess (VVP).

Diesen primären Geschäftsprozessen stehen sekundäre Geschäftsprozesse (Organisationsprozesse) zur Seite:

- Unternehmenscontrolling,
- Unternehmensqualität,
- Personalmanagement,
- Finanzen, Steuern,
- IT-Management,
- Recht, Versicherung, Schutzrechte,
- Infrastruktur.

In ihrer Gesamtheit bilden die Geschäftsprozesse die prozessorientierte Organisation, die die funktionale Organisation abgelöst hat. „Diese zielgerichtete Prozessorientierung nimmt unnötige Komplexität aus dem Unternehmen, setzt die Ressourcen im Sinne des Geschäftserfolgs ein und fördert die Verantwortung aller Mitarbeiter für die ganzheitliche Sichtweise." (Wahlich 2001, S. 5) Alle Geschäftsprozesse werden von Prozessverantwortlichen (Prozesseignern) geleitet, die die Geschäftsprozesse strategisch und operativ steuern und für die Erreichung der Prozessziele verantwortlich sind.

Vaillant verfolgt mit der prozessorientierten Organisation zwei grundlegende Ziele:

- Steigerung der Wertschöpfung
- Verstärkung der Kundenorientierung

Die prozessorientierte Organisation bildet die Basis für ein umfassendes Kennzahlensystem, das der Steuerung des Unternehmenserfolges dient. Neben laufenden Prozessmessungen führt Vaillant einmal jährlich eine Selbstwertung auf Basis des EFQM-Modells durch (EQA-Assessment). Dabei werden u. a. die Wirksamkeit und Effizienz der Geschäftsprozesse sowie ihre flächendeckende Anwendung überprüft. Die Ergebnisse der Prozessmessungen, der Selbstbewertung und des Benchmarkings bilden in Verbindung mit einer SWOT-Analyse die Grundlage für die Überprüfung der Strategie und die Festlegung der Jahresziele. Als Informationsbasis dienen dabei auch Geschäftsprozess-Portfolios, die einmal jährlich von den Prozessverantwortlichen erstellt werden (siehe Abb. 10-7). Die Prozessziele werden zusammen mit den Messergebnissen in sog. Kursbüchern hinterlegt. Die Kursbücher geben Auskunft über den jeweiligen Stand der Zielerreichung und sind im Intranet einsehbar.

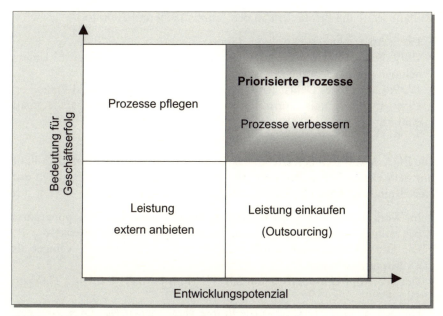

Abbildung 10-7: Geschäftsprozess-Portfolio (Vaillant)

Bei Abweichungen von den Prozesszielen werden systematisch Prozessver-besserungen eingeleitet. Dabei kommt der Problemlösungsprozess zur An-wendung, den Vaillant als Standard eingeführt hat.

Herr Manfred Ahle, Geschäftsführer der Vaillant GmbH u. Co., stellte auf der Jahres-Pressekonferenz 1999 Konzept und Erfolge des Unternehmens wie folgt dar: „Wir sind fest davon überzeugt, dass wir nur mit „Vaillant Exzel-lenz", also mit der permanenten Verbesserung unserer Prozesse im Sinne der Kundenwünsche, im harten Wettbewerb erfolgreich bestehen werden. Die sich rapide ändernden Anforderungen an unsere Produkte und Service-Leis-tungen und der enorme Preisdruck bestätigen uns darin, dass wir nur mit einer durchgängig prozeßorientierten Organisation unsere führende Markt-stellung behaupten und ausbauen können. Dass wir dabei auf dem richtigen Weg sind, zeigen die zahlreichen Auszeichnungen, die wir allein im vergan-genen Jahr von unabhängigen Institutionen erhalten haben: Die umfassenden Qualifizierungsaktivitäten unseres Kundendienstes wurden mit dem zweiten Preis beim Deutschen Service-Management-Preis belohnt. Ein großer Erfolg für das Vaillant Werk in Roding war der Gewinn des Bayerischen Qualitäts-preises 1998, und aus dem Wettbewerb um den Deutschen Qualitätspreis ging die Vaillant Gruppe als bestplaziertes Industrieunternehmen hervor. Die Assessoren, die für die Deutsche Gesellschaft für Qualität bei uns waren, ha-ben uns bescheinigt, dass wir mit unseren Prozessen zu den „Best-in-Class"-Unternehmen in Deutschland gehören."

Vaillant setzte die Erfolgsserie in den Jahren 1999 und 2000 fort:

- 1999: Auszeichnung Fabrik des Jahres,
- 1999: Finalist beim European Quality Award (unter den besten 13 Unternehmen aus allen Branchen),
- 1999: Gewinn des Deutschen Qualitätspreises (Ludwig-Erhard-Preis),
- 1999: Qualitätspreis Nordrhein-Wesfalen für die Vaillant Werkzeugbau GmbH,
- 2000: Deutscher Projektmanagement-Award.

Die EQA-Assessoren bewerteten das Prozessmanagement der Firme Vaillant mit dem europäischen Bestwert. Diese vielen Anerkennungen basieren auf einer Reihe außergewöhnlicher Leistungssteigerungen, wie z. B.:

- Im Werk Roding wurde die Reklamationsquote von über 7000 ppm (parts per million) innerhalb von drei Jahren auf unter 100 ppm gesenkt.
- Die Entwicklungszeiten wurden von 48 auf durchschnittlich weniger als 18 Monate reduziert.
- Der Pro-Kopf-Umsatz stieg von 252 TDM im Jahr 1994 auf 402 TDM im Jahr 1999.
- Die Netto-Umsatzrendite wurde in den vergangenen vier Jahre vom ein- in den zweistelligen Prozentbereich gesteigert.
- Die Mitarbeiterzufriedenheit wurde in einigen der 17 erhobenen Kategorien um zweistellige Prozentsprünge gesteigert.

Seit 1999 bietet Vaillant seine Erfahrungen auch als Beratungsleistung an.

10.3 Resümee

Geschäftsprozessmanagement ist für Unternehmen ein erfolgversprechender Weg, die heutigen und zukünftigen Herausforderungen zu bewältigen. Mit seiner konsequenten Anwendung sind nachhaltige Steigerungen der Kundenzufriedenheit, der Produktivität und des Unternehmenswertes verbunden. Viele Konzepte und Methoden zur Erhöhung des Geschäftserfolges basieren auf Geschäftsprozessen oder erreichen erst in Verbindung mit Geschäftsprozessmanagement die gewünschten Wirkungen (siehe Abb. 10-8).

Der Verbreitungsgrad des Geschäftsprozessmanagements ist in Deutschland noch relativ gering. Viele Unternehmen wären gut beraten, sich intensiver mit Geschäftsprozessmanagement auseinander zu setzen, um ihre Wettbewerbsposition zu stärken und ihre Zukunft zu sichern.

Ohne exzellentes Geschäftsprozessmanagement lässt sich in Zukunft Business Excellence nicht mehr erreichen.

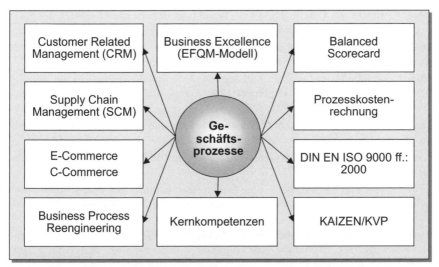

Abbildung 10-8: Einfluss von Geschäftsprozessen auf die Wirkung von Konzepten und Methoden zur Steigerung des Geschäftserfolges

10.4 Literatur zum Kapitel 10

Agamus Consult (1996): Die „KVP-Studie", Starnberg 1996.

Brisa (1996): Application for the European Quality Award 1996, 1996.

Bullinger, H.-J.; Wiedmann, G.; Niemeier, J. (1995): Business Reengineering. Aktuelle Managementkonzepte in Deutschland: Zukunftsperspektiven und Stand der Umsetzung, Fraunhofer-Institut für Arbeitswirtschaft und Organisation (IAO), Stuttgart 1995.

CSC Index (1994): State of Reengineering Report: North America, Europe. Executive Summary, Cambridge, MA 1994.

Dernbach, W. (1996): Geschäftsprozeßoptimierung. Der neue Weg zur marktorientierten Unternehmensorganisation. Diebold Deutschland GmbH., in: Nippa, M.; Picot, A. (Hrsg.): Prozeßmanagement und Reengineering. Die Praxis im deutschsprachigen Raum, 2. Aufl., Frankfurt am Main/New York 1996, S. 187–205.

Dette, W.; Schweikert, B. (1999): Prozeßqualität – mit einem Blick erfaßt. Der Prozeß-Vitalitäts-Index (PVI) als wirksames Instrument im prozeßorientierten Unternehmen, in: Qualität und Zuverlässigkeit (QZ), 44 (1999) 1, S. 70–74.

EFQM (1999b): Business Process Management, „How to embrace Process Management", EFQM Good Practice and Benchmarking Services, Brüssel 1999.

Grasser, F. (2001): Praxisbeispiel: Siemens AG Medizinische Technik, Computer-Tomografie Forchheim: „Alles ist Logistik", in: Burckhardt, W. (Hrsg.): Das große Handbuch der Produktion, Landsberg/Lech 2001, S. 403–407.

Guba, S.; Kettinger, W. J.; Teng, T. C. (1993): Business Process Reengineering, in: Information Systems Management, Summer Issue, 1994, S. 1–22.

Hess, T.; Brecht, L.; Österle, H. (1995): Stand und Defizite der Methoden des Business Process Redesign, in: 37 Wirtschaftsinformatik, (1995) 5, S. 480–486.

Holst, J. (1992): Der Wandel im Dienstleistungsbereich. Mit Prozeßmanagement zur schlanken Organisation, in: CONTROLLING, 4 (1992) 9/10, S. 260–267.

Hug, E. (1993): Kampf gegen Überkomplexität in Großunternehmen am Beispiel IBM, in: Reiß, M.; Gassert, H.; Horváth, P.: Komplexität meistern – Wettbewerbsfähigkeit sichern, Stuttgart 1993, S. 43–61.

Imai, M. (1997): Gemba KAIZEN, Permanente Qualitätsverbesserung, Zeitersparnis und Kostensenkung am Arbeitsplatz, München 1997.

Logistik (1999): Es gibt nichts Gutes – außer man tut es. Prozeßoptimierung/Siemens CT, in: Logistik Heute (1999) 3, S. 16–19.

o. V. (1996): Auf Tuchfühlung. Eine Studie über Erfahrungen mit dem Kontinuierlichen Verbesserungsprozeß, in: WirtschaftsWoche Nr. 24 vom 06.06.1996, S. 102–106.

Perlitz, M.; Offinger, A.; Reinhardt, M.; Schug, K.; Bufka, J. (1995): Business Process Reengineering, Ergebnisse einer empirischen Untersuchung, Universität Mannheim, Fakultät für Betriebswirtschaftslehre, Mannheim 1995.

Piëch, F. (1997): Der Transformationsprozess bei Volkswagen, Vortrag, München 22.04.1997.

v. Pierer, H. (2000): Punkt für Punkt zum Erfolg, in: Siemens Welt, 12/99–1/00, S. 2.

Rank Xerox (1992): The Rank Xerox European Quality Award Submission Document, 1992.

Reithofer, N. (2001): Schnelligkeit in der Umsetzung von Prozeßveränderungen und deren Auswirkungen auf den Unternehmenswert, in: Wildemann, H. (Hrsg.): Wertsteigerung von Unternehmen. Mit welchen Methoden? Münchner Management Kolloquium 27./28.03.2001, München 2001, S. 535–557.

Schwager, M. (1997): KaiZen – Der sanfte Weg des Reengineering: eine Studie zum Entwicklungsstand in deutschen Unternehmen, Freiburg 1997.

Siemens AG (1999): Med CT: von der Hierarchie zur Prozeßstruktur, in: Siemens Welt 12/98–1/99, S. 37.

Striening, H.-D. (1988): Prozess-Management, Frankfurt am Main 1988.

Texas Instruments Europe (1995): Application for the European Quality Award 1995, 1995.

Thomas, Ph. R. (1991): Getting Competitive. Middle Managers and the Cycle Time Ethic, New York et al. 1991.

VDI (1998): Computertomographie logistisch erfolgreich durchleuchtet, in: VDI Nachrichten Nr. 43, 13.10.1998, S. 23.

Wahlich, S. M. (2001): Steuern mit Kennzahlen: EFQM und prozessorientierte Balanced Scorecard – ein Erfahrungsbericht, in: Grötzinger, M.; Uepping, H. (Hrsg.): Balanced Scorecard im Human Resource Management, Neuwied 2001, S. 68–74.

11 Literatur

Agamus Consult (1996): Die „KVP-Studie", Starnberg 1996.

Al-Ani, A. (1996): Continuous Improvement als Egänzung des Business Reengineering, in: Zeitschrift Führung+Organisation (zfo), 65 (1996) 3, S. 142–148.

Arbeitskreis „Organisation" der Gesellschaft, Deutsche Gesellschaft für Betriebswirtschaft e. V. (1996): Organisation im Umbruch. (Was) Kann man aus den bisherigen Erfahrungen lernen?, in: Zeitschrift für betriebswirtschaftliche Forschung (ZfB), 48 (1996) 6, S. 621–665.

Bach, V.; Österle, H. (Hrsg.) (2000): Customer Relationship in der Praxis, Berlin et al. 2000.

Bagdasarjanz, F.; Hochreutener, K. (1995): Prozeßmanagement als Voraussetzung für Kundenzufriedenheit – Das Customer Focus-Programm bei ABB, in: Simon, H.; Homburg, Ch. (Hrsg.): Kundenzufriedenheit, Konzepte–Methoden–Erfahrungen, Wiesbaden 1995, S. 207–227.

Beck, V.; Landvogt, G. (1999): Vorgehensweisen und Erfahrungen bei der Geschäftsprozeßgestaltung in kleinen und mittleren Unternehmen, in: Hofer-Alfeis, J. (Hrsg.): Geschäftsprozeßmanagement: innovative Ansätze für das wandlungsfähige Unternehmen, München 1999, S. 360–368.

Becker, J.; Kugeler, M.; Rosemann, M. (Hrsg.) (2000): Prozessmanagement. Ein Leitfaden zur prozessorientierten Organisationsgestaltung, Berlin et al. 2000.

Becker, M.; Kampschulte, T.; Vauth, W. (1998): Standard für Prozesse. VDI/DGQ 5505: Richtlinie zum Prozeßmanagement als Bestandteil von TQM, in: Qualität und Zuverlässigkeit (QZ), 43 (1998) 12, S. 1472–1476.

Behnke, C. W. F.; Niemand, S. (1998): Prozeßkostenmanagement auf der Grundlage einer vorhandenen Prozeßorganisation bei Siemens Med CT, in: Horváth & Partner GmbH (Hrsg.): Prozesskostenmanagement. Methodik und Anwendungsfelder, 2. Aufl., München 1998, S. 97–113.

Berkau, C.; Hirschmann, P. (Hrsg.) (1996): Kostenorientiertes Geschäftsprozeßmanagement. Methoden, Werkzeuge, Erfahrungen, München 1996.

Binke, G.; Witthaus, M. (1997): Vom Qualitätsaudit zur Auditierung von Geschäftsprozessen, in: Riekhof, H.-Ch. (Hrsg.): Beschleunigung von Geschäftsprozessen. Wettbewerbsfähigkeit durch Lernfähigkeit, Stuttgart 1997, S. 43–61.

Binner, H. F. (1997): Integriertes Organisations- und Prozeßmanagement, München 1997.

Bock, F. (1996): Der Hochleistungsansatz von Arthur D. Little, in: Nippa, M.; Picot, A. (Hrsg.): Prozeßmanagement und Reengineering. Die Praxis im deutschsprachigen Raum, 2. Aufl., Frankfurt am Main/New York 1996, S. 78–92.

Bogaschewsky, R.; Rollberg, R. (1998): Prozeßorientiertes Management, Berlin et al. 1998.

Brandstätt, Zh.; Zink, K. J.; Olesen, J.-P. (1996): In Schritten zur Prozeßorientierung … am Beispiel eines mittelständischen Unternehmens, in: Qualität und Zuverlässigkeit (QZ), 41 (1996) 5, S. 518–523.

Brede, H. (1996): Prozeßorientiertes Controlling wandelbarer Organisationsstrukturen, in: Zeitschrift Führung+Organisation (zfo), 65 (1996) 3, S. 154–158.

Brisa (1996): Application for the European Quality Award 1996, 1996.

Bullinger, H.-J.; Wiedmann, G.; Niemeier, J. (1995): Business Reengineering. Aktuelle Managementkonzepte in Deutschland: Zukunftsperspektiven und Stand der Umsetzung, Fraunhofer-Institut für Arbeitswirtschaft und Organisation (IAO), Stuttgart 1995.

Bullinger; H.-J.; Warschat, J.; Berndes, S.; Stanke, A. (1995): Simultaneous Engineering, in: Zahn, E. (Hrsg.): Handbuch Technologiemanagement, Stuttgart 1995, S. 377–394.

Bungard, W. (1996): Zur Implementierungsproblematik bei Business-Reengineering Projekten, in: Perlitz, M.; Offinger, A.; Reinhardt, M.; Schug, K. (Hrsg.): Reengineering zwischen Anspruch und Wirklichkeit. Ein Managementansatz auf dem Prüfstand, Wiesbaden 1996, S. 253–273.

Camp, R. C. (1994): Benchmarking, München et al.1994.

Chrobok, R.; Tiemeyer, E. (1996): Geschäftsprozeßorganisation, Vorgehensweise und unterstützende Tools, in: Zeitschrift Führung+Organisation (zfo), 65 (1996) 3, S. 165–172.

Coenenberg A. G.; Fischer, T. M. (1991): Prozeßkostenrechnung: Strategische Neuorientierung in der Kostenrechnung, in: Die Betriebswirtschaft (DBW), 51 (1991) 1, S. 21–38.

Coopers & Lybrand (1995): Process Management. Rethinking the Fundamentals, Workshop Siemens 15.–18.01.1995.

Corsten, H. (Hrsg.) (1997): Management von Geschäftsprozessen, Theoretische Ansätze – Praktische Beispiele, Stuttgart 1997.

Corsten, H.; Will, Th. (Hrsg.) (1995): Unternehmungsführung im Wandel, Strategien zur Absicherung des Erfolgspotentials, Stuttgart et al. 1995.

Crux, A.; Schwilling, A. (1996): Business Reengineering. Ein Ansatz der Roland Berger & Partner GmbH, in: Nippa, M.; Picot, A. (Hrsg.): Prozeßmanagement und Reengineering. Die Praxis im deutschsprachigen Raum, 2. Aufl., Frankfurt am Main/New York 1996, S. 206–223.

CSC Index (1994): State of Reengineering Report: North America, Europe. Executive Summary, Cambridge, MA 1994.

Davenport, Th. H. (1993): Process Innovation, Reengineering Work through Information Technology, Boston 1993.

Deming, W. E. (1994): Out of the crisis, 19. Aufl., Cambridge 1994.

Demmer, C.; Gloger, A.; Hoerner, R. (1996): Erfolgreiche Reengineering-Praxis in Deutschland, München 1996.

Dernbach, W. (1996): Geschäftsprozeßoptimierung. Der neue Weg zur marktorientierten Unternehmensorganisation. Diebold Deutschland GmbH, in: Nippa, M.; Picot, A. (Hrsg.): Prozeßmanagement und Reengineering. Die Praxis im deutschsprachigen Raum, 2. Aufl., Frankfurt am Main/New York 1996, S. 187–205.

Dette, W.; Schweikert, B. (1999): Prozeßqualität – mit einem Blick erfaßt. Der Prozeß-Vitalitäts-Index (PVI) als wirksames Instrument im prozeßorientierten Unternehmen, in: Qualität und Zuverlässigkeit (QZ), 44 (1999) 1, S. 70–74.

DIN EN ISO 9000:2000 (2000): Deutsches Institut für Normung e.V. (Hrsg.): DIN EN ISO 9000:2000, Qualitätsmanagementsysteme – Grundlagen und Begriffe, Berlin 2000.

DIN EN ISO 9001:2000 (2000): Deutsches Institut für Normung e. V. (Hrsg.): DIN EN ISO 9001:2000, Qualitätsmanagementsysteme – Anforderungen, Berlin 2000.

DIN EN ISO 9004:2000 (2000): Deutsches Institut für Normung e. V. (Hrsg.): DIN EN ISO 9001:2000, Qualitätsmanagementsysteme – Leitfaden zur Leistungsverbesserung, Berlin 2000.

DIN ISO 10011-1 (1990): Deutsches Institut für Normung e. V. (Hrsg.): DIN ISO 10011-1, Leitfaden für das Audit von Qualitätssicherungssystemen – Teil 1: Auditdurchführung, Berlin 1990.

Doppler, K.; Lauterburg, Ch. (1994): Change Management. Den Unternehmenswandel gestalten, Frankfurt am Main 1994.

Drexler, H. (1996): Den Zweck nicht aus den Augen verlieren. Erfahrungen bei der Einführung von geschäftsprozeßorientierten Qualitätsmanagementsystemen in kleinen und mittleren Unternehmen, in: Zertifizierung (1996), S. 46–51.

Ebeling, J. (2000): Die sieben elementaren Werkzeuge der Qualität, in: Kamiske, G. F. (Hrsg.): Unternehmenserfolg durch Excellence, München 2000, S. 277–307.

EFQM (1999a): Das EFQM Modell für Excellence 1999. European Foundation for Quality Management, Brüssel 1999.

EFQM (1999b): Business Process Management, „How to embrace Process Management", EFQM Good Practice and Benchmarking Services, Brüssel 1999.

Edenhofer, B.; Prefi, T.; Wißler F. E. (1997): Das System verändern. pQMS – ein Qualitätsmanagementsystem für Prozesse, in: Qualität und Zuverlässigkeit (QZ), 42 (1997) 11, S. 1231–1234.

Ehrlenspiel, K. (1995): Integrierte Produktentwicklung: Methoden für Prozeßorganisation, Produktherstellung und Konstruktion, Wien 1995.

Engelmann, Th. (1995): Business Process Reengineering: Grundlagen – Gestaltungsempfehlungen – Vorgehensmodell, Wiesbaden 1995.

Englert, N.; Dielacher, M. (1996): Re-Engineering – Kommunikation als Schlüssel zum Erfolg. Strategien zur effektiven Management- und Mitarbeiterbeteiligung am Beispiel eines Re-Engineeringprojektes der Shell Austria AG, in: Perlitz, M.; Offinger, A.; Reinhardt, M.; Schug, K. (Hrsg.): Reengineering zwischen Anspruch und Wirklichkeit. Ein Managementansatz auf dem Prüfstand, Wiesbaden 1996, S. 277–287.

Eversheim, W. (Hrsg.) (1995): Prozeßorientierte Unternehmensorganisation, Berlin et al. 1995.

Eversheim, W.; Bochtler, W.; Laufenberg, L. (1995): Simultaneous Engineering, Erfahrungen aus der Industrie für die Industrie, Berlin et al. 1995.

Fank, M. (1998): Tools zur Geschäftsprozeßorganisation. Entscheidungskriterien, Fallstudienorientierung, Produktvergleiche, Braunschweig/Wiesbaden 1998.

Faßhauer, R. (1995): Die Bedeutung von BenchmarkingAnalysen für die Gestaltung von Geschäftsprozessen, in: Mertins, K.; Siebert, G.; Kempf, S.: Benchmarking: Praxis in deutschen Unternehmen, Berlin et al. 1995, S. 29–47.

Ferk, H. (1996): Geschäfts-Prozessmanagement: ganzheitliche Prozessoptimierung durch Cost-driver-Analyse; Methodik Implementierung, Erfahrungen, München 1996.

Finkeißen, A.; Forschner, M.; Häge, M. (1996): Werkzeuge zur Prozeßanalyse und -optimierung, in: CONTROLLING, 8 (1996) 1, S. 58–67.

Fischer, J. (1996): Prozeßorientiertes Controlling: ein notwendiger Paradigmenwechsel!?, in: Controlling, 8 (1996) 4, S. 222–231.

Franz, S.; Scholz, R. (1996): Prozeßmanagement leicht gemacht, München/Wien 1996.

Friedrich, S. A. (1996): Outsourcing: Weg zum führenden Wettbewerber oder gefährliches Spiel?, in: Hinterhuber, H. H.; Al-Ani, A.; Handlbauer, G.: Das neue strategische Management, Wiesbaden 1996, S. 245–275.

Fries, S.; Seghezzi, H. D. (1994): Entwicklung von Meßgrößen für Geschäftsprozesse, in: CONTROLLING, 6 (1994) 6, S. 338–345.

Gaitanides, M. (1983): Prozeßorganisation. Entwicklung, Ansätze und Programme prozeßorientierter Organisationsgstaltung, München 1983.

Gaitanides, M. (1998): Business Reengineering. Prozeßmanagement – von der Managementtechnik zur Theorie der Unternehmung?, in: Die Betriebswirtschaft (DBW), 58 (1998) 3, S. 369–381.

Gaitanides, M.; Scholz, R.; Vrohlings, A.; Raster, M. (1994): Prozeßmanagement: Konzepte, Umsetzungen und Erfahrungen des Reengineering, München 1994.

Gaitanides, M.; Scholz, R.; Vrohlings, A. (1994): Prozeßmanagement – Grundlagen und Zielsetzungen, in: Gaitanides, M.; Scholz, R.; Vrohlings, A.; Raster, M.: Prozeßmanagement: Konzepte, Umsetzungen und Erfahrungen des Reengineering, München 1994, S. 1–19.

Gaitanides, M; Sjurts, I. (1995): Wettbewerbsvorteile durch Prozeßmanagement. Eine ressourcenorientierte Analyse, in: Corsten, H.; Will, T. (Hrsg.): Unternehmungsführung im Wandel, Stuttgart/Berlin/Köln 1995, S. 61–82.

Gartner Group (1994): Business Process Reengineering, Market Research Note, auszugsweise wiedergegeben in: Handelsblatt vom 21.06.1994.

Gasterstädt, G.; Januschewski, F. (1999): TQM – Konzept für die Praxis, in: Mayer, E.; Liessmann, K.; Freidank C.-C.: Controlling-Konzepte. Werkzeuge und Strategien für die Zukunft, Wiesbaden 1999, S. 315–335.

Gausemeier, J.; Fink, A. (1999): Führung im Wandel. Ein ganzheitliches Modell zur zukunftsorientierten Unternehmensgestaltung, München 1999.

Gerpott, T. J.; Wittkemper, G. (1996): Business Process Redesign. Der Ansatz von Booz, Allen & Hamilton, in: Nippa, M.; Picot, A. (Hrsg.): Prozeßmanagement und Reengineering. Die Praxis im deutschsprachigen Raum, 2. Aufl., Frankfurt am Main/New York 1996, S. 144–164.

Gierhake, O. (1998): Integriertes Geschäftsprozeßmanagement. Effektive Organisationsgestaltung mit Workflow-, Workgroup- und Dokumentenmanagement-Systemen, Wiesbaden 1998.

Gogoll, A. (2000): Management-Werkzeuge der Qualität, in: Kamiske, G. F. (Hrsg.): Unternehmenserfolg durch Excellence, München 2000, S. 346–358.

Gogoll, A.; Theden, P. (2000): Techniken des Quality Engineering, in: Kamiske, G. F. (Hrsg.): Unternehmenserfolg durch Excellence, München 2000, S. 308–345.

Grasser, F. (2001): Praxisbeispiel: Siemens AG Medizinische Technik, Computer-Tomografie Forchheim: „Alles ist Logistik", in: Burckhardt, W. (Hrsg.): Das große Handbuch der Produktion, Landsberg/Lech 2001, S. 403–407.

Grevener, H.; Schiffers, E. (1995): Geschäftsprozesse – Ihre Effektivität und Effizienz wird durch kombiniertes Benchmarking gesteigert, in: Kreuz, W. et al. (Hrsg.): Mit Benchmarking zur Weltspitze aufsteigen. Strategien neu gestalten, Geschäftsprozesse optimieren, Unternehmenswandel forcieren, Landsberg am Lech 1995, S. 83–117.

Griese, J.; Sieber, P. (1999): Betriebliche Geschäftsprozesse: Grundlagen, Beispiele, Konzepte, Bern et al. 1999.

Guba, S.; Kettinger, W. J.; Teng, T. C. (1993): Business Process Reengineering, in: Information Systems Management, Summer Issue, 1994, S. 1–22.

Haist, F.; Fromm, H. (1989): Qualität im Unternehmen: Prinzipien-Methoden-Techniken, München 1989.

Hall, G.; Rosenthal, J.; Wade, J. (1993): How to Make Reengineering Really Work, in: Harvard Business Review, (1993) 11/12, S. 119–131.

Hamel, G.; Prahalad, C. (1995): Wettlauf um die Zukunft: Wie Sie mit bahnbrechenden Strategien die Kontrolle über Ihre Branche gewinnen und die Märkte von morgen schaffen, Wien 1995.

Hammer, M. (1994): „Vergeudung ist Sünde“, in: WirtschaftsWoche, (1994) Nr. 8, S. 68–72.

Hammer, M.; Champy, J. (1993): Reengineering the Corporation, New York 1993.

Hammer, M.; Champy, J. (1994): Business Reengineering, Frankfurt am Main/ New York 1994.

Hammer, R. M.; Hinterhuber, H. H.; Schließmann, C. P. (1995): Aufbruch in die Veränderung. Strategien für eine Unternehmensführung, Wiesbaden 1995.

Harrington, H. J. (1991): Business Process Improvement – The Breakthrough Strategy for Total Quality Management, Productivity and Competitiveness, New York et al. 1991.

Heilmann, M. L. (1996): Geschäftsprozess-Controlling, Bern et al. 1996.

Helfrich, Ch. (2001): Praktisches Prozessmanagement, München 2001.

Herp, Th.; Brand, St. (1996): Reengineering aus Management-Sicht (Boston Consulting Group), in: Nippa, M.; Picot, A. (Hrsg.): Prozeßmanagement und Reengineering. Die Praxis im deutschsprachigen Raum, 2. Aufl., Frankfurt am Main/New York 1996, S. 126–143.

Hess, T.; Brecht, L. (1995): State of the Art des Business Process Redesign – Darstellung und Vergleich bestehender Methoden, Wiesbaden 1995.

Hess, T.; Brecht, L.; Österle, H. (1995): Stand und Defizite der Methoden des Business Process Redesign, in: 37 Wirtschaftsinformatik, (1995) 5, S. 480–486.

Hinterhuber, H. H. (1992): Strategische Unternehmensführung, Band 1, Strategisches Denken, 5. Aufl., Berlin/New York 1992.

Hinterhuber, H. H. (1995): Vom Denken in Funktionen zum Denken in Prozessen, in: Hammer, R. M.; Hinterhuber, H. H.; Schliessmann, C. P.: Aufbruch in die Veränderung. Strategien für eine Unternehmensführung, Wiesbaden 1995, S. 13–42.

Hinterhuber, H. H.; Handlbauer, G.; Matzler, K. (1997): Kundenzufriedenheit durch Kernkompetenzen: eigene Potentiale erkennen – entwickeln – umsetzen, München/Wien 1997.

Hirsch, B.; Wall, F.; Attorps, J. (2001): Controlling-Schwerpunkte prozessorientierter Unternehmen, in: Kostenrechnungspraxis (krp), 45 (2001) 2, S. 73–79.

Hofer-Alfeis, J. (Hrsg.) (1999): Geschäftsprozeßmanagement: innovative Ansätze für das wandlungsfähige Unternehmen, München 1999.

Hohmann, P. (1999): Geschäftsprozesse und integrierte Anwendungssysteme. Prozessorientierung als Erfolgskonzept, Köln 1999.

Holst, J. (1992): Der Wandel im Dienstleistungsbereich. Mit Prozeßmanagement zur schlanken Organisation, in: CONTROLLING, 4 (1992) 9/10, S. 260–267.

Homburg, Ch.; Rudolph, B. (1995): Wie zufrieden sind Ihre Kunden tatsächlich?, in: Harvard Business Manager, (1995) 1, S. 43–50.

Homburg, Ch.; Hocke, G. (1998): Change Management durch Reengineering? Eine Bestandsaufnahme, in: Zeitschrift Führung+Organisation (zfo), 67 (1998) 5, S. 294–299.

Hornung, M; Staiger, Th. J.; Wißler, F. E. (1996): Prozesse mitarbeitergerecht dokumentieren, in: Qualität und Zuverlässigkeit (QZ), 41 (1996) 12, S. 1374–1380.

Horváth, P. (Hrsg.) (1994): Kunden und Prozesse im Fokus – Controlling und Reengineering, Stuttgart 1994.

Horváth, P. (Hrsg.) (1997): Die „Vorderseite" der Prozeßorientierung, in: CONTROLLING, 9 (1997) 2, S. 114.

Horváth, P. (1998): Controlling, 7. Aufl., München 1998.

Horváth, P.; Gaiser, B. (2000): Implementierungserfahrungen mit der Balanced Scorecard im deutschen Sprachraum – Anstöße zur konzeptionellen Weiterentwicklung, in: Betriebswirtschaftliche Forschung und Praxis (BFuP), (2000) 1, S. 17–35.

Horváth, P.; Gleich, R. (1998): Prozeß-Benchmarking in der Maschinenbaubranche, in: Zeitschrift für wirtschaftliche Fertigung (ZWF), 93 (1998) 7–8, S. 325–329.

Horváth, P.; Mayer, R. (1989): Prozeßkostenrechnung. Der neue Weg zu mehr Kostentransparenz und wirkungsvolleren Unternehmensstrategien, in: CONTROLLING, 1 (1989) 4, S. 214–219.

Horváth & Partner GmbH (Hrsg.) (1998): Prozesskostenmanagement. Methodik und Anwendungsfelder, 2. Aufl., München 1998.

Hug, E. (1993): Kampf gegen Überkomplexität in Großunternehmen am Beispiel IBM, in: Reiß, M.; Gassert, H.; Horváth, P.: Komplexität meistern – Wettbewerbsfähigkeit sichern, Stuttgart 1993, S. 43–61.

Hummel, T.; Malorny, C. (1996): Total Quality Management. Tips für die Einführung, München 1996.

Hunter, M. (1994): Business Process Reengineering, Seminar Frost & Sullivan, Düsseldorf 19. bis 21.10.1994.

Imai, M. (1992): Der Schlüssel zum Erfolg der Japaner im Wettbewerb, 5. Aufl., München 1992.

Imai, M. (1997): Gemba KAIZEN, Permanente Qualitätsverbesserung, Zeitersparnis und Kostensenkung am Arbeitsplatz, München 1997.

Juran Institute (1996): Process Management, Seminar für Siemens AG, 1996.

Kamiske, G. F. (Hrsg.) (2000): Unternehmenserfolg durch Excellence, München 2000.

Kamiske, G. F.; Füermann, T. (1995): Reengineering versus Prozeßmanagement. Der richtige Weg zur prozeßorientierten Organisationsgestaltung, in: Zeitschrift Führung+Organisation (zfo), 64 (1995) 3, S. 142–148.

Kano, N.; Seraku, N.; Takahasi, F.; Tsuji, S. (1994): Attractive Quality and Must-Be-Quality, in: Hinshitsu, Vol. 14 (1994) No. 2, S. 39–48.

Kaplan, R. B.; Murdock, L. (1991): Core proccess redesign, in: The McKinsey Quarterly, (1991) 2, S. 27–43.

Kaplan, R. S.; Norton, D. P. (1997): Balanced Scorecard – Strategien erfolgreich umsetzen, Stuttgart 1997.

Kieser, A. (1996): Business Process Reengineering – neue Kleider für den Kaiser?, in: Zeitschrift Führung+Organisation (zfo), 65 (1996) 3, S. 179–185.

Kinner, R. (1999): Fallstudie zur Einführung teamorientierter Prozeßorganisationen (I), in: Hofer-Alfeis, J. (Hrsg.): Geschäftsprozeßmanagement: innovative Ansätze für das wandlungsfähige Unternehmen, München 1999, S. 168–180.

Kleinfeld, K. (1997): Optimierung, Restrukturierung, Wachstum und Innovation: Das Vorgehen bei Siemens, in: Riekhof, H.-Ch. (Hrsg.): Beschleunigung von Geschäftsprozessen. Wettbewerbsfähigkeit durch Lernfähigkeit, Stuttgart, 1997 S. 103–119.

Kohlöffel, K. M. (2000): Strategisches Management, München 2000.

v. Koenigsmark, O.; Trenz, C. (1996): Einführung von Business Reengineering – Methoden und Praxisbeispiele für den Mittelstand, Frankfurt am Main 1996.

Kreuz, W. (1996): Transforming the Enterprise. Die nächste Generation des Business Process Engineering (A. T. Kearny), in: Nippa, M.; Picot, A. (Hrsg.): Prozeßmanagement und Reengineering. Die Praxis im deutschsprachigen Raum, 2. Aufl., Frankfurt am Main/New York 1996, S. 93–107.

Krickl, O. Ch. (Hrsg.) (1994): Geschäftsprozeßmanagement. Prozeßorientierte Organisationsgestaltung und Informationstechnologie, Heidelberg 1994.

Krubasik, E. G. (1999): Qualität zahlt sich aus, in: Siemens Welt, (1999) 6, S.10–12.

Krüger, W. (1994): Organisation der Unternehmung, 3. Aufl., Stuttgart 1994.

Küting, K.; Lorson, P. (1996): Benchmarking von Geschäftsprozessen als Instrument der Geschäftsprozeßanalyse, in: Berkau, C.; Hirschmann, P. (Hrsg.): Kostenorientiertes Geschäftsprozeßmanagement, München 1996, S. 121–140.

Lamla, J. (1995): Prozeßbenchmarking, München 1995.

Logistik (1999): Es gibt nichts Gutes – außer man tut es. Prozeßoptimierung/Siemens CT, in: Logistik Heute (1999) 3, S. 16–19.

Lullies, V.; Pastowsky, M.; Grandke, S. (1998): Geschäftsprozesse optimieren ohne Diktat der Technik, in: Harvard Business Manager, (1998) 2, S. 65–72.

Lullies, V.; Hartmann, H.; Pastowsky, M. (1999): Partizipation: Der Schlüssel zu einer erfolgreichen Geschäftsprozeßgestaltung – Ein Handbuch für Praktiker, in: Hofer-Alfeis, J. (Hrsg.): Geschäftsprozeßmanagement: innovative Ansätze für das wandlungsfähige Unternehmen, München 1999, S. 151–153.

Masing, W. (1993): Nachdenken über qualitätsbezogene Kosten, in: Qualität und Zuverlässigkeit (QZ), 38 (1993) 3, S. 149–153.

Mayer, R. (1996): Prozeßkostenrechnung und Prozeß(kosten)optimierung als integrierter Ansatz – Methodik und Anwendungsempfehlungen, in: Berkau, C.; Hirschmann, P. (Hrsg.): Kostenorientiertes Geschäftsprozeßmanagement, München 1996, S. 43–67.

Mayer, R. (1998): Prozeßkostenrechnung – State of the Art, in: Horváth & Partner GmbH (Hrsg.): Prozesskostenmanagement. Methodik und Anwendungsfelder, 2. Aufl., München 1998, S. 3–27.

Mertens, P. (1997): Die Kehrseite der Prozeßorientierung, in: CONTROLLING, 9 (1997) 2, S. 110–111.

Nagel, P. (1996): Durch Reengineering die Fitneß wiedergewinnen. Das Beispiel der Grammer AG, in: Nippa, M.; Picot, A. (Hrsg.): Prozeßmanagement und Reengineering. Die Praxis im deutschsprachigen Raum, 2. Aufl., Frankfurt am Main/New York, 1996, S. 286–292.

Neubürger, H. J. (2000): Wertorientierte Unternehmensführung bei Siemens, in: Zeitschrift für betriebswirtschaftliche Forschung (zfbf), 52 (2000) 3, S. 188–196.

Niemand, St.; Stoi, R. (1996): Die Verbindung von Prozeßkostenrechnung und Workflow-Management zu einem integrativen Prozeßmanagementsystem, in: Zeitschrift Führung+Organisation (zfo), 65 (1996) 3, S. 159–164.

Nippa, M. (1996a): Anforderungen an das Management prozeßorientierter Unternehmen, in: Nippa, M.; Picot, A. (Hrsg.): Prozeßmanagement und Reengineering. Die Praxis im deutschsprachigen Raum, 2. Aufl., Frankfurt am Main/New York 1996, S. 39–58.

Nippa, M. (1996b): Bestandsaufnahme des Reengineering-Konzepts, in: Nippa, M.; Picot, A. (Hrsg.): Prozeßmanagement und Reengineering. Die Praxis im deutschsprachigen Raum, 2. Aufl., Frankfurt am Main/New York 1996, S. 61–77.

Nippa, M.; Klemmer, J. (1996): Zur Praxis prozeßorientierter Unternehmensgestaltung. Von der Analyse bis zur Umsetzung (BPU), in: Nippa, M.; Picot, A. (Hrsg.): Prozeßmanagement und Reengineering. Die Praxis im deutschsprachigen Raum, 2. Aufl., Frankfurt am Main/New York 1996, S.165–186.

Nippa, M.; Picot, A. (Hrsg.) (1996): Prozeßmanagement und Reengineering. Die Praxis im deutschsprachigen Raum, 2. Aufl., Frankfurt am Main/New York 1996.

Nippa, M.; Schnopp, R. (1990): Ein praxiserprobtes Konzept zur Gestaltung der Entwicklungszeit, in: Reichwald, R.; Schmelzer H. J.: Durchlaufzeiten in der Entwicklung: Praxis des industriellen F&E-Managements, München 1990, S. 115–155.

Nordsieck, F. (1931): Grundlagen der Organisationslehre, Stuttgart 1931.

Österle, H. (1995): Business Engineering: Prozeß- und Systementwicklung, Band 1. Entwurfstechniken, 2. Aufl., Berlin et al. 1995.

Osterloh, M.; Frost, J. (1994): Business Reengineering: Modeerscheinung oder „Business Revolution"?, in: Zeitschrift Führung+Organisation (zfo), 63 (1994) 6, S. 356–363.

Osterloh, M.; Frost, J. (1996): Prozessmanagement als Kernkompetenz. Wie Sie Business Reengineering strategisch nutzen können, Wiesbaden 1996.

Osterloh, M.; Frost, J. (1997): So wird Reengineering zum Erfolg. Optimierung von Geschäftsprozessen, in: Gablers Magazin, (1997) 4, S. 39–41.

o. V. (1995): Der Kunde soll wieder König werden, Studie der WHU Koblenz und der VDI-Nachrichten, in: VDI Nachrichten vom 22.09.1995.

o. V. (1996): Auf Tuchfühlung. Eine Studie über Erfahrungen mit dem Kontinuierlichen Verbesserungsprozeß, in: WirtschaftsWoche, Nr. 24 vom 06.06.1996, S. 102–106.

Perlitz, M. (1995): Weit mehr möglich, in: WirtschaftsWoche, Nr. 22 vom 22.5.1995, S. 79–81.

Perlitz, M.; Offinger, A.; Reinhardt, M.; Schug, K.; Bufka, J. (1995): Business Process Reengineering, Ergebnisse einer empirischen Untersuchung, Universität Mannheim, Fakultät für Betriebswirtschaftslehre, Mannheim 1995.

Perlitz, M.; Offinger, A.; Reinhardt, M.; Schug, K. (Hrsg.) (1996): Reengineering zwischen Anspruch und Wirklichkeit. Ein Managementansatz auf dem Prüfstand, Wiesbaden 1996.

Pfitzinger, E. (1997): Geschäftsprozeß-Management – Steuerung und Optimierung von Geschäftsprozessen, Berlin et al. 1997.

Picot, A.; Böhme, M. (1996): Zum Stand der prozeßorientierten Unternehmensgestaltung in Deutschland, in: Nippa, M.; Picot, A. (Hrsg.): Prozeßmanagement und Reengineering. Die Praxis im deutschsprachigen Raum, 2. Aufl., Frankfurt am Main/New York 1996, S. 227–247.

Picot, A.; Franck, E. (1996): Prozeßorganisation. Eine Bewertung der neuen Ansätze aus Sicht der Organisationslehre, in: Nippa, M.; Picot, A. (Hrsg.): Prozeßmanagement und Reengineering. Die Praxis im deutschsprachigen Raum, 2. Aufl., Frankfurt am Main/New York 1996, 13–38.

Picot, A.; Maier, M. (1992): Analyse- und Gestaltungskonzepte für das Outsourcing, in: Information Management, (1992) 4, S. 14–27.

Piëch, F. (1997): Der Transformationsprozess bei Volkswagen, Vortrag, München 22.4.1997.

v. Pierer H. (2000): Punkt für Punkt zum Erfolg, in: Siemens Welt, 12/99–1/00, S. 2.

Pieske, R. (1997): Kundenzufriedenheit im Fokus von Reengineering und lernender Organisation, in: Riekhof, H.-Ch. (Hrsg.): Beschleunigung von Geschäftsprozessen. Wettbewerbsfähigkeit durch Lernfähigkeit, Stuttgart 1997, S. 63–84.

Porter, M. E. (1986): Wettbewerbsvorteile – Spitzenleistungen erreichen und behaupten, Frankfurt am Main/New York 1986.

Prahalad, C.K.; Hamel, G. (1990): The Core Competence of the Corporation, in: Harvard Business Review, 68 (1990) 3, S. 79–91.

QZ Forum Spezial (2001): ISO 9000:2000 im Spiegel der Meinungen, in: QZ 46 (2001) 3, S. 250.

Rank Xerox (1992): The Rank Xerox European Quality Award Submission Document, 1992.

Raufer, H. (1997): Dokumentenorientierte Modellierung und Controlling von Geschäftsprozessen: integriertes Workflow-Management in der Industrie, Wiesbaden 1997.

Rebstock, M. (1997): Grenzen der Prozeßorientierung, in: Zeitschrift Führung+Organisation (zfo), 66 (1997) 5, S. 272–278.

Reichwald, R.; Höfer, C.; Weichselbaumer, J. (1996): Erfolg von Reorganisationsprozessen: Leitfaden zur strategieorientierten Bewertung, Stuttgart 1996.

Reichwald, R.; Schmelzer H. J. (1990): Durchlaufzeiten in der Entwicklung: Praxis des industriellen F&E-Managements, München 1990.

Reithofer, N. (2001): Schnelligkeit in der Umsetzung von Prozeßveränderungen und deren Auswirkungen auf den Unternehmenswert, in: Wildemann, H. (Hrsg.): Wertsteigerung von Unternehmen. Mit welchen Methoden? Münchner Management Kolloquium 27./28. 03. 2001, München 2001, S. 535–557.

Reiß, M. (1994): Reengineering: radikale Revolution oder realistische Reform?, in: Horváth, P. (Hrsg.) (1994): Kunden und Prozesse im Fokus – Controlling und Reengineering, Stuttgart 1994, S. 9–26.

Reiß, M. (1997): Was ist schädlich an der Prozeßorientierung?, in: CONTROLLING, 9 (1997) 2, S. 112–113.

Riekhof, H.-Ch. (Hrsg.) (1997): Beschleunigung von Geschäftsprozessen. Wettbewerbsfähigkeit durch Lernfähigkeit, Stuttgart 1997.

Rohm, Ch. (1998): Prozeßmanagement als Fokus im Unternehmungswandel, Gießen 1998.

Sattelberger, T. (1996): Unternehmerisches Personalmanagement als Revitalisierungs- und Wettbewerbsfaktor bei tiefgreifenden Veränderungsprozessen, in: Perlitz, M.; Offinger, A.; Reinhardt, M.; Schug, K. (Hrsg.): Reengineering zwischen Anspruch und Wirklichkeit. Ein Managementansatz auf dem Prüfstand, Wiesbaden 1996, S. 61–88.

Sattelberger, T. (2001): Customer Relationship Management – Der fordernde Marathonlauf zu marktdifferenzierender Service Excellenz, in: Wildemann, H. (Hrsg.): Wertsteigerung von Unternehmen. Mit welchen Methoden? Münchner Management Kolloquium 27./28. 03. 2001, München 2001, S. 345–373.

Scheer, A.-W. (1994): Wirtschaftsinformatik – Referenzmodelle für industrielle Geschäftsprozesse, 5. Aufl., Berlin 1994.

Scheer, A.-W. (1996): Modellunterstützung für ein kostenorientiertes Geschäftsprozeßmanagement, in: Berkau, C.; Hirschmann, P. (Hrsg.): Kostenorientiertes Geschäftsprozeßmanagement, München 1996, S. 3–25.

Scheer, A.-W.; Nüttgens, M.; Zimmermann, V. (1995): Rahmenkonzept für ein integriertes Geschäftsprozeßmanagement, in: Wirtschaftsinformatik, 37 (1995) 5, S. 426–434.

Scheer, A.-W.; Zimmermann, V. (1996): Geschäftsprozeßmanagement und integrierte Informationssysteme: Prozeßmodellierung, Referenzmodelle und Softwaretechnologien, in: Töpfer, A. (Hrsg.): Geschäftsprozesse analysiert & optimiert, Neuwied 1996, S. 267–286.

Scheff, J. (1994): Business Redesign. Implikationen für das Human-Ressourcen-Management, in: Krickel, O. Ch.: Business Redesign, Wiesbaden 1995, S. 55–78.

Schmalenbach-Gesellschaft, Deutsche Gesellschaft für Betriebswirtschaft e. V. (Hrsg.): Reengineering. Konzepte und Umsetzung innovativer Strategien und Strukturen, Tagungsband des 48. Deutschen Betriebswirtschafter-Tags 1994, Stuttgart 1995.

Schmelzer, H. J. (1990): Steigerung der Effektivität und Effizienz durch Verkürzung der Entwicklungszeiten, in: Reichwald, R.; Schmelzer, H. J.: Durchlaufzeiten in der Entwicklung: Praxis des industriellen F&E-Managements, München 1990, S. 27–63.

Schmelzer, H. J. (1994): Qualitätscontrolling in der Produktplanung und Produktentwicklung, Teil 1, in: Qualität und Zuverlässigkeit (QZ), 39 (1994) 2, S. 117–125.

Schmelzer, H. J. (1999a): Prozeßmanagement in der Produktentwicklung, in: Tintelnot, C.; Meißner, D.; Steinmeier, I. (Hrsg.): Innovationsmanagement, Festschrift für Prof. H. Sabisch, Berlin 1999, S. 205–217.

Schmelzer, H. J. (1999b): Kennzahlen in der Produktentwicklung, in: Boutellier, R.; Völker, R.; Voit, E: Innovationscontrolling, München 1999, S. 172–190.

Schmelzer, H. J. (2000): Performance Measurement in F&E, in: Zeitschrift für Organisation (zfo), 6 (2000) Heft 6, S. 332–339.

Schmelzer, H. J.; Friedrich, W. (1997): Integriertes Prozeß-, Produkt- und Projektcontrolling, in: CONTROLLING, 9 (1997) 5, S. 334–344.

Schmelzer, H. J.; Sesselmann, W. (1998): Assessment von Geschäftsprozessen in: Qualität und Zuverlässigkeit (QZ), 43 (1998) 1, S. 39–42.

Schmitt, P.; Besler, S.; Hentschel, W.; Emmerich, H. (1999): Partizipation und Barrieren bei der Umsetzung von GPO-Vorhaben. Humanzentrierte Erfolgsfaktoren, in: Hofer-Alfeis, J. (Hrsg.): Geschäftsprozeßmanagement: innovative Ansätze für das wandlungsfähige Unternehmen, München 1999, S. 369–382.

Schnetzer, R. (1995): Business Process Reengineering (BPR) in der Schweiz – Stand der Praxis, Projektabsichten, Probleme und Potentiale unter spezieller Berücksichtigung der Rolle der Informations-Technologie aus Anwendersicht, Studie, IDC (Schweiz), Schaffhausen 1995.

Schnetzer, R. (1999): Business Process Reengineering: kompakt und verständlich, Braunschweig 1999.

Schönbach, G. (1998): Prozeßorientierung – aber mit Augenmaß, in: Qualität und Zuverlässigkeit (QZ), 43 (1998) 11, S. 1331–1334.

Schönsleben, P. (1998): Integrales Logistikmanagement. Planung und Steuerung von umfassenden Geschäftsprozessen, Berlin et al. 1998.

Scholz, R. (1994): Geschäftsprozeßoptimierung, Bergisch Gladbach 1994.

Scholz, R.; Vrohlings, A. (1994a): Realisierung von Prozeßmanagement, in: Gaitanides, M.; Scholz, R.; Vrohlings, A.; Raster, M.: Prozeßmanagement: Konzepte, Umsetzungen und Erfahrungen des Reengineering, München 1994, S. 21–36.

Scholz, R.; Vrohlings, A. (1994b): Prozeß-Struktur-Transparenz, in: Gaitanides, M.; Scholz, R.; Vrohlings, A.; Raster, M.: Prozeßmanagement: Konzepte, Umsetzungen und Erfahrungen des Reengineering, München 1994, S. 37–56.

Scholz, R.; Vrohlings, A. (1994c): Prozeß-Leistungs-Transparenz, in: Gaitanides, M.; Scholz, R.; Vrohlings, A.; Raster, M.: Prozeßmanagement: Konzepte, Umsetzungen und Erfahrungen des Reengineering, München 1994, S. 57–98.

Scholz, R.; Vrohlings, A. (1994d): Prozeß-Redesign und kontinuierliche Verbesserung, in: Gaitanides, M.; Scholz, R.; Vrohlings, A.; Raster, M.: Prozeßmanagement: Konzepte, Umsetzungen und Erfahrungen des Reengineering, München 1994, S. 99–122.

Schuh, G.; Benett, S.; Müller, M.; Tockenbürger, L. (1998): Europäisches Change-Management. Von der Strategie bis zur Umsetzung prozeßorientierter Organisationen, in: io Management Zeitschrift, 67 (1998) 3, S. 22–29.

Schwager, M. (1997): KaiZen – Der sanfte Weg des Reengineering: eine Studie zum Entwicklungsstand in deutschen Unternehmen, Freiburg 1997.

Schwarzer, B.; Krcmar, H. (1995): Grundlagen der Prozeßorientierung. Eine vergleichende Untersuchung in der Elektronik- und Pharmaindustrie, Wiesbaden 1995.

Scott-Morgan, P. (1995): Die heimlichen Spielregeln, 2. Aufl., Frankfurt am Main 1995.

Seghezzi, H. D. (1996): Integriertes Qualitätsmanagement. Das St. Galler Konzept, München 1996.

Seidelmann, U. (1998): Revolution in der Prozeßdarstellung?, in: Qualität und Zuverlässigkeit (QZ), 43 (1998) 12, S. 1457–1460.

Seidenschwarz, W. (1994): Das Controlling der Markt- und Prozeßkette, in: Horváth, P. (Hrsg.): Kunden und Prozesse im Fokus – Controlling und Reengineering, Stuttgart 1994, S. 161–183.

Servatius, H.-G. (1994): Reengineering-Programme umsetzen, Stuttgart 1994.

Siebert, G. (1998): Prozeß-Benchmarking. Methode zum branchenunabhängigen Vergleich von Prozessen, Dissertation TU Berlin, Berlin 1998.

Siebert, G.; Kempf, S. (1998): Mit Benchmarking die Prozesse optimieren, in: Qualität und Zuverlässigkeit (QZ), 43 (1998) 8, S. 935–938.

Siegle, K.-P. (1994): Geschäftsprozesse und Kernkompetenzen, in: Gaitanides et al.: Prozeßmanagement, München 1994, S. 164–180.

Siemens AG (1999): Med CT: von der Hierarchie zur Prozeßstruktur, in: Siemens Welt 12/98–1/99, S. 37.

Simon, H.; Homburg, Ch. (Hrsg.) (1995): Kundenzufriedenheit, Konzepte – Methoden – Erfahrungen, Wiesbaden 1995.

Smither, R. D.; Houston, J. M.; McIntire, S. D. (1996): Organization Development: Strategies for Changing Environments, New York 1996.

Sommerlatte, T.; Wedekind, E. (1990): Leistungsprozesse und Organisationsstruktur, in: Little, A. D. (Hrsg.): Management der Hochleistungsorganisation, Wiesbaden 1990, S. 23–41.

Sommerlatte, T. (1993): Leistungsprozesse und Organisationsstruktur, in: Scharfenberg, H. (Hrsg.): Strukturwandel in Management und Organisation. Neue Konzepte sichern die Zukunft, Baden-Baden 1993, S. 55–70.

Stahuber, A. (2001): Intelligente Geschäftsprozesse auf Basis virtueller Marktplätze, in: Wildemann, H. (Hrsg.): Wertsteigerung von Unternehmen. Mit welchen Methoden? Münchner Management Kolloquium 27./28.03.2001, München 2001, S. 441–468.

Stalk, G.; Hout, Th. M. (1990): Zeitwettbewerb, Frankfurt am Main/New York 1990.

Steinbeck, H.-H. (1994) (Hrsg.): CIP – Kaizen – KVP. Die kontinuierliche Verbesserung von Produkt und Prozeß, Landsberg am Lech 1994.

Stoi, R. (1999): Prozeßmanagement in Deutschland. Ergebnisse einer empirischen Untersuchung, in: CONTROLLING, 11 (1999) 2, S. 53–59.

Striening, H.-D. (1988): Prozess-Management, Frankfurt am Main 1988.

Striening, H.-D. (1995): Möglichkeiten und Grenzen des Prozeßmanagements, in: Corsten, H.; Will, T. (Hrsg.): Unternehmungsführung im Wandel, Stuttgart/Berlin/Köln 1995, S. 161–178.

Striening, H.-D. (1996): Prozeßmanagement, in: Schulte, Ch. (Hrsg.): Lexikon des Controlling, München/Wien 1996, S. 633–638.

Strohmayr, W.; Schwarzmaier, C. (1996): Finanzdienstleistungen prozeßorientiert gestalten. Der Ansatz der Bayerischen Landesbank, in: Nippa, M.; Picot, A. (Hrsg.): Prozeßmanagement und Reengineering. Die Praxis im deutschsprachigen Raum, 2. Aufl., Frankfurt am Main/New York 1996, S. 258–271.

Stückl, R. (1998): Prozeßorientierung und Zielabstimmung. Organisation und Kennzahlensystem zum systematischen Prozeßmanagement und zur kontinuierlichen Prozeßverbesserung, in: Qualität und Zuverlässigkeit (QZ), 43 (1989) 11, S. 1294–1298.

Texas Instruments Europe (1995): Application for the European Quality Award 1995, 1995.

Theuvsen, L. (1996): Business Reengineering. Möglichkeiten und Grenzen einer prozeßorientierten Organisationsgestaltung, in: Zeitschrift für betriebswirtschaftliche Forschung (zfbf), 48 (1996) 1, S. 65–82.

Thomas, Ph. R. (1990): Competitiveness through Total Cycle Time. An Overview for CEOs, New York et al. 1990.

Thomas, Ph. R. (1991): Getting Competitive. Middle Managers and the Cycle Time Ethic, New York et al. 1991.

Töpfer, A. (Hrsg.) (1996a): Geschäftsprozesse analysiert & optimiert, Neuwied 1996.

Töpfer, A. (1996b): Pozeßkettenanalyse und -optimierung: State of the Art. Ansatzpunkte und Anforderungen, in: Töpfer, A. (Hrsg.): Geschäftsprozesse analysiert & optimiert, Neuwied 1996, S. 23–51.

Töpfer, A. (1996c): Business Units auf der Grundlage von Geschäftsprozessen, in: Töpfer, A. (Hrsg.): Geschäftsprozesse analysiert & optimiert, Neuwied 1996, S. 239–266.

Töpfer, A. (Hrsg.) (1999): Kundenzufriedenheit messen und steigern, 2. Aufl., Neuwied 1999.

Tomys, A.-K. (1995): Kostenorientiertes Qualitätsmanagement: Qualitätscontrolling zur ständigen Verbesserung der Unternehmensprozesse, München 1995.

Treichler, Ch.; Schmidt, S. L. (1996), Transformationsfunktion von Kernprozessen, in: Zeitschrift Führung + Organisation (zfo), 65 (1996) 3, S. 136–141.

VDI (1998): Computertomographie logistisch erfolgreich durchleuchtet, in: VDI Nachrichten Nr. 43, 13.10.1998, S. 23.

Vogt, W.; Junker, G. (2001): Den Wandel im Griff. Mit geeigneten Führungsinstrumenten eine Veränderungskultur schaffen, in: Qualität und Zuverlässigkeit (QZ), 46 (2001) 1, S. 41–45.

Wahlich, S. M. (2001): Steuern mit Kennzahlen: EFQM und prozessorientierte Balanced Scorecard – ein Erfahrungsbericht, in: Grötzinger, M.; Uepping, H. (Hrsg.): Balanced Scorecard im Human Resource Management, Neuwied 2001, S. 68–74.

Wall, F. (2000): Kostenwirkung der Prozessorientierung, in: Wirtschaftsinformatik, 42 (2000) 3, S. 210–221.

Wall, F.; Hirsch, B.; Attorps, J. (2000): Umsetzung eines prozessbezogenen Controlling. Ergebnisse einer empirischen Umfrage, in: Controlling, 12 (2000) 4/5, S. 243–250.

Weber, J.; Schäffer, U. (2000): Balanced Scorecard und Controlling, 2. Aufl., Wiesbaden 2000.

Wickert, S.; Mayer, Ch. F. (1996): Deutz-Fahr Traktor. Prozeßorientierte Reorganisation zur nachhaltigen Verbesserung der Wettbewerbsfähigkeit, in: Nippa, M.; Picot, A. (Hrsg.): Prozeßmanagement und Reengineering. Die Praxis im deutschsprachigen Raum, 2. Aufl., Frankfurt am Main/New York 1996, S. 308–322.

Wilckens, H.; Pasquale, Th. (1996): Geschäftsoptimierung in den Servicebereichen. Das Beispiel der HT Troplast AG, in: Nippa, M.; Picot, A. Hrsg.): Prozeßmanagement und Reengineering. Die Praxis im deutschsprachigen Raum, 2. Aufl., Frankfurt am Main/New York 1996, S. 293–307.

Wildemann, H. (1993): Unternehmensqualität: Einführung einer kontinuierlichen Qualitätsverbesserung, Forschungsbericht, München 1993.

Wildemann, H. (1995): Controlling von Geschäftsprozessen reorganisierter Industrieunternehmen, in: Kostenrechnungspraxis (krp), 39 (1995) 6, S. 305–312.

Wildemann, H. (Hrsg.) (2001): Wertsteigerung von Unternehmen. Mit welchen Methoden? Münchner Management Kolloquium 27./28. 03. 2001, München 2001.

Wirtz, B. W. (1996): Business Process Reengineering – Erfolgsdeterminanten, Probleme und Auswirkungen eines neuen Reorganisationsansatzes, in: Zeitschrift für betriebswirtschaftliche Forschung (zfbf), 48 (1996) 11, S. 1023–1036.

Womack, J. P.; Jones, D. T.; Ross, D. (1992): Die zweite Revolution in der Automobilindustrie, 7. Aufl., Frankfurt am Main et al. 1992.

Zeller, R. (1996): Maßgeschneidertes Reengineering. Ein pragmatischer Ansatz von Bain & Company, in: Nippa, M.; Picot, A. (Hrsg.): Prozeßmanagement und Reengineering. Die Praxis im deutschsprachigen Raum, 2. Aufl., Frankfurt am Main/New York 1996, S. 108–125.

Zink, K. J. (1995): TQM als integratives Managementkonzept. Das europäische Qualitätsmodell und seine Umsetzung, München/Wien 1995.

Zink, K. J.; Bäuerle, Th.; Schmidt, A. (1999): Identifikation von Geschäfts- und Managementprozessen, in: Hofer-Alfeis, J. (Hrsg.): Geschäftsprozeßmanagement: innovative Ansätze für das wandlungsfähige Unternehmen, München 1999, S. 160–162.

12 Register

Die Autoren

Dr. Hermann J. Schmelzer studierte Maschinenbau und Betriebswirtschaft. Er hat in der Siemens AG leitende Funktionen in Entwicklung, Logistik und Qualitätsmanagement ausgeübt. Von 1982 bis 1994 war er verantwortlich für eine Inhouse-Beratung für F&E-, Prozess- und Qualitäts-Management. Von 1994 bis 1997 leitete er im Geschäftsbereich „Medizinische Technik" das zentrale Qualitäts- und Prozessmanagement. Heute ist er selbständiger Unternehmensberater und Lehrbeauftragter für Prozessmanagement und F&E Management.

Dr. Wolfgang Sesselmann studierte Physik. Nach einem Fellowship am IBM Research Center in San Jose war er in der Siemens AG für mehrere Technologieprojekte verantwortlich. Danach war er als Berater für Qualitäts- und Prozessmanagement in der Siemens AG und als selbständiger Unternehmensberater tätig. Von 1994 bis 1997 leitete er im Geschäftsbereich „Medizinische Technik" der Siemens AG eine Beratungsabteilung für Prozessmanagement. Seit 1997 nimmt er im Vertrieb des Geschäftsbereiches „Information and Communication Networks" der Siemens AG Leitungsfunktionen auf den Gebieten Prozess-, Qualitätsmanagement, Marktentwicklung und Vertrieb wahr.